사회복지법제와 실천

사회복지법제와 실천

임정문 · 이지복 · 조순래 · 박지유 · 배명수
이한철 · 노미향 · 신미애 · 이경수 공저

dm 동문사

머리말

사회복지법제와 실천이라는 교과목은 많은 학생들이 접근하기 어려운 학문이라는 두려움으로 사회복지 관련 타 과목에 비해 힘들어하는 교과목 중에 하나이다. 그러나 한편으로는 사회복지법제와 실천 교과목은 법령에 따라 정해진 답이 존재하는 기본적인 학습과목이다. 또한 사회복지 현장에서 관계 법령은 실천전문가의 기본바탕이 되고 클라이언트의 복지서비스에 대한 출발점을 제공하는 기본적인 사항이다. 이에, 여러분들은 사회복지사 자격증을 취득한 이후에도 실천전문가로 성장하기 위해서 법령 개정내용과 매년 변경되는 관련 복지제도에 대한 학습이 지속적으로 이루어져야 하는 것이다.

본서는 여러분들의 학습에 부담을 주지 않기 위해 지난 세월 저자의 강의자료를 수정·보완하고 더 쉽게 학습자의 입장에서 이해할 수 있도록 이론적인 내용으로 구성하였으며, 2023년 8월 현재 시행 중인 법령을 바탕으로 집필하였다. 또한, 본서를 통해 사회복지사 1급 국가고시 대비와 현장에서 꼭 필요한 최신 사회복지 관련 법령을 중심으로 학습할 수 있도록 정리하였다.

본서는 제5부 15개의 장으로 구성되어 있다.

제1부는 사회복지법에 대한 기본적 이해로서 제1장부터 제4장까지로 구성되어 있다. 이를 통해 사회복지법에 대한 이해와 권리 그리고 역사를 살펴보고 국제법과 사회복지의 관계에 대해 학습함으로써 사회복지 실천현장의 전문가가 가져야 할 가장 기본적인 이론을 학습할 수 있다.

제2부는 사회복지 기본법의 이해로서 제5장 사회보장기본법과 제6장 사회보장급여의 이용·제공 및 수급권자 발굴에 관한 법률 그리고 제7장 사회복지사업법을 학습함으로써 사회복지 실천현장의 기본방향과 국가법령 내용을 학습할 수 있다.

제3부는 공공부조법의 이해로서 제8장부터 제9장으로 구성되어 있다. 이를 통해 우리나라 공공부조 관련 법에 대한 이해로서 조세를 통한 복지제도의 기본내용을 학습할 수 있다.

제4부는 사회보험법의 이해로서 제10장부터 제11장까지로 구성되어 있다. 이를 통해 사회보험 제도에 대한 전반적인 법령을 학습할 수 있다.

제5부는 사회서비스법의 이해로서 제12장부터 제14장 구성하였으며, 마지막 15장에서

는 판례로 구성하였다. 이를 통해 사회서비스에 대한 전반적인 법령의 이해와 주요 복지법령 관련 판례를 학습할 수 있다.

아무쪼록 본서와 강의를 통하여 여러분들이 사회복지법제와 실천에 대한 올바른 이해를 통해서 법을 이해하는 데 두려움보다는 쉽게 다가갈 수 있기를 바란다. 본서를 집필하는 과정에서 저자의 노력에도 불구하고 개선과 보충해야 할 부분들이 있을 수 있으며, 이러한 부분은 지속적으로 수정 및 보완해 나갈 것이다. 끝으로 본서가 출판되기까지 도움을 주신 많은 분께 감사를 드리며, 출판을 허락해 주신 동문사 이중수 대표님께 다시 한번 감사의 말씀을 전합니다.

2023년 8월
저자 일동

차례

Part 03 공공부조법의 이해

Part 04 사회보험법의 이해

Part 05 사회서비스법의 이해

Part 01

사회복지법의 기본적 이해

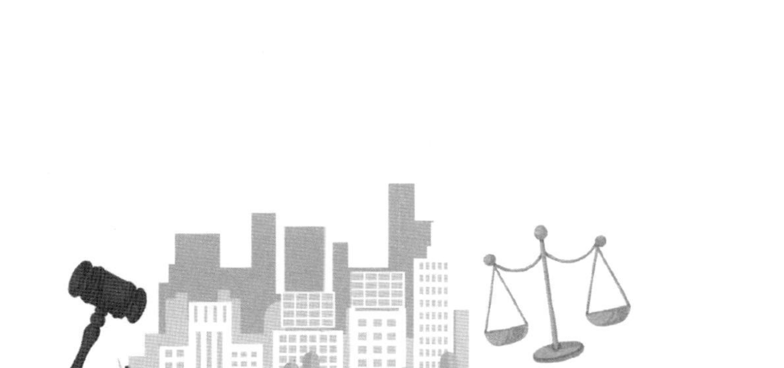

Chapter 01

사회복지법의 개념과 의의

1. 법

1) 법의 정의

법[1])이란 인간의 사회생활에 있어서 해야 할 것과 하지 말아야 할 것을 정해 놓은 행위의 준칙이다. 국가의 사회질서를 유지하기 위하여 그 구성원들이 지켜야 할 도덕, 관습, 종교, 규범 등과 같은 사회규범의 일종이며, 다른 사회규범과는 달리 그 실효성을 확보하기 위하여 국가권력의 도움을 받거나 강제성을 띠고 있는 규범이라고 할 수 있다.

표 1-1 사회규범과 관련한 법 정의

제목	내용
근대화 과정 출발	근대국가에서 법은 국가 차원의 사회통제로서 한 국가와 그 시민의 일상적인 생활이었다(Black, 1972). 법은 사회통제의 한 형태로서 통치권, 시민권의 제한 및 법적 절차를 나타낸다.
사회통제 방식	법은 권리로서 간주되고 다른 당사자에 의해서는 의무로서 인정되는 양 당사자 간의 책무들의 총체이다. 권리와 의무는 사회구조에 내재하는 상호성과 공공성이라는 특수한 힘에 의해서 실현된다(Malinowski, 1961).
권위(물리적 힘)	법은 권위가 부여된 물리적 힘을 지니고 있다(Hoebel, 1954).
강제성	법은 행위에 대응하는 강제가 수반된다.

1) 법(法)을 뜻하는 한자 法은 본래 灋이 본자(本字)로서 灋은 水(물 수)+廌(해태 치)+去(갈 거)의 형태이다. 한자로 水는 흐르는 냇가를, 廌는 시비(是非)를 가려 의롭지 않은 존재를 뿔로 밀어버리는 공명정대함을, 去는 해태에 의해 사람이 처벌받는 모습 또는 소리를 나타내는 부호이다.

제목	내용
정의	법의 핵심에는 정의가 있다(Selznik, 1961). 법은 정의를 생산하는 조직된 통로다.
제도화된 관심	법은 법률문제를 다루도록 계획되고 제도화된 사회기관에 의해서 재창조된 관습이다(Bohannan, 1967).

※ 출처: 김훈(2012). 사회복지법제.

법은 사회 유지를 위해 사회구성원들의 행동을 규율할 수 있는 일련의 행위 준칙인 사회규범으로 ① 행위규범[2](체포, 구금, 압수수색)이며, ② 강제규범(재판을 통하여 강제력이 확정되고 집행되는 규범), ③ 조직규범(법의 정립(입법), 적용(사법), 집행(행정) 등 조직의 근거가 되는 규범), ④ 사회규범(사회질서 유지를 위한 법)이다. 이러한 법이 안정성이 유지되기 위해서는 "법은 명확해야 하고, 규정된 대로 실제로 실행이 가능한 것이어야 하며, 함부로 변경되어서는 안 되고, 국민에게 합당하여야 한다."

표 1-2 법의 구조

제목	내용
행위규범	작위[3], 부작위[4]와 같은 행위규범. 예) 체포, 구금, 압수수색
강제규범	재판을 통하여 강제력이 확정되고 집행되는 규범. 예) 벌금, 구류, 과태료, 형벌
조직규범	법의 정립(입법), 적용(사법), 집행(행정) 등 조직의 근거가 되는 규범
사회규범	사회질서 유지를 위한 법

2) 행위 규범(行爲規範)은 어떤 행위를 하는 것[작위(作爲))과 또는 어떤 행위를 하지 않는 것(부작위(不作爲)]을 사람들에게 직접으로 의무화하는 규범이다. 사회생활의 규칙으로서의 사회규범은 대개 이 종류의 행위 규범이다. 그중에서도 도덕규범은 모두 행위 규범으로서 "…하라." 또는 "…하지 말라."라고 직접적으로 인간의 행위를 의무화하고 있다. 이에 대하여 법률 규범에서는 물론 직접적으로 인간의 행위를 의무화하는 행위 규범이 있지만, 근대 법전의 대부분은 직접으로 작위·부작위를 명하는 경우는 드물고, 예를 들면 "사람을 죽인 자는 사형 또는 무기 혹은 5년 이상의 징역에 처한다(형법 제250조)."라고 규정하고 있는 재판 규범에 불과하다. 그러나 이러한 종류의 재판 규범은 당연히 일정한 행위 규범(위의 예에서는 '사람을 죽이지 말라')을 전제로 하여 행위 규범을 법적 강제에 의하여 유지하려고 하는 것이다. 또한 작위·부작위를 명하고 있는 법률이라 하더라도 그에 대한 다툼은 재판에 의하여 판정된다.

3) 의식적으로 행한 적극적인 행위. 예) 나는 그의 행동이 작위에 의한 것임을 분명히 보여 주는 물증을 확보했다.

4) 마땅히 해야 할 것으로 기대되는 일정한 행위를 하지 않는 일. 예) 행정청이 개인의 신청에 대하여 상당한 기간 내에 일정한 행정 행위를 하여야 할 의무가 있음에도 이를 하지 않고 방치하는 경우가 이에 해당한다.

표 1-3 아리스토텔레스의 법 정의 분류

분류	내용
일반적 정의 (법률적)	개인이 단체(국가, 조직 등)에 대하여 지는 의무를 말한다. 예) 국가 비상시에 국가를 위해 순직하는 것 등이 이러한 정의이다.
평균적 정의 (산술적)	모든 사람이 개인 간의 거래에 있어서 급부와 반대급부, 손해와 배상, 범죄와 형벌 등이 공정한 균형을 유지하는 것이다. 이는 개인적 구별을 도외시한 객관적 이해 그 자체의 조정의 평등이므로 산술적 비례에 의한 평등이다.
배분적 정의 (기하학적)	각자의 능력 및 공적에 따라 그에 상응하여 공정하게 명예와 재산을 분배하는 것이다. 배분적 정의는 각자의 가치, 능력에 따른 개인차를 인정하고 그 개인차는 국가, 사회에 공헌하는 비율에 따라 결정하게 된다는 것이다.

※ 출처: 권형준 외(2005). 생활법률(제4전정판). p. 4.

2) 법의 필요성

그리스 철학자 아리스토텔레스[5]는 인간은 사회적 동물이라고 표현했다. 모든 사람은 태어나면서부터 사회의 구성원으로 사회생활을 하며, 독자적인 고립상태로 살아가는 것이 아니라 집단을 이루며 생존, 유지, 발전되어 가는 것이다. 사람의 공동생활은 각자가 지켜야 할 규칙과 규범이 필요하며 사람에게는 사회생활을 하기 위해 질서의 유지가 절대적으로 필요하다. 법이 달성하고자 하는 목적은 사회정의의 실현과 질서의 유지, 안정, 도덕적 생활의 실현 등으로 사람들의 사회생활에서는 꼭 필요한 불가분의 관계이며, 사람과 사람 간에 지켜야 할 사회규범인 것이다.

5) Aristoteles(B.C. 384-322)는 플라톤과 함께 그리스 최고의 사상가로 꼽히는 인물로 서양지성사의 방향과 내용에 매우 큰 영향을 끼쳤다. 그가 세운 철학과 과학의 체계는 여러 세기 동안 중세 그리스도교 사상과 스콜라주의 사상을 뒷받침했다. 17세기 말까지 서양 문화는 아리스토텔레스주의였으며, 수백 년에 걸친 과학혁명 뒤에도 아리스토텔레스주의는 서양사상에 여전히 뿌리 깊게 남아 있었다. 아리스토텔레스가 연구한 지식 분야는 물리학, 정치학, 윤리학, 수사학 등 매우 다양하지만, 가장 큰 업적은 형식논리학과 동물학 분야의 연구이다. 아리스토텔레스의 동물학은 이제 낡은 것이 되었지만, 19세기까지는 관찰과 이론 면에서 그의 연구를 넘어선 사람이 없었다. 그의 삼단논법론은 이제 형식논리학의 작은 부분일 뿐이지만, 그의 윤리학, 정치학, 형이상학, 과학철학 등은 현대 철학자들 사이에서도 논의되고 있다(출처: 다음백과사전).

3) 법의 체계와 분류

법의 체계는 관찰 방법에 따라 분류할 수 있다. 법이 경험적 근거에 의한 것인지 통치기관이 제정법화되었느냐의 여부에 따라 자연법과 실정법으로 나눌 수 있고, 법의 규율대상이 공익인지 사익인지의 생활관계의 실체에 따라서 공법과 사법, 그리고 법의 실체관계인지, 그 내용을 실현하기 위한 것인지의 규정내용에 따라 실체법과 절차법으로 나눌 수 있다.

(1) 자연법과 실정법

자연법(自然法)은 사회의 규율이나 실정법이 아니라 자연에서 유래한 것으로, 학자에 따라 자연법의 존부에 대하여 의견이 나누어진다. 자연법이란 모든 시대 · 모든 장소에 적용되는 영구불변의 법을 말한다(실정법 위에 있는 것 또는 실정법을 보충하거나 실정법의 지침이 되는 것이다). 실정법(實定法)이란 현재 시행되고 있는 법(현행법) 또는 과거에 현실적으로 시행되었던 법으로 특정한 시대와 특정한 장소에서 효력을 가지는 법규범을 말한다.

(2) 공법과 사법

법을 공법과 사법으로 구분하는 것은 전통적인 법 분류 방식이라고 할 수 있다. 일반적으로 우리나라는 실정법 중 헌법, 행정법, 형법, 형사소송법, 민사소송법은 공법에 속하고, 민법, 상법 등은 사법에 속한다고 본다. 하지만 공법과 사법의 분류 기준에 대해서는 학자에 따라 다양한 견해가 존재한다.

(3) 실체법과 절차법

실체법(실체규정)이란 사항의 실체를 규정한 법(형사소송법, 민사소송법, 행정소송법 등)을 말하고, 절차법[6](절차규정)이란 실체법을 실현하는 절차를 규정한 법(민법, 상법, 형법 등)을 말한다. 예를 들면, 돈을 빌린 자는 이를 반환할 의무가 있다고 하는 것은 실체법(실체규정)이고, 돈을 반환하지 않은 경우에 강제적으로 반환시키는 절차를 규정하는 법은 절차법(절차규정)이다. 그러나 절차법 중에도 실체규정이 있고, 실체법 중에도 절차규정이 있다.

---

6) 절차법은 권리의 실질적인 내용을 실현하기 위하여 취해야 할 방법을 규율하는 법을 말한다.

(4) 국내법과 국제법

국내법은 한 나라의 주권이 미치는 범위 내에서 효력을 가지는 법(공법 · 사법 · 사회법)이며, 국제법은 국가 상호 간, 국제 조직 간의 국제사회법(조약 · 국제관습법 · 국제법규)을 말한다.

(5) 공법, 사법, 사회법

공법[7]은 국가와 국가, 국가와 지방자치단체(특별시, 시 · 도, 시 · 군 · 구 등), 지방자치단체 상호 간의 관계 혹은 국가 · 지방자치단체와 개인 간의 관계를 정하는 법 및 국가 또는 지방자치단체의 조직 · 활동을 정하는 법을 말하고, 사법[8]이라 함은 개인 상호 간의 관계를 정하는 법을 말한다. 사회법은 자본주의가 고도로 발전하면서 부익부 빈익빈의 부조리, 노사 간의 갈등 등이 심화함에 따라 소유권 등의 재산권과 사적 자치에 대해 제안할 필요성이 대두되게 되고 빈부격차 해소 등을 위해 나타난 노동법[9], 경제법[10], 사회보장법이다.

(6) 일반법과 특별법

법의 효력이 미치는 범위를 표준으로 하여 일반법과 특별법으로 나눈다. 일반법은 법의 효력이 특별한 제한 없이 일반적으로 적용되는 법을 말하며, 특별법이란 일정한 장소 · 사항 · 사람에만 국한하여 적용되는 법을 말한다.

(7) 조직법과 행위법

조직법[11]은 인간 행위의 기초 및 수단이 될 조직과 제도를 청하는 법이다. 행위법[12]은 사회생활에서 인간의 행위 자체를 규율하는 법을 말한다.

(8) 강행법과 임의법

법의 적용이 절대적인가 상대적인가에 따른 구별로서, 강행법(강행규정)은 당사자의 의사

---

7) 공법은 헌법, 행정법, 형법, 소송법, 국제법을 말한다.
8) 사법은 민법, 상법, 국제사법을 말한다.
9) 노동법에는 근로기준법, 노동조합 및 노동관계 조정법, 노동위원회법 등이다.
10) 경제법에는 독점 규제 및 공정 거래에 관한 법률, 물가 안정에 관한 법률, 소비자 기본법 등이다.
11) 조직법은 사람을 살해해서는 안 된다고 하는 행위법이 있으면, 이를 강행하기 위해 법원이 필요하고 법원의 조직을 정하는 조직법이 필요하게 된다.
12) 예) 살인을 처벌하는 형법의 규정은 살인이라고 하는 행위를 금하는 것이므로 행위법이다.

여하에 불문하고 적용되는 법을 말한다. 예를 들면, 사람을 살해한 자를 처벌한다고 하는 형법의 규정은 강행법이다. 임의법(임의규정)은 당사자가 법의 규정과 다른 의사를 가지고 있는 경우에는 적용되지 아니하는 법을 말한다. 예를 들면, 전세권자는 목적물의 현상을 유지하고 그 통상의 관리에 속한 수선을 하여야 한다(민법 제309조)고 한 규정은 임의법이며, 따라서 당사자 간의 약속으로 목적물의 현상을 변경하고 그 수선의무를 전세 준 사람이 부담하여도 좋다.

(9) 원칙법과 예외법

원칙법은 말 그대로 일반적으로 적용되는 법이다. 예를 들면, 최저임금법 제3조 제1항의 '이 법은 근로자를 사용하는 모든 사업장에 적용한다. 다만, 동거하는 친족만을 사용하는 사업과 가사(家事) 사용인에게는 적용하지 아니한다.'. 최저임금법은 모든 사업장에 적용되는 것이 원칙법이다. 원칙적으로는 모든 사업장에 최저임금법이 적용되는 것이 맞지만, 가족끼리 하는 사업 등에는 최저임금법이 적용되지 않는다는 예외를 정하고 있다. 즉, 특별한 사정이 있는 경우 원칙법을 적용하지 않을 예외를 규정하는 것이 예외법이다.

2. 사회복지법

1) 사회복지 개념

사회복지(社會福祉, social welfare[13])는 사회와 복지가 합쳐진 복합개념으로, 사회(社會)는 인간과 인간과의 관계, 즉 인간의 공동체적인 행위체계를 사회라 할 수 있다. 복지(福祉)의 복(福 = 示+高+田)은 밭에서 나온 수확물이 쌓여 있는 형상의 물질적 풍요를 나타내는 말이며, 지(祉 = 示+止)는 인간이 욕망과 탐욕을 그친다면 정신적·심리적 안정을 얻을 수 있다는 말을 뜻하는 것이다(노기남 외, 2022: 18). 사회복지는 모든 국민의 인간다운 생활을 보장하고 건강과 번영을 증진시키기 위하여 인간과 사회제도 및 사회체계 간의 상호작용에서 파생되는 제반문제나 사회적 요구에 보다 효과적으로 대처해 나가도록 계획적인 사회정책과 사회적 서비스를 통하여 제공하는 공공 및 민간기관들의 조직적인 실천노력과 체계적인 실천방법의 활동이다.

---

13) social welfare: welfare는 well(만족스럽게, 잘)과 fare(생활을 하다, 지내다)를 합친 복합명사이다.

표 1-4 사회복지 개념 정의

학자	개념 정의
Friedlander & Apte	사회복지란 국민복지의 기본적인 것으로 인정된 사회적 욕구의 충족과 사회적 질서의 유지를 위하여 필요한 입법, 프로그램, 급여와 서비스를 포함하는 제도하그 정의한다.
Baker	사회를 유지하는 데 기본적인 사회적, 경제적, 교육적, 건강의 욕구를 충족시키기 위한 국가적 프로그램, 급여, 서비스체계 등으로 나누었다.
Romanyshin	사회문제의 치료와 예방, 인력자원의 개발, 인간생활의 향상에 관련된 일체의 과정과 개인과 가정에 대한 서비스 제공뿐만 아니라 사회제도를 강화, 개선시키려는 노력이다.
Dunham	개인과 지역사회 및 전체 인구를 위한 보호, 수입유지, 치료 및 예방 활동이다.

2) 사회복지법의 개념

사회복지법이란 어의적으로는 사회구성원 다수가 평안하고 만족스러운 상태를 유지하며 잘 지낼 수 있도록 규정하는 제반 법규를 의미한다. 좀 더 구체적으로 살펴보면, 사회복지법이란 모든 국민과 적법한 외국인의 욕구를 충족시키고, 생활상의 곤란과 문제를 개인적, 집단적, 지역사회적, 국가적, 국제적 수준에서 예방 · 보호 · 치료 · 회복시킴으로써 그들의 인간다운 생활을 보장하고 사회적 정의를 실현하기 위한 공적 · 사적 제도와 정책 등을 규율하기 위한 제반 법규를 의미한다.

(1) 형식적 의미

형식적 의미는 사회복지법전이라는 외적 형식을 갖춘 법규를 말한다. 통일된 사회복지법전이 없는 경우에는 개별적인 사회복지 관련 법규들을 형식적 의미의 사회복지법으로 간주하며, 실정법상 사회복지법과 관련법은 모두 형식적 의미의 사회복지법이며, 우리나라의 경우 개별법 체계로 사회복지법이 구성되어 있다(예: 사회복지사업법, 사회보장기본법 등).

(2) 실질적 의미

실질적 의미의 사회복지법은 법의 존재형식이나 명칭에 관계없이 법규범의 내용, 목적, 기능들이 사회정의, 사회형평, 사회연대, 사회통합, 인간다운 생활, 행복권 등과 같이 사회복지법 규범에 내재하는 공통된 법 원리나 가치에 부합되는 법규를 의미한다.

따라서 형식적 의미의 사회복지법인 사회보험법, 공공부조법, 사회서비스법뿐만 아니라 최저임금법, 보호관찰 등에 관한 법률 등과 같은 법규들도 실질적 의미의 사회복지법 개념 속에 포함된다고 할 수 있다.

표 1-5 형식적 · 실질적 의미의 사회복지법 분류

분류	법의 종류
형식적 의미의 사회복지법	사회보험법, 공공부조법, 사회서비스법
실질적 의미의 사회복지법	형식적 의미의 사회복지법 + 최저임금법, 보호관찰 등에 관한 법률 등

3) 사회복지법의 목적

사회복지법의 목적은 사회정의의 실현, 법적 안정성, 합목적성, 사회질서의 유지이다. 이를 통해 사회복지법은 모든 국민의 인간다운 생활을 보장하고 능력의 개발을 원조함으로써 건강하고 문화적인 생활을 영위하도록 한다. 특히, 소득재분배를 통하여 사회적 약자의 자립을 지원하고 복지를 증진하여 사회통합 또는 사회연대를 이루는 데 목적이 있다.

표 1-6 사회복지법의 목적

목적	내용
사회정의의 실현	① 일반적 정의(법률적 정의): 개인이 국가에 대해 의무를 다하는 것으로 국가의 법을 준수하는 것이다. ② 평균적 정의(절대적 정의, 산술적 정의): 모든 사람에게 절대적 평등을 요구하며, 사람의 능력과 개성의 차이를 고려하지 않고, 사람 간의 이해득실을 평균화하여 조성하는 것이다. 또한 사람들 간의 거래와 관계에서 급부와 반대급부[14], 물품과 대가, 손해와 배상, 범죄와 형벌 등을 공정하게 균형을 이루도록 하는 것이다. ③ 배분적 정의(상대적 정의): 사회복지법에서 중요한 의미를 갖는 것으로 비례적 평등을 의미하는데, 각자의 가치, 인격에 따른 개인차를 인정하고 각자의 능력과 가치에 알맞도록 재화와 명예를 공정하게 나누어 주는 것을 의미한다.
법적 안정성의 유지	법은 사람들이 안심하고 사회생활을 할 수 있도록 하기 위해 존재하며 이를 법적 안정성이라 한다. 법이 안정성이 유지되기 위해서는 "법은 명확해야 하고, 규정된 대로 실제로 실행이 가능한 것이어야 하며, 함부로 변경되어서는 안 되고, 국민에게 합당하여야 한다."

목적	내용
합목적성	합목적성은 추상적인 정의의 내용을 구체화시키는 데 필요한 수단적 성격의 이념이라고 할 수 있으며, 법의 목적으로서 합목적성은 개개인의 이익을 최대한 보장하면서 공익을 실현하는 것이라고 할 수 있다.
사회질서의 유지	법은 사회공동체의 생활에 있어서 사회질서의 유지를 목적으로 한다. 사회질서는 사회구성원에 의해 자발적으로 이루어지기도 하지만, 법적 강제에 의해 인위적으로 조성되고 유지되는 경우가 일반적이다.

4) 사회복지법의 법원[15)]

(1) 성문법[16)]

① 헌법

국가와 국민 간의 권력·의무에 관한 기본법으로 국가의 최상위의 법이므로 하위법인 법률, 명령, 규칙 등은 헌법에 저촉되어서는 안 된다. 헌법에는 국가에서 사회복지에 관한 책임과 의무를 부과한 생존권적 기본권은 1919년 바이마르(Weimar)헌법[17)]에서 세계 최초로 규정함으로써 헌법은 더욱 중요한 사회복지법의 법원이자 기본 근거가 되었다.

헌법의 개정 절차

국회재적의원 과반수 또는 대통령의 발의로 제안 → 대통령이 20일 이상 공고 → 헌법개정안이 공고된 날로부터 60일 이내에 국회의결을 거쳐 재적의원 3분의 2 이상의 찬성 → 국회가 의결한 후 30일 이내에 국민투표를 걸쳐 국회의원선거권자 과반수의 투표와 투표자 과반수의 찬성 → 투표자 과반수 찬성 시 헌법개정이 확정되며 대통령은 즉시 공포.

14) 반대급부는 어떤 일에 하였을 때 대응되어 얻게 되는 이익을 말한다. 법률적으로 계약에서 한쪽이 특정 행위를 하였을 때(급부), 그것에 대응하는 다른 행위 또는 대금의 지급(반대급부)을 말한다. 예를 들어, 미국의 북한 테러국 해제조치에 반대급부로 북한이 핵시설 불능화를 실시하였다.

15) 법이 어떤 방식으로 존재하는가에 대한 것을 의미한다.

16) 입법기관에 의해 특별한 절차를 따라 만들어지고, 문자의 형식을 갖추어 문서로 규율된 법을 말한다. 헌법, 법률, 명령(시행령, 시행규칙), 자치법규(조례, 규칙), 국제조약 및 국제법규 등이 해당한다.

17) 바이마르헌법은 바이마르 공화국(1919-1933)의 헌법으로 독일에서 최초로 시행된 민주주의 헌법이다. 많은 기본권 조항을 포함하고 있으며, 제151조에 "경제생활의 질서는 각인으로 하여금 인간다운 생활을 보장하는 것을 목적으로 하는 정의의 원칙에 합치하여야 한다."고 생존권을 규정하였다.

② 법률[18)]

법률은 국회에서 의결되어 대통령이 공포한 법을 의미하며, 헌법을 제외한 제일 상위의 법령이다. 예를 들어, 아동복지법, 노인복지법 등이다.

> **법률 제정**
>
> 국회 또는 정부에 의하여 제출된 법률안이 국회의 의결을 거쳐 다시 대통령이 공포함으로써 성립한다. 대통령은 이송된 법률안에 이의가 있을 경우 거부권을 행사할 수 있는데, 이를 대통령의 법률안 거부권이라 한다. 법률안이 대통령에 의해 환부거부되면 국회는 재의에 부치고 재적의원 과반수의 출석과 출석의원 3분의 2 이상의 찬성으로 재의결하면 법률로서 확정한다. 이와 같이 확정된 법률은 다시 정부로 이송되어 5일 이내에 대통령이 공포하지 않으면 국회의장이 이를 공포한다. 공포된 법률은 특별한 규정이 없는 한 공포한 날로부터 20일을 경과함으로써 효력이 발생한다.

③ 명령

국회의 의결을 거치지 않고 대통령 이하의 행정기관이 제정한 법규이다. 대통령령(법률에서 구체적인 범위를 정하여 위임받은 사항과 법률의 집행을 위하여 필요한 사항에 관하여 대통령이 발할 수 있는 명령)과 총리령, 부령(시행규칙. 국무총리나 행정 각 부 장관이 소관 사무에 대하여 발하는 명령)이 있다. 예를 들어, 아동복지법 시행령, 아동복지법 시행규칙 등이다.

④ 자치법규[19)]

헌법 제117조 "지방자치단체는 주민의 복리에 관한 사무[20)]를 처리하고 재산을 관리하며, 법령의 범위 안에서 자치에 관한 규정을 제정할 수 있다."고 함으로써 지방자치단체에 자치법규의 제정권(조례제정권)을 부여하고 있다. 지방자치단체의 법령의 범위 안에서 자치에 관한 규칙(조례[21)], 규칙[22)])이다. 자치법규는 원칙적으로 그 지방자치단체의 지방 내에서만 효력을 갖는다.

---

18) 헌법 제40조에서 "입법권은 국회에 속한다."라고 하여 국회가 법률을 제정하는 권한을 가지고 있음을 규정하고 있다.

19) 자치법규란 지방자치단체가 법률에 의하여 인정된 자치권의 범위 내에서 자기의 사무에 관하여 또 주민의 권리의무에 관하여 제정한 자치에 관한 규칙을 말한다. 지방자치단체는 법령의 범위 안에서 자치에 관한 규칙을 제정할 수 있다.

20) 주민의 복리에 관한 사무로는 주민복지에 관한 사업, 사회복지시설의 설치·운영 및 관리, 생활곤궁자의 보호 및 지원, 노인·아동·심신장애인·청소년 및 여성의 보호와 복지증진, 보건진료기관의 설치·운영, 전염병 및 기타 질병의 예방과 방역 등의 사무가 있다.

21) 조례란 지방자치단체가 법령의 범위 내에서 지방의회의 의결을 거쳐 그 사무에 관하여 제정한 법을 말한다.

22) 규칙은 지방자치단체의 장이 법령 또는 조례가 위임한 범위 내에서 그 권한에 속하는 사무에 관하여 정립한 법을 말한다.

표 1-7 조례의 특성

특성	내용
위계	시·군 및 자치구의 조례나 규칙은 시·도의 조례나 규칙에 위반하여서는 아니 된다(지방자치법 제24조).
내용상 포괄성	조례는 특정 분야에 한해서 제정되는 것이 아니라 자치업무의 수행에 필요한 모든 분야를 포함하고 있다.
법질서 유지	조례는 법령의 범위 내에서만 제정할 수 있도록 함으로써 법질서를 유지하고 법적 일관성을 기하고 있다.
지역제한	자치법규는 원칙적으로 그 지방자치단체의 지방 내에서만 효력을 갖는다.

※ 출처: 사회복지교육연구센터(2022). 사회복지법제론. p. 37.

⑤ 국제법(국제조약과 국제법규)

국제적 권리 의무의 발생을 목적으로 국제법[23)]상 주체인 국가 간에 체결하는 것으로 조약, 협약, 의정, 약정, 규약, 헌장, 선언, 합의서 등으로 불린다. 조약의 당사자인 국가들의 비준에 의해 효력이 발생한다. 우리나라와 외국과의 사회보장협정[24)]은 상호주의에 입각하여 사회보장에 관해 정부가 외국 정부와 체결하는 조약으로서 일본, 독일, 네덜란드, 미국, 영국, 캐나다, 이란, 중국 등과 협정을 체결하였다.

(2) 불문법[25)]

① 관습법

사회적으로 자연스럽게 형성된 관행이 법으로 효력을 가지는 법으로, 우리나라 대법원은 관습법을 인정하고 있다.

---

23) 국제법과 국내법의 관계는 우리나라 헌법은 전문에서 “밖으로는 항구적인 세계평화와 인류공영에 이바지”한다고 하였고, 제6조 제1항은 “헌법과 법률에 의하여 체결·공포된 조약과 일반적으로 승인된 국제법규는 국내법과 같은 효력을 가진다.”라고 규정함으로써 국제평화주의와 국제법 존중주의를 선언하고 있다.

24) 우리나라와 외국과의 사회보장협정을 자세히 살펴보면,
  ① 사회복지법의 국제화 원인: 인간다운 생활보장의 보편화, 근로자의 국제적 이동, 국제적 노동적 노동조합의 사회복지운동, 국제적 사회복지 기준 설정 등
  ② 사회보장협정체결의 목적(예: 국민연금) : 동등한 대우, 이중가입 배제(보험료 이중부담 면제), 가입기간 합산, 급여송금 보장 등
  ③ 사회복지에 관한 국제적 선언

② 판례법

유사한 사건에 대하여 법원이 동일한 취지의 판결을 반복하여 판례의 방향이 확정됨으로써 동종의 사건에 대하여 사실상의 구속력을 갖게 됨에 따라 형성되는 법이다

③ 조리[26)]

대부분의 사회 구성원이 타당하다고 인정하는 공동생활의 원리인 도리, 사회정의, 사회형평, 사회통념, 신의성실 등으로 재판에서 다른 법원에 의한 법을 발견할 수 없는 경우에 법원으로 채용되는 경우가 많다.

5) 사회복지법의 체계

(1) 헌법과 사회복지법

우리나라 헌법 제10조는 인간의 존엄과 가치 및 행복추구권을 규정하고 있으며, 제31조에서부터 제36조까지의 규정은 "사회권 또는 생존권" 규정이 사회복지법의 기본 근거이다.

ⓐ 세계인권선언(1948): 유엔총회에서 채택된 것으로 인권에 대한 상징적 기준 및 보편적 사회보장의 권리를 담고 있다.

ⓑ 사회보장 최저기준조약(1952): 국제노동기구 총회에서 채택된 것으로, 1941년 대서양헌장의 사회보장 원칙을 확인하는 의미를 가진다. (조약상 급여: 의료 · 질병 · 실업 · 노령 · 업무상 재해 · 가족 모성 · 폐질 · 유족급여)

ⓒ 사회보장에 관한 내외국인 균등처우조약(1962: 국제노동기구)

ⓓ 국제인권규약(1966): 1966년 12월 16일 제21차 국제연합(UN)총회에서 인권의 국제적 보장을 위하여 채택된 조약으로 체결당사국을 법적으로 구속한다는 점에서 1948년 채택된 세계인권선언과는 차이를 보인다.

- A규약(경제적 · 사회적 · 문화적 · 권리에 관한 규약): 행복추구권, 자결권, 소유권, 노동권, 교육권
- B규약(시민적 · 정치적 권리에 관한 규약): 생명권, 평등권과 자유권, 참정권, 여성권

ⓔ 장애인의 직업재활 및 고용에 관한 협약(1985)

ⓕ 아동의 권리에 관한 국제협약: 아동권리협약(1989, 유엔총회)으로, 무차별의 원칙, 아동의 최선의 이익을 원칙, 아동의 생명존중 및 발달보장의 원칙, 아동의 의견존중의 원칙과 4대기본권(생존권, 발달권, 보호권, 참여권)이 있다.

25) 문서의 형식으로 표현되지 않은 법이다. 비제정법이라 한다.

26) 조리란 자연의 이치, 사물의 본질적 법칙 또는 사물의 이치를 말한다.

대한민국 헌법

제10조

모든 국민은 인간으로서의 존엄과 가치를 가지며, 행복을 추구할 권리를 가진다. 국가는 개인이 가지는 불가침의 기본적 인권을 확인하고 이를 보장할 의무를 진다.

제34조

① 모든 국민은 인간다운 생활을 할 권리를 가진다.

② 국가는 사회보장·사회복지의 증진에 노력할 의무를 진다.

③ 국가는 여자의 복지와 권익의 향상을 위하여 노력하여야 한다.

④ 국가는 노인과 청소년의 복지향상을 위한 정책을 실시할 의무를 진다.

⑤ 신체장애자 및 질병·노령 기타의 사유로 생활능력이 없는 국민은 법률이 정하는 바에 의하여 국가의 보호를 받는다.

⑥ 국가는 재해를 예방하고 그 위험으로부터 국민을 보호하기 위하여 노력하여야 한다.

제35조

① 모든 국민은 건강하고 쾌적한 환경에서 생활할 권리를 가지며, 국가와 국민은 환경보전을 위하여 노력하여야 한다.

② 환경권의 내용과 행사에 관하여는 법률로 정한다.

③ 국가는 주택개발정책 등을 통하여 모든 국민이 쾌적한 주거생활을 할 수 있도록 노력하여야 한다.

제36조

① 혼인과 가족생활은 개인의 존엄과 양성의 평등을 기초로 성립되고 유지되어야 하며, 국가는 이를 보장한다.

② 국가는 모성의 보호를 위하여 노력하여야 한다.

③ 모든 국민은 보건에 관하여 국가의 보호를 받는다.

(2) 일반법과 사회복지법

사회복지법은 성문법에 속하고 사회법에 속한다. 사회복지법은 지역적인 적용범위를 기준으로 볼 때 국내에서만 적용되는 국내 사회복지법과 국가 간에 적용되는 국제 사회복지법으로 구분된다.

(3) 사회복지법의 분류체계

사회복지법은 하나의 법전으로 체계화되지는 않았지만, 사회보장기본법의 분류에 따라 사회보험법, 공공부조법, 사회서비스법으로 분류한다.

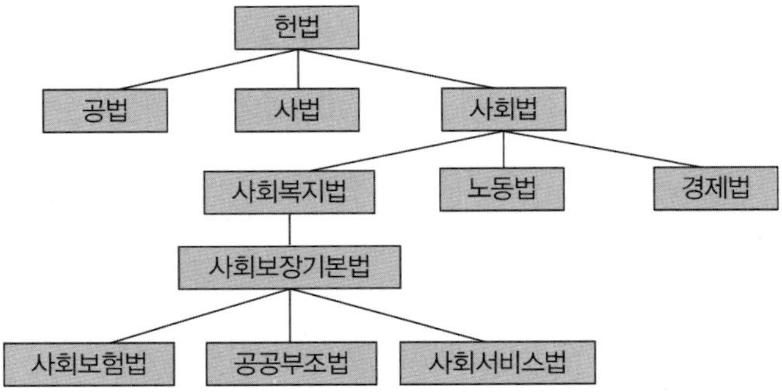

그림 1–1 사회복지법 체계도

6) 사회복지법의 분류

(1) 일반법[27]과 특별법[28]

특별법은 일반법에 대해 우선적으로 적용이 되는 법으로, 사회복지사업에 관해서는 민법보다 사회복지사업법을 우선 적용하며, 사회복지전담공무원의 경우 일반 국민에게 적용되는 법보다 지방공무원법이 우선 적용된다. 즉, 사회보장기본법과 사회복지사업법은 아동복지법, 노인복지법, 장애인복지법 등에 대하여 일반법적인 성격을 가진다.

표 1–8 일반법과 특별법의 구별

구별	내용
인적 범위	일반법은 국민 일반에게 적용되는 법이고, 특별법은 국민 중에서 특별한 사람에 한하여 적용되는 법이다. 예) 사회복지 분야에서는 사회보장기본법이 일반법에 해당하며, 산업재해보상보험법, 고용보험법, 국민기초생활보장법, 노인복지법, 장애인복지법, 아동복지법, 청소년보호법 등은 사회보장기본법과 비교할 때 특별법이다.
지역 범위	일반법은 국토의 전반에 걸쳐 적용되는 법이고, 특별법은 국토 내의 한정된 일부 지역에만 적용되는 법이다. 예) 전국에 시행되는 사회보장기본법, 국민연금법, 국민건강보험법, 국민기초생활보장법, 노인복지법, 장애인복지법 등 국회에서 제정한 사회복지 관련법은 대부분 일반법이다. 반면 서울특별시의 복지 관련 조례나 규칙같이 지방의회나 지방행정기관이 제정한 조례나 규칙은 전국적으로 시행되는 법과 비교할 때 특별법이다.

27) 일반법은 장소, 인적, 사항적인 제한이 없이 적용되는 법을 말한다.
28) 특별법은 특정 지역 또는 특정인, 특정 사항에 대하여만 적용되는 법을 말한다.

구별	내용
사항	일반법은 일반적이고 비교적 넓은 범위의 사항에 관하여 적용되는 법이고, 특별법은 비교적 한정된 좁은 범위의 사항에 관하여 적용되는 법이다. 예) 사회보장기본법은 일반법이고, 이에 대해 국민연금법, 국민건강보험법, 장애인복지법, 아동복지법, 노인복지법 등은 특별법이다. 그러나 장애인복지법은 상대적으로 장애인 고용촉진 및 직업재활법에 대해서는 일반법이 된다.

※ 출처: 사회복지교육연구센터(2022). 사회복지법제론. pp. 29-30.

(2) 상위법과 하위법

법규범은 수직적으로 체계화되어 있는데, 그 순서는 헌법이 최고 상위에 있고 차례로 법률 - 명령 - 조례 - 규칙의 순으로 되어 있다. 이에 따라 하위에 있는 규범이 상위의 규범을 위반하면 위헌 또는 위법이 된다.

(3) 신법과 구법

신법은 새로 제정된 법이고, 구법은 신법에 의해 폐지된 법이다. 신법우선의 원칙은 형식적 효력이 동등한 법형식 사이에 법령내용이 상호 모순 · 저촉하는 경우에는 시간적으로 나중에 제정된 법이 먼저 제정된 법보다 우선하는 효력을 가진다.

(4) 사회복지법의 해석방법

사회복지법의 해석방법에는 유권해석과 학리해석이 있다. 유권해석은 법규의 해석내용이 구속력을 갖는 경우로, 입법해석, 사법해석, 행정해석[29]으로 구분된다. 학리해석은 학술적 입장에서 법규의 의미나 내용을 이해하고 명확히 하는 것으로 구속력을 갖지 아니하는데, 여기에는 문리해석[30], 논리해석, 목적적 해석[31], 확장해석 · 축소해석, 반대해석, 유추해석[32]이 있다.

29) 행정해석은 행정관청의 회답 · 훈령 · 지시 등의 형식으로 이루어진다.

30) 문리해석은 법규상의 문언을 통상의 의미에 따라 문법적으로 해석하는 방법으로 가장 원칙적인 해석방법이다.

31) 목적적 해석은 법규 제정목적이나 존재목적을 고려하여 행해지는 해석방법이다.

32) 유추해석은 일정한 사안에 해당되는 법규가 존재하지 않을 때 유사한 법규를 적용하고자 하는 해석방법이다. 예를 들어, 서로 유사한 A와 B 사실이 있는데, A에 관한 규정만 있고, B에 관한 규정이 없을 때 B에 관해서도 A와 동일한 효과를 인정하는 해석방법이다.

표 1-9 사회복지법 분류

분류	해당 법령
사회보험[33]법	국민연금법, 국민건강보험법, 고용보험법, 산업재해보상보험법, 노인장기요양보험법
공공부조[34]법	국민기초생활보장법, 의료급여법, 긴급복지지원법, 기초연금법, 장애인연금법(2010년 7월 시행)[35]
사회서비스[36]법	국민기초생활 보장법, 아동복지법, 노인복지법, 장애인복지법, 한부모가족지원법, 영유아보육법, 성매매방지 및 피해자보호 등에 관한 법률, 정신건강증진 및 정신질환자 복지서비스 지원에 관한 법률, 성폭력방지 및 피해자보호 등에 관한 법률, 입양특례법, 일제하 일본군위안부 피해자에 대한 생활안정지원 및 기념사업 등에 관한 법률, 사회복지공동모금회법, 장애인·노인·임산부 등의 편의증진 보장에 관한 법률, 가정폭력방지 및 피해자보호 등에 관한 법률, 농어촌주민의 보건복지증진을 위한 특별법, 식품 등 기부 활성화에 관한 법률, 의료급여법, 기초연금법, 긴급복지지원법, 다문화가족지원법, 장애인연금법, 장애인활동 지원에 관한 법률, 노숙인 등의 복지 및 자립지원에 관한 법률, 보호관찰 등에 관한 법률, 장애아동복지지원법, 발달장애인 권리보장 및 지원에 관한 법률, 청소년복지 지원법, 그 밖에 대통령령으로 정하는 법률(건강가정기본법, 북한이탈주민의 보호 및 정착지원에 관한 법률, 자살예방 및 생명존중문화 조성을 위한 법률, 장애인·노인 등을 위한 보조기기 지원 및 활용촉진에 관한 법률)
사회복지 관련법	재해구호법, 장애인고용촉진 및 직업재활법, 고령자고용촉진법, 청소년기본법, 국가유공자 등 예우 및 지원에 관한 법률, 의사상자 예우에 관한 법률, 자원봉사활동기본법, 기타

---

33) 사회보험이란 국민에게 발생하는 사회적 위험을 보험의 방식으로 대처함으로써 국민의 건강과 소득을 보장하는 제도를 말한다.

34) 공공부조(公共扶助)란 국가와 지방자치단체의 책임하에 생활 유지 능력이 없거나 생활이 어려운 국민의 최저생활을 보장하고 자립을 지원하는 제도를 말한다.

35) 지난 2010년 3월 임시국회에서 「장애인연금법」이 제정됨에 따라 2010년 7월부터 장애인연금법을 시행하였다. 「장애인연금법」은 18세 이상 중증장애인 중 대통령령으로 정하는 소득·재산 기준 이하인 자에게 "매월 9~15만 원의 기초급여와 부가급여를 지급"하기 위한 법률이다.
2010년 3월 임시국회에서 제정된 「장애인연금법」은 민주당 박은수 의원이 대표 발의한(2009. 4. 2.) '장애인연금법안', 한나라당 윤석용 의원이 대표 발의한(2009. 9. 15.) '중증장애인 연금법안'과 정부에서 제출한(2009. 10. 29.) '중증장애인연금법안' 등 3개 법률안을 국회 보건복지가족위에서 병합 심사하여 조정한 것으로 2009년 12월 29일 국회 보건복지가족위 의결을 거쳐 2010년 3월 31일 국회 법제사법위원회 및 본회의에서 통과되었다.
장애인연금제도는 정부가 장애인복지 향상을 위하여 중점적으로 추진해 왔던 것으로, 이의 도입은 중증장애인의 실질적인 소득보장을 지원할 수 있는 제도적 기틀을 마련한 데 큰 의의가 있다.

36) 사회서비스란 국가·지방자치단체 및 민간부문의 도움이 필요한 모든 국민에게 복지, 보건의료, 교육, 고용, 주거, 문화, 환경 등의 분야에서 인간다운 생활을 보장하고 상담, 재활, 돌봄, 정보의 제공, 관련 시설의 이용, 역량 개발, 사회참여 지원 등을 통하여 국민의 삶의 질이 향상되도록 지원하는 제도를 말한다.

연습문제

01 **다음 중 성문법이 아닌 것은?**

① 명령 ② 자치법규 ③ 관습법
④ 법률 ⑤ 조례

02 **다음 중 자치법규에 대한 설명으로 잘못된 것은?**

① 자치법규에는 조례와 규칙이 있다.
② 조례는 위계적 특성을 갖고 있다.
③ 지방자치단체는 조례제정권을 갖고 있다.
④ 조례는 내용상의 포괄성을 갖는다.
⑤ 조례와 규칙은 지방의회에서 의결을 거쳐야 한다.

03 **다음 중 형식적 의미의 사회복지법이 아닌 것은?**

① 아동복지법 ② 최저임금법 ③ 노인복지법
④ 장애인복지법 ⑤ 한부모가족지원법

04 **다음 중 사회복지법의 목적이 아닌 것은?**

① 사회정의의 실현 ② 법의 합목적성 ③ 사회질서의 유지
④ 사회규범성 ⑤ 법적 안정성

05 **사회보장기본법과 헌법의 내용이 상충될 경우 적용할 수 있는 원칙은 무엇인가?**

① 하위법 우선의 원칙 ② 특별법 우선의 원칙 ③ 일반법 우선의 원칙
④ 신법 우선의 원칙 ⑤ 상위법 우선의 원칙

정답 1. ③ 2. ⑤ 3. ② 4. ④ 5. ⑤

Chapter 02

사회복지의 권리성

1. 기본권

기본권이란, 국민이 향유하는 기본적 권리로 헌법에 의해 보장되는 권리를 말한다. 반면 인권이란 인간이기 때문에 당연히 갖는 생래적[1] 자연권을 말한다. 기본권은 자연법과 실정법[2]에 의한 권리를 포함하는 포괄적 권리로 이해할 수 있다. 기본권의 특질로 보편성, 전(前)국가성, 고유성[3], 항구성[4], 불가침성[5] 등이 있다.

표 2-1 기본권의 유형

기본권의 유형	구체적인 내용
포괄적 기본권	인간의 존엄성과 가치, 행복추구권
평등권	법 앞에서의 평등
자유권적 기본권	인신의 자유권, 생명권: 신체의 자유, 생명권 사생활 자유권: 사생활의 비밀과 자유, 거주이전의 자유, 통신의 자유 정신적 자유권: 양심의 자유, 종교의 자유, 언론·출판·집회·결사의 자유, 학문과 예술의 자유
경제적 기본권	재산권, 직업선택의 자유, 소비자의 권리

1) 세상에 태어난 이래 가지고 있는. 또는 그런 것이란 뜻이다. 예를 들면, 우리나라 사람들은 인간이 생래적으로 가지고 있는 수치감이란 것을 갖고 있지 않다는 표현이다.
2) 사회복지법은 대부분 실정법인데, 실정법은 인간에 의하여 제정된 법으로 시대와 국가에 따라 그 내용이 다르며, 역사와 더불어 변화하게 된다. 반면 자연법은 시간과 공간을 초월하는 영구불변의 이상적인 법을 의미한다.
3) 고유성이란 어떤 사물이 가지고 있는 고유한 성질이나 그 사물 특유의 속성이란 뜻이다.
4) 항구성이란 변하지 아니하고 오래가는 성질이란 뜻이다.
5) 불가침이란 침범해서는 안 되는 것이란 뜻이다.

기본권의 유형	구체적인 내용
정치적 기본권	정치적 자유, 참정권
청구권적 기본권	청원권, 생활권, 국가배상청구권, 국가보상청구권(범죄피해자구조청구권)

1) 기본권의 성격

기본권의 성격은 다음 표와 같다.

표 2-2 기본권의 성격

기본권의 성격	구체적인 내용
주관적 공권[6]	국민이 국가권력에 대하여 일정한 권리(자유권, 참정권 등)로서 갖는 것이다. 즉, 개인이 국가에 청구할 수 있는 권리인 것이다.
자연권성	기본권이 시대와 장소에 따라 차이는 있으나 본질적으로 인간으로서 갖는 권리를 말한다. 우리나라 현행헌법은 자연권설에 기초한다(자연권설 vs 실정권설). 즉, 규정되지 않은 기본권의 내용과 종류들은 입법 및 사법적 노력이 필요하다.
기본권의 이중성	주관적으로는 개인을 위한 대국가적 공권을 의미하나, 객관적으로는 국가의 기본적 법 질서성을 동시에 가진다.

2) 기본권의 제한

기본권의 제한은 헌법에 보장된 기본권이라도 헌법 제37조 제2항에 의해 "국가안전보장, 질서유지, 공공복리를 위해 필요한 경우 제한 가능"하다. 하지만 기본권 제한의 한계는 과잉금지의 원칙[7], 이중기준금지의 원칙, 핵심내용 침해금지의 원칙이 있다.

3) 기본권의 종류

기본권의 종류는 다음 **표 2-3**과 같다.

---

6) 공권이란 공법의 규정에 따라 국가와 법인체나 개인 사이에서 인정되는 권리이다. 형벌권, 재정권, 경찰권 따위와 같이 국가가 개인에 대하여 가지는 국가적 공권과 자유권, 참정권, 수익권 따위와 같이 개인이 국가에 대하여 가지는 개인적 공권이 있다.

7) 과잉금지의 원칙은 목적의 정당성, 방법의 적정성, 피해의 최소성, 법익의 균형성을 의미하며 이 중 그 어느 하나라도 저촉되면 위헌이 된다.

표 2-3 기본권의 종류

기본권의 종류	구체적인 내용
포괄적 기본권	① 인간의 존엄과 가치, ② 행복추구권, ③ 평등권
자유권적 기본권 (자유권)	1215년 영국의 대헌장에서 유래되었으며, 국가 공권력으로부터 침해나 간섭을 받지 아니할 방어적·소극적 권리를 말한다. ① 신체의 자유, ② 사회경제적 자유권(거주·이전의 자유, 직업선택의 자유, 주거의 자유, 사생활 비밀의 자유, 통신의 자유, 재산권의 보장), ③ 정신적 자유권(양심의 자유, 종교의 자유, 언론·출판의 자유, 집회의 자유, 결사의 자유, 학문의 자유, 예술의 자유, 소비자의 권리)가 있다.
사회권적 기본권 (사회권)	국민이 국가기관에 대하여 인간다운 생활과 최저한의 생활보장을 적극적으로 요구할 수 있는 권리를 의미하며, 생존권적 기본권(생존권)이라고도 한다. 1919년 독일의 바이마르헌법에서 세계 최초로 생존권적 기본권이 규정되었다. 우리나라 헌법에서는 인간다운 생활을 할 권리, 교육을 받을 권리, 근로에 대한 권리, 근로3권(단결권, 단체교섭권, 단체행동권), 환경권 등을 규정하고 있다.
인간다운 생활을 할 권리의 내용	사회보장을 받을 권리로서, 개인이 인간다운 생활을 하기 위해 질병·노령·실직 등의 사회적 위험에 직면 시 국가에 대해 일정한 내용의 급부 및 배려를 적극적으로 요구할 수 있는 권리를 말한다. 사회보장수급권은 헌법상의 생존권, 사회권 조항을 토대로 사회보장기본법 제9조(모든 국민은 사회보장에 관한 관계법령이 정하는 바에 의하여 사회보장의 급여를 받을 권리를 가진다)에 규정되고 있다.
사회권적 기본권의 확대	마샬(Marshall)은 시민권이 공민[8]권, 정치권, 복지권(사회권)으로 구성되어 있다고 지적하였다. 오늘날의 복지권의 범위는 요보호대상자에서 전 국민(국내체류 유자격 외국인 포함)으로 확대되었으며, 그 대상이 국내체류 유자격 외국인들에게까지 상호주의와 인도주의에 입각해 확대 발전되고 있다.

2. 헌법상의 기본권

1) 바이마르헌법[9](생존권적 기본권)

바이마르헌법 제151조 "경제생활의 질서는 각인으로 하여금 인간다운 생활을 보장하는

8) 공민이란 국가 사회의 일원으로서 그 나라 헌법에 의한 모든 권리와 의무를 가지는 자유민을 일컫는 말이다.

9) 바이마르헌법은 1919년 8월 11일에 공포된 독일 공화국의 헌법이다. 독일 최초로 대통령제를 채택하였으며, 통일적 경향이 강한 연방제 국가 조직과 사회 민주주의에 바탕을 둔 기본적 인권에 대하여 규정하고 있다. 1933년 나치스 정권에 의하여 폐지되었으나 현대 헌법에 많은 영향을 끼쳤으며, 근대적 헌법의 전형이 되었다.

것을 목적으로 하는 정의의 원칙에 합치하여야 한다."를 통해 생존권적인 기본권을 정의하고 있다. 우리나라 헌법의 기본권 내용은 다음 **표 2-4**와 같다.

표 2-4 우리나라 헌법의 기본권 내용

조항	핵심	내용
헌법 제10조	기본권 보장의 대원칙	모든 국민은 인간으로서의 존엄과 가치를 가지며, 행복을 추구할 권리를 가진다. 국가는 개인이 가지는 불가침의 기본적 인권을 확인하고 이를 보장할 의무를 진다.
헌법 제34조 제1항	생존권보장의 기본원칙	모든 국민은 인간다운 생활을 할 권리를 가진다.
헌법 제34조 제2항 이하	복지권을 구체적으로 규정	-국가는 사회보장, 사회복지 증진에 노력할 의무를 진다. -국가는 여자의 복지와 권익의 향상을 위하여 노력하여야 한다. -국가는 노인과 청소년의 복지향상을 위한 정책을 실시할 의무를 진다. -신체장애자 및 질병, 노령, 기타의 사유로 생활능력이 없는 국민은 법률이 정하는 바에 의하여 국가의 보호를 받는다. -국가는 재해를 예방하고 그 위험으로부터 국민을 보호하기 위하여 노력하여야 한다.
헌법 제32조 제1항	근로자의 생존권 보장	모든 국민은 근로의 권리를 가진다. 국가는 사회적·경제적 방법으로 근로자의 고용의 증진과 적정임금의 보장에 노력하여야 하며, 법률이 정하는 바에 의하여 최저임금제를 시행하여야 한다.
헌법 제119조 제2항	소득분배 관련	국가는 균형 있는 국민경제의 성장 및 안정과 적정한 소득의 분배를 유지하고, 시장의 지배와 경제력의 남용을 방지하며, 경제주체 간의 조화를 통한 경제의 민주화를 위하여 경제에 관한 규제와 조정을 할 수 있다.

2) 생존권적 기본권의 의의

(1) 생존권이란 무엇을 의미하는가?

생존권은 국민이 최저생활의 유지를 위해 필요한 제 조건의 확보를 국가에 대해 요구할 수 있는 권리이다. 필요한 제 조건이란 "생존하는 데 필요한 기본적 조건"을 말하며, 기본적 조건이란 "의, 식, 주와 일상생활용품 등을 의미"한다. 이러한 기본적 조건은 국가가 책임지고 확보해 주어야 하며, 그것은 국가의 신성한 의무라는 것이다. 단, 생존권 실현의 보장은 사회변동에 따라 변화한다.

(2) 생존권적 기본권의 의의는 어디에 있는가?

무산대중[10]의 인간다운 생활을 보장하기 위해서는 국가로부터의 형식적인 자유 대신 국가의 적극적인 개입에 의한 실질적인 자유를 보장해야 한다는 데 의의가 있다. 인간다운 생활의 보장을 국가의 의무로 하는 생존권의 특징은 ① 사회적 약자에 대한 국가의 온정주의적 은혜가 아니라 사회에서 생을 향유하는 자의 당연한 권리, ② 생존권은 단지 살아간다는 정도가 아니라 문화적 인간에 상응하는 정도의 것, ③ 소득의 보장, 의료의 보장뿐만 아니라 사회복지서비스를 통한 재활과 사회복귀까지 보장하는 것이다.

3. 생존권 이념의 형성과 발달

생존권 이념은 어떻게 형성되고 발전되었는가? 자본주의 사회의 발전과정과 밀접한 관계가 있다. 즉 자본주의의 내재적[11](태생적) 모순은 소수의 가진 자와 다수의 가지지 못한 자로 계급을 이분화했고, 다수의 가지지 못한 자는 생존의 위험에 직면하게 되었다. 따라서 자신과 가족부양에 실패하게 된 다수의 사회구성원(초기: 근로자 중심)은 그들의 생계유지를 위해 투쟁하게 되는데, 이 과정에서 생존권 이념이 형성되었다.

1) 시민법과 생존권

자본주의 경제체제의 기반은 시민사회였고, 시민사회의 규범은 시민법 체계이다. 시민법 체계는 시민사회의 정치적 지도 원리였고, 자본주의 경제질서를 규율하는 규범체계였다. 시민법 체계의 지도 원리는 법이념은 자유권이다. 시민법은 개인의 자유와 평등의 이념을 구현하고 자본주의의 원활한 발전을 도모하기 위해 다음과 같은 소유권 절대의 원칙을 지도 원리로 삼는다.

10) 무산대중(無産大衆)이란 노동자, 빈농 따위의 재산이 없는 가난한 대중을 뜻한다.
11) 내재적이란 어떤 현상이 안에 존재하는 또는 그런 것이라는 뜻이다.

① 사유재산존중의 원칙: 소유권 행사 및 처분은 소유자 개인의 절대적 권리 ↔ 유산자가 대다수 무산자를 지배하는 무기로 이용, 무산자에게는 장식물에 불과하다.
② 계약자유의 원칙: 개인의 자유의사에 의한 계약 ↔ 경제적 강자가 경제적 약자에 대해 일방적으로 계약을 강제하는 수단으로 악용될 수도 있다.
③ 과실책임의 원칙: 개인이 타인에 준 손해에 대해 고의 과실에 기인하는 경우에만 손해배상 책임을 지고, 과실의 고의입증은 피해당사자가 진다. ↔ 경제적 강자가 경제적 약자에 대한 손해배상 책임을 면제받는 방패로 사용된다.

자본주의의 발전에 따라 자본의 독점과 부의 편재를 초래하고, 개인 간의 극심한 빈부의 차이가 발생한다. 이는 사회구성원의 이분화(계급 간 대립과 적대감 고조)와 소유권의 절대적 자유권에 대한 비판이 전개되었다. 이를 위한 시정투쟁 전개 자본주의 경제의 구조적 폐해로부터 국민을 구제하기 위해 국가권력이 경제과정에 개입하는 것이 허용되어야 한다는 사실의 인식과 시민법의 근본원리인 법 앞의 자유와 평등에 기초한 추상적 인간관과 최소한의 국가개입과 간섭을 원리로 한 근대시민사회의 야경국가[12]관은 수정이 불가피해지고 생활인이라는 구체적 인간관과 개인생활의 국가개입이라는 새로운 관념으로 전환되었으며 생존권적 이념이 형성되었다.

2) 노동법과 생존권

근대 국가에 있어서 자본주의 경제의 발전은 경제적 약자와 강자의 대립 또는 노사의 대립을 초래하여 사회적 위험을 발생시켰다. 구체적인 인간의 자유와 평등을 보장하기 위해 시민법의 3대 원칙의 수정이 불가피하였다.

① 소유권 절대의 원칙: 소유권의 행사는 절대적 자유가 아니라 사회적, 국가적 견지에서 필요한 제한과 구속을 받아야 한다는 것으로 전환되었다. 공공의 복리 또는 권리남용금지의 법리가 적용되었다.
② 계약자유의 원칙: 사회적 약자나 노동자의 생존권을 보장하기 위해 계약자유를 제한하는 법규가 증가하였다. 강제 체결된 계약 및 계약 내용의 변경을 명령 내지 효력을 부인하는 등 국가의 적극적인 태도가 요구되었다. 공공복리, 사회질서, 신의성실 등의 법리가 계약자유를 제한하였다.
③ 과실책임의 원칙: 사용자가 고의나 과실로 근로자에게 입힌 피해가 아니라도 업무상 재해에 대해서는 사용자가 손해배상을 책임진다. 무과실원칙의 도입, 과실책임의 원칙하에 입증책임의 전환 또는 무과실책임을 인정하는 예외규정의 확장 해석이 가능하다.

---

12) 야경국가는 독일의 사회주의자 라살레(Ferdinand Lassalle)가 주장한 17세기 절대주의 시기의 국가관으로 국가는 외적 침입, 국내치안, 사유재산보호와 같은 최소한의 임무만을 수행해야 하며, 나머지는 자유방임에 맡길 것을 주장하는 국가관이다.

이러한 시민법의 수정원리에 의해 대두된 법이 노동자의 생존권을 보장하기 위한 노동관계법규이다. 노동관계법은 노동권과 노동3권을 보장하는 입법과 노동조합법을 입법함으로써 근로자의 근로조건을 보호하였다. 노동법은 근로자의 근로조건 보호를 통해서 근로자의 생존권 확보에 기여하였으나, 그러나 생활인으로서의 근로자의 생존권을 확보할 수는 없었다.

3) 사회보장법과 생존권

노동법의 한계가 가시화되고 사회적 위험의 증가에 따라 근로자의 생활인으로서의 생존권을 확보하기 위해 사회보장법이 대두되었다. 실업, 질병, 출산, 다자녀, 산업재해, 장애, 부양책임자의 사망, 노령 등의 생활상의 위험은 개인적인 이유에서 비롯된 것이 아니라 사회적인 요인에 의해서 발생한 것이므로 사회적 대처가 필요하여 사회보장법이 입법되었다.

노동법과 사회보장법의 차이는, 노동법은 노동력의 거래관계를 기반으로 하였으며, 사회보장법은 사회생활상의 보장을 기반으로 하였다. 노동법은 계약내용으로서 근로조건의 법적 규율이 중심으로 단결권의 보장도, 노동보호 입법도 노동조건을 제외하고는 의미가 없다. 사회보장법은 근로자를 생활 주체로 파악, 법률관계를 사회구성원의 지위에 있어서 근로자와 사회자체 간에 형성된 법률관계로 본다.

4) 사회서비스법과 생존권

근로자를 포함한 전 국민 생활상의 사고는 사회보장법으로 대처가 가능하나 생활상의 사고를 당하여 자립능력을 상실한 자와 자립능력을 구비하지 못한 비자립자의 생존권은 노동법이나 사회보장법으로 보장할 수 없었다. 자립상실자와 비자립자의 생존권을 보장하기 위한 목적으로 사회서비스법이 대두되었다. 사회서비스법의 특징은 재활 및 자활 지원, 복지공급 주체의 다양화, 전문사회사업방법론에 의거, 법에 규정한 요건 충족의 경우 청구권적 권리가 향유된다.

4. 생존권 보장을 위한 국제적 노력

1) 국제노동기구의 생존권 보장 노력

1919년 제네바에서 설립된 ILO[13]는 실업보험(1919년), 산재보험(1925년), 질병보험(1927년), 노령 · 폐질 · 유족연금보험(1933년)의 실시를 각국에 권고하였다. 1942년에 “사회보장에의 길”을 발간 · 보급하고, 「필라델피아 선언(1944년)」의 구체적 조치로 「소득보장에 관한 권고」 및 「의료보호에 관한 권고」를 채택하였다. 「사회보장의 최저기준에 관한 조약(1952년)」 등을 채택하여 사회보장의 국제화에 크게 기여하였으며, 「모성보호조약(1952년)」, 「산업재해 직업병 급여에 관한 조약(1964년)」, 「노령 · 장애 · 유족연금에 관한 조약(1967년)」, 「의료급여에 관한 조약(1969년)」, 「고령노동자에 대한 권고(1982년)」, 「고용촉진 및 실업보호에 관한 조약(1988년)」 및 「고용촉진 및 실업보호에 관한 권고(1988년)」 등을 채택하여 각국이 사회보장제도의 전 영역을 국가정책으로 반영하여 시행할 것을 적극 권고하였다.

2) 국제연합의 생존권 보장 노력

국제연합은 1948년 제3차 총회에서 「세계인권선언」을 채택하여, 생존권을 못 박고 사회보장을 인류 모두의 권리이며 세계 모든 정부의 의무로 규정하였다. “인간은 누구나 사회의 일원으로서 사회보장을 받을 권리를 가지며, 또한 국가적 노력 및 국제적 노력을 통하여 나아가서는 각국의 조직 및 자원에 따라 자기의 존엄과 인격의 자유로운 발전에 있어 없어서는 안 될 경제적 · 사회적 및 문화적 권리를 실현할 권리가 있다”(제22조).

1966년에는 「경제적 · 사회적 및 문화적 권리에 관한 조약」을 채택하여 사회보장권을 조약화하고, 세계 각국은 국제연합의 권고에 따라 또는 회원국의 의무로서 사회보장제도를 도입하게 되었다.

3) 세계노동조합의 생존권 보장 노력

1961년 세계노동조합연맹이 주최한 국제회의에서 만장일치로 「사회보장강령」이 채택되

13) 국제노동기구(International Labour Organization, ILO)는 노동문제를 다루는 국제연합의 전문기구로서 스위스 제네바에 본부를 두고 있다. 1969년 노벨 평화상을 수상하였으며, 국제노동기구가 제시하는 목표는 “자유롭고 평등하고 안전하며 인간 존엄성을 유지할 수 있는 노동을 보장하는 것이다.” 이러한 당면 과제를 수행하기 위하여 국제노동기구는 노동기본권, 고용, 사회보장, 사회협력과 같은 분과를 운영하고 있다.

었다. 사회보장의 기본원칙으로 근로자 무갹출의 원칙, 의료의 사회화원칙, 적용사고의 포괄성 의 원칙, 피보장자의 포괄성의 원칙, 무차별의 원칙을 주장하였다. 상기 사회보장에 관한 다섯 가지 기본원칙은 사회보장의 확립, 개선, 확대를 위한 전 세계의 노동자와 노동조합의 통일투쟁에서 가장 귀중하다고 생각되는 것을 제시한 것이다.

5. 생존권 보장을 위한 우리나라의 법적 규정

헌법에서는 생존권 이념은 헌법 전문, 제10조, 제31조부터 제36조에 명시적으로 규정되어 있다.

1) 자유민주주의 이념에 입각한 기회의 균등 및 생존권 보장(전문)

"……정치 · 경제 · 사회 · 문화의 모든 영역에 있어서 각인의 기회를 균등히 하고, 능력을 최고도로 발휘하게 하며, 자유와 권리에 따르는 책임과 의무를 완수하게 하여, 안으로는 국민생활의 균등한 향상을 기하고……" 전문에서 이렇게 제시를 통해 국민 각자가 정치, 경제, 사회, 문화 등 모든 분야에서 능력을 충실히 발휘할 수 있도록 생존권 확보를 위해 국민 각자가 책임과 의무를 다할 것을 규정하고 있다.

2) 인간의 존엄성 확보와 행복을 추구할 권리(제10조)

생존권 보장의 대원칙으로, "모든 국민은 인간으로서의 존엄과 가치를 가지며, 행복을 추구할 권리를 가진다. 국가는 개인이 가지는 불가침의 기본적 인권을 확인하고 이를 보장할 의무를 진다(제10조)"고 규정하여, 인간의 존엄성과 행복추구권에 대한 국민과 국가의 권리, 의무관계를 명확히 규정하였다.

3) 교육을 받을 권리

"① 모든 국민은 능력에 따라 균등하게 교육을 받을 권리를 가진다. ② 모든 국민은 그 보호하는 자녀에게 적어도 초등교육과 법률이 정하는 교육을 받게 할 의무를 진다. ③ 의무교육은 무상으로 한다. ④ 교육의 자주성 · 전문성 · 정치적 중립성 및 대학의 자율성은 법률이 정하는 바에 의하여 보장된다. ⑤ 국가는 평생교육을 진흥하여야 한다. ⑥ 학교교육 및 평생교육을 포함한 교육제도와 그 운영, 교육재정 및 교원의 지위에 관한 기본적인 사항은 법률로 정한다(제31조)."고 규정함으로써 교육을 받을 권리를 명시하였다. 교육권이 기본적 인권을 확보하는 데 가장 중요한 기본권 중의 하나이고 생존권을 보장하기 위한 기회의 평등이 교육을 받을 권리로부터 구현될 수 있다.

4) 근로의 권리

근로자의 생존권을 보장한 것으로, "① 모든 국민은 근로의 권리를 가진다. 국가는 사회적·경제적 방법으로 근로자의 고용의 증진과 적정임금의 보장에 노력하여야 하며, 법률이 정하는 바에 의하여 최저임금제를 시행하여야 한다. ② 모든 국민은 근로의 의무를 진다. 국가는 근로의 의무의 내용과 조건을 민주주의 원칙에 따라 법률로 정한다. ③ 근로조건의 기준은 인간의 존엄성을 보장하도록 법률로 정한다. ④ 여자의 근로는 특별한 보호를 받으며, 고용·임금 및 근로조건에 있어서 부당한 차별을 받지 아니한다. ⑤ 연소자의 근로는 특별한 보호를 받는다. ⑥ 국가유공자·상이군경 및 전몰군경의 유가족은 법률이 정하는 바에 의하여 우선적으로 근로의 기회를 부여받는다(제32조). ① 근로자는 근로조건의 향상을 위하여 자주적인 단결권·단체교섭권 및 단체행동권을 가진다. ② 공무원인 근로자는 법률이 정하는 자에 한하여 단결권·단체교섭권 및 단체행동권을 가진다. ③ 법률이 정하는 주요방위산업체에 종사하는 근로자의 단체행동권은 법률이 정하는 바에 의하여 이를 제한하거나 인정하지 아니할 수 있다(제33조)."고 규정하고 있다.

근로의 권리에 있어서 권리의 내용은 일반적으로 근로의 의사와 능력이 있는 자가 자기가 속해 있는 사회에서 근로의 기회 제공을 요구할 수 있는 권리라는 견해와 근로의 의사와 능력을 가진 자가 사기업에서 취업할 수 없을 때에는 국가에 대하여 근로의 기회제공을 요구하고 그것이 불가능할 때에는 상당한 생활비의 지급을 청구할 수 있는 권리라는 견해가 대립되고 있다.

5) 인간다운 생활을 할 권리

생존권 보장의 기본원칙과 복지권의 구체적인 규정으로, "① 모든 국민은 인간다운 생활을 할 권리를 가진다. ② 국가는 사회보장·사회복지의 증진에 노력할 의무를 진다. ③ 국가는 여자의 복지와 권익의 향상을 위하여 노력하여야 한다. ④ 국가는 노인과 청소년의 복지향상을 위한 정책을 실시할 의무를 진다. ⑤ 신체장애자 및 질병·노령 기타의 사유로 생활능력이 없는 국민은 법률이 정하는 바에 의하여 국가의 보호를 받는다. ⑥ 국가는 재해를 예방하고 그 위험으로부터 국민을 보호하기 위하여 노력하여야 한다(제34조)."고 규정하고 있다.

6) 환경권 및 주거권

"① 모든 국민은 건강하고 쾌적한 환경에서 생활할 권리를 가지며, 국가와 국민은 환경보전을 위하여 노력하여야 한다. ② 환경권의 내용과 행사에 관하여는 법률로 정한다. ③ 국가는 주택개발정책 등을 통하여 모든 국민이 쾌적한 주거생활을 할 수 있도록 노력하여야 한다(제35조)."고 규정하고 있다.

7) 혼인과 가족 및 보건에 관한 권리

"① 혼인과 가족생활은 개인의 존엄과 양성의 평등을 기초로 성립되고 유지되어야 하며, 국가는 이를 보장한다. ② 국가는 도성의 보호를 위하여 노력하여야 한다. ③ 모든 국민은 보건에 관하여 국가의 보호를 받는다(제36조)."고 규정하고 있다.

8) 소득분배 관련

"국가는 균형 있는 국민경제의 성장 및 안정과 적정한 소득의 분배를 유지하고... (제119조 제2항)"에 규정하고 있다.

6. 사회권적 기본권의 규범적 구조

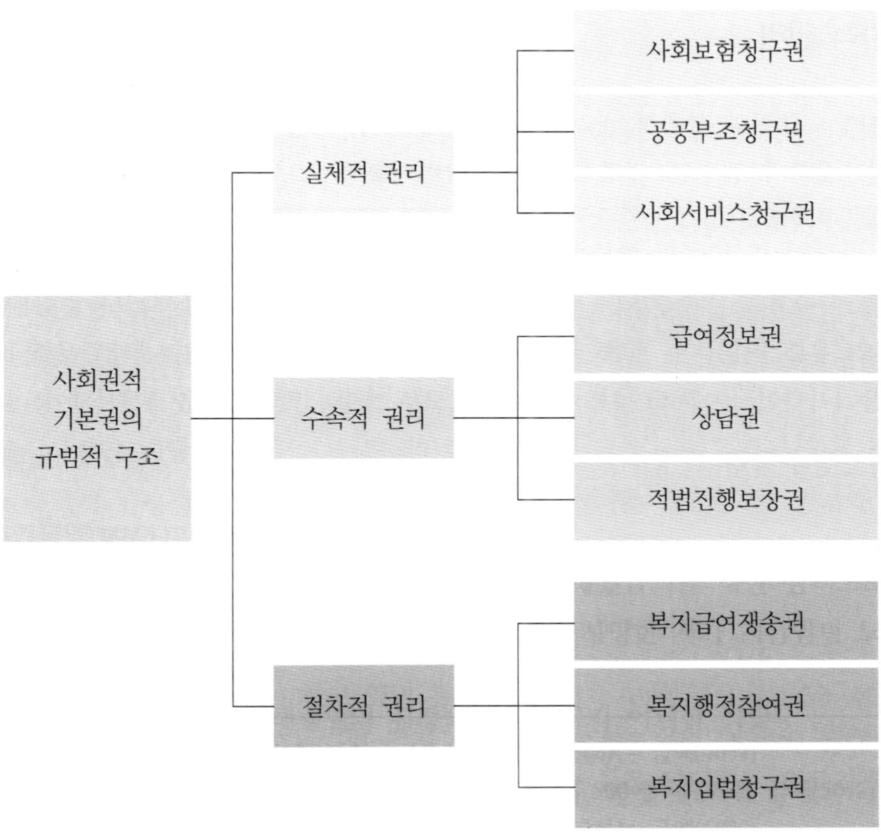

그림 2-1 사회권적 기본권의 규범적 구조

1) 실체적 권리

모든 국민에게 인간다운 생활을 유지하도록 보장하기 위한 헌법상 권리를 구체화하는 입법이 제정되었을 때, 국민이 해당 법률에 의해 현실적인 급여를 청구할 수 있는 권리로 복지급여 청구권을 말한다. 사회복지법은 수급요건, 수급권자, 급여수준, 수급기준, 급여종류, 재원조달, 전달체계, 수급권의 보호와 제한 등을 구체적으로 규정하여야 한다. 사회보험청구권, 공공부조청구권, 사회서비스청구권으로 구성된다.

2) 수속적 권리

복지급여를 받기 위해 거쳐야 하는 일련의 수속과정이 본래의 수급권 보장을 위해 적합하게 진행되어야 할 것을 요구하는 권리이다. 급여정보권, 상담권, 적법진행보장권으로 구성된다.

3) 절차적 권리

사회보장수급권의 실체적 권리보장 및 실현을 위해 필요한 의무를 이행하고 강제를 구체화하는 절차와 관련된 권리이다. 복지급여쟁송권[14], 복지행정참여권[15], 복지입법청구권[16]으로 구성된다.

7. 사회보장수급권

1) 사회보장수급권 특징

(1) 신청주의

급여의 수급권은 신청해야 행사할 수 있다. 사회보장급여를 신청하는 자가 다른 기관에

14) 복지급여쟁송권은 행정기관이 복지권을 위법 또는 부당하게 침해했을 때 이의 구제를 신청하는 권리이다.

15) 복지행정참여권은 복지행정과정에 수급권자나 국민이 참여할 권리로서, 이는 수급자격이나 급여결정 시 재량권의 남용을 막고 복지행정이 공평무사하게 이루어지도록 한다.

16) 복지입법청구권은 복지권 보장을 위한 법률이 제정되지 않았거나, 법률의 내용이 불충분할 경우 입법이나 개정을 요구할 수 있는 권리이다.

신청한 경우에는 당해 기관은 지체 없이 이를 정당한 권한이 있는 기관에 이송해야 한다. 이때, 이송된 날에 신청된 것으로 본다.

(2) 수급권 보호규정

사회보장수급권은 관계법령이 정하는 바에 따라 타인에게 양도하거나 담보로 제공할 수 없으며, 이를 압류할 수 없다.

(3) 사회보장수급권 제한 및 포기

사회보장수급권은 제한하거나 정지될 수 없다. 다만, 관계법령에 따로 정하고 있는 경우에는 그러하지 아니한다. 사회보장수급권은 정당한 권한이 있는 기관에 서면으로 통지하여 이를 포기할 수 있다. 또한 사회보장수급권의 포기는 이를 취소할 수 있다. 이때 포기가 타인에게 피해를 주거나 사회보장에 관한 관계 법령에 위반되는 경우에는 이를 포기할 수 없다.

(4) 구상권

제3자의 불법행위에 의하여 피해를 입은 국민이 그로 인하여 사회보장수급권을 가지게 될 경우 사회보장제도를 운영하는 자는 불법행위의 책임이 있는 자에 대하여 관계법령이 정하는 바에 의하여 구상권을 행사할 수 있다.

2) 사회보장수급권의 취약성과 보호

(1) 다른 기본권보다 권리성이 약하다.

오랫동안 사회보장수급권은 기본권의 성격상 프로그램 규정적 권리로 인정되어 온 것이 통설이었다. 현재는 법적 권리설로 차츰 인정되고 있으나 권리성 측면에서는 다른 기본권보다 권리성이 약하다.

(2) 개별 사례적이고 복잡 다양한 복지서비스는 모든 내용을 법률로 규정하기 어려울 뿐만 아니라 표준화시켜 적용하기 어렵다.

복지급여 종류에는 현금급여나 현물급여뿐만 아니라 시설수용서비스, 직업훈련서비스, 상담스비스와 같은 복지서비스가 있다. 국민들에게 권리로서 인정받기 위해서는 객관적이고 획일적으로 적용할 수 있는 기준이 마련되어야 하기 때문에 개별 사례적이고 복잡 다양한 사회복지서비스 분야에서의 복지권은 취약하게 마련이다.

(3) 복지수혜원인인 빈곤의 책임을 수혜자 개인의 책임으로 돌리려는 사회적 인식이 강하다.

복지수혜원인인 빈곤을 수혜자 개인의 책임으로 돌리려는 사회적 인식이 있어 권리성이 취약하게 된다.

(4) 사회보장수급권은 국민 다수의 권리라기보다 소수 극빈층을 위한 권리라는 인식으로 국민 대다수로부터 복지권이 기본권으로 인정받기 어렵다.

사회보장수급권은 사회 내에 소수 극빈계층에 속하는 사람을 위한 권리라고 인식하는 사람들이 많기 때문에 다수로부터 복지권이 기본권으로 인정받기 어렵다.

3) 사회보장기본법 및 하위법에서의 개인의 수급권

사회보장기본법상 사회보장의 범위인 공공부조, 사회보험, 사회서비스는 수급자, 재원의 기여여부, 급여종류 등이 다양해서 수급권에 대한 권리의 성격도 다르다. 사회보험의 경우는 수급권자의 재정적 기여로 인해 권리성이 강하지만, 공공부조 및 사회서비스의 경우 재정적인 기여 부분이 없어 권리성이 다소 취약한 측면이 있다.

4) 사회보험과 공공부조의 차이점

우리나라의 사회보험은 연금보험, 건강보험, 노인장기요양보험, 산업재해보상보험, 고용보험이 있고, 연금보험에는 국민연금, 공무원연금, 사립학교교직원 연금, 군인연금이 있다.

(1) 사회보험과 사보험의 차이

표 2-5 사회보험과 사보험의 차이

구분	사회보험	사보험
가입	강제적	자발적
보험료/기여금 부과기준	소득수준	위험정도 - 급여수준
강조	사회적 적절성	개인의 적절성
급여 근거	법	계약
관리 운영	정부 독점	경쟁
비용 예측	어려움	비교적 쉬움
완전한 재정준비	필요하지 않음	필요함
목적/결과 관련 의견	다양함	대체로 일치
투자	대체로 정부 업무	주로 민간분야
인플레이션 보상	인플레이션 보장	인플레이션 비보장

① 사회보험의 특성

보험으로서 민영보험과 "위험분산, 손해의 우연성(사망, 질병, 장애), 위험의 이전, 손해의 배상이라는 측면"에서는 공통점을 갖는다. 다만, 사회보험은 보험 수행 주체가 국가나 공공기관이며 사회보험 관련 법상 일정한 자격요건을 갖추면 법에 의해 가입이 강제로 이루어지는 공적보험인 것이다. 보험운영에 필요한 주된 재원은 주로 수혜대상자의 기여금과 사용자의 부담금으로 충당되고, 일부보험은 국가의 부담금도 포함된다. 사회보험은 소득과 자산조사를 실시하지 않고 일정한 요건을 갖추면 모든 사람에게 급여를 지급한다.

② 사회보험의 권리성

사회보험은 가입자의 기여금으로 보험의 주된 재원을 충당하고 있으므로 사회보험수급권은 권리성이 대단히 강하다.

③ 사회보험수급권

법으로 보장된 구체적·법적 권리이다. 사회보험수급권은 헌법의 인간다운 생활을 보장하기 위한 생존권을 구체화하는 권리이다. 국민은 사회보험법에 보장된 사고가 발생했을 때 보험급여를 적극적으로 국가에 요청할 권리가 있고, 국가는 이에 적극적으로 응할 의무가 있다. 사회보험수급권이 보장되지 않는 경우, 수급권자인 국민은 국가 대상 소송을 통해 권리구제를 받을 수 있다.

(2) 사회보험과 공공부조의 차이점

표 2-6 사회보험과 공공부조의 차이점

구분	사회보험	공공부조
적용 조건	강제가입	신청
대상	주로 노동자와 그 가족	국민 일반(생활곤란자)
비용	유상(본인 기여 전제)	무상(공적 비용)
급여 수준	임금비례, 균일액	최저생활비
급여 기간	대체로 유한	대체로 무한
급여 개시	사고의 발생(자동적)	빈곤조사 / 자산조사
수급 자격	피보험자 본인 및 가족	자산 및 소득조사를 받은 자
기능	예방적, 방빈[17]적	구빈적, 사후치료적

① 공공부조의 특징

국가나 공공단체가 주체로서 빈곤자를 대상으로 한다. 자산조사를 수반한 무갹출 급여로서 조세를 통해 재원이 조달되고, 자신의 능력이나 가족 또는 친족의 도움을 받을 수 없는 생활곤궁자인 절대빈곤층이 주 대상이다. 공공부조의 급여를 받기 위해서는 대상자는 공공기관의 급여자격판정 조사에 응해야 하고, 수급자는 사회보험에 비해 비교적 소수가 해당된다.

② 공공부조의 권리성

공공부조수급권은 생활능력이 없는 국민에게 인간다운 생활을 유지해 주기 위한 헌법상 규정된 권리로서, 대상자는 국가로부터 건강하고 문화적인 최저한도의 인간다운 생활을 보장받을 수 있는 권리가 있다. 국가는 이들이 최소한 최저수준의 인간다운 생활을 영위할 수 있도록 사회보장과 사회복지를 증진을 위해 노력할 의무가 있다.

국민기초생활보장법 제정과 동시에 기초생활의 기준인 최저생계비를 보장해 줌으로써 공공부조수급권은 과거 생활보호법상의 프로그램적인 권리에서 추상적 법적 권리로 그 권리성이 일보 진전되었다.

---

17) 방빈이란 가난을 미리 막음의 뜻이다.

8. 사회복지사의 법적 지위와 권한

1) 사회복지사의 자격 및 법적 지위

(1) 사회복지사의 자격

보건복지부장관은 사회복지에 관한 전문지식과 기술을 가진 사람에게 사회복지사 자격증을 발급할 수 있다(사회복지사업법 제11조). 사회복지사의 등급은 1·2급으로 하며, 등급별 자격기준은 서로 다르다. 4년제 대학 졸업 이상의 학력자로서 보건복지부장관이 인정하는 자격증 교과목 이수자 또는 전문대 졸업 이상자로서 현장경력 1년 이상자로서 사회복지사 1급의 자격증을 교부받고자 하는 자는 국가시험에 합격하여야 한다.

사회복지사가 될 수 없는 결격사유에 해당하는 자는 사회복지사업법 제11조의2[18]의 규정에 의해 사회복지사가 될 수 없다.

(2) 사회복지사의 법적 지위

사회복지사의 법적 지위 또는 신분은 공공기관의 사회복지사(사회복지전담공무원)와 민간기관의 사회복지사로 구분할 수 있다.

① 공공기관 사회븍지사(사회복지전담공무원)의 법적 지위

공공기관에 근무하는 사회복지사는 주로 사회복지전담공무원을 의미한다. 사회복지전담공무원에 대한 법적 신분에 대해 사회복지사업법에는 "복지전담공무원은 사회복지사의 자격을 가진 자로 하며, 그 임용에 관하여는 지방공무원 임용령이 정하는 바에 의한다"(제14조 및 동법 시행령 제7조)로 규정되어 있다.

국가공무원법 제2조 및 지방공무원법 제2조의 공무원 구분에 따르면, 공무원은 경력직 공무원과 특수경력직 공무원으로 나누는데, 사회복지전담공무원은 이 가운데 경력직 공무

18) 사회복지사업법 제11조의2(사회복지사의 결격사유) 다음 각 호의 어느 하나에 해당하는 사람은 사회복지사가 될 수 없다.
1. 피성년후견인 또는 피한정후견인
2. 금고 이상의 형을 선고받고 그 집행이 끝나지 아니하였거나 그 집행을 받지 아니하기로 확정되지 아니한 사람
3. 법원의 판결에 따라 자격이 상실되거나 정지된 사람
4. 마약·대마 또는 향정신성의약품의 중독자
5. 정신건강증진 및 정신질환자 복지서비스 지원에 관한 법률 제3조 제1호에 따른 정신질환자. 다만, 전문의가 사회복지사로서 적합하다고 인정하는 사람은 그러하지 아니하다.

원에 속한다. 경력직 공무원과 특수경력직 공무원은 채용조건, 임용절차 등이 다르기 때문에 법적 지위도 다르다. 경력직 공무원 가운데 일반직 공무원에 속하며, 일반직 공무원 가운데 사회복지 직렬에 속한다. 또한 일반직 공무원 가운데 국가공무원, 즉 중앙공무원이 아니라 지방공무원에 속한다.

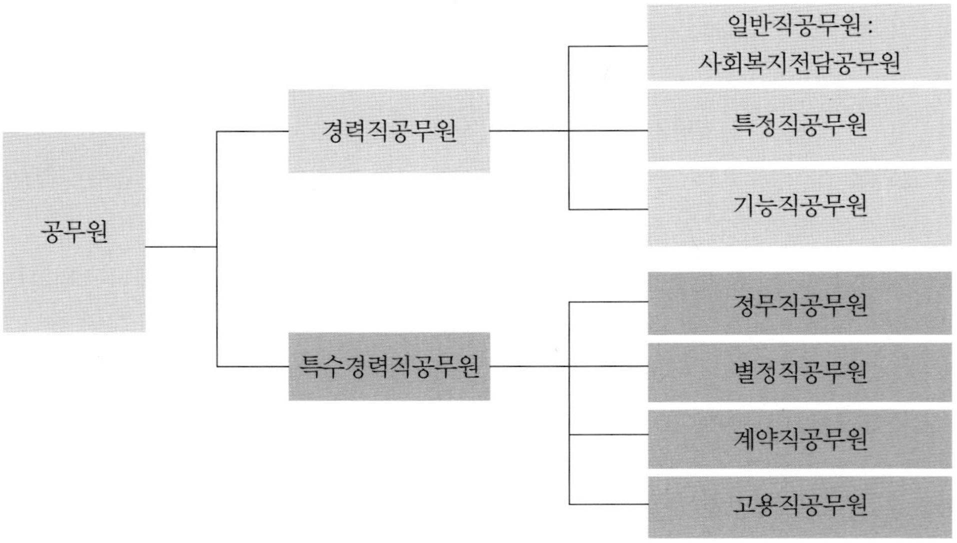

그림 2-2 공무원의 분류와 사회복지전담공무원

② 민간기관에 종사하는 사회복지사의 법적 지위

민간기관에 종사하는 사회복지사의 법적 지위는 근로자로서 갖는 지위와 전문가로서 갖는 지위로 대별할 수 있다. 근로자로서 사회복지사로는, 민간기관에 종사하는 사회복지사는 무보수로 봉사하는 자원봉사자와 달리 사회복지 관련 민간사업장에서 임금을 목적으로 근로를 제공하는 근로자로서 법적 지위를 갖는다. 따라서 민간기관에 종사하는 사회복지사는 사용자와 원칙적으로 대등한 관계에서 근로계약을 체결하며, 조직구성원의 지위에서 업무를 수행하며, 공동의사결정에 참여한다. 전문가로서 사회복지사로는, 민간사회복지기관에 종사하는 사회복지사는 사회복지에 관한 전문지식과 기술을 갖추고, 보건복지부장관으로부터 자격증을 교부받은 자를 말한다.

사회복지사업법에서는 사회복지법인이나 시설의 일정 업무는 반드시 사회복지사로 하여금 전문성을 발휘하도록 하고 있다(사회복지사업법 제13조 및 동법 시행령 제6조). 예를 들면, 사회복지 프로그램의 개발 및 운영업무, 시설 거주자의 생활지도업무, 사회복지를 필요로 하는 사람에 대한 상담업무는 사회복지사를 그 종사자로 채용하여야 한다고 규정함으로써 이들 분야에서 사회복지사로 하여금 전문가로서의 역할을 수행하도록 하고 있다.

2) 사회복지사의 권한과 책임

사회복지사의 법적 권한과 책임은 공공기관에 근무하는 사회복지전담공무원과 민간복지기관이나 시설에 근무하는 사회복지사 간에는 차이가 있다.

(1) 사회복지전담공무원의 법적 권한

① 신분상의 권리

사회복지전담공무원은 공공기관에서 사회복지사의 신분을 가지고 복지 관련 업무에 근무함으로써 인정되는 신분상의 권리들이 있다. 대표적인 것이 직업공무원제도하에서의 신분보장으로, 소청(訴請)제기권[19]과 소송(訴訟)제기권[20]이 있다.

② 직무집행과 관련되는 권리

사회복지전담공무원이 직무집행과 관련되는 권리에는 직무수행권과 직위보유권이 있다. 직무수행권이란 사회복지전담공무원이 공무원으로서의 신분을 가지고 직무를 수행하는 경우에는 그 직무의 공익적 성격으로 인해 사회복지전담공무원은 자신의 직무를 집행할 정당한 권리를 갖게 된다. 직위보유권이란 사회복지사업법 제14조에서는 시・도, 시・군・구 및 읍・면・동 또는 복지전담기구에서는 사회복지사업에 관한 업무를 사회복지전담공무원이 담당하도록 하고 있다.

③ 재산상의 권리

사회복지전담공무원의 재산상의 권리에는 보수청구권, 연금청구권, 실비변상을 받을 권리가 있다. 보수청구권은 자신의 직무수행 대가로 국가를 상대로 보수를 청구할 수 있다. 연금청구권은 공무원연금을 청구할 권리, 실비변상을 받을 권리는 보수를 받는 이외에 규칙 또는 대통령령이 정하는 바에 따라 직무수행에 소요되는 실비를 변상 받을 권리가 있다.

④ 기타 권리

교육을 받을 권리, 사생활의 비밀과 자유의 권리가 있다.

---

19) 소청제기권이란 공두원의 신분변동에 관한 처분은 법으로 정한 사유에 가능하고, 처분 시에는 그 사유서를 기재한 처분사유 설명서를 교부하여야 한다. 이에, 이의가 있을 때 공무원이 사용하는 권리이다.
20) 공무원의 신분에 관한 위법한 처분이 행해지는 때에는 행정소송을 제기할 수 있는 권리를 갖는다.

⑤ 사회복지전담공무원의 법적 권한의 제한

사회복지전담공무원의 법적 권한은 국가안전보장·질서유지 또는 공공복리를 위하여 필요한 경우에 한하여 법률로써 제한할 수 있으며, 제한하는 경우에도 자유와 권리의 본질적인 내용은 침해할 수 없다. 사회복지전담공무원의 지원자격이 사회복지사자격증 소지자에 한정되므로 사회복지사업법의 사회복지사 결격사유에 해당할 경우 사회복지전담공무원은 그 자격을 상실하게 된다.

(2) 민간사회복지기관 사회복지사의 법적 권한

① 신분상의 권리

민간사회복지기관에 종사하는 사회복지사의 신분보장은 국가의 법으로 명확하게 규정되어 있지 않으며, 주로 법인의 정관에 따라 신분보장을 받는다. 근로자로서 근로기준법에 의해 법적 권한을 논할 수 있을 것이다. 민간 사회복지사는 자신의 의사에 반하여 신분조치를 받지 않을 권리, 면직예고를 받을 권리, 이의 신청의 권리가 있다.

② 직무집행과 관련되는 권리

사회복지사는 자신에게 적합한 일정한 직무와 책임(직위)을 부여받을 권리를 가지며, 부여된 직무를 수행할 권리를 가진다. 단, 직무수행능력이 부족하거나 근무 성적이 극히 불량하거나 직원으로서의 근무태도가 심히 불성실한 경우에는 직위를 부여하지 않을 수 있다.

③ 재산상의 권리

사회복지사는 자신이 제공한 직무수행의 대가로 보수를 청구할 권리를 갖는다. 사회복지사는 국민연금을 청구할 권리를 갖는다. 사회복지사는 보수를 받는 이외에 기관운영규정에 따라 직무수행에 소요되는 실비를 변상 받을 권리가 있다.

④ 근로3권

민간사회복지기관에 근무하는 사회복지사는 헌법상 보장된 근로3권(단결권, 단체교섭권, 단체행동권)을 갖는다. 근로자로서 사회복지사는 자주적으로 단결하여 근로조건의 유지, 개선, 기타 근로자의 경제·사회적 지위의 향상을 도모하기 위해 노동조합을 조직할 권리가 있다.

⑤ 사회복지사의 법적 권한과 한계

사회복지사의 법적 권한은 국가안전보장 · 질서유지 또는 공공복리를 위하여 필요한 경우에 한하여 법률로써 제한할 수 있으며, 제한하는 경우에도 자유와 권리의 본질적인 내용은 침해할 수 없다. 기관에 종사하는 사회복지사에게 사회복지사로서의 결격사유가 발생할 경우에는 사회복지사로서의 법적 권한은 상실하게 된다.

3) 사회복지사의 법적 의무

(1) 사회복지사업법상 사회복지사의 의무

복지업무에 종사하는 사람은 사회복지사업법 제5조에 의해 "이 법에 따라 복지업무에 종사하는 사람은 그 업무를 수행할 때에 사회복지를 필요로 하는 사람을 위하여 인권을 존중하고 차별 없이 최대로 봉사하여야 한다." 인권존중 및 최대봉사의 원칙을 규정하고 있다. 또한, 사회복지사업법 제47조에 의해 "사회복지사업 또는 사회복지업무에 종사하였거나 종사하고 있는 자는 그 업무 수행 과정에서 알게 된 다른 사람의 비밀을 누설하여서는 아니 된다." 비밀누설의 금지를 의무화하고 있다.

(2) 일반적 의무

성실의 의무, 품위유지의무, 청렴의무와 같은 일반적 의무가 있으며, 사회복지전담공무원과 같이 선서의무도 있으나 민간사회복지사의 선서내용은 차이가 있다. 민간사회복지기관에 종사하는 사회복지사의 책임은 1982년 1월 15일 제정, 2021년 7월 5일 한국사회복지사협회에서 4차 개정한 사회복지사 윤리강령에 잘 나타나 있다.

연습문제

01 헌법에서 규정한 기본권 중 사회권적 기본권에 해당하지 않는 것은?

① 근로권 ② 교육받을 권리 ③ 재산권
④ 환경권 ⑤ 건강권

02 사회권에 관한 설명으로 잘못된 것은?

① 사회권적 기본권을 세계 최초로 규정한 것은 독일의 바이마르헌법이다.
② 근로권, 근로3권, 환경권, 건강권이 있다.
③ 헌법 제34조에 인간다운 생활을 할 권리가 규정되어 있다.
④ 생존권을 보장하므로 복지권이라고도 한다.
⑤ 국가가 국민에 대해 강제할 수 있는 권리이다.

03 사회보장수급권의 내용 중 잘못된 것은?

① 신청주의 ② 양도가능 ③ 일신전속권
④ 구상권 ⑤ 직권주의 병행

04 사회권적 기본권의 규범적 구조에서 절차적 권리에 해당하는 것은?

① 공공부조청구권 ② 적법진행보장권 ③ 급여정보권
④ 복지행정참여권 ⑤ 사회보험청구권

05 사회권적 기본권의 규범적 구조에서 실체적 권리에 해당하는 것은?

① 급여정보권 ② 복지급여쟁송권 ③ 복지입법청구권
④ 적법진행보장권 ⑤ 사회서비스청구권

정답 1. ③ 2. ⑤ 3. ② 4. ④ 5. ⑤

Chapter 03

사회복지법의 역사

1. 영국 사회복지법의 발달과정

1) 엘리자베스 구빈법 이전

① 노동자법: 임금상승을 야기하는 노동자의 이주를 금지하였다.
② 건장한 부랑자 및 걸인의 처벌에 관한 법: 노동능력이 있는 빈민과 노동능력이 없는 빈민을 구별하여 지원하였다.
③ 장인법: 1562년 임금, 노동시간, 도제제도를 법으로 명시하여, 직업 없는 걸인들을 종으로 고용하는 것을 일반인에게 허용하였다.
④ 빈민구제법: 노동능력이 있는 빈민이 구제를 원할 때 반드시 근로를 하도록 하는 것을 강조하였다.

2) 엘리자베스 구빈법(1601년)

오늘날까지도 공공부조제도의 기초로서 중요한 역할을 수행하는 법으로 빈민구제의 책임을 국가가 지게 하였다. 즉, 빈민구제보다는 빈민을 통제하고 관리하기 위한 법으로 ① 강제노동을 통해 스스로 생활을 영위할 수 있는 노동능력을 가진 사람은 일을 하도록 하였다. ② 노동능력이 없는 빈민은 원내구제로 구빈원 또는 자선원에 수용되어 제한된 보호를 받도록 하였다. ③ 빈곤아동은 강제로 도제와 입양을 통하여 보호하였다. 빈민구제에 사용되는 재원의 확보는 지방교구를 단위로 주민이 납부하는 일종의 고정자산세 성격의 구빈세였고, 그 재정은 교구 단위로 자치적으로 운영되었다. 이는 극도의 교구이기주의를 발생시키는 원인이 되었으며, 각 교구에 구빈감독관의 임명이 의무화되었다. 구빈법의 의의는 국가적 차원에서 빈민문제를 다루었고 19세기 말 이후 공공부조법으로 발전하였다는 점에서 사회복지법의 기원으로 볼 수 있다. 그러나 이 법은 빈민의 대량 발생과 질서유지, 더 나아가 치안방위적인 입장에서 오히려 빈민을 통제하려는 데 보다 초점을 두었다.

3) 개정구빈법 이전

① 정주법(거주지 제한법, 1662년): 빈민들의 자유로운 이동을 금지하기 위해 교구와 귀족의 압력으로 제정된 법으로 빈민의 도시유입을 차단하였다.
② 작업장법(1722년): 노동능력이 있는 빈민에 대하여 구제를 전제로 공동작업장 내에서 강제노역을 하게 하여 국가적인 부의 증대에 기여하고자 하는 목적으로 제정되었다. 이후 직업보도프로그램과 작업장 조사의 기원이 되었다.
③ 길버트법(1782년): 원외구제제도를 창시하여 거택보호제도의 효시가 된 법이다. 즉, 노동능력이 있는 빈민을 무조건 작업장으로 보내는 것이 아니라 자신의 집이나 작업장 외에서 일하게 하는 원외구제(거택보호)를 도입한 인도주의적 처우였으며, 최초로 유급구빈사무원을 고용·배치하였다.
④ 스핀햄랜드법(1795년): 빈민에 대한 임금보조제도로 생계에 필요한 그 지방의 음식비(빵 가격)에 기초하여 구호 양을 결정하였다. 오늘날 가족수당이나 최저생활보장의 기반을 이루었다는 점에서 역사적 의의가 큰 법이다.
⑤ 공장법(1833년): 아동의 노동조건과 작업환경을 개선하기 위한 목적의 법으로 최초의 아동노동복지법이라 할 수 있다.

4) 개정 구빈법(신구빈법, 1834년)

개정 구빈법은 빈곤구제의 책임은 국가에 있다고 인정하기는 하였지만, 근본적으로 빈곤의 원인이 개인의 도덕적 문제나 나태에 있다고 보았기 때문에 사회구조적인 문제에 빈곤의 원인이 존재한다고 인식하지 않았다. 따라서 사회의 구조적인 개혁의 시도나 제도적인 빈곤구제법이라기보다는 사회 통제적이고 잔여적인 빈곤구제법이었다.

개정 구빈법의 원칙

① 전국균일처우(전국적 통일)의 원칙: 피구제자에게 주어지는 구제는 중앙행정기관인 구빈법위원회에 의해 전국적으로 통일되었다.
② 열등처우의 원칙: 정상적인 노동을 권장하기 위하여 구제의 수준을 최하급 극빈 독립노동자의 생활수준보다 낮은 수준에서 정하였다.
③ 작업장 심사의 원칙: 빈곤 처우의 지나친 다양성과 자격조사에 따른 부패를 해소하기 위해 단순

조사를 실시하고, 빈민들을 작업장에 수용하였다.
④ 원외구제 금지의 원칙: 노약자, 질병자 등 예외적인 경우에만 원외구제를 허용하고 원칙적으로 원내구제를 실시하였다.

5) 1900년대 초~베버리지보고서 이전

① 노령연금법(1908년): 무기여, 자산조사를 통해 빈곤이 증명되어야만 수급자가 되었다.
② 국민보험법(1911년): 영국 최초의 사회보험법이다. 보험료는 기여제로 노동자와 고용주, 국가가 부담하였고, 보험금지급은 보험료를 완납한 자에 한하였다. 국민보험법은 제1부 국민건강보험과 제2부 실업보험으로 구성되어 있다.
③ 실업보험(1921년): 국민보험법을 개정하여 제정한 법이다. 연장급여의 시행과 계속된 경기불황으로 재정의 파탄에 직면하게 된다.
④ 실업법(1934년): 1929년 시작된 대공황으로 실업보험에 가입되지 않은 자의 구제 문제로 인해 제정되었다. 현대적 의미의 공공부조제도의 시작으로 볼 수 있다.

6) 베버리지 보고서(1942년)

5대 사회악(결핍, 질병, 무지, 불결, 나태)과 그 제거방안으로 소득(결핍), 의료(질병), 교육(무지), 주택(불결), 고용(나태) 보장정책을 제시하였다. 이를 위한 사회(소득)보장을 위한 3대 전제조건으로 완전고용과 포괄적 보건서비스(의료 및 재활), 아동수당제 도입을 전제하였다. 본 보고서를 통해 입법화가 추진되었는데, 가족수당법[1](1945년), 국민보건서비스법(1946년, 병원을 국영화하고, 의료서비스를 무료로 제공하였다), 산업재해법[2](1946년), 국민부조법[3](1948년) 등이다. 국민부조법을 통해 실질적으로 구빈법 시대의 막을 내리고 공공부조제도를 현실화하였다는 평가를 받고 있다.

1) 가족수당법(1945)은 15세 미만의 부양아동, 재학 중인 15~18세의 아동, 15세 이상의 비근로아동들이 있는 경우 가족수당과 아동소득공제를 제공하였다.
2) 산업재해법(1946)은 균일하게 기여하고 최저생활수준 이하의 연금을 균일하게 지급받도록 규정하였다.
3) 국민부조법(1948) 제정으로 빈민법은 350년 만에 해체되고, 국민최저선이라는 이념에 기반을 둔 공공부조제도로 전환하게 된다.

베버리지의 자유주의적 구상은 여섯 가지 원칙을 제시하였다.
첫째, 정액급여의 원칙으로 급여는 실업이나 질병, 퇴직으로 인해 단절된 소득 정도에 상관없이 정액으로 지급한다(단, 산업재해나 산업질병으로 인해 장해가 장기화될 경우는 예외).
둘째, 정액기여의 원칙으로 보험가입자와 고용주는 부자이든 빈자이든 그들의 자산 정도에 상관없이 모두 정액으로 기여금을 납입한다.
셋째, 행정책임 통합의 원칙으로 모든 기여금은 단일 사회보험기금에 적립되며, 급여는 이 기금에서 지급한다.
넷째, 급여적절성(충분성)의 원칙으로 일반적인 모든 상황의 생존에 필요한 최소한의 소득을 제공하며, 다른 재원이 없어도 그 자체로서 충분하고, 욕구가 지속되는 한 자산 조사 없이 지급한다.
다섯째, 포괄성의 원칙으로 모든 사람의 욕구를 포괄한다.
여섯째, 피보험자(대상) 구분의 원칙으로 사회보험에서 분류된 대상은 경제적 혹은 사회적 의미의 계층이 아니라, 모든 시민을 뜻한다(자산과 상관없음). 즉, 사회보험은 동일하고 포괄적이되, 사회보험 대상의 다양한 욕구나 상황, 삶의 방식을 고려해야 한다는 것이다.

7) 대처정부 이후

1970년대 급격한 경기침체와 석유파동까지 겹치면서 최악의 실업사태와 복지국가의 위기를 맞이하게 되었다. 이러한 상황에서 시장경제의 원리를 복원하고 국가의 개입 축소는 물론 복지지출도 감축해야 한다고 주장하는 신우파가 득세하게 되었다.

① 사회보장법: 자산조사를 전제로 한 소득보장제도이다.
② 사회보장의 기여와 급여에 관한 법: 16세 이상 65세(여자는 60세) 미만의 영국에 거주하는 모든 국민에게 적용되어 보험료납부의 의무가 발생하였다.
③ 사회보장관리법, ④ 사회보장기여법(국민연금기여금 지급에 관한 법), ⑤ 복지개혁과 연금법 등이다.

2. 독일 사회복지법의 발달과정

① 주소지보호법: 빈곤층에 대한 주소지보호의 원칙으로 주별로 구빈조합을 창설하였다.
② 사회주의자 탄압법(1878년): 지주계급 출신의 집권자인 비스마르크는 사회주의운동을 전개하는 노동계급을 한시법을 통해 억압하면서 동시에 경쟁계급인 자본가 계급을 끌어들이기 위해 질병보험법 도입을 추진하였다.
③ 질병보험법(1883년): 비스마르크의 사회보험입법 가운데 가장 먼저 제정된 세계 최초의 사회보험으로 볼 수 있는 질병보험법으로 모든 저소득층 노동자는 강제 적용대상이었다.
④ 재해보험법(1884년, 산재보험법): 업무상 재해에 대한 사용자 책임제도 확립

⑤ 노령 및 폐질연금법(1889년): 노동자와 사용자가 각각 연금재원을 절반씩 부담하는 기여금과 정부가 부담하는 약간의 보조금으로 충당하였다.
⑥ 제국보험법: 적용대상자의 범위가 확대되고 새로운 제도가 도입되었으며, 가입대상이 확대된 부가연금제도로서 유족보험 등이 있다.
⑦ 공적보호법: 빈민구호 대신 공적보호라는 표현을 사용하여, 구호가 필요한 미성년자까지도 새로운 보호대상으로 추가하였다.

3. 우리나라 사회복지법의 발달과정

1) 근대 이전의 사회복지 입법과정

(1) 삼국시대

이 시대의 사회복지는 권리로서의 복지가 아니라 군주가 안정적인 지배와 통치를 위해 베푸는 시혜의 일환으로 실행되었다.

① 관곡(官穀)의 진급법(賑給法): 흉년이나 재해로 인한 빈궁민에 대해 국가 비축 관곡을 배급하였다.
② 사궁[4]구휼(四窮救恤): 군주가 직접 무의무탁 빈민을 방문, 위로하고 의류, 곡물, 관재 등을 하사한 제도이다.
③ 조조감면(租調減免): 이재민(罹災民)에게 재해 정도에 따라 조세 감면.
④ 대곡자모구면(貸穀子母俱免): 춘궁기에 대여한 관곡을 환수함에 있어 재해나 흉작으로 상황이 곤란한 사람들에 대해서는 원곡과 이자를 감면해 주는 제도이다.

(2) 고려시대

① 진대사업(賑貸事業): 춘궁기나 재해 시 비축미를 무이자 또는 저리로 대여했다가 가을 추수기나 풍년기에 상환토록 하는 제도이다.
② 재면사업(災免事業): 이재민들에게 조세와 부역을 감면, 환곡의 반납을 면제, 경범죄를 사하여 주는 제도이다.
③ 의료구제(醫療救濟): 빈민의 질병에 대해 급약, 시료 및 그에 준하는 조치를 통해 보호하는 제도이다.

4) 사궁이란 네 가지 삶의 궁한 경지로 환과고독(鰥寡孤獨)을 말한다. 鰥(환. 홀아비), 寡(과. 과부, 홀어미), 孤(고. 고아), 獨(독. 무자식 노인)을 의미하며, 이 시기 주요 보호대상자를 의미한다.

(3) 조선시대

① 구황제도(救荒制度): 사궁(四窮)과 노인에 대한 보호를 관의 의무로 규정하였다.
② 고조(顧助): 종친 또는 사족(士族)으로 생계빈곤으로 혼례나 장례를 치르지 못하는 자에게 그 비용을 부조하는 제도이다.
③ 계와 향약, 두레: 인보상조 제도들이다.
④ 원납제도(願納制度): 부유한 민간인에게 곡물을 납입하도록 하여 구제를 위한 관곡의 부족을 보충하였다.

2) 근대국가 이전의 사회복지 입법과정

(1) 일제시대

① 2대 사회복지법: ㉠ 노동능력이 없는 빈민 또는 일시적 이재민을 대상으로 하는 구호사업, ㉡ 노동능력이 있는 빈민 대상의 구호정책
② 은사금[5] 및 이재구조금 관리원칙(1914), 조선수난구호령(1914), 은사진휼자금 궁민구조규정[6] (1916), 행방민병인구호자금 관리원칙(1917), 원호법 등
③ 1927년 방면위원제도 실시: 빈곤의 원인을 조사하여 선도, 교화, 구제의 방법을 강구하였다.
④ 1944년 조선구호령[7]: 근대적 의미의 공적부조제도, 자산조사 실시, 거택보호가 원칙이었다. 적용범위는 ㉠ 65세 이상 노약자, ㉡ 13세 이하의 유아, ㉢ 임산부, ㉣ 불구, 폐질, 질병, 상병, 기타 정신 또는 신체의 장애로 인하여 노동에 지장이 있는 자이었고, 급여내용으로는 ㉠ 생활부조, ㉡ 의료부조, ㉢ 조산부조, ㉣ 생업부조를 실시하였다.

---

5) 일제가 한국인의 민심을 얻기 위해 친일파 귀족 외에도 유생이나 효자·효부, 노인 등에게도 '은사금'을 지급하였는데, 은사금이란 '은혜롭게 베풀어 준 돈'이란 뜻이다.
6) 1916년 조선총독부는 폐질자, 무의무탁노인, 아동, 병약자를 식량으로 구제하는 법령을 발령하였다.
7) 일반적인 구호에 관한 것으로 1944년 3월 1일 일본 자국의 구호법을 기본으로 하고 모자보호법과 의료보호법을 부분적으로 첨부해서 종합한 법이다. 주요 골자는 65세 이상의 노쇠자, 13세 이하의 유아, 임산부, 불구, 폐질, 질병, 상이, 기타 정신 또는 신체의 장애에 의해 노동을 할 수 없는 경우, 생활 부조, 의료, 조산 및 부조에 대해 구호한다는 것이다.

(2) 미군정시대

① 1945년 해방~1948년[8] 정부 수립까지의 미군정 기간 중 사회복지 입법
 ㉠ 1946년 1월 12일 자 '후생국보 제3호'
 ㉡ 후생국보 3A호(460114): 이재민과 피난민에 대한 구호를 규정
 ㉢ 후생국보 3C호(460207): 궁민과 실업자에 대한 구호 규정(식량, 의료, 숙소, 연료, 주택부조, 긴급의료, 장제 등)
② 제헌헌법의 선언을 구체화하기 전에 한국전쟁으로 광범한 비복지 상황이 전개되면서 외국원조기관의 원조와 난민구호에 의존하게 된다.
③ 미군정에서 한국전쟁의 시기에 외국 민간원조단체의 주도 아래 고아원, 양로원 등 수용보호시설을 중심으로 하는 사회사업 개념이 도입되었다.

생각해보기

사회복지입법의 확충을 설명하는 이론들 - 왜 사회복지 입법(프로그램)을 도입하는가? 복지국가 팽창의 이유는 무엇인가?

① 산업화 이론: 산업화에 의해 경제발전의 수준이 높아지면서 사회복지를 위한 물질적 자원이 증대한 한편으로, 산업화는 도시화를 가속화하여 각종 사회문제(사회적 욕구)를 양산해 냄으로써 다양한 사회복지 프로그램들이 도입되었다고 설명한다.
② 정치적 근대화 이론: 산업화에 의한 경제적 근대화와 더불어 정치적 참정권, 의회제도 등 정치적 민주주의가 발달하면서 생존권과 복지권(사회권)이 발달하기 시작한 것으로 설명한다.
③ 권력자원 동원론: 경제발전 수준이 동일한 국가들 사이에 복지국가의 발달수준에 큰 편차가 발생하는 까닭은 노동계급의 계급동원력과 사회민주주의 정당의 정치력의 차이에 기인한다고 설명(미국과 스웨덴의 비교 연구)한다.
④ 정치적 정당성 이론: 후진국에서 사회복지 프로그램 입법이 시도될 수 있었던 것은 경제발전 때문이거나 정치적 근대화 때문이 아니라 정치권력이 자신들의 취약한 정통성을 보완하기 위해 국가가 주도적으로 사회복지를 확충했기 때문(한국의 경우)이다. 따라서 후진국의 경우 사회복지는 실질적 차원보다는 이데올로기적 차원이 더 강조되는 경향(한국의 생산적 복지정책)이다. 비스마르크 시대의 독일도 그 한 예이다.

8) 1948년 제헌헌법에서 국민의 생존권 규정 : "노령, 질병 기타 노동능력의 상실로 인하여 생활유지의 능력이 없는 자는 법률이 정하는 바에 의하여 국가의 보호를 받는다."

3) 근대국가로서의 사회복지 입법과정

(1) 제1, 2공화국의 사회복지 입법과정

① 역사: 제1공화국(이승만의 자유당 정권: 1948~1960) → 1960.4.19.(4 · 19혁명) → 제2공화국(장면 정권: 1960~1961)
② 사회복지 입법의 배경
 ㉠ 정치: 이승만의 장기독재(12년간), 전후 더욱 강화된 강력한 반공이데올로기, 정치적 지배를 위한 정당성 기반의 취약, 반민주적 선거(민의왜곡) 등
 ㉡ 경제: 초기 산업화(경공업 중심) · 도시화 단계, 미국의 원조경제, 수출주도 경제, 국가의 복지개입(경제적 자원의 결핍)
 ㉢ 사회: 조선사회의 유제로서 전통적 가족질서의 잔존(가부장적 · 유교적 · 권위주의적 가족관계), 확대가족 중심의 사적 복지체제
③ 제2공화국[9](민주당 장면 정권)의 사회복지 정책
 ㉠ 사회정의의 실현: 민원 · 민폐의 제거, 농어민 · 노동자 · 기타 노동대중의 권익옹호, 실업자 및 사회적 요구호자에 대한 국가보호의 확충, 공정분배 등
 ㉡ 실업자 일자리 제공
 ㉢ 사회복지 제도의 확충: 실업, 직업재해, 주택, 건강보험 등 사회보장제도 신설, 전쟁 및 혁명 희생자와 유공자에 대한 직업보도와 원호사업 확충
④ 제1, 2공화국의 사회복지 입법
 ㉠ 제헌헌법(1948.07.17. 제정) 제19조: "노령, 폐질, 기타 근로능력의 상실로 인하여 생활유지의 능력이 없는 자는 법률이 정하는 바에 의하여 국가의 보호를 받는다."(공공부조의 헌법적 근거)
 ㉡ 대한적십자사조직법(1949.04.): 대한적십자사의 창설과 함께 전쟁과 천재지변에 의한 피해자 구제, 의료사업, 사회구호사업, 교화사업 등을 시행
 ㉢ 군사원호법(1950.04.) / 경찰원호법(1951): 전시에 상이군경, 전몰군경 및 그 유가족의 생활문제 해소 목적. 군사원호보상법(1961)으로 대체됨
 ㉣ 후생시설 설치기준령(1950.02.27.): 아동시설, 모자시설의 무분별한 난립을 막고 수용아동 보호를 위해 최소한의 시설 설치기준을 마련
 ㉤ 근로기준법(1953.05.01.): 근로자 보호의 제도화, 퇴직금 제도의 실시 등(유명무실, 1970년 전태일 분신 사건)
 ㉥ 기타 사회복지 시책: 어린이헌장(1956), 국립중앙사회사업종사자훈련원(국립중앙사회복지연수원) 설치 등
⑤ 제1, 2공화국 사회복지 입법의 특징: 제헌헌법의 생존권 보장 명문화에도 불구하고, 사회복지 입법 등 후속조치가 없어 실효를 거두지 못하였고, 행정부의 임기응변식 복지시책이 중심을 이루었다.

---

9) 제2공화국: 1960년 4 · 19혁명으로 이승만의 하와이 망명 후 6월 15일 개정헌법(내각제헌법) 통과, 6월 23일 새 선거법 제정, 8월 12일 민의원 · 참의원 합동회의에서 대통령에 윤보선(尹潽善), 국무총리에 장

(2) 제3공화국[10])의 사회복지 입법

① 사회복지 입법의 배경

㉠ 정치: 박정희의 권위주의적 정치체제, 반공 이데올로기[11]), 남북한 체제경쟁의 심화

㉡ 경제: 급속한 산업화 · 도시화, 국가주도의 강력한 수출드라이브 정책, 선성장후 분배로 인한 빈부격차의 확대(재벌의 비대화), 계층구조의 양극화 등

㉢ 사회: 가족구조의 핵가족화(소가족화)로 인한 복지기능의 약화, 도시화로 인한 각종 사회문제의 발생(주택, 범죄, 빈곤, 실업, 질병 등), 인구학적 변화(인구의 급증과 가족계획사업, 젊은이들의 탈농으로 인한 농촌의 노령화와 노인의 빈곤화)

② 제3공화국의 사회복지 정책(선언적 복지국가 표방 = 구빈법적 접근의 한계)

㉠ 제3공화국 헌법 제30조(사회보장)

1항: 모든 국민은 인간다운 생활을 할 권리가 있다(생존권의 이념적 선언).

2항: 국가는 사회보장의 증진을 위해 노력해야 한다.

(제1항의 권리를 구체화하기 위한 방법으로써 국가의 복지공급 의무 명시)

3항: 생활능력이 없는 국민은 법률이 정하는 바에 의하여 국가의 보호를 받는다(생활무능력자의 보호).

면(張勉)이 선출. 이 1차 내각이 이루어진 때로부터 1961년 5 · 16군사정변이 일어나기까지 존속된 두 번째 공화헌정체제(共和憲政體制).

10) 제3공화국: 1961년 5 · 16군사정변에 의한 2년 7개월간의 군정을 거친 뒤에, 이어 1962년 12월 17일 국민투표로 확정된 개정헌법에 의하여 1963년 10월 대통령선거와 11월 제6대 국회의원 선거를 거쳐 1963년 12월 17일 박정희가 대통령에 취임함으로써 출범한 3번째 공화헌정체제이다. 1972년 10월 17일 '10월 유신' 전일까지 존속하였다.

11) 우리 사회에서 반공이데올로기는 남한만의 단독정부가 수립되고 분단이 고착되면서부터 다른 어떤 이념이나 가치보다 우선시되고 절대시되는 중심적인 이데올로기로 기능해 왔다. 반공이데올로기는 공산주의와 북한사회의 현실을 왜곡하여 부정적 고정관념을 끊임없이 조장해 온 지배이데올로기이다. 오랫동안 그곳에는 뿔 달린 붉은 도깨비들만이 사는 곳처럼, 공산당의 조종에 따라 기계같이 움직이는 인간들만이 존재하는 사회처럼 선전되어 왔다. '안보도서'로 권장되고 있는 『북한은 이렇지요』라는 책의 한 부분을 예로 보며, 키가 큰 사람, 뚱뚱한 사람, 몹시 허약한 사람, 어렸을 때부터 몸이 불편한 사람, 게다가 그림 잘 그리는 사람, 노래를 잘 부르는 사람, 농사짓기를 좋아하는 사람… 어찌 그뿐일까요? 사람은 누구나 사람답게 살고 싶어 하는 생각들을 따로 지니고 있게 되는 것입니다. 이런 사람들의 생각이나 인격을 무시하고 누구나 똑같은 집에서 똑같은 음식을 먹으며 똑같은 잠을 자고 똑같은 일을 해야 한다니 이것은 기계가 아닌 이상 도저히 그럴 수 없는 것입니다. 그러나 공산주의의 주장이란 그럴듯하기는 하지만 실제 생활에는 전혀 맞지 않는다고 하겠읍니다('북한은 이렇지요' p. 61). 특히 북한에 대해 민족의 동질성보다는 이질감을 심화시켜 왔다. 초등학교 도덕책(6학년 2학기)에서 "북한의 어린이들은 자기를 낳아 준 부모님을 마음속에서 잃어버리고 고아처럼 자라난다"거나 "북한의 공산당은 어린이들에게 전쟁을 가르칠 뿐만 아니라, 사람을 미워하고 동포를 원수로 여기도록 가르치고 있다"라고 쓰고 있는 것은 한 가지 작은 예에 지나지 않는다.

③ 제3공화국의 사회복지 입법(취약한 정당성을 만회하기 위한 각종 사회복지입법화 ⇒ 대부분 1961년 5 · 16 직후 대거 입법화되었다)

㉠ 헌법의 생존권 규정(헌법 제30조 타인의 범죄행위로 인하여 생명, 신체에 대한 피해를 받은 국민은 법률이 정하는 바에 의하여 국가로부터 구조를 받을 수 있다.)

㉡ 공무원 연금법(1960.01.01.): 군사정권의 효율적 통치를 위해 국가 관료제를 육성하려는 전략적 의도에서 공무원 우대정책이 실행되었다.

㉢ 갱생보호법(1961.09.30.): 범죄인의 원활한 사회복귀 지지한 법이 제정되었다.

㉣ 군사원호보상법(1961.11.01.): 5 · 16 후 원호처의 설치와 함께 군사원호법과 경찰원호법을 통합한 법안이 제정되었다.

㉤ 윤락행위등방지법(1961): 풍기정화 목적(국가에 의한 사생활 감시라는 비판도 있음)

㉥ 생활보호법(1961.12.30.): 노령, 질병, 기타 노동능력 상실로 인한 생활무능력자들에 대한 국가적 보호가 목적이며, 이 법의 제정으로 우리나라 빈곤 구제정책이 정착되고 공공부조 사업이 본격 실시되기 시작하였다. 그러나 이 법은 1944년 일제시대에 제정된 조선구호령과 유사한 측면이 많다.

㉦ 아동복리법(1961.12.30.): 아동의 건전한 출생과 행복하고 건전한 육성을 위한 법률적 규정으로, 우리나라 보육사업이 본격적으로 실시되는 계기가 되었다.

㉧ 선원보호법(1962.01.10.): 선원과 그 가족의 복리증진 목적으로 제정, 시행령이 제정되지 않아 사문화[12)]된 법이다.

㉨ 재해구호법(1962.03.30.): 비상재해 시 응급구호 조치. 이재민의 보호와 사회질서의 유지 목적이었다.

㉩ 국가유공자특별원호법(1962.04.16.): 국가유공자와 유족에 대한 국가의 예우 규정으로 국가보상법이다.

㉪ 군인연금법(1963.01.28.): 퇴역, 질병, 부상 등의 위험에 처한 군인에게 적정한 연금급여를 제공

㉫ 산업재해보상보험법(1963.11.05.): 사업장에서 일하는 근로자들이 업무수행과 관련하여 부상 · 질병 · 신체장해 또는 사망한 경우에 근로자 본인의 치료나 본인 및 부양가족의 생계를 보장하기 위한 제도이다(사업주의 보상책임을 국가가 대신).

㉬ 사회보장에 관한 법률(1963.11.05.): 사회보장은 사회보험에 의한 제급여와 무상으로 행하는 공적부조라고 정의하였으며, 1995년 사회보장기본법의 제정으로 동법은 폐기되었다.

---

12) 사문화(死文化): 법령이나 규칙 따위가 실제적인 효력을 잃어버림

ⓗ 의료보험법(1963.12.16.): 국민의 질병, 부상, 분만 또는 사망 등에 대해 보험급여를 제공하며, 임의가입 규정으로 1976년 전면개정 전까지 있었으나 유명무실한 법이었다.

- 자활지도사업에 관한 임시조치법(1968.07.23.): 노동능력이 있는 영세민에게 근로구호를 실시하였다.
- 사회복지사업법(1970.01.01.): 사회복지사업에 관한 기본적 사항 규정한 법이다.

(3) 제4공화국[13]의 사회복지 입법

① 사회복지 입법의 배경

㉠ 정치: 유신체제(1인 장기집권체제), 군사동원체제(학도호국단, 예비군), 새마을운동, 자주국방 노선(미군철수 주장)으로 인한 반미, 반공이데올로기 상황

㉡ 경제: 국제분업구조의 변화에 편승한 중화학공업화(체제경쟁의 승리), 베트남 전쟁 참전에 의한 경제활성화, 수출주도 성장우선전략(저임금·저곡가 정책), 빈부 간·도농 간·지역 간·계층 간 양극화 심화

㉢ 사회: 이농/탈농의 완성, 내부노동시장의 발달, 대졸 화이트칼라(신중산층)의 양산, 핵가족화의 가속화, 아파트형 주택의 보급

② 제4공화국의 사회복지 입법

㉠ 사립학교교원연금법(1973.12.30.): 사립학교 교원에 대해 공무원연금법과 동일한 처우를 규정

㉡ 국민복지연금법(1973.12.24.): 국민연금법의 전신으로 제정 이후 경제적 불황과 사회현실의 여건부족을 이유로 그 시행을 10여 년 동안 보류하여 사실상 유명무실화되었지만, 형식상으로는 1988년에 시행된 국민연금의 기초가 되었다.

㉢ 개정 의료보험법(1976.12.22.): 공무원·교직원·군인을 제외한 500인 이상 사업장근로자를 대상으로 최초로 강제적용방식을 도입한 직장의료보험 실시로 사실상 사회보험으로서의 의료보험제도를 도입하였다. 농어촌지역 주민의 의료보

13) 제4공화국 : 1972년 10월 유신(十月維新)으로 수립, 1981년 3월까지 지속된 네 번째 공화국으로 '유신체제'라고도 한다. 1972년 10월 17일 대통령 박정희(朴正熙)는 전국에 비상계엄령을 선포하고, 국회해산 및 정당활동 중지, 헌법의 일부 효력 정지 및 비상국무회의 소집 등의 비상조치를 발표하였다. 정부는 통일주체국민회의를 구성하여 11월 21일 국민투표로 '유신헌법'을 확정하였고, 12월 15일 투표로 대통령을 선출, 27일 박정희가 제8대 대통령에 취임하였다. 이와 더불어 유신헌법을 공포함으로써 제4공화국이 정식 출범하였다. 이것이 이른바 10월 유신이다. 제4공화국의 통치구조는 입법·행정·사법의 3권이 대통령 1인에게 집중된 '절대적 대통령제'였다.

험 가입은 유보되었다(1977년부터 의료보험 시행).

㉣ 의료보호법(1977.12.31.): 우리나라 의료보호의 효시는 1961년에 제정된 생활보호법을 근거로 저소득자, 무능력자 및 무의·무탁자 등과 같은 취약계층에 대해 무료진료 형태의 진료사업을 실시한 것으로 볼 수 있다. 그러나 그 수혜대상이 무능력자로 한정되었고, 진료제공기관도 보건소 및 국·공립 의료기관 등 일부 진료기관에 국한되는 의료부조적 성격을 지니고 있었다. 경제적 취약계층을 대상으로 체계적인 의료혜택을 제공하기 위하여 1977년 의료보호법을 제정하는 등 관련 법규를 보완하여 1979년 1월부터 적극적으로 의료보호사업을 실시하였다(공적부조).

㉤ 공무원 및 사립학교 교직원 의료보험법(1977.12.31.): 공무원, 사립학교 교직원에 대해 의료보험 실시

③ 제4공화국 사회복지 입법의 특징

㉠ 유신체제의 정치적 정당성 확보를 위한 사회복지 입법의 도입 ⇒ 예산의 뒷받침이 없이 입법만 이루어짐으로써 복지입법의 실효성이 거의 없었다.

㉡ 제4공화국은 5·16 직후 서둘러 도입한 복지입법조치들의 시행을 위한 시행령, 시행규칙을 마련한 시기였다.

㉢ 사회보험의 전면적(보편주의적) 도입 대신 실시가 용이한 직업집단을 대상으로 우선 실시하는 선별주의를 드러냈다.

㉣ 주요 사회보험(산재보험 제외)을 최초로 도입한 시기이다(의료보험법, 연금법 등).

(4) 제5공화국[14)]의 사회복지 입법

① 제5공화국 사회복지 입법의 배경

㉠ 정치: 정치적 정당성 전무, 각계 민주화 세력의 거센 반발, 노동운동을 포함한

14) 제5공화국: 1981년 3월부터 1988년 2월까지 지속된 한국의 다섯 번째 공화국이다. 1979년 10·26사건으로 대통령 박정희가 사망한 후 전두환(全斗煥)·노태우(盧泰愚)·정호용(鄭鎬溶) 등의 하나회가 중심이 된 신군부 세력이 주도하여 출범하였다. 이들은 1980년 12월 12일 군대를 동원하여 계엄사령관 정승화(鄭昇和)를 연행함으로써 군부의 실권을 장악하고, 12월 21일 최규하가 제10대 대통령에 취임하였으나 허수아비에 불과했고, 실권은 신군부 세력에게 있었다. 1980년 4월 사북(舍北)탄광 노동자 파업, 5월 전국 대학생들의 대규모 시위 등이 계속되는 가운데, 5월 17일 신군부 세력은 비상계엄령을 전국으로 확대하였다. 5월 27일 계엄군을 광주(光州)에 투입하여 광주사태를 유발했다. 5월 31일 국가보위비상대책위원회가 발족되고, 9월 1일 전두환이 제11대 대통령으로 취임, 10월 27일 제5공화국 헌법이 공포되었다. 12월 초 민주정의당, 민주한국당, 한국국민당이 창당되었고, 1981년 3월 3일 전두환이 제12대 대통령에 취임함으로써 제5공화국이 정식 출범하였다.

시민사회운동(신사회운동)의 태동, 세계화 노선의 시발, 계층 · 도농 · 지역 · 이념 등 모든 구분선에 따른 분열과 갈등의 폭발. 군사적 권위주의(국민을 쫄병으로 보고 '앞으로나란히'를 시킴(예: 삼청교육대))

㉡ 경제: 박정희의 중화학공업화 계승, 신국제분업질서에의 적극 편입(세계화), 신자유주의[15](시장근본주의) 경제학의 적용(5년 내내 "물가안정" 구호 범람)

㉢ 사회: 대학졸업정원제 실시(박정희의 중화학공업화를 뒷받침하기 위한 대규모 산업장교 양성정책), 가족구조의 핵가족화 정착과 인구학적 구조의 노령화 조짐으로 국가의 복지개입 필요성 증가

② 제5공화국의 사회복지 입법

㉠ 헌법 개정: 헌법 제32조 제2항("국가는 사회보장, 사회복지의 증진에 노력할 의무를 진다." 규정) ⇒ 사회복지에 대한 국가의 의무를 명시(이데올로기)

㉡ 사회복지사업기금법(1980.12.31): 사회복지사업을 운영하는 데 필요한 기금조달을 합법화한 조치

㉢ 아동복지법(1981.04.13): 61년 요보호아동을 중심으로 한 아동복리법을 전면개정하여 모든 아동의 복지를 증진하도록 법적으로 선언하였다.

㉣ 심신장애자복지법(1981.06.05): UN이 세계장애인의 해를 선포하자 우리나라에서는 심신장애자복지법을 제정하였다.

㉤ 노인복지법(1981.06.05): 노인의 심신의 건강유지 및 생활안정을 법적으로 규정(대한노인회 초대 회장 이규동 ⇒ 전두환 부인 이순자의 아버지)

㉥ 사회복지사업법 개정(1983.05.21): 복지증진의 책임이 국가와 지방자치단체에 있음을 명문화한 시기이며, 자격등급을 3등급으로 구분하였다.

㉦ 생활보호법 개정(1983.12.30): 보호대상에 자활보호와 교육보호를 추가하였다.

㉧ 갱생보호법 개정(1986.12.23): 중앙에 갱생보호회, 지방에 갱생보호회 지부 설치

15) 1970년대부터 부각하기 시작한 경제적 자유주의 중 하나이다. 토머스 우드로 윌슨 대통령이 1920년대 제창했던 새로운 자유(The New Freedom) 정책, 그리고 정치적, 문화적 자유에도 중점을 두었던 자유주의와는 다른, 고전적 자유주의에 더 가까운 것이다. 국가 권력의 개입증대라는 현대 복지국가의 경향에 대하여 경제적 자유방임주의 원리의 현대적 부활을 지향하는 사상적 경향이다. 고전적 자유주의가 국가개입의 전면적 철폐를 주장하는 데 비해, 신자유주의는 강한 정부를 배후로 시장경쟁의 질서를 권력적으로 확정하는 방법을 취한다. 신자유주의는 1980년대의 영국 대처 정부에서 보는 것처럼 권력기구를 강화하여 치안과 시장 규율의 유지를 보장하는 '작고도 강한 정부'를 추구한다. 신자유주의는 한국에서 주로 노동시장의 유연화(해고와 감원을 더 자유롭게 하는 것), 작은 정부, 자유시장경제의 중시, 규제 완화, 자유무역협정(FTA)의 중시, 공기업 사유화, 의료 사유화, 방송 사유화 등의 형태로 나타나고 있다.

㉧ 국민연금법(1986.12.31): 제정만 되고 시행이 유보되어 온 73년의 국민복지연금법을 국민연금법으로 개칭하고, 88년 1월 1일부터 시행되었다.

㉨ 최저임금법(1986.12.31): 88년 1월 1일부터 시행. 임금의 최저수준 명시, 강제적용하며, 이 법의 제정은 근로자의 복지를 증진시키는 계기가 되었다.

㉩ 의료보험의 확대 실시: 77년부터 시행된 의료보험의 적용대상에 88년 1월 1일부터 농어촌지역 주민을 포함하여 확대 실시

③ 제5공화국 사회복지 입법의 특징

㉠ 취약한 정치적 정당성을 보완하기 위해 선심성 사회보험 확대 실시(국민연금 실시, 의료보험 농어촌지역 확대 등)

㉡ 사회복지서비스 관련법의 도입(아동복지법, 심신장애자복지법, 노인복지법 등)

(5) 제6공화국의 사회복지 입법

① 제6공화국 사회복지 입법의 배경

㉠ 정치: 노태우의 집권(김대중 vs 김영삼 분열의 어부지리), 전두환체제의 승계

㉡ 경제: 세계화 정책의 가속화. 자본주의 모순의 심화, 물량적 경제정책(일산, 분당 등 신도시 개발에 의한 주택 200만 호 보급 등), 수도권 집중화 가속

㉢ 사회: 노사갈등의 전면화, 집단적 이익분출, 세계화 = 개인화(가족적으로는 핵가족화, 개인적으로는 자유화)의 가속. 이혼, 청소년 범죄, 여성 흡연 증가

② 제6공화국의 사회복지 입법

㉠ 보호관찰법(1988.12.15): 범죄자의 재범 방지 목적

㉡ 모자복지법(1989.04.01): 모자가정의 건강과 문화생활 유지 목적

㉢ 의료보험 확대 실시: 1977년 의보시행, 1988년 농어촌 확대, 1989년 7월 1일 도시지역주민에 확대(12년 만에 전국민 의료보험 실시)

㉣ 장애인복지법(1989.12.20): 81년의 심신장애자복지법을 개정하면서 개칭. 장애인복지에 대한 국가, 지방자치단체의 책임과 의무를 명시

㉤ 영유아보육법(1991.01.14): 보호자의 보호가 어려운 영아 및 유아의 심신보호와 건전교육 명시

㉥ 사내근로복지기금법(1991.08.10): 근로자의 재산형성과 생활안정 지원 및 복지증진 목적

㉦ 사회복지사업법 개정(1992.12.8): 일선 행정기관에 사회복지 전담 공무원(사회복지

사) 복무 의무화. 이 법에 의해 한국의 사회복지법에 생활보호법, 아동복지법, 노인복지법, 장애인복지법, 모자복지법, 영유아복지법, 윤락행위등방지법이 포함되게 되었다.

③ 제6공화국 사회복지 입법의 특징

사회보험 적용대상의 확장(연금의 시행과 의보의 적용확대), 사회복지서비스의 전달체계 정비, 가족보호 법률 제정

(6) 1990년대~현재 사회복지입법

우리나라에 본격적으로 1997년 11월 외환위기로 인해 대량 실업이 발생하였다. 그러나 대량 실업과 대량 빈곤현상에 대처할 사회안전망은 마련되어 있지 않아, 한시적이고 즉흥적인 제도들이 시행되었다. 1990년대 이후부터 현재까지 사회복지 입법은 주요 법 제정연도순으로 정리하였다.

① 사회보장기본법 제정(1995.12.30.)

모든 국민이 인간다운 생활을 할 수 있도록 최저생활을 보장하고 사회공동체의 참여가 가능하도록 하기 위한 복지사회를 실현하는 것을 사회보장제도의 기본이념으로 한다.

② 사회복지공동모금회법 제정(1997.3.27.)

사회복지공동모금사업을 관장하도록 하기 위하여 사회복지법인 사회복지공동모금회를 보건복지부장관이 인가하고, 2001년 개정을 통해 복권을 발행할 수 있는 법률적 근거를 규정하였다.

③ 국민기초생활보장법 제정(1999.9.7.)

그동안 시행되어 온 생활보호법을 폐지하고, 국민기초생활보장법의 제정을 통해 인구학적 기준(18세 미만, 65세 이상)을 철폐하고 소득인정액이 최저생계비 이하인 국민은 누구나 국가로부터 지원을 받을 수 있도록 하였다.

④ 긴급복지지원법 제정(2005.12.23.)

경제 양극화 및 이혼 증가 등 사회변화 속에서 소득상실, 질병과 같이 갑작스러운 위기상황이 발생한 경우 누구든지 쉽게 도움을 청하고 필요한 지원을 받을 수 있도록 제도를 5년간의 한시법으로 제정하였다. 하지만 경제 양극화 및 위기상황이 계속되어 2009년 5월

28일 개정을 통해 한시법이라는 규정을 삭제하였다.

⑤ 기초노령연금법 제정(2007.4.25.)

노인이 후손의 양육과 국가 및 사회의 발전에 이바지하여 온 점을 고려하여 생활이 어려운 노인에게 기초노령연금을 지급함으로써 노인의 생활안정을 지원하고 복지를 증진하기 위해 제정되었다. 2014년 5월 20일 기초노령연금법을 폐지하고, 기초연금법을 제정하였다.

⑥ 노인장기요양보험법 제정(2007.4.27.)

고령이나 노인성 질병 등의 사유로 일상생활을 혼자서 수행하기 어려운 노인 등에게 제공하는 신체활동 또는 가사활동 지원 등의 장기요양급여에 관한 사항을 규정하여 노후의 건강증진 및 생활안정을 도모하고 그 가족의 부담을 덜어줌으로써 국민의 삶의 질을 향상하도록 제정하였다.

⑦ 다문화가족지원법 제정(2008.3.21.)

다문화가족 구성원이 안정적인 가족생활을 영위하고 사회구성원으로서의 역할과 책임을 다할 수 있도록 함으로써 이들의 삶의 질 향상과 사회통합에 이바지하기 위해 제정하였다.

⑧ 장애인연금법 제정(2010.4.12.)

장애로 인하여 생활이 어려운 중증장애인에게 장애인연금을 지급함으로써 중증장애인의 생활안정 지원과 복지증진 및 사회통합을 도모하는 데 이바지하기 위해 제정하였다.

⑨ 그 외 사회서비스 법 제정

- 장애인활동 지원에 관한 법률 제정(2011.1.4.)
- 노숙인 등의 복지 및 권리구제 등에 관한 법률 제정(2011.6.7.)
- 장애아동복지지원법 제정(2011.8.4.)
- 치매관리법 제정(2011.8.4.)
- 기초연금법 제정(2014.5.20.)
- 발달장애인 권리보장 및 지원에 관한 법률 제정(2014.5.20.)
- 사회보장급여의 이용·제공 및 수급권자 발굴에 관한 법률 제정(2014.12.30.)

연습문제

01 법률의 제정연도가 가장 빠른 법률은?

① 기초연금법 ② 장애인복지법 ③ 산업재해보상보험법
④ 긴급복지지원법 ⑤ 치매관리법

02 영국의 사회복지입법 중 임금보충을 위한 목적으로 제정된 법은?

① 정주법 ② 길버트법 ③ 실업보험법
④ 국민부조법 ⑤ 스핀햄랜드법

03 영국은 1948년 이 법의 제정으로 빈민법이 350년 만에 해체되고 국민 최저선이라는 이념에 기반을 둔 공공부조제도로 전환하게 되었다. 이 법은?

① 국민보건서비스법 ② 국민부조법 ③ 개정빈민법
④ 가족수당법 ⑤ 국민보험법

04 법률의 제정연도가 가장 늦은 법률은?

① 다문화가족지원법 ② 노인장기요양보험법 ③ 긴급복지지원법
④ 장애인연금법 ⑤ 정신보건법

05 법률의 제정연도가 가장 먼저 제정된 법률은?

① 자원봉사활동기본법 ② 건강가정기본법 ③ 청소년보호법
④ 정신보건법 ⑤ 영유아보육법

정답 1. ③ 2. ⑤ 3. ② 4. ④ 5. ⑤

Chapter 04

국제법과 사회복지

1. 국제 사회복지 관련 기구

국제 사회복지 관련 기구들은 사회복지에 관해 국제적으로 연대하여 대처하기도 하고, 보편적인 사회보장기준을 제시함으로써 개별국가의 사회복지법 제정 및 개정에 영향을 준다.

표 4-1 국제 사회복지 관련 기구

명칭	내용
UN[1] (국제연합)	UN은 총회에서 주요 선언이나 권고협약을 채택함으로써 사회복지 분야뿐만 아니라 여러 분야에 국제적인 기준을 설정하고 있다. 예) 아동권리협약, 장애인권리협약
ILO[2] (국제노동기구)	ILO는 1944년 소득보장 권고, 의료보장 권고, 고용서비스 권고를 사회보장법 체계의 3대 기본요소로 채택하였다. 근로조약이나 권고를 채택함으로써 근로조건의 국제적 기준을 설정하는 것이 본래의 임무였으나, 2차 세계대전 후에는 UN의 경제사회이사회와 협력하여 근로조건뿐만 아니라 사회복지에 대해서도 활발한 활동을 전개하고 있다. 예) 사회보장최저기준에 관한 조약
WHO[3] (세계보건기구)	전염병, 기타 질병예방, 환경위생, 영양 등에 관해 국제적인 조사·보급 활동을 행하고 있다.
OECD[4] (경제협력개발기구)	OECD는 GATT[5], ILO, IAEA[6], WHO 등 각종 국제기구와 밀접한 관계를 구축하면서 고용, 노동, 사회적 문제, 교육, 식품, 통상, 경제정책, 개발협력 등과 같은 경제·사회 분야 정책 전반에 걸쳐 수시 논의 및 협력을 추진하고 있다.

1) https://www.un.org, United Nations 세계 평화와 안전을 보장하고 국제협력을 증진하기 위해 설립된 국

명칭	내용
ISSA (국제사회보장협회)	1927년 질병보험을 확대·강화하기 위해 창설된 국제사회보장협회는 각국의 사회보장 관계기관의 국제적 단체로서, 사회보장에 관하여 조사·연구를 행하고 국제적 경험교류의 기관으로서 활동하고 있다.
Council of Europe (유럽협의회)	1949년 설립된 유럽협의회는 회원국들의 사회보장제도를 발전시키기 위해 1961년 유럽사회헌장을 채택하고, 사회보장의 권리를 기본적인 사회적 권리로 규정하고 최소한 ILO의 사회보장 최저기준 조약수준으로 사회보장제도를 유지해야 한다고 선언하였다.
EEC (유럽경제공동체)	1958년 해외이주근로자의 사회보장에 관한 규칙을 제정하였다.
ICSW (국제사회복지협의회)	사회복지에 관한 국제적 협의체이다. 사회보장을 개인이 그 자신의 능력이나 예견만으로는 그 자신이나 그의 가족을 보호할 수 없는 사회의 모든 우발적 사고에 대처하여 사회에 의하여 마련된 모든 보호조치라고 정의하고 있다.

※ 출처: 사회복지교육연구센터(2022: 107-108).

제기구. 국제연맹을 계승한 것으로 유엔(UN)이라고도 한다. 국제협력의 대원칙은 국제평화와 안전의 유지에 있으며 국가 간의 평등 및 민족자결원칙에 입각하여 상호우호 증진에 힘쓰고 국제협력을 통하여 경제적·사회적·문화적·인도적 제반문제를 해결하는 것에 둔다. 총회 의장직은 4대 강국의 대표들이 돌아가며 맡으며 정치회의에서 토의된 의안은 주요기구와 여러 전문·보조 기구에서 2/3 이상의 찬성을 얻으면 가결된다. 본부는 미국 뉴욕에 있다(출처: 다음백과사전).

2) https://www.ilo.org, International Labour Organization 제1차 세계대전 후 만들어져 1919년 베르사유 조약에 따라 국제연맹에 속하게 되었다. 제2차 세계대전 기간에 국제연합이 설립된 뒤 1946년 특별기구로서는 처음으로 여기에 가입했다. ILO는 각국의 노동입법수준을 발전·향상시켜 노동조건과 생활수준을 보장하고 개선하는 역할을 하며, 사회정책과 행정, 인력자원 훈련 및 활용에 대한 기술지원을 한다. 1930년대에는 세계적으로 실업과 경제불황을 극복하기 위한 방안을 제시하기도 했다. 1969년 폭넓고 건설적인 활동이 인정되어 노벨 평화상을 받았다. 1989년대 중반까지 150개가 넘는 나라가 가입해 있다(출처: 다음백과사전).

3) https://www.who.int, World Health Organization WHO는 1923년에 설립된 국제연맹 산하 보건기구와 1909년 파리에 설립된 국제공중보건사무소의 전염병 통제, 격리조치, 약물표준화 등에 관련된 특수한 업무를 계승했으며, 보건기구헌장의 범위 내에서 폭넓은 권한을 위임받고 있다. WHO는 건강을 단순하게 질병이 없는 상태로서가 아니라 완전한 육체적·정신적, 그리고 사회복지의 상태라고 하는 적극적 의미로 규정하고 있다. 제네바에 본부를 두고 있는 WHO는 3개의 주요기관에 의해서 운영된다. 세계보건총회는 전반적인 정책을 결정하는 기관으로서 매년 소집되고, 집행위원회는 보건전문가로 구성되어 있으며, 이들은 총회에서 3년 임기로 선출된다. 마지막으로 사무국은 전 세계적으로 지역사무소와 분야별 행정요원들을 갖추고 있다. WHO의 업무는 3가지로 분류된다. 첫째, 중앙검역소 업무와 연구자료를 제공한다. 둘째, 이 기구는 유행병 및 전염병에 대한 대책을 후원한다. 셋째, 회원국의 공중보건 행정을 강화하고 확장하도록 노력한다(출처: 다음백과사전).

4) https://www.oecd.org, Organization for Economic Cooperation and Development OECD는 1961년 경제발전과 세계무역의 촉진을 위해 설립된 국제기구. 유럽경제협력기구를 확장 개편하여 마련되었으며, 1964년에는 아시아와 다른 지역에도 문호를 개방했다. 회원국의 경제성장과 고용을 제고하며, 재정의 안정을 도모하는 것이 목적이다. 본부는 프랑스 파리에 있으며, 2016년 기준 35개 정회원국이 있다. 한국은 1996년 12월 29번째 정회원국이 되었다(출처: 다음백과사전).

2. 사회복지에 관한 국제적 선언

사회복지에 관한 국제적 선언들을 정리하면 다음 표와 같다.

표 4-2 사회복지에 관한 국제적 선언

명칭	내용
인권선언문 (1793년)	공공구호는 국가의 신성한 책무이고 그 적용범위는 법률로 정한다고 선언하였다. 인권선언문 21조는 "공공구호는 신성불가침의 책무이다. 사회는 빈곤한 사람들에게 노동의 기회를 제공하거나 노동할 수 없는 상태에 있는 사람들에게는 생존의 수단을 제공하여 시민들의 생존을 보장해야 한다."고 규정함으로써 근로의 권리와 공공부조 수급권을 선언하였다.
대서양헌장 (1941년)	미국의 루스벨트 대통령과 영국의 처칠 수상이 「대서양헌장」을 선언하고 "공포와 결핍으로부터의 자유"를 슬로건으로 제시하고, 서방국가들이 사회보장에 관한 권리를 국민의 기본권으로 인정하게 하였다.
필라델피아선언 (1944년)	ILO(국제노동기구) 필라델피아 총회에서 채택된 ILO의 목적에 관한 선언이다. 필라델피아선언은 사회보장원칙 및 전쟁에서 생기는 제 문제를 심의하여 결과적으로 소득보장에 관한 권고, 의료보호에 관한 권고, 군대 및 전시 고용으로 풀려난 자에 대한 소득보장 및 의료에 관한 권고를 채택하였다.
세계인권선언 (1948년)	1948년 12월 제3차 국제연합 총회에서 채택된 이 선언은 보편적으로 사회보장을 받을 권리를 선언하였다. 또한 자신 및 그 가족의 건강과 안녕을 유지함에 충분한 생활수준을 보유할 권리를 가지며, 생활의 곤궁을 받을 때에 생활보장을 받을 권리를 가지며, 모성과 유약은 특별한 보호와 원조를 받을 권리가 있다고 천명하였다.
사회보장헌장 (1961년)	세계노동조합연맹(World Federation of Trade Union, WFTU)이 채택한 「사회보장헌장」은 전문에서 "사회보장은 모든 노동자의 기본적 권리를 구성하고 있다"고 천명하였다. 또한 사회적 보호는 법률에 의해 보장되는 정치적·경제적 차원의 인권 표현이라고 하였다. 사회보장에 관해 근로자 무기여 원칙, 의료의 사회화 원칙, 완결성의 원칙, 포괄성의 원칙, 무차별 보장의 원칙 등 사회보장에 관한 기본 원칙을 선언하였다.
유럽사회보장법전 (1964년)	서유럽의 17개국으로 구성된 유럽협의회(CE)에서 사회보장에 관한 최고 기준에 해당하는 유럽적 수준의 사회보장조약을 성립시키고, 각국의 비준을 거쳐, 일반적으로 「유럽사회보장법전」이라 부른다.

※ 출처: 사회복지교육연구센터(2022: 108-109).

5) GATT(General Agreement on Tariffs and Trade, 관세 및 무역에 관한 일반협정)는 관세 및 각종 비관세 장벽 등 국가 간 상품거래에 장애가 되는 조치를 완화 혹은 철폐할 목적으로 1948년 1월에 발족된 국제기구(출처: 다음백과사전).

6) IAEA(International Atomic Energy Agency, 국제원자력기구)는 원자력을 군사목적이 아닌 세계평화와 인류복지에 공헌하는 데 쓰도록 하기 위해 국제연합(UN)에서 설치한 독립기구(출처: 다음백과사전).

3. 사회복지 국제화의 원인

① 인간다운 생활보장의 보편화
② 노동자의 국제적 이동
③ 국제적인 노동조합의 사회복지운동
④ 국제적 사회복지 기준의 설정

4. 국제인권규약

1) A규약

① 경제적·사회적·문화적 권리에 관한 규약(1966년 12월 채택, 1976년 1월 발효)
② 생존권적 기본권을 대상으로 노동기본권·사회보장권·생활향상·교육권 등을 각 체약국이 그들의 입법조치로써 실현 달성할 것을 내용으로 하며, 이의 실시상황을 UN에 보고할 것을 의무화하였다.

2) B규약

① 시민적·정치적 권리에 관한 규약(1966년 12월 채택, 1976년 3월 발효)
② 자유권적 기본권의 존재를 전제로 하여, 체약국이 이를 존중할 것을 의무화하였으며, 이것의 실시 확보를 위하여 인권심사위원회와 그리고 필요에 따라 특별조정위원회를 설치할 것과 선택의정서 참가국에 대해서는 개인이 인권 심사위원회에 직접 청원(請願)할 수 있는 길을 열어놓았다.
③ B규약의 부속 선택의정서(1976년 3월 발효)

3) 특징

① 법적 구속력이 있다. 세계인권선언이 개인과 국가가 달성해야 할 공통의 기준으로서 채택되어 도의적인 구속력은 지녔으나 법적 구속력이 없었던 것에 반해 국제인권규약은 조약으로서 체약국(締約國)을 법적으로 구속하는 것이 특징이다.
② 민족자결권과 자연의 부(富) 및 자원에 대한 영구적 권리 규정(제1조)이라는 특징이 있다.
③ 우리나라는 A, B 규약에 1990년 4월에 가입[7]하였다.

7) 가입 유보 내용: 상소권 보장, 결사의 자유, 일사부재리의 원칙. 우리나라는 공무원 및 사립학교 교사의 집단행동 금지를 유보한 결사의 자유, 비상계엄하의 단심제를 규정한 상소권 보장, 일사부재리의 원칙

5. 국제 사회복지 조약

국제 사회복지 조약은 국제노동기구(ILO)에 의해 주도되고 있다. ILO는 1944년에 소득보장의 권고, 의료보장의 권고, 고용서비스의 권고를 사회보장 법체계의 3대 기본 요소로 채택하였다.

1) 사회보장 최저기준 조약

① 1952년 ILO 제35차 총회에서 채택되었다. 이 조약은 전후 각국의 사회보장제도 발전의 일반적 추세에 부응한 것으로 사회보장 자체를 전체로서 하나의 것으로 생각하면서도 내부적으로 각 급여와 사고 부문 간의 균형을 취하였으며, 각 부문별로 비준을 허용하였다.
② 이때 채택된 사회보장 최저기준의 원칙은 대상의 보편성, 비용부담의 공평성, 급여수준의 적절성이다.
③ 이 조약은 사회보장급여를 의료급여(요양급여), 질병급여(상병급여), 실업급여, 노령급여, 업무상 재해급여, 가족급여(아동급여), 출산급여, 폐질급여(장애급여), 유족급여의 9개로 규정하였다.

2) 사회보장 내 외국인 균등 대우 조약

ILO는 1962년에 사회보장 내 외국인 균등 대우 조약을 채택함으로써 이 조약의 비준국은 사회보장의 적용범위 및 수급권에 있어서 자국의 영토 내에 있는 다른 모든 비준국 국민에 대하여 자국의 사회보장법규에 의하여 자국민에게 주어지는 것과 동등한 대우를 해 줄 것을 규정하고 있다.

3) 업무재해 조약 및 질병 · 노령 · 유족급여 조약

ILO는 1964년에는 업무재해 조약을 1967년에는 질병 · 노령 · 유족급여조약을 채택하였다. 여기서 조약은 비준 시 비준국 간에 강제성을 띠게 되지만, 권고는 강제성이 없는 기준 설정 문서의 성격만을 가진다.

등 3가지 규정을 유보하였다.

6. 아동 및 장애인 관련 선언 및 협약

1) 아동 관련 선언 및 협약

(1) 아동의 권리에 관한 제네바 선언(1924년)

① 1924년 국제연맹 총회에서 "아동의 권리에 관한 제네바 선언"을 채택함으로써 공식화되었다.
② 이 선언은 전문과 5개 조의 본문으로 되어 있는데, 그 전문에서 "모든 나라의 남녀와 인류가 아동에 대하여 최선의 것을 주어야 할 의무를 진다는 것을 인정하고, 인종·국적 또는 신념에 관한 어떠한 사유에도 관계없이 모든 아동에게 다음과 같은 사항을 보장할 것을 선언하고 또한 자기의 의무로서 수락한다."고 그 기본 이념을 분명히 하였다.

(2) 아동권리선언(1959년)

① 1959년 UN에서 채택된 「아동권리선언」은 아동과 청소년의 권리신장에 획기적으로 기여한 국제문서이다.
② 아동권리선언은 UN헌장과 세계인권선언(1948년)의 원칙과 정신에 입각해서 작성되었다.
③ 이 선언은 전문과 10개 조의 본문으로 구성되고, 제네바선언과 비교할 때 한층 상세하고 넓은 관점에서 그 내용을 확대, 개선한 것이다.
④ 기본정신은 성장에 있는 아동, 즉 사회적 약자의 입장에 있는 사람에 대하여, 그 인권의 보장과 실현을 가능하게 하기 위하여 특별한 조치와 배려를 해야 할 필요성을 선언하는 데 있다.
⑤ 아동을 단순히 구제나 보호의 대상으로서 뿐만 아니라 인권이나 자유의 주체로서 파악하려고 하는 자세를 보인 점은 주목할 만하다.

(3) 아동의 권리에 관한 국제 협약(약칭: 아동권리협약[8]), 1989년)

① 아동의 권리를 선언에서 협약으로 바꾼 아동의 권리에 관한 국제 협약은 UN 총회에서 채택되었다.
② 특징: 아동권리협약은 18세 미만의 모든 아동에게 평등하게 적용되고, 아동의 최선의 이익을 지향하면서도 부모의 지도를 존중한다는 점이 특징이다. 아동의 최선의 이익 차별 금지는 아동권리협약의 가장 큰 이념이고 당사국은 이 협약에서 인정된 권리를 실현하기 위한 모든 적절한 입법적, 행정적 및 여타의 조치를 취하여야 한다는 의무가 있다.
③ 주요 내용: 아동을 보호의 대상뿐만 아니라 적극적인 권리의 주체로 인식하였다. 아동권리협약은 아동의 생존권[9]), 보호권[10]), 발달권[11]), 참여권[12])을 규정한다.

2) 장애인 관련 선언 및 협약

(1) 장애인권리선언(1975년 UN 제30차 총회에서 채택)

이 선언에서는 장애인을 신체적·정신적 능력의 불완전으로 인하여 개인 또는 사회적 일상생활에서 필요한 것을 혼자서는 완전하게 또는 부분적으로 확보할 수 없는 사람으로 규정하였다.

(2) 정신지체인권리선언(1971년 12월 20일 UN 총회)

이 선언은 정신지체를 가진 장애인이 다른 사회 구성원과 더불어 일반적인 사회생활을 영위하고, 이들에게도 사회정의와 평등의 규범이 관철되어야 한다는 권리사상의 표현이며, 이러한 제반 권리의 보장을 각국이 정책으로 전개하여야 한다는 방향성을 제시한 것이다.

---

8) 아동권리협약은 아동의 기본권을 담은 협약. 1989년 국제연합(UN) 총회에서 채택되었으며, 2019년 기준 196개국이 비준하고 있다. 인권의 사각지대에 있는 아동의 권리를 보장하기 위한 것으로, 산업혁명과 제1·2차 세계대전을 거치면서 아동문제가 본격적으로 대두되자 20세기 중반부터 국제적으로 여론이 형성되어 생겨났다. 협약에 의하면 아동은 단순한 보호대상이 아니라 권리를 가진 인간으로 규정되어 있으며, 전문과 54개 조항으로 구성되어 아동의 기본권과 협약 당사국의 의무, 관련 절차 등이 명시되어 있다. 국제연합은 협약 채택 이후에도 계속해서 문제가 대두되자 선택의정서를 추가로 채택했으며, 한국은 1991년 비준하여 몇 년 단위로 보고서를 제출하고 있다(출처: 다음백과사전).
9) 생존의 권리는 적절한 생활수준을 누릴 권리, 의료서비스를 받을 수 있는 권리이다.
10) 보호의 권리는 각종 착취와 학대, 가족과의 인위적인 분리, 형법 등의 폐습으로부터 보호받을 권리이다.
11) 발달의 권리는 교육, 놀이, 여가, 정보를 누릴 권리, 문화 활동, 사상, 양심, 종교의 자유를 누릴 권리이다.
12) 참여의 권리는 자신의 의사를 표현할 자유와 자기 생활에 영향을 주는 일에 대하여 말할 수 있는 권리, 책임감 있는 어른이 되기 위해 아동 자신의 능력에 부응하여 적절한 사회활동에 참여할 기회를 가질 권리이다.

(3) 장애인권리협약(2006년 12월 UN 총회에서 채택, 한국 2008년 12월 2일 비준)

① 목적: 장애인의 인권과 기본적인 자유를 완전하고 동등하게 누릴 수 있도록 보호하는 것이며, 또한 장애인의 천부적인 존엄성에 대한 존중을 촉진하기 위한 것이다.
② 장애인에 대해 정의 명시: 다양한 환경적인 장벽 간의 상호작용으로 인하여 다른 사람과의 동등하고 효과적인 사회참여를 저해하는 장기간의 신체적, 정신적, 지적, 또는 감각적인 손상을 가진 사람
③ 기존 인권규약에서 규정하였던 인간으로서 가지는 존엄성이 장애인에게도 적용됨을 재확인하고, 인간으로서의 존엄성 보장을 위해 특수성을 어떻게 반영할 것인가에 대한 약속을 담고 있음
④ 주요 내용: 비차별(평등), 여성 장애인과 장애아동 보호, 완전하고 효과적인 사회참여 및 통합, 인간의 다양성과 인간성의 일부로서 장애인의 차이에 대한 존중 및 수용, 접근성 등이다.

7. 사회보장협정

사회보장협정이란, 사회보장에 관해 상호주의에 입각하여 정부가 주로 입법부의 동의 없이 단독으로 외국 정부와 맺는 약정 또는 정부 간의 협정을 말한다. 사회보장협정 당사국 간의 사회문제에 관한 분야에서 특히 사회보험료의 납부의무에 관하여 협력할 것을 결의하고, 그들 각자의 영역 간에 이동하거나 그들 각자의 영역 안에서 근로하는 자의 복지를 증진시키기를 희망하며, 양국 국민들이 그들 각자의 사회보장법령에 의하여 협약의 적용 대상이 되는 문제에 관하여 동등한 권리를 누리도록 보장하도록 합의한 것이다.

1) 목적

협정당사국의 사회보장제도 간에 서로 다른 점을 상호 조정하여 양 당사국 국민에게 다음과 같은 혜택을 부여하기 위한 것으로, 이중가입 배제, 가입기간 합산, 동등대우, 급여송금보장이라는 하위 목적을 갖고 있다.

2) 체결 이유

사회보장협정을 체결하는 이유는 주로 연금보험료의 이중부담 면제를 포함하여 연금제도와 관련된 국가 간 협조를 위하여 맺은 조약의 일종이다. 우리나라는 일반적으로 국민연금법을 대상으로 하고 있다.

(1) 이중보험료 부담 문제 해결

파견근로자와 같이 단기간 외국에 나가는 사람들이 양국의 연금제도에 이중으로 보험료를 부담하는 문제를 해결하기 위해서다. 특히 외국의 경우는 연금보험료율이 우리보다 매우 높기 때문에 그 부담이 클 뿐 아니라, 대부분 반환일시금제도가 없어 귀국 시 아무런 혜택을 받지 못해 커다란 손해를 볼 수 있기 때문이다.

(2) 연금혜택의 기회 확대

이민자와 같이 장기 체류하는 사람들이 양국으로부터 연금 혜택을 받을 수 있는 기회를 확대하기 위해서다. 가령, 우리나라 국민연금에 6년을 가입하고, 캐나다 연금에 10년을 가입한 자는 우리나라 최소가입요건(10년)으로 인해 연금을 받을 수 없으나, 협정을 맺게 되면 총 16년의 가입기간이 인정되어 우리나라 연금을 받을 수 있게 된다. 물론 연금은 16년 치가 아니라 6년 치로 계산된 액수가 지급된다.

(3) 사회보장 협정의 하위 목적

① 이중가입 배제: 단기간 동안 협정 상대국에서 근로하거나 자영업을 하는 사람들이 양국 중 한 국가의 사회보장제도에만 가입하도록 함으로써 이들의 재정적 부담을 감소시켜 준다.
② 가입기간 합산: 협정상대국으로 이민 가거나 장기체류하여 연금가입기간이 양국으로 분리되어 연금을 받지 못하는 사람들이 양국에서의 가입기간을 합산하여 연금을 받을 수 있도록 한다.
③ 동등대우: 국가에 따라 적용 범위에 있어서 다소 차이는 있으나 일반적으로 협정상대국 국민에 대해서는 연금수급권 취득, 급여지급 등 법령 적용에 있어 자국민과 동등한 대우를 받을 수 있다.
④ 급여송금 보장: 협정당사국 간에는 연금급여를 해외로 자유롭게 송금 가능하다.

3) 추진현황

① 가입기간 합산 협정(보험료 면제 포함): 캐나다, 미국, 독일, 헝가리, 프랑스, 호주, 체코, 아일랜드, 벨기에, 폴란드, 슬로바키아, 불가리아, 루마니아, 오스트리아, 덴마크, 인도, 스페인
② 보험료 면제 협정(가입기간 합산 제외, 사회보험료 이중적용 방지): 이란, 영국, 네덜란드, 일본, 이탈리아, 우즈베키스탄, 몽골, 중국

연습문제

01 외국과의 사회보장협정에 관한 설명으로 틀린 것은?

① 가입기간 합산 협정과 보험료 면제 협정으로 구분된다.
② 연금혜택의 기회 확대이다.
③ 양 당사국의 회사 간에 체결한다.
④ 이중보험료 부담 문제 해결이다.
⑤ 국회의 비준 동의를 거치며 국내법과 동일한 효력이 있다.

02 외국과의 사회보장협정의 하위목적으로 틀린 것은?

① 가입기간 합산 ② 동등대우 ③ 급여송금 보장
④ 이중가입 배제 ⑤ 이중가입 혜택

03 아동의 권리에 관한 국제협약의 주요내용이 아닌 것은?

① 생존의 권리 ② 평등의 권리 ③ 발달의 권리
④ 보호의 권리 ⑤ 참여의 권리

04 사회보장의 원칙 및 전쟁에서 생기는 제 문제를 심의하여 결과적으로 소득보장에 관한 권고, 의료보호에 관한 권고, 군대 및 전시 고용으로부터 풀려난 자에 대한 소득보장 및 의료에 관한 권고를 채택한 선언은?

① 인권선언문 ② 대서양헌장 ③ 세계인권선언
④ 필라델피아선언 ⑤ 사회보장헌장

05 사회복지 국제화의 원인으로 틀린 것은?

① 노동자의 국제적 이동 ② 인간다운 생활보장의 보편화
③ 국제적인 노동조합의 사회복지운동 ④ 국제적 사회복지 기준의 설정
⑤ 인간다운 삶 제공을 막기 위함

정답 1. ③ 2. ⑤ 3. ② 4. ④ 5. ⑤

Part 02

사회복지기본법의 이해

Chapter 05

사회보장기본법

1. 목적과 기본이념 및 기본방향

1) 목적과 기본이념

(1) 목적(제1조)

사회보장에 관한 국민의 권리와 국가 및 지방자치단체의 책임을 정하고 사회보장정책의 수립·추진과 관련 제도에 관한 기본적인 사항을 규정함으로써 국민의 복지증진에 이바지하는 것을 목적으로 한다.

(2) 기본이념(제2조)

사회보장은 모든 국민이 다양한 사회적 위험으로부터 벗어나 행복하고 인간다운 생활을 향유할 수 있도록 자립을 지원하며, 사회참여·자아실현에 필요한 제도와 여건을 조성하여 사회통합과 행복한 복지사회를 실현하는 것을 기본이념으로 한다.

2) 사회보장정책의 기본방향

(1) 평생사회안전망의 구축·운영(제22조)

① 국가와 지방자치단체는 모든 국민이 생애 동안 삶의 질을 유지·증진할 수 있도록 평생사회안전망을 구축하여야 한다.
② 국가와 지방자치단체는 평생사회안전망을 구축·운영함에 있어 사회적 취약계층을 위한 공공부조를 마련하여 최저생활을 보장하여야 한다.

(2) 사회서비스 보장(제23조)

① 국가와 지방자치단체는 모든 국민의 인간다운 생활과 자립, 사회참여, 자아실현 등을 지원하여 삶의 질이 향상될 수 있도록 사회서비스에 관한 시책을 마련하여야 한다.
② 국가와 지방자치단체는 사회서비스 보장과 소득보장이 효과적이고 균형적으로 연계되도록 하여야 한다.

(3) 소득 보장(제24조)

① 국가와 지방자치단체는 다양한 사회적 위험하에서도 모든 국민들이 인간다운 생활을 할 수 있도록 소득을 보장하는 제도를 마련하여야 한다.
② 국가와 지방자치단체는 공공부문과 민간부문의 소득보장제도가 효과적으로 연계되도록 하여야 한다.

2. 용어의 정의

① 사회보장: 출산, 양육, 실업, 노령, 장애, 질병, 빈곤 및 사망 등의 사회적 위험으로부터 모든 국민을 보호하고 국민 삶의 질을 향상시키는 데 필요한 소득·서비스를 보장하는 사회보험, 공공부조, 사회서비스를 말한다.
② 사회보험: 국민에게 발생하는 사회적 위험을 보험의 방식으로 대처함으로써 국민의 건강과 소득을 보장하는 제도를 말한다.
③ 공공부조: 국가와 지방자치단체의 책임하에 생활 유지 능력이 없거나 생활이 어려운 국민의 최저생활을 보장하고 자립을 지원하는 제도를 말한다.
④ 사회서비스: 국가·지방자치단체 및 민간부문의 도움이 필요한 모든 국민에게 복지, 보건의료, 교육, 고용, 주거, 문화, 환경 등의 분야에서 인간다운 생활을 보장하고 상담, 재활, 돌봄, 정보의 제공, 관련 시설의 이용, 역량 개발, 사회참여 지원 등을 통하여 국민의 삶의 질이 향상되도록 지원하는 제도를 말한다.
⑤ 평생사회안전망: 생애주기에 걸쳐 보편적으로 충족되어야 하는 기본욕구와 특정한 사회위험에 의하여 발생하는 특수욕구를 동시에 고려하여 소득·서비스를 보장하는 맞춤형 사회보장제도를 말한다.
⑥ 사회보장 행정데이터: 국가, 지방자치단체, 공공기관 및 법인이 법령에 따라 생성 또

는 취득하여 관리하고 있는 자료 또는 정보로서 사회보장 정책 수행에 필요한 자료 또는 정보를 말한다.

3. 책임 및 적용

1) 책임

(1) 국가와 지방자치단체의 책임(제5조)

① 모든 국민의 인간다운 생활을 유지·증진하는 책임을 가진다.
② 사회보장에 관한 책임과 역할을 합리적으로 분담하여야 한다.
③ 국가 발전수준에 부응하고 사회환경의 변화에 선제적으로 대응하며 지속 가능한 사회보장제도를 확립하고 매년 이에 필요한 재원을 조달하여야 한다.
④ 국가는 사회보장제도의 안정적인 운영을 위하여 중장기 사회보장 재정 추계를 격년으로 실시하고 이를 공표하여야 한다.

(2) 국민의 책임(제7조)

① 자신의 능력을 최대한 발휘하여 자립·자활(自活)할 수 있도록 노력하여야 한다.
② 경제적·사회적·문화적·정신적·신체적으로 보호가 필요하다고 인정되는 사람에게 지속적인 관심을 가지고 이들이 보다 나은 삶을 누릴 수 있는 사회환경 조성에 서로 협력하고 노력하여야 한다.
③ 관계 법령에서 정하는 바에 따라 사회보장급여에 필요한 비용의 부담, 정보의 제공 등 국가의 사회보장정책에 협력하여야 한다.

2) 적용

(1) 다른 법률과의 관계(제4조)

사회보장에 관한 다른 법률을 제정하거나 개정하는 경우에는 이 법에 부합되도록 하여야 한다.

(2) 외국인에 대한 적용(제8조)

국내에 거주하는 외국인에게 사회보장제도를 적용할 때에는 상호주의의 원칙에 따르되, 관계 법령에서 정하는 바에 따른다.

(3) 국가 등과 가정(제6조)

① 국가와 지방자치단체는 가정이 건전하게 유지되고 그 기능이 향상되도록 노력하여야 한다.
② 국가와 지방자치단체는 사회보장제도를 시행할 때에 가정과 지역공동체의 자발적인 복지활동을 촉진하여야 한다.

4. 사회보장수급권의 권리와 내용

1) 사회보장을 받을 권리(제9조)

모든 국민은 사회보장 관계 법령에서 정하는 바에 따라 사회보장급여를 받을 권리를 가진다.

(1) 사회보장급여의 수준(제10조)

① 국가와 지방자치단체는 모든 국민이 건강하고 문화적인 생활을 유지할 수 있도록 사회보장급여의 수준 향상을 위하여 노력하여야 한다.
② 국가는 관계 법령에서 정하는 바에 따라 최저보장수준과 최저임금을 매년 공표하여야 한다.
③ 국가와 지방자치단체는 최저보장수준과 최저임금 등을 고려하여 사회보장급여의 수준을 결정하여야 한다.

(2) 사회보장급여의 신청(제11조)

① 사회보장급여를 받으려는 사람은 국가 또는 지방자치단체에 신청하여야 한다(신청주의). 다만, 관계 법령에서 따로 정하는 경우에는 국가나 지방자치단체가 신청을 대신할 수 있다(직권주의).
② 사회보장급여를 신청하는 사람이 다른 기관에 신청한 경우에는 그 기관은 지체 없이

이를 정당한 권한이 있는 기관에 이송하여야 한다. 이 경우 정당한 권한이 있는 기관에 이송된 날을 사회보장급여의 신청일로 본다.

2) 사회보장수급권의 내용

(1) 사회보장수급권의 보호(제12조)

사회보장수급권은 관계 법령에서 정하는 바에 따라 다른 사람에게 양도하거나 담보로 제공할 수 없으며, 이를 압류할 수 없다(일신전속권).

(2) 사회보장수급권의 제한 및 포기(제13~14조)

① 사회보장수급권은 제한되거나 정지될 수 없다. 다만, 관계 법령에서 따로 정하고 있는 경우에는 제한되거나 정지될 수 있다. 사회보장수급권이 제한 또는 정지되는 경우에는 그 제한 또는 정지의 목적에 필요한 최소한의 범위에 그쳐야 한다.

② 사회보장수급권은 정당한 권한이 있는 기관에 서면으로 통지하여 포기할 수 있다. 사회보장수급권의 포기는 취소할 수 있다. 사회보장수급권을 포기하는 것이 다른 사람에게 피해를 주거나 사회보장에 관한 관계 법령에 위반되는 경우에는 사회보장수급권을 포기할 수 없다.

(3) 불법행위에 대한 구상권(제15조)

제3자의 불법행위로 피해를 입은 국민이 그로 인하여 사회보장수급권을 가지게 된 경우 사회보장제도를 운영하는 자는 그 불법행위의 책임이 있는 자에 대하여 관계 법령에서 정하는 바에 따라 구상권(求償權)을 행사할 수 있다.

5. 사회보장제도의 운영 및 기본계획

1) 사회보장제도의 운영

(1) 운영원칙(제25조)

① 국가와 지방자치단체가 사회보장제도를 운영할 때에는 이 제도를 필요로 하는 모든

국민에게 적용하여야 한다(보편성).

② 국가와 지방자치단체는 사회보장제도의 급여 수준과 비용 부담 등에서 형평성을 유지하여야 한다(형평성).

③ 국가와 지방자치단체는 사회보장제도의 정책 결정 및 시행 과정에 공익의 대표자 및 이해관계인 등을 참여시켜 이를 민주적으로 결정하고 시행하여야 한다(민주성).

④ 국가와 지방자치단체가 사회보장제도를 운영할 때에는 국민의 다양한 복지 욕구를 효율적으로 충족시키기 위하여 연계성과 전문성을 높여야 한다.(효율성, 연계성, 전문성).

⑤ 사회보험은 국가의 책임으로 시행하고, 공공부조와 사회서비스는 국가와 지방자치단체의 책임으로 시행하는 것을 원칙으로 한다. 다만, 국가와 지방자치단체의 재정 형편 등을 고려하여 이를 협의·조정할 수 있다(공공성).

(2) 협의 및 조정(제26조)

① 국가와 지방자치단체는 사회보장제도를 신설하거나 변경할 경우 기존 제도와의 관계, 사회보장 전달체계에 미치는 영향, 재원의 규모·조달방안을 포함한 재정에 미치는 영향 및 지역별 특성 등을 사전에 충분히 검토하고 상호협력하여 사회보장급여가 중복 또는 누락되지 아니하도록 하여야 한다.

② 중앙행정기관의 장과 지방자치단체의 장은 사회보장제도를 신설하거나 변경할 경우 신설 또는 변경의 타당성, 기존 제도와의 관계, 사회보장 전달체계에 미치는 영향, 지역복지 활성화에 미치는 영향 및 운영방안 등에 대하여 대통령령으로 정하는 바에 따라 보건복지부장관과 협의하여야 한다.

③ 중앙행정기관의 장과 지방자치단체의 장은 업무를 효율적으로 수행하기 위하여 필요하다고 인정하는 경우에는 관련 자료의 수집·조사 및 분석에 관한 업무를 "정부출연연구기관, 한국사회보장정보원, 그 밖에 대통령령으로 정하는 전문기관 또는 단체"에 위탁할 수 있다.

④ 중앙행정기관의 장과 지방자치단체의 장은 사회보장제도 운영에 관한 협의가 이루어지지 아니할 경우 사회보장위원회에 조정을 신청할 수 있으며, 사회보장위원회는 대통령령으로 정하는 바에 따라 이를 조정한다.

⑤ 보건복지부장관은 사회보장급여 관련 업무에 공통적으로 적용되는 기준을 마련할 수 있다.

(3) 민간의 참여(제27조)

① 국가와 지방자치단체는 사회보장에 대한 민간부문의 참여를 유도할 수 있도록 정책을 개발·시행하고 그 여건을 조성하여야 한다.
② 국가와 지방자치단체는 사회보장에 대한 민간부문의 참여를 유도하기 위하여 자원봉사, 기부 등 나눔의 활성화를 위한 각종 지원사업, 사회보장정책의 시행에 있어 민간부문과의 상호협력체계 구축을 위한 지원사업, 그 밖에 사회보장에 관련된 민간의 참여를 유도하는 데에 필요한 사업이 포함된 시책을 수립·시행할 수 있다.
③ 국가와 지방자치단체는 개인·법인 또는 단체가 사회보장에 참여하는 데에 드는 경비의 전부 또는 일부를 지원하거나 그 업무를 수행하기 위하여 필요한 지원을 할 수 있다.

(4) 비용의 부담(제28조)

① 사회보장 비용의 부담은 각각의 사회보장제도의 목적에 따라 국가, 지방자치단체 및 민간부문 간에 합리적으로 조정되어야 한다.
② 사회보험에 드는 비용은 사용자, 피용자(被傭者) 및 자영업자가 부담하는 것을 원칙으로 하되, 관계 법령에서 정하는 바에 따라 국가가 그 비용의 일부를 부담할 수 있다.
③ 공공부조 및 관계 법령에서 정하는 일정 소득 수준 이하의 국민에 대한 사회서비스에 드는 비용의 전부 또는 일부는 국가와 지방자치단체가 부담한다.
④ 부담 능력이 있는 국민에 대한 사회서비스에 드는 비용은 그 수익자가 부담함을 원칙으로 하되, 관계 법령에서 정하는 바에 따라 국가와 지방자치단체가 그 비용의 일부를 부담할 수 있다.

(5) 사회보장 전달체계(제29조)

① 국가와 지방자치단체는 모든 국민이 쉽게 이용할 수 있고 사회보장급여가 적시에 제공되도록 지역적·기능적으로 균형 잡힌 사회보장 전달체계를 구축하여야 한다.
② 국가와 지방자치단체는 사회보장 전달체계의 효율적 운영에 필요한 조직, 인력, 예산 등을 갖추어야 한다.
③ 국가와 지방자치단체는 공공부문과 민간부문의 사회보장 전달체계가 효율적으로 연계되도록 노력하여야 한다.

(6) 사회보장급여의 관리(제30조)

① 국가와 지방자치단체는 국민의 사회보장수급권의 보장 및 재정의 효율적 운용을 위하여 사회보장수급권자 권리구제, 사회보장급여의 사각지대 발굴, 사회보장급여의 부정·오류 관리, 사회보장급여의 과오지급액의 환수 등 관리에 관한 사회보장급여의 관리체계를 구축·운영하여야 한다.
② 보건복지부장관은 사회서비스의 품질기준 마련, 평가 및 개선 등의 업무를 수행하기 위하여 필요한 전담기구를 설치할 수 있다.

(7) 사회보장통계(제32조, 제32조의2)

① 국가와 지방자치단체는 효과적인 사회보장정책의 수립·시행을 위하여 사회보장에 관한 통계를 작성·관리하여야 한다.
② 관계 중앙행정기관의 장과 지방자치단체의 장은 소관 사회보장통계를 대통령령으로 정하는 바에 따라 보건복지부장관에게 제출하여야 한다.
③ 보건복지부장관은 제출된 사회보장통계를 종합하여 위원회에 제출하여야 한다.
④ 보건복지부장관은 사회보장 재정 추계 및 사회보장통계 업무를 효율적으로 수행하기 위하여 필요하다고 인정하는 경우에는 관련 자료의 수집·조사 및 분석에 관한 업무 등을 정부출연기관, 그 밖에 대통령령으로 정하는 전문기관 또는 단체에 위탁할 수 있다.

(8) 정보공개(제33조)

국가와 지방자치단체는 사회보장제도에 관하여 국민이 필요한 정보를 관계 법령에서 정하는 바에 따라 공개하고, 이를 홍보하여야 한다.

(9) 사회보장에 관한 설명·상담·통지(제34~36조)

① 국가와 지방자치단체는 사회보장 관계 법령에서 규정한 권리나 의무를 해당 국민에게 설명하도록 노력하여야 한다.
② 국가와 지방자치단체는 사회보장 관계 법령에서 정하는 바에 따라 사회보장에 관한 상담에 응하여야 한다.
③ 국가와 지방자치단체는 사회보장 관계 법령에서 정하는 바에 따라 사회보장에 관한

사항을 해당 국민에게 알려야 한다(통지).

2) 사회보장 기본계획

(1) 사회보장 기본계획 수립(제16~17조)

① 보건복지부장관은 관계 중앙행정기관의 장과 협의하여 사회보장 증진을 위하여 사회보장에 관한 기본계획을 5년마다 수립하여야 한다.

② 기본계획에는 "국내외 사회보장환경의 변화와 전망, 사회보장의 기본목표 및 중장기 추진방향, 주요 추진과제 및 추진방법, 필요한 재원의 규모와 조달방안, 사회보장 관련 기금 운용방안, 사회보장 전달체계, 그 밖에 사회보장정책의 추진에 필요한 사항"이 포함되어야 한다.

(2) 연도별 시행계획의 수립 · 시행 등(제18조)

① 보건복지부장관 및 관계 중앙행정기관의 장은 기본계획에 따라 사회보장과 관련된 소관 주요 시책의 시행계획을 매년 수립 · 시행하여야 한다.

② 관계 중앙행정기관의 장은 수립한 소관 시행계획 및 전년도의 시행계획에 따른 추진실적을 대통령령으로 정하는 바에 따라 매년 보건복지부장관에게 제출하여야 한다.

③ 보건복지부장관은 관계 중앙행정기관 및 보건복지부 소관의 추진실적을 종합하여 성과를 평가하고, 그 결과를 사회보장위원회에 보고하여야 한다.

④ 보건복지부장관은 성과평가를 효율적으로 하기 위하여 이에 필요한 조사 · 분석 등을 전문기관에 의뢰할 수 있다.

(3) 사회보장에 관한 지역계획의 수립 · 시행(제19조)

① 특별시장 · 광역시장 · 특별자치시장 · 도지사 또는 특별자치도지사 · 시장 · 군수 · 구청장은 관계 법령으로 정하는 바에 따라 사회보장에 관한 지역계획을 수립 · 시행하여야 한다.

② 지역계획은 기본계획과 연계되어야 한다.

③ 지역계획의 수립 · 시행 및 추진실적의 평가 등에 필요한 사항은 대통령령으로 정한다.

3) 사회보장위원회

(1) 구성 및 운영(제20~21조)

① 사회보장에 관한 주요 시책을 심의·조정하기 위하여 국무총리 소속으로 사회보장위원회를 둔다.
② 위원회는 위원장 1명, 부위원장 3명과 행정안전부장관, 고용노동부장관, 여성가족부장관, 국토교통부장관을 포함한 30명 이내의 위원으로 구성한다.
③ 위원장은 국무총리가 되고 부위원장은 기획재정부장관, 교육부장관 및 보건복지부장관이 된다.
④ 위원회의 위원은 대통령령으로 정하는 관계 중앙행정기관의 장과 근로자를 대표하는 사람, 사용자를 대표하는 사람, 사회보장에 관한 학식과 경험이 풍부한 사람, 변호사 자격이 있는 사람 중에서 대통령이 위촉하는 사람으로 한다.
⑤ 위원의 임기는 2년으로 한다. 다만, 공무원인 위원의 임기는 그 재임 기간으로 한다.
⑥ 위원회를 효율적으로 운영하고 위원회의 심의·조정 사항을 전문적으로 검토하기 위하여 위원회에 실무위원회를 두며, 실무위원회에 분야별 전문위원회를 둘 수 있다.
⑦ 실무위원회에서 의결한 사항은 위원장에게 보고하고 위원회의 심의를 거쳐야 한다. 다만, 대통령령으로 정하는 경미한 사항에 대하여는 실무위원회의 의결로써 위원회의 의결을 갈음할 수 있다.
⑧ 위원회의 사무를 효율적으로 처리하기 위하여 보건복지부에 사무국을 둔다.

(2) 심의·조정 사항(제20조)

사회보장위원회는 “사회보장 증진을 위한 기본계획, 사회보장 관련 주요 계획, 사회보장제도의 평가 및 개선, 사회보장제도의 신설 또는 변경에 따른 우선순위, 2개 이상의 중앙행정기관이 관련된 주요 사회보장정책, 사회보장급여 및 비용 부담, 국가와 지방자치단체의 역할 및 비용 분담, 사회보장의 재정추계 및 재원조달 방안, 사회보장 전달체계 운영 및 개선, 사회보장통계, 사회보장정보의 보호 및 관리, 사회보장제도 운영에 관한 협의에 따른 조정, 그 밖에 위원장이 심의에 부치는 사항”을 심의·조정한다.

(3) 관계 행정기관의 이행(제20조)

관계 중앙행정기관의 장과 지방자치단체의 장은 사회보장위원회의 심의·조정 사항을 반영하여 사회보장제도를 운영 또는 개선하여야 한다.

6. 사회보장정보의 관리

(1) 사회보장정보시스템의 구축·운영 등(제37조)

① 국가와 지방자치단체는 국민편익의 증진과 사회보장업무의 효율성 향상을 위하여 사회보장업무를 전자적으로 관리하도록 노력하여야 한다.
② 국가는 관계 중앙행정기관과 지방자치단체에서 시행하는 사회보장수급권자 선정 및 급여 관리 등에 관한 정보를 통합·연계하여 처리·기록 및 관리하는 시스템을 구축·운영할 수 있다.
③ 보건복지부장관은 사회보장정보시스템의 구축·운영을 총괄한다.
④ 보건복지부장관은 사회보장정보시스템 구축·운영의 전 과정에서 개인정보 보호를 위하여 필요한 시책을 마련하여야 한다.
⑤ 보건복지부장관은 관계 중앙행정기관, 지방자치단체 및 관련 기관·단체에 사회보장정보시스템의 운영에 필요한 정보의 제공을 요청하고 제공받은 목적의 범위에서 보유·이용할 수 있다. 이 경우 자료의 제공을 요청받은 자는 정당한 사유가 없으면 이에 따라야 한다.
⑥ 관계 중앙행정기관 및 지방자치단체의 장은 사회보장정보시스템의 활용이 필요한 경우 사전에 보건복지부장관과 협의하여야 한다. 이 경우 보건복지부장관은 관련 업무에 필요한 범위에서 정보를 제공할 수 있고 정보를 제공받은 관계 중앙행정기관 및 지방자치단체의 장은 제공받은 목적의 범위에서 보유·이용할 수 있다.
⑦ 보건복지부장관은 사회보장정보시스템의 운영·지원을 위하여 전담기구를 설치할 수 있다.

(2) 개인정보 등의 보호(제38조)

① 사회보장 업무에 종사하거나 종사하였던 자는 사회보장업무 수행과 관련하여 알게 된 개인·법인 또는 단체의 정보를 관계 법령에서 정하는 바에 따라 보호하여야 한다.
② 국가와 지방자치단체, 공공기관, 법인·단체, 개인이 조사하거나 제공받은 개인·법인

또는 단체의 정보는 이 법과 관련 법률에 근거하지 아니하고 보유, 이용, 제공되어서는 아니 된다.

7. 보칙

(1) 권리구제(제39조)

위법 또는 부당한 처분을 받거나 필요한 처분을 받지 못함으로써 권리 또는 이익을 침해받은 국민은 행정심판법에 따른 행정심판을 청구하거나 행정소송법에 따른 행정소송을 제기하여 그 처분의 취소 또는 변경 등을 청구할 수 있다.

(2) 국민 등의 의견수렴(제40조)

국가와 지방자치단체는 국민생활에 중대한 영향을 미치는 사회보장 계획 및 정책을 수립하려는 경우 공청회 및 정보통신망 등을 통하여 국민과 관계 전문가의 의견을 충분히 수렴하여야 한다.

(3) 관계 행정기관 등의 협조(제41조)

① 국가와 지방자치단체는 사회보장 관련 계획 및 정책의 수립·시행, 사회보장통계의 작성 등을 위하여 관련 공공기관, 법인, 단체 및 개인에게 자료제출 등 필요한 협조를 요청할 수 있다.
② 위원회는 사회보장에 관한 자료제출 등 위원회 업무에 필요한 경우 관계 행정기관의 장에게 협조를 요청할 수 있다.
③ 협조요청을 받은 자는 정당한 사유가 없으면 이에 따라야 한다.

연습문제

01 사회보장제도의 운영원칙으로 잘못된 것은?

① 형평성 ② 민주성 ③ 보장성
④ 공공성 ⑤ 전문성

02 사회보장기본계획은 (　　)년마다 수립하며, (　　)위원회의 사회보장에 관한 중요시책을 심의 · 조정하기 위하여 국무총리 소속으로 둔다.

① 5년, 사회보험 ② 5년, 사회통계 ③ 3년, 사회보장
④ 3년, 사회보험 ⑤ 5년, 사회보장

03 국가와 지방자치단체는 사회보장제도에 관하여 국민이 필요한 정보를 관계 법령에서 정하는 바에 따라 (　　)하고 이를 (　　)하여야 한다.

① 홍보, 공개 ② 공개, 홍보 ③ 공개, 통지
④ 통지, 홍보 ⑤ 홍보, 통지

04 사회보장기본법령상 사회보장 기본계획에 포함되어야 하는 사항으로 잘못된 것은?

① 국내외 사회보장환경의 변화와 전망 ② 사회보장의 기본목표 및 중장기 추진방향
③ 사회보장 전달체계 ④ 최저임금기준
⑤ 사회보장 관련 기금 운용방안

05 사회보장기본법상 사회보장위원회의 심의 · 조정 사항으로 잘못된 것은?

① 사회보장 증진을 위한 기본계획 ② 사회보장 관련 주요 계획
③ 사회보장제도의 평가 및 개선 ④ 사회보장급여 및 비용 부담
⑤ 최저임금기준

정답 1. ③ 2. ⑤ 3. ② 4. ④ 5. ⑤

Chapter 06

사회보장급여의 이용 · 제공 및 수급권자 발굴에 관한 법률

1. 목적

사회보장기본법에 따른 사회보장급여의 이용 및 제공에 관한 기준과 절차 등 기본적 사항을 규정하고 지원을 받지 못하는 지원대상자를 발굴하여 지원함으로써 사회보장급여를 필요로 하는 사람의 인간다운 생활을 할 권리를 최대한 보장하고, 사회보장급여가 공정하고 효과적으로 제공되도록 하며, 사회보장제도가 지역사회에서 통합적으로 시행될 수 있도록 그 기반을 구축하는 것을 목적으로 한다(제1조).

2. 용어의 정의

① 사회보장급여: 보장기관이 사회보장기본법에 따라 제공하는 현금, 현물, 서비스 및 그 이용권을 말한다.
② 수급권자: 사회브장기본법에 따른 사회보장급여를 제공받을 권리를 가진 사람을 말한다.
③ 수급자: 사회보장급여를 받고 있는 사람을 말한다.
④ 지원대상자: 사회보장급여를 필요로 하는 사람을 말한다.
⑤ 보장기관: 관계 법령 등에 따라 사회보장급여를 제공하는 국가기관과 지방자치단체를 말한다(제2조).

3. 다른 법률과의 관계

사회보장급여의 이용 및 제공에 필요한 기준, 방법, 절차와 지원대상자의 발굴 및 지원 등에 관하여는 다른 법률에 특별한 규정이 있는 경우를 제외하고는 이 법에 따른다(제3조).

4. 기본원칙

① 사회보장급여가 필요한 사람은 누구든지 자신의 의사에 따라 사회보장급여를 신청할 수 있으며, 보장기관은 이에 필요한 안내와 상담 등의 지원을 충분히 제공하여야 한다.
② 보장기관은 지원이 필요한 국민이 급여대상에서 누락되지 아니하도록 지원대상자를 적극 발굴하여 이들이 필요로 하는 사회보장급여를 적절하게 제공받을 수 있도록 노력하여야 한다.
③ 보장기관은 국민의 다양한 복지욕구를 충족시키고 생애주기별 필요에 맞는 사회보장급여가 공정·투명·적정하게 제공될 수 있도록 노력하여야 한다.
④ 보장기관은 사회보장급여와 사회복지법인, 사회복지시설 등 사회보장 관련 민간 법인·단체·시설이 제공하는 복지혜택 또는 서비스를 효과적으로 연계하여 제공할 수 있도록 노력하여야 한다.
⑤ 보장기관은 국민이 사회보장급여를 편리하게 이용할 수 있도록 사회보장 정책 및 관련 제도를 수립·시행하기 위하여 노력하여야 한다.
⑥ 보장기관은 지역의 사회보장 수준이 균등하게 실현될 수 있도록 노력하여야 한다(제4조).

5. 사회보장급여

1) 사회보장급여의 이용

(1) 사회보장급여의 신청(제5조)

① 지원대상자와 그 친족, 후견인, 청소년상담사·청소년지도사, 지원대상자를 사실상 보호하고 있는 자(관련 기관 및 단체의 장을 포함) 등은 지원대상자의 주소지 관할 보장기관에 사회보장급여를 신청할 수 있다. 다만, 중앙행정기관의 장이 지원대상자의 이용 편의, 사회보장급여의 제공 유형 등을 고려하여 필요하다고 결정한 사회보장급여의

경우에는 지원대상자의 주소지 관할이 아닌 보장기관에도 신청할 수 있다.

② 보장기관의 업무담당자는 지원대상자가 누락되지 아니하도록 하기 위하여 관할 지역에 거주하는 지원대상자에 대한 사회보장급여의 제공을 직권으로 신청할 수 있다. 이 경우 지원대상자의 동의를 받아야 하며, 동의를 받은 경우에는 지원대상자가 신청한 것으로 본다.

③ 보장기관의 업무담당자는 지원대상자가 심신미약 또는 심신상실 등 대통령령으로 정하는 경우에 해당하면 지원대상자의 동의 없이 직권으로 사회보장급여의 제공을 신청할 수 있다. 이 경우 보장기관의 업무담당자는 직권 신청한 사실을 보장기관의 장에게 지체 없이 보고하여야 한다.

④ 보장기관의 장이 지정한 법인 · 단체 · 시설 · 기관 등은 사회보장급여 신청권자의 요청에 따라 신청을 지원할 수 있다.

⑤ 보장기관의 업무담당자는 사회보장급여 신청 시 신청인 또는 지원대상자에 대하여 "근거 법령, 수급자격의 조사에 따른 조사의 목적, 조사 정보의 범위 및 이용방법, 신고의무, 정보의 보유기간 및 파기"의 사항을 고지하여야 한다.

(2) 사회보장 요구의 조사(제6조)

보장기관의 장은 사회보장급여의 신청을 받으면 "지원대상자의 사회보장 요구와 관련된 사항, 지원대상자의 건강상태 · 가구 구성 등 생활 실태에 관한 사항, 그 밖에 지원대상자에게 필요하다고 인정되는 사회보장급여에 관한 사항"을 조사하여야 한다.

(3) 수급자격의 조사(제7조)

① 보장기관의 장은 사회보장급여의 신청을 받으면 지원대상자와 그 부양의무자(배우자와 1촌의 직계혈족 및 그 배우자)에 대하여 사회보장급여의 수급자격 확인을 위하여 다음에 해당하는 자료 또는 정보를 제공받아 조사하고 처리할 수 있다. 다만, 부양의무자에 대한 조사가 필요하지 아니하거나 그 밖에 대통령령으로 정하는 사유에 해당하는 경우는 제외한다.

1. 인적사항 및 가족관계 확인에 관한 사항
2. 소득 · 재산 · 근로능력 및 취업상태에 관한 사항
3. 사회보장급여 수급이력에 관한 사항
4. 그 밖에 수급권자를 선정하기 위하여 보장기관의 장이 필요하다고 인정하는 사항

② 보장기관의 장은 위의 사항을 확인하기 위하여 필요한 자료의 확보가 곤란한 경우 신청인 또는 지원대상자와 그 부양의무자에게 필요한 자료의 제출을 요구할 수 있다.
③ 보장기관의 장은 조사 과정에서 지원대상자에게 의견을 진술할 기회를 제공하여야 한다.
④ 보장기관은 신청인 또는 지원대상자와 그 부양의무자가 조사를 방해 또는 기피하거나 자료 제출 요구를 두 번 이상 거부하는 경우에는 해당 사회보장급여의 신청을 각하할 수 있다.

(4) 사회보장급여 제공의 결정(제9조)

① 보장기관의 장이 사회보장 요구의 조사 및 수급자격의 조사를 실시한 경우에는 사회보장급여의 제공 여부 및 제공 유형을 결정하되, 제공하고자 하는 사회보장급여는 지원대상자가 현재 제공받고 있는 사회보장급여와 보장내용이 중복되도록 하여서는 아니 된다.
② 보장기관의 장은 사회보장급여의 제공 결정에 필요한 경우 지원대상자와 그 친족, 그 밖에 관계인의 의견을 들을 수 있다.
③ 보장기관의 장은 결정된 사회보장급여의 제공 여부와 그 유형 및 변경사항 신고의무 등을 서면(신청인의 동의에 의한 전자문서를 포함)으로 신청인에게 통지하여야 하며, 필요한 경우 구두 등의 방법을 병행할 수 있다. 이 경우 통지에 필요한 사항은 대통령령으로 정한다.
④ 보장기관의 장이 사회보장급여의 제공 여부 및 제공 유형을 결정할 때 제공받은 자료·정보의 전부 또는 일부를 통해 평가한 지원대상자와 그 부양의무자의 소득·재산 수준이 보건복지부장관이 정하는 기준 이하인 경우에는 소득·재산 관련 조사의 일부를 생략하고 사회보장급여의 지급을 결정할 수 있다.

2) 지원대상자의 발굴

(1) 위기가구의 발굴(제9조의2)

① 보장기관의 장은 누락된 지원대상자가 적절한 사회보장급여를 제공받을 수 있도록 지원이 필요한 다음의 가구(위기가구)를 발굴하기 위하여 노력하여야 한다.

1. 관계 기관 · 법인 · 단체 · 시설의 장에게 공유받은 정보와 자료 또는 정보의 처리 결과 보장기관의 장이 위기상황에 처하여 있다고 판단한 사람의 가구
2. 자살자가 발생한 가구 또는 자살시도자가 발생한 가구로서 자살예방센터의 장 또는 정신건강복지센터의 장이 "자살자가 주소득자였던 가구, 자살자의 유족으로서 자살을 시도할 우려가 있다고 판단되는 사람이 속한 가구, 다시 자살을 시도할 우려가 있다고 판단되는 자살시도자가 속한 가구, 그 밖에 가구 구성원의 자살 또는 자살시도로 경제적 어려움에 처해 있거나 정상적인 경제활동이 곤란하다고 인정되는 가구"에 해당한다고 보장기관의 장에게 알린 가구 중 보장기관의 장이 위기상황에 처해 있다고 판단한 가구

② 보장기관의 장은 위기가구의 구성원이 필요로 하는 적절한 사회보장급여를 제공받을 수 있도록 지원하여야 한다.

(2) 자료 또는 정보의 제공과 홍보(제10조)

보장기관의 장은 지원대상자를 발굴하기 위하여 "사회보장급여의 내용 및 제공규모, 수급자가 되기 위한 요건과 절차, 그 밖에 사회보장급여 수급을 위하여 필요한 정보의 제공과 홍보에 노력하여야 한다.

(3) 정보공유 등의 협조 요청(제11조)

① 보장기관의 장은 관할 지역에 거주하는 지원대상자를 발굴하기 위하여 "사회복지법인 및 사회복지시설, 국민연금공단, 국민건강보험공단, 보건소, 초 · 중등교육법에 의한 학교, 경찰서, 소방대, 공공주택사업자, 공동주택관리법에 따른 관리주체, 공동주택관리정보시스템을 위탁받아 운영하는 자, 그 밖에 대통령령으로 정하는 기관 · 법인 · 단체 · 시설"에 해당하는 관계 기관 · 법인 · 단체 · 시설의 장에게 소관 업무의 수행과 관련하여 취득한 정보의 공유, 지원대상자의 거주지 등 현장조사 시 소속 직원의 동행 등 필요한 사항에 대한 협조를 요청할 수 있다. 이 경우 관계 기관 · 법인 · 단체 · 시설의 장은 정당한 사유가 없으면 이에 따라야 한다.

② 보장기관의 장은 발굴조사를 실시하기 위하여 보장기관이 보유 중인 행정정보 중 대통령령으로 정하는 정보를 활용할 수 있다.

(4) 자료 또는 정보의 처리 등(제12조)

① 보건복지부장관은 보장기관이 자료 또는 정보의 제공과 홍보에 따른 업무를 효율적

으로 수행할 수 있도록 지원하기 위하여 사회보장정보시스템을 통하여 다음의 자료 또는 정보를 처리할 수 있다.

1. 전기사업법에 따른 단전(전류제한을 포함), 수도법에 따른 단수, 도시가스사업법에 따른 단가스 가구정보(가구정보는 주민등록전산정보·가족관계등록전산정보를 포함)
2. 초·중등교육법에 따른 학교생활기록 정보 중 담당교원이 위기상황에 처하여 있다고 판단한 학생의 가구정보
3. 국민건강보험법에 따른 보험료를 3개월 이상 체납한 사람의 가구정보
4. 국민기초생활보장법 또는 긴급복지지원법에 따른 신청 또는 지원 중 탈락가구의 가구정보
5. 사회복지사업법에 따른 시설의 장이 입소 탈락자나 퇴소자 중 위기상황에 처하여 있다고 판단한 사람의 가구정보
6. 신용정보의 이용 및 보호에 관한 법률에 따른 종합신용정보집중기관과 개별신용정보집중기관이 보유하고 있는 개인신용정보 중 보건복지부장관이 위기상황에 처하여 있다고 판단한 사람의 대통령령으로 정하는 기준에 해당하는 연체정보(대출금·신용카드대금·통신요금 등)로서 금융위원회 위원장과 협의하여 정하는 개인신용정보
7. 공공주택 특별법에 따른 공공주택사업자가 보유하고 있는 정보로서 임대료를 3개월 이상 체납한 임차인의 가구정보
8. 공동주택관리법에 따른 관리주체가 보유하고 있는 정보로서 관리비를 3개월 이상 체납한 입주자의 가구정보
9. 그 밖에 지원대상자의 발굴을 위하여 필요한 정보로서 대통령령으로 정하는 정보

② 보건복지부장관은 관계 중앙행정기관, 지방자치단체 및 관계 기관·법인·단체·시설의 장에게 위의 자료 또는 정보의 제공을 요청할 수 있다. 이 경우 관계 중앙행정기관의 장 등은 정당한 사유가 없으면 이에 따라야 한다.

(5) 발굴조사의 실시 및 실태점검(제12조의2)

① 보장기관의 장은 지원대상자에 대한 발굴조사를 분기마다 정기적으로 실시하여야 한다. 다만, 긴급복지지원법에 따라 발굴조사를 실시한 경우에는 그러하지 아니하다.
② 보건복지부장관은 지원대상자 발굴체계의 운영 실태를 매년 정기적으로 점검하고 개선방안을 마련하여야 한다.

(6) 지원대상자 발견 시 신고의무(제13조)

① 누구든지 출산, 양육, 실업, 노령, 장애, 질병, 빈곤 및 사망 등의 사회적 위험으로 인하여 사회보장급여를 필요로 하는 지원대상자를 발견하였을 때에는 보장기관에 알려야 한다.

② "사회복지시설의 장과 그 종사자, 장애인활동지원기관의 장 및 그 종사자와 활동지원 인력, 의료인과 의료기관의 장, 의료기사, 응급구조사, 구조대 및 구급대의 대원, 경찰공무원, 자치경찰공무원, 정신건강복지센터의 장과 그 종사자, 어린이집의 원장 등 보육교직원, 유치원 교직원 및 강사 등, 초 · 중등교육법에 따른 교직원 · 전문상담교사 등 및 산학겸임교사 등, 학원의 운영자 · 강사 · 직원 및 교습소의 교습자 · 직원, 성폭력피해상담소의 장과 그 종사자 및 성폭력피해자보호시설의 장과 그 종사자, 성매매방지 및 피해자보호 등에 관한 법률에 따른 지원시설의 장과 그 종사자 및 성매매피해상담소의 장과 그 종사자, 가정폭력 관련 상담소의 장과 그 종사자 및 가정폭력피해자 보호시설의 장과 그 종사자, 건강가정지원센터의 장과 그 종사자, 노인장기요양기관의 장과 그 종사자, 보건소의 방문간호 업무 종사자, 다문화가족지원센터의 장과 그 종사자, 행정리의 이장 및 행정동의 하부조직으로 두는 통의 통장, 공동주택관리법에 따른 관리즈체"의 어느 하나에 해당하는 사람은 그 직무상 사회적 위험으로 인하여 사망 또는 중대한 정신적 · 신체적 장애를 입을 위기에 처한 지원대상자를 발견한 경우 지체 없이 보장기관에 알리고, 지원대상자가 신속하게 지원을 받을 수 있도록 노력하여야 한다.

(7) 민관협력(제14조)

① 보장기관과 관계 기관 · 법인 · 단체 · 시설은 지역사회 내 사회보장이 필요한 지원대상자를 발굴하고, 가정과 지역공동체의 자발적인 협조가 이루어질 수 있도록 노력하여야 한다.
② 특별자치시장 및 시장 · 군수 · 구청장은 지원대상자의 발굴 및 지역사회보호체계의 구축을 위하여 필요한 경우 지역사회보장협의체(특별자치시의 경우 시 · 도사회보장위원회)에 관계 기관 · 법인 · 단체 · 시설의 장 및 그 밖에 사각지대 발굴과 관련한 기관 · 법인 · 단체 · 시설의 장 등을 포함시켜 운영할 수 있다.
③ 특별자치시장 및 시장 · 군수 · 구청장은 지역사회 내 지원대상자를 발굴하는 활동을 촉진하기 위하여 예산의 범위에서 필요한 비용을 지원할 수 있다.

3) 수급권자 등의 지원

(1) 지원계획의 수립 및 시행(제15조)

① 보장기관의 장은 사회보장급여의 제공을 결정한 때에는 필요한 경우 다음의 사항이

포함된 수급권자별 사회보장급여 제공계획을 수립하여야 한다. 이 경우 수급권자 또는 그 친족이나 그 밖의 관계인의 의견을 고려하여야 한다.

1. 사회보장급여의 유형 · 방법 · 수량 및 제공기간
2. 사회보장급여를 제공할 기관 및 단체
3. 동일한 수급권자에 대하여 사회보장급여를 제공할 보장기관 또는 관계 기관 · 법인 · 단체 · 시설이 둘 이상인 경우 상호 간 연계방법
4. 사회보장 관련 민간 법인 · 단체 · 시설이 제공하는 복지혜택과 연계가 필요한 경우 그 연계방법

② 보장기관의 장은 지원계획에 따라 사회보장급여가 제공될 수 있도록 노력하여야 하며, 필요한 경우 사회보장급여 제공결과를 정기적으로 평가하고 그 결과에 따라 지원계획을 변경할 수 있다.

③ 보장기관의 장은 수급권자의 지원계획 수립 · 변경 시 사회보장정보시스템을 통하여 수급자격을 확인할 수 있다.

④ 보장기관의 장은 지원계획의 실행을 위하여 필요하다고 판단되는 최소한의 정보를 관계 보장기관과 공유할 수 있으며, 필요한 경우 수급권자의 동의를 받아 대통령령으로 정하는 법인 · 단체 · 시설과 공유할 수 있다.

⑤ 보장기관의 장은 지원계획 수립 · 이행 등의 전문성 향상을 지원하기 위하여 교육, 컨설팅 등 필요한 업무를 공공기관 등 관계 기관에 위탁할 수 있다.

(2) 수급권자 등에 대한 상담 · 안내, 의뢰 등(제16조)

① 보장기관의 업무담당자는 수급권자 또는 지원대상자(수급권자 등)가 필요한 사회보장급여를 편리하게 이용할 수 있도록 사회보장급여의 명칭, 수급권자의 선정기준, 보장내용 및 신청방법 등에 관한 사항을 상담하고 안내하여야 하며, 이를 위하여 사회보장정보시스템에서 지원하는 정보를 최대한 활용하여야 한다.

② 보장기관의 업무담당자는 수급권자 등이 필요로 하는 사회보장급여의 이용이 다른 보장기관의 권한에 속한다고 판단되는 경우 신청인 또는 수급권자 등에게 보장기관을 안내하고, 필요한 경우 해당 보장기관 또는 관계 기관 · 법인 · 단체 · 시설에 사회보장급여 또는 복지혜택 · 서비스의 제공을 의뢰하여야 한다.

③ 보건복지부장관은 상담 · 안내 · 의뢰가 사회보장정보시스템을 통하여 효율적으로 이루어질 수 있도록 하여야 한다.

④ 보장기관의 장은 수급권자 등에게 사회보장급여의 이용 및 제공에 필요한 사항을 종합적으로 상담 · 안내 · 의뢰하는 등의 업무를 수행하기 위하여 전화상담센터 등을 설

치 · 운영할 수 있다.

(3) 이의신청(제17조)

① 이 법에 따른 처분에 이의가 있는 수급권자 등은 그 처분을 받은 날로부터 90일 이내에 처분을 결정한 보장기관의 장에게 이의신청을 할 수 있다. 다만, 정당한 사유로 인하여 그 기간 내에 이의신청을 할 수 없음을 증명한 때에는 그 사유가 소멸한 때부터 60일 이내에 이의신청을 할 수 있다.

② 보장기관의 장은 이의신청을 받은 날부터 10일 이내에 그 이의신청에 대하여 결정하고 그 결과를 신청인에게 지체 없이 통지하여야 한다. 다만, 부득이한 사유로 정하여진 기간 이내에 결정할 수 없을 때에는 그 기간의 만료일 다음 날부터 기산하여 10일 이내의 범위에서 연장할 수 있으며, 연장 사유를 신청인에게 통지하여야 한다.

(4) 수급권자의 보호자에 대한 지원(제18조)

보장기관의 장은 제9조에 따라 급여 제공이 결정된 수급권자를 자신의 가정에서 돌보는 사람의 부담을 줄이기 위하여 상담을 실시하거나 금전적 지원 등을 할 수 있다.

4) 사회보장급여의 관리

(1) 사회보장급여의 적정성 확인조사(제19조)

보장기관의 장은 수급자에 대한 사회보장급여의 적정성을 확인하기 위하여 수급자격의 조사에 해당하는 정보를 조사할 수 있다.

(2) 사회보장급여 부정수급 실태조사(제19조의2)

① 보건복지부장관은 속임수 등의 부정한 방법으로 사회보장급여를 받거나 타인으로 하여금 사회보장급여를 받게 한 경우에 대하여 보장기관이 효과적인 대책을 세울 수 있도록 그 발생 현황, 피해사례 등에 관한 실태조사를 3년마다 실시하고, 그 결과를 공개하여야 한다.

② 보건복지부장관은 실태조사를 위하여 필요한 경우 관계 중앙행정기관의 장, 공공기관의 장, 그 밖에 관련 시설 · 법인 · 단체의 장에게 필요한 자료의 제출 또는 의견의

진술 등을 요청할 수 있다. 이 경우 관계 중앙행정기관의 장 등은 특별한 사유가 없으면 그 요청에 따라야 한다.

(3) 수급자의 변동신고(제20조)

주기적으로 또는 기간을 정하여 사회보장급여를 제공받는 수급자는 거주지, 세대원, 소득·재산 상태, 근로능력, 다른 급여의 수급이력 등의 사항이 변동되었을 때에는 지체 없이 관할 보장기관의 장에게 신고하여야 한다.

(4) 사회보장급여의 변경·중지(제21조)

① 보장기관의 장은 사회보장급여의 적정성 확인조사 및 수급자의 변동신고에 따라 수급자 및 그 부양의무자의 인적사항, 가족관계, 소득·재산 상태, 근로능력 등에 변동이 있는 경우에는 직권 또는 수급자나 그 친족, 그 밖의 관계인의 신청에 따라 수급자에 대한 사회보장급여의 종류·지급방법 등을 변경할 수 있다.

② 보장기관의 장은 변동으로 수급자에 대한 사회보장급여의 전부 또는 일부가 필요 없게 된 때에는 사회보장급여의 전부 또는 일부를 중지하거나 그 종류·지급방법 등을 변경하여야 한다. 다만, 위의 내용에 따른 변동이 소득·재산 상태 등의 변동수준, 수급기간 등을 고려하여 보건복지부장관이 정하는 기준에 해당하는 경우에는 그러하지 아니하다.

③ 사회보장급여의 변경 또는 중지는 서면(수급자의 동의에 의한 전자문서를 포함)으로 그 이유를 명시하여 수급자에게 통지하여야 하며, 필요한 경우 구두 등의 방법을 병행할 수 있다.

(5) 사회보장급여의 환수(제22조)

① 수급자가 신고를 고의로 회피하거나 속임수 등의 부정한 방법으로 사회보장급여를 받거나 타인으로 하여금 사회보장급여를 받게 한 경우에는 사회보장급여를 제공한 보장기관의 장은 그 사회보장급여의 전부 또는 일부를 그 사회보장급여를 받거나 받게 한 자(부정수급자)로부터 환수할 수 있다.

② 보장기관의 장은 수급권이 없는 자에게 사회보장급여를 제공하거나 그 변경·중지로 인하여 수급자에게 이미 제공한 사회보장급여 중 과잉지급분이 발생한 경우에는 즉시 이를 제공받은 사람에 대하여 그 전부 또는 일부의 반환을 명하여야 한다. 다만,

이를 이미 소비하였거나 그 밖에 수급자에게 부득이한 사유가 있는 때에는 그 반환을 면제할 수 있다.

(6) 맞춤형 급여 안내(제22조의2)

① 보건복지부장관과 보장기관의 장은 사회보장급여 신청권자의 신청을 받아 주기적으로 사회보장급여의 수급가능성을 확인하여 그 결과를 안내할 수 있다.
② 맞춤형 급여 안내를 받고자 하는 자는 보건복지부장관 또는 보장기관의 장에게 신청하여야 한다. 다만, 다음의 어느 하나에 해당하는 자는 보건복지부령으로 정하는 바에 따라 신청을 거부하지 아니하는 경우 맞춤형 급여 안내를 신청한 것으로 본다.

1. 국민기초생활보장법, 한부모가족지원법, 기초연금법, 장애인연금법, 장애인복지법, 그 밖에 대통령령으로 정하는 법률에서 정하는 사업의 수급자
2. 장애인연금법, 기초연금법, 장애인복지법, 그 밖에 대통령령으로 정하는 법률에서 정하는 사업의 수급희망 이력관리 신청자

6. 사회보장정보

1) 사회보장정보 및 사회보장정보시스템의 이용 등

(1) 사회보장정보의 처리 등(제23조)

① 보건복지부장관은 보장기관이 수급권자의 선정 및 급여관리 등에 관한 업무를 효율적으로 수행할 수 있도록 사회보장정보시스템을 통하여 다음에 해당하는 자료 또는 정보를 처리할 수 있다.

1. 근거 법령, 보장대상 및 내용, 예산 등 사회보장급여 현황에 관한 자료 또는 정보
2. 상담, 신청, 조사 및 자격의 변동관리에 필요한 인적사항 · 소득 · 재산 등에 관한 자료 또는 정보
3. 사회보장급여 수급이력에 관한 자료 또는 정보
4. 보건복지부장관이 위임 · 위탁받은 업무를 수행하는 데 필요한 자료 또는 정보
5. 사회보장정보와 관련된 법령 등에 따른 상담, 신청, 조사, 결정, 제공, 환수 등의 업무처리내역에 관한 자료 또는 정보
6. 사회보장 관련 민간 법인 · 단체 · 시설의 사회보장급여 제공 현황 및 보조금 수급이력에 관한 자료 또는 정보

7. 그 밖에 사회보장급여의 제공·관리 및 사회보장정보시스템 구축·운영에 필요한 정보로서 대통령령으로 정하는 자료 또는 정보

② 보건복지부장관은 사회보장정보를 처리하기 위하여 관계 중앙행정기관, 지방자치단체, 관계 기관·법인·단체·시설의 장에게 필요한 자료 또는 정보를 요청할 수 있다. 이 경우 관계 중앙행정기관의 장 등은 정당한 사유가 없으면 그 요청에 따라야 한다.

③ 사회보장 관련 민간 법인·단체·시설의 장은 사회보장정보시스템이 원활히 운영될 수 있도록 적극 협력하여야 한다.

④ 보건복지부장관은 사회보장정보를 사회보장 관련 예측조사, 연구개발 등에 활용할 수 있도록 지원할 수 있다.

(2) 사회보장정보시스템의 이용 등(제24조)

① 보장기관의 장은 업무를 효율적으로 수행하기 위하여 사회보장정보시스템을 이용하거나 관할 업무시스템과 사회보장정보시스템을 연계하여 이용할 수 있다. 이 경우 보장기관의 장은 사회보장정보시스템을 이용하여 처리하고자 하는 자료 또는 정보와 그 범위, 처리 목적·방식, 해당 자료 또는 정보의 보유기관 등을 특정하여 보건복지부장관과 협의하여야 한다.

② 보장기관의 장이 위의 내용에 따라 보건복지부장관과 협의하는 경우 보건복지부장관이 정하는 소득·재산조사의 유형 등 사회보장정보의 표준화에 관한 사항을 준수하여야 한다.

③ 보건복지부장관은 사회보장의 사각지대를 해소하기 위하여 사회보장정보시스템을 통하여 처리된 정보를 보장기관의 장에게 제공할 수 있으며, 보장기관의 장은 필요한 경우 지원대상자의 동의를 받아 대통령령으로 정하는 법인·단체·시설의 장이 활용할 수 있도록 지원할 수 있다.

④ 보장기관의 장은 사회보장정보시스템을 통한 사회보장정보를 이 법에서 정한 목적 외의 용도로 이용하여서는 아니 된다.

⑤ 보건복지부장관이 사회보장정보를 제공하는 경우에는 이용 목적을 고려하여 필요 최소한의 사회보장정보를 제공하여야 한다.

(3) 사회서비스정보시스템의 구축·운영 등(제24조의2)

① 보건복지부장관은 보장기관이 “사회복지법인 및 사회복지시설, 사회서비스 제공자,

사회서비스를 제공하는 기관으로서 대통령령으로 정하는 기관"의 법인 · 단체 · 시설 · 기관의 업무를 전자화하고 업무 수행에 필요한 정보를 통합 · 연계하여 처리 · 기록 및 관리하는 정보시스템을 구축 · 운영할 수 있다.

② 사회서비스 제공기관의 운영자, 종사자 및 그 밖에 보건복지부령으로 정하는 자는 다음의 업무를 수행하기 위하여 사회서비스정보시스템을 이용할 수 있다.

1. 위기가구의 발굴 지원
2. 민간협력 및 지원계획의 실행에 필요한 업무
3. 보장기관이 의뢰한 사회보장급여의 이용 및 제공에 관한 업무
4. 통합사례관리의 수행에 관한 업무
5. 통합사례관리 및 통합서비스, 지역보건의료서비스 등 보건복지부령으로 정하는 사례관리 사업 사이의 연계 및 협업에 관한 업무
6. 사회복지법인 및 사회복지시설의 종사자, 거주자 및 이용자에 관한 자료 등 운영에 필요한 정보의 처리 · 기록 · 관리 업무
7. 사회서비스전자이용권의 관리에 관한 업무
8. 그 밖에 사회서비스 제공기관의 사회보장급여 제공, 종사자 및 이용자 등의 관리, 사회서비스 제공기관의 운영 등 대통령령으로 정하는 업무

(4) 대국민 포털 구축 등(제25조)

보건복지부장관은 사회보장급여가 필요한 국민에게 사회보장 관련 자료 또는 정보의 검색, 조회 등 온라인 서비스를 제공하는 인터넷 기반의 대국민 포털을 구축 · 관리하고 그 활용을 촉진하여야 한다.

(5) 사회보장정보의 정확성 유지(제26조)

① 정보보유기관의 장은 사회보장정보의 정확성을 유지하기 위하여 노력하여야 한다.

② 보건복지부장관은 사회보장정보를 주기적으로 갱신하여야 하며, 그 정보에 오류가 있다고 판단되는 경우에는 원천 자료 또는 정보를 제공한 정보보유기관의 장에게 해당 자료 또는 정보의 수정 또는 보완을 요구할 수 있다.

③ 자료 또는 정보의 수정 또는 보완을 요구받은 정보보유기관의 장은 그에 따른 조치결과를 보건복지부장관에게 통보하여야 한다. 다만, 정보보유기관이 공공기관 등의 기관인 경우에는 조치결과를 제출하기 전에 관계 중앙행정기관 또는 지방자치단체의 장과 미리 협의하여야 한다.

(6) 사회보장정보의 표준화(제27조)

보건복지부장관은 사회보장정보의 공동 활용을 통하여 국민이 사회보장급여의 이용을 편리하게 할 수 있도록 사회보장정보와 관련된 각종 기준, 절차, 방법, 서식 등을 표준화하여 보장기관의 장에게 제시할 수 있다. 이 경우 보장기관의 장은 정당한 사유가 없으면 이에 따라야 한다.

(7) 사회보장정보 등의 협의 · 조정(제28조)

보장기관의 장 또는 관계 중앙행정기관의 장이 사회보장정보의 처리 등, 사회보장정보시스템의 이용, 사회보장정보의 표준화, 업무의 위임 · 위탁 등에 관하여 의견이 있는 경우에는 보건복지부장관과 협의하고, 협의가 이루어지지 아니할 경우 사회보장기본법에 따른 사회보장위원회가 이를 조정한다.

(8) 한국사회보장정보원(제29조)

① 사회보장정보시스템의 운영 · 지원을 위하여 한국사회보장정보원을 설립한다.
② 한국사회보장정보원은 법인으로 한다.
③ 한국사회보장정보원은 위탁 등을 받아 다음의 업무를 수행한다.

1. 사회보장정보시스템의 구축 및 유지 · 기능개선 · 관리 · 교육 · 상담 등 운영에 관한 사항
2. 자료 또는 정보의 처리 및 사회보장정보의 처리
3. 사회보장급여의 수급과 관련된 법령 등에 따른 신청, 접수, 조사, 결정, 환수 등 업무의 전자적 처리지원
4. 사회서비스이용권의 이용 · 지급 및 정산 등에 필요한 정보시스템의 운영, 사회서비스이용권을 통하여 사회서비스를 제공하는 사업의 관리에 관한 사항
5. 사회보장 관련 민간 법인 · 단체 · 시설에 대한 전자화 지원
6. 사회보장제도의 운영에 필요한 정책정보 및 통계정보의 생산 · 분석, 제공과 사회보장정책 지원을 위한 조사 · 연구
7. 대국민 포털의 운영에 관한 사항
8. 그 밖에 이 법 또는 다른 법령에 따라 보건복지부장관, 국가 또는 지방자치단체로부터 위탁받은 업무

④ 정부는 사회보장급여의 이용 및 제공이 원활히 이루어질 수 있도록 한국사회보장정보원의 설립 · 운영에 필요한 비용을 출연하거나 지원할 수 있다.
⑤ 한국사회보장정보원에 관하여 이 법에서 규정한 사항 외에는 민법 중 재단법인에 관한 규정을 준용한다.

⑥ 한국사회보장정보원의 임직원이나 임직원으로 재직하였던 사람은 그 직무상 알게 된 비밀을 누설하거나 다른 용도로 사용하여서는 아니 된다.

2) 사회보장정보의 보호

(1) 사회보장정보의 보호대책 수립 · 시행(제30조)

① 보건복지부장관은 사회보장정보시스템의 사회보장정보를 안전하게 보호하기 위하여 물리적 · 기술적 대책을 포함한 보호대책을 수립 · 시행하여야 한다.
② 한국사회보장정보원의 장은 보호대책을 시행하기 위한 실행계획을 매년 수립하여 보건복지부장관에게 제출하여야 한다.

(2) 사회보장정보 침해행위 등의 금지(제31조)

누구든지 사회보장정보를 처리할 때 "사회보장정보의 처리업무를 방해할 목적으로 사회보장정보를 위조 · 변경 · 훼손하거나 말소하는 행위, 정당한 사유 없이 사회보장정보를 위조 · 변경 · 훼손 · 말소 · 유출하거나 그 방법 또는 프로그램을 공개 · 유포 · 사용하는 행위, 정당한 사유 없이 사회보장정보시스템을 위조 · 변경 · 훼손하거나 이용하는 행위, 정당한 권한이 없거나 허용된 권한을 초과하여 사회보장정보를 처리하는 행위, 업무 외의 목적으로 사회보장정보를 열람하거나 조회하는 행위"를 하여서는 아니 된다.

(3) 사회보장정보 보호 교육(제31조의2)

① 보건복지부장관은 사회보장정보를 처리하는 자에게 사회보장정보 보호에 관한 교육을 실시하여야 한다.
② 보건복지부장관은 사회보장정보 보호에 관한 교육을 한국사회보장정보원 또는 한국보건복지인재원에 위탁할 수 있다.

(4) 사회보장정보의 파기(제34조)

보장기관의 장 및 한국사회보장정보원의 장은 사회보장정보를 5년이 지나면 파기하여야 한다.

7. 사회보장에 관한 지역계획 및 운영체계 등

1) 지역사회보장에 관한 계획

(1) 지역사회보장에 관한 계획의 수립(제35조)

특별시장 · 광역시장 · 특별자치시장 · 도지사 · 특별자치도지사 및 시장 · 군수 · 구청장은 지역사회보장에 관한 계획을 4년마다 수립하고, 매년 지역사회보장계획에 따라 연차별 시행계획을 수립하여야 한다. 이 경우 사회보장기본법에 따른 사회보장에 관한 기본계획과 연계되도록 하여야 한다.

(2) 지역사회보장계획의 내용(제36조)

① 시 · 군 · 구 지역사회보장계획은 다음의 사항을 포함하여야 한다.

1. 지역사회보장 수요의 측정, 목표 및 추진전략
2. 지역사회보장의 목표를 점검할 수 있는 지표의 설정 및 목표
3. 지역사회보장의 분야별 추진전략, 중점 추진사업 및 연계협력 방안
4. 지역사회보장 전달체계의 조직과 운영
5. 사회보장급여의 사각지대 발굴 및 지원 방안
6. 지역사회보장에 필요한 재원의 규모와 조달 방안
7. 지역사회보장에 관련한 통계 수집 및 관리 방안
8. 지역 내 부정수급 발생 현황 및 방지대책
9. 그 밖에 대통령령으로 정하는 사항

② 특별시 · 광역시 · 도 · 특별자치도 지역사회보장계획은 다음의 사항을 포함하여야 한다.

1. 시 · 군 · 구의 사회보장이 균형적이고 효과적으로 추진될 수 있도록 지원하기 위한 목표 및 전략
2. 지역사회보장지표의 설정 및 목표
3. 시 · 군 · 구에서 사회보장급여가 효과적으로 이용 및 제공될 수 있는 기반 구축 방안
4. 시 · 군 · 구 사회보장급여 담당 인력의 양성 및 전문성 제고 방안
5. 지역사회보장에 관한 통계자료의 수집 및 관리 방안
6. 시 · 군 · 구의 부정수급 방지대책을 지원하기 위한 방안
7. 그 밖에 지역사회보장 추진에 필요한 사항

③ 특별자치시 지역사회보장계획은 다음의 사항을 포함하여야 한다.

1. 시·군·구 지역사회보장계획의 사항
2. 사회보장급여가 효과적으로 이용 및 제공될 수 있는 기반 구축 방안
3. 사회보장급여 담당 인력의 양성 및 전문성 제고 방안
4. 그 밖에 지역사회보장 추진에 필요한 사항

(3) 지역사회보장계획의 시행(제37조)

① 시 · 도지사 또는 시장 · 군수 · 구청장은 지역사회보장계획을 시행하여야 한다.

② 시 · 도지사 또는 시장 · 군수 · 구청장은 지역사회보장계획을 시행할 때 필요하다고 인정하는 경우에는 사회보장 관련 민간 법인 · 단체 · 시설에 인력, 기술, 재정 등의 지원을 할 수 있다.

(4) 지역사회보장계획의 변경(제38조)

시 · 도지사 또는 시장 · 군수 · 구청장은 사회보장의 환경 변화, 사회보장기본법에 따른 사회보장에 관한 기본계획의 변경 등이 있는 경우에는 지역사회보장계획을 변경할 수 있으며, 그 변경 절차는 지역사회보장에 관한 계획의 수립(제35조)을 준용한다.

(5) 지역사회보장계획 시행결과의 평가(제39조)

보건복지부장관은 시 · 도 지역사회보장계획의 시행결과를, 시 · 도지사는 시 · 군 · 구 지역사회보장계획의 시행결과를 각각 보건복지부령으로 정하는 바에 따라 평가할 수 있다. 시 · 도지사는 평가를 시행한 경우 그 결과를 보건복지부장관에게 제출하여야 한다. 보건복지부장관은 이를 종합 · 검토하여 사회보장위원회에 보고하여야 한다.

2) 지역사회보장 운영체계

(1) 시 · 도사회보장위원회(제40조)

① 시 · 도지사는 시 · 도의 사회보장 증진을 위하여 시 · 도사회보장위원회를 둔다.

② 시 · 도사회보장위원회는 다음의 업무를 심의 · 자문한다.

1. 시·도의 지역사회보장계획 수립·시행 및 평가에 관한 사항
2. 시·도의 지역사회보장조사 및 지역사회보장지표에 관한 사항
3. 시·도의 사회보장급여 제공에 관한 사항
4. 시·도의 사회보장 추진과 관련한 중요 사항
5. 읍·면·동 단위 지역사회보장협의체의 구성 및 운영에 관한 사항(특별자치시에 한정)
6. 사회보장과 관련된 서비스를 제공하는 관계 기관·법인·단체·시설과의 연계·협력 강화에 관한 사항(특별자치시에 한정)
7. 그 밖에 위원장이 필요하다고 인정되는 사항

③ 시·도사회보장위원회는 다음의 사람 중 시·도지사가 임명 또는 위촉한 사람으로 구성한다.

1. 사회보장에 관한 전문적 지식이나 경험을 가진 사람
2. 사회보장 관련 기관 및 단체의 대표자
3. 사회보장을 필요로 하는 사람의 이익 등을 대표하는 사람
4. 지역사회보장협의체의 대표자
5. 비영리민간단체에서 추천한 사람
6. 사회복지공동모금지회에서 추천한 사람
7. 읍·면·동 단위 지역사회보장협의체의 위원장(특별자치시에 한정하며, 공동위원장이 있는 경우에는 민간위원 중에서 선출된 공동위원장을 말한다)
8. 사회보장에 관한 업무를 담당하는 공무원

④ 다음의 어느 하나에 해당하는 사람은 시·도사회보장위원회의 위원이 될 수 없다.

1. 미성년자
2. 피성년후견인, 피한정후견인
3. 파산선고를 받고 복권되지 아니한 사람
4. 법원의 판결에 따라 자격이 상실되거나 정지된 사람
5. 금고 이상의 실형을 선고받고 그 집행이 끝나거나(집행이 끝난 것으로 보는 경우를 포함) 집행이 면제된 날부터 3년이 지나지 아니한 사람
6. 금고 이상의 형의 집행유예를 선고받고 그 유예기간 중에 있는 사람
7. 사회복지사업 또는 그 직무와 관련하여 아동복지법에 따른 벌칙(제71조), 보조금 관리에 관한 법률에 따른 벌칙(제40조부터 제42조) 또는 형법에 따른 유기와 학대의 죄(제28장)·횡령과 배임의 죄(제40장, 점유이탈물횡령은 제외)의 죄를 범하거나 이 법을 위반하여 "100만 원 이상의 벌금형을 선고받고 그 형이 확정된 후 5년이 지나지 아니한 사람, 금고 이상의 형의 집행유예를 선고받고 그 유예기간이 끝난 날부터 7년이 지나지 아니한 사람, 금고 이상의 실형을 선고받고 그 집행이 끝나거나(집행이 끝난 것으로 보는 경우를 포함) 집행이 면제된 날부터 7년이 지나지 아니한

사람, 성폭력범죄 또는 아동 · 청소년 대상 성범죄를 저지른 사람으로서 형 또는 치료감호를 선고받고 확정된 후 그 형 또는 치료감호의 전부 또는 일부의 집행이 끝나거나(집행이 끝난 것으로 보는 경우를 포함) 집행이 면제되거나 집행의 유예기간이 끝난 날부터 10년이 지나지 아니한 사람"의 어느 하나에 해당하는 사람

(2) 지역사회보장협의체(제41조)

① 시장 · 군수 · 구청장은 지역의 사회보장을 증진하고, 사회보장과 관련된 서비스를 제공하는 관계 기관 · 법인 · 단체 · 시설과 연계 · 협력을 강화하기 위하여 해당 시 · 군 · 구에 지역사회보장협의체를 둔다.

② 지역사회보장협의체는 다음의 업무를 심의 · 자문한다.

1. 시 · 군 · 구의 지역사회보장계획 수립 · 시행 및 평가에 관한 사항
2. 시 · 군 · 구의 지역사회보장조사 및 지역사회보장지표에 관한 사항
3. 시 · 군 · 구의 사회보장급여 제공에 관한 사항
4. 시 · 군 · 구의 사회보장 추진에 관한 사항
5. 읍 · 면 · 동 단위 지역사회보장협의체의 구성 및 운영에 관한 사항
6. 그 밖에 위원장이 필요하다고 인정하는 사항

③ 지역사회보장협의체의 위원은 다음의 사람 중 시장 · 군수 · 구청장이 임명 또는 위촉한다. 다만, 시 · 도사회보장위원회의 위원의 결격사유에 해당되는 사람은 위원이 될 수 없다.

1. 사회보장에 관한 학식과 경험이 풍부한 사람
2. 지역의 사회보장 활동을 수행하거나 서비스를 제공하는 기관 · 법인 · 단체 · 시설의 대표자
3. 비영리민간단체에서 추천한 사람
4. 읍 · 면 · 동 단위 지역사회보장협의체의 위원장(공동위원장이 있는 경우에는 민간위원 중에서 선출된 공동위원장을 말한다)
5. 사회보장에 관한 업무를 담당하는 공무원

④ 지역사회보장협의체의 업무를 효율적으로 수행하기 위하여 지역사회보장협의체에 실무협의체를 둔다.

(3) 사회보장사무 전담기구(제42조)

① 특별자치시장 및 시장 · 군수 · 구청장은 사회보장에 관한 업무를 효율적으로 수행하

기 위하여 관련 조직, 인력, 관계 기관 간 협력체계 등을 마련하여야 하며, 필요한 경우에는 사회보장에 관한 사무를 전담하는 기구를 별도로 설치할 수 있다.

② 사회보장사무 전담기구는 사회보장정보시스템을 활용하여 수급권자에게 필요한 정보를 종합 안내하고, 사회보장급여에 대한 신청 등이 편리하게 이루어질 수 있도록 운영되어야 한다.

(4) 통합사례관리(제42조의2)

① 보건복지부장관, 시·도지사 및 시장·군수·구청장은 지원대상자의 사회보장 수준을 높이기 위하여 지원대상자의 다양하고 복합적인 특성에 따른 상담과 지도, 사회보장에 대한 욕구조사, 서비스 제공 계획의 수립을 실시하고, 그 계획에 따라 지원대상자에게 보건·복지·고용·교육 등에 대한 사회보장급여 및 민간 법인·단체·시설 등이 제공하는 서비스를 종합적으로 연계·제공하는 통합사례관리를 실시할 수 있다.

② 통합사례관리를 실시하기 위하여 필요한 경우에는 특별자치시 및 시·군·구에 통합사례관리사를 둘 수 있다.

(5) 사회복지전담공무원(제43조)

① 사회복지사업에 관한 업무를 담당하게 하기 위하여 시·도, 시·군·구, 읍·면·동 또는 사회보장사무 전담기구에 사회복지전담공무원을 둘 수 있다.

② 사회복지전담공무원은 사회복지사의 자격을 가진 사람으로 하며, 그 임용 등에 필요한 사항은 대통령령으로 정한다.

③ 사회복지전담공무원은 사회보장급여에 관한 업무 중 취약계층에 대한 상담과 지도, 생활실태의 조사 등 보건복지부령으로 정하는 사회복지에 관한 전문적 업무를 담당한다.

3) 지역사회보장 지원 및 균형발전

(1) 지역사회보장의 균형발전(제45조)

중앙행정기관의 장 및 시·도지사는 시·도 및 시·군·구 간 사회보장 수준의 차이를 최소화하기 위하여 예산 배분, 사회보장급여의 제공 기관 등의 배치 등에 필요한 조치를 하여야 한다.

(2) 지역사회보장균형발전지원센터(제46조)

보건복지부장관은 시 · 도 및 시 · 군 · 구의 사회보장 추진 현황 분석, 지역사회보장계획의 평가, 지역 간 사회보장의 균형발전 지원 등의 업무를 효과적으로 수행하기 위하여 지역사회보장균형발전지원센터를 설치 · 운영할 수 있다.

(3) 지방자치단체에 대한 지원(제47조)

중앙행정기관의 장은 시 · 도지사 및 시장 · 군수 · 구청장에게 사회보장 사업의 수행에 필요한 비용을 지원할 수 있으며, 이 경우 평가결과를 반영할 수 있다.

(4) 사회보장 특별지원구역 운영(제48조)

중앙행정기관의 장 또는 시 · 도지사는 영구임대주택단지, 저소득층 밀집 거주지, 그 밖에 보건, 복지, 고용, 주거, 문화 등 특정 분야의 서비스가 취약한 지역을 사회보장 특별지원구역으로 선정하여 지원할 수 있다. 이 경우 중앙행정기관의 장 또는 시 · 도지사는 사회보장 특별지원구역을 선정할 때 관계 행정기관의 장과 협의하여야 한다.

8. 수급자의 권리보호

(1) 비밀유지의무(제49조)

다음의 업무에 종사하거나 종사하였던 사람은 직무상 알게 된 비밀을 다른 사람에게 누설하거나 직무상 목적 외의 용도로 이용하여서는 아니 된다.

1. 신청, 조사, 결정, 확인조사, 환수 등 급여의 제공 및 관리 등에 관한 업무
2. 사회보장정보의 처리 등에 관한 업무
3. 사회서비스정보시스템의 자료 또는 정보의 처리 등에 관한 업무
4. 통합사례관리에 관한 업무

(2) 사회보장급여의 압류 금지(제50조)

사회보장급여로 지급된 금품과 이를 받을 권리는 압류하지 못한다.

9. 기타사항

(1) 권한의 위임 · 위탁(제51조)

이 법에 따른 보장기관의 장의 권한 또는 업무의 일부 중 "신청의 접수, 사회보장 요구의 조사, 수급자격의 조사 및 사회보장급여의 적정성 확인조사, 금융정보 등의 처리"의 사항을 소속 기관의 장이나 지방자치단체의 장에게 위임하거나 보건복지부장관, 다른 행정기관의 장에게 위탁할 수 있다.

(2) 위임 · 위탁 시 인력 및 비용의 지원(제52조)

보장기관의 장 또는 보건복지부장관은 위임 · 위탁된 업무의 처리에 필요한 인력 또는 경비를 지원하여야 한다.

(3) 고발 및 징계요구(제53조)

보건복지부장관은 이 법 위반에 따른 범죄혐의가 있다고 인정될 만한 상당한 이유가 있을 때에는 관할 수사기관에 그 내용을 고발하여야 한다. 보건복지부장관은 이 법의 위반행위가 있다고 인정될 만한 상당한 이유가 있을 때에는 책임이 있는 사람을 징계할 것을 해당 기관의 장에게 요구할 수 있다.

(4) 신고포상금의 지급 등(제53조의2)

보장기관의 장은 "부정수급자, 법령에 위반되거나 부당한 방법으로 사회보장급여를 제공한 사회복지법인, 사회복지시설 등 사회보장 관련 법인 · 단체 · 시설"에 해당하는 자를 신고한 사람에게 예산의 범위에서 포상금을 지급할 수 있다. 다만, 공무원이 그 직무와 관련하여 신고한 경우에는 포상금을 지급하지 아니한다. 보장기관의 장은 부정수급자 등에 대한 신고가 활성화될 수 있도록 부정수급 및 신고포상금 제도에 관한 사항을 홍보하여야 한다.

(5) 벌칙(제54조)

① 10년 이하의 징역 또는 1억 원 이하의 벌금

사회보장정보의 처리업무를 방해할 목적으로 사회보장정보를 위조 · 변경 · 훼손하거나

말소하는 행위를 한 사람

② 5년 이하의 징역 또는 5천만 원 이하의 벌금

- 아동복지법에 따른 학생 등에 대한 학대 예방 및 지원을 위하여 제공받은 자료 또는 정보를 학대 예방 및 지원을 위한 목적 외로 사용하거나 다른 사람에게 제공 또는 누설한 사람
- 한국사회보장정보원의 임직원이나 임직원으로 재직하였던 사람으로서 그 직무상 알게 된 비밀을 누설하거나 다른 용도로 사용한 사람
- "신청, 조사, 결정, 확인조사, 환수 등 급여의 제공 및 관리 등에 관한 업무, 사회보장정보의 처리 등에 관한 업무, 통합사례관리에 관한 업무에 관한 업무"에 종사하거나 종사하였던 사람으로서 직무상 알게 된 비밀을 다른 사람에게 누설하거나 직무상 목적 외의 용도로 이용한 사람
- 정당한 사유 없이 사회보장정보를 위조 · 변경 · 훼손 · 말소 · 유출하거나 그 방법 또는 프로그램을 공개 · 유포 · 사용하는 행위를 한 사람
- 정당한 사유 없이 사회보장정보시스템을 위조 · 변경 · 훼손하거나 이용하는 행위를 한 사람
- 정당한 권한이 없거나 허용된 권한을 초과하여 사회보장정보를 처리하는 행위를 한 사람

③ 1년 이하의 징역 또는 1천만 원 이하의 벌금

신고를 고의로 회피하거나 속임수 등의 부정한 방법으로 사회보장급여를 받거나 타인으로 하여금 사회보장급여를 받게 한 부정수급자

(6) 과태료(제55조)

① 5천만 원 이하의 과태료

수급자격의 조사범위를 초과하여 개인정보를 수집한 사람

② 3천만 원 이하의 과태료

- 사회보장정보 등에 대한 침해행위의 시정요구에 따르지 아니한 사람
- 사회보장정보의 파기를 하지 아니한 사람

연습문제

01 사회보장급여의 보장기관은 신청인 또는 지원대상자와 그 부양의무자가 조사를 방해 또는 기피하거나 자료 제출 요구를 (　　)번 이상 거부하는 경우에는 해당 사회보장급여의 신청을 각하할 수 있다.

① 1　　② 3　　③ 2
④ 4　　⑤ 5

02 사회보장급여의 이용 · 제공 및 수급권자 발굴에 관한 법률에 따른 처분에 이의가 있는 수급권자 등은 그 처분을 받은 날로부터 (㉠)일 이내에 처분을 결정한 보장기관의 장에게 이의신청을 할 수 있다. 다만, 정당한 사유로 인하여 그 기간 내에 이의신청을 할 수 없음을 증명한 때에는 그 사유가 소멸한 때부터 (㉡)일 이내에 이의신청을 할 수 있다.

① ㉠ 60일, ㉡ 90일　　② ㉠ 90일, ㉡ 30일　　③ ㉠ 60일, ㉡ 30일
④ ㉠ 30일, ㉡ 30일　　⑤ ㉠ 90일, ㉡ 60일

03 사회보장정보의 파기는 (　 년)이 지나면 파기하여야 한다. 다만, 대통령령으로 정하는 지원대상자의 보호에 필요한 사회보장정보는 (　 년)을 초과하여 보유할 수 있다.

① 6년　　② 5년　　③ 4년
④ 3년　　⑤ 2년

04 보건복지부 장관은 속임수 등의 부정한 방법으로 사회보장급여를 받거나 차인으로 하여금 사회보장급여를 받게 한 경우에 대하여 보장기관이 효과적인 대책을 세울 수 있도록 그 발생 현황, 피해사례 등에 관한 실태조사를 (　 년)마다 실시하고, 그 결과를 공개하여야 한다.

① 6년　　② 5년　　③ 4년
④ 3년　　⑤ 2년

05 **(　　　　　)란 보장기관이 사회보장기본법에 따라 제공하는 현금, 현물, 서비스 및 그 이용권을 말한다.**

① 수급권자　　② 수급자　　③ 지원대상자
④ 보장기관　　⑤ 사회보장급여

정답 1. ③ 2. ⑤ 3. ② 4. ④ 5. ⑤

Chapter 07

사회복지사업법

1. 개요

1) 목적 및 기본이념

(1) 목적(제1조)

사회복지사업에 관한 기본적 사항을 규정하여 사회복지를 필요로 하는 사람에 대하여 인간의 존엄성과 인간다운 생활을 할 권리를 보장하고 사회복지의 전문성을 높이며, 사회복지사업의 공정 · 투명 · 적정을 도모하고, 지역사회복지의 체계를 구축하고 사회복지서비스의 질을 높여 사회복지의 증진에 이바지함을 목적으로 한다.

(2) 기본이념(제1조의2)

① 사회복지를 필요로 하는 사람은 누구든지 자신의 의사에 따라 서비스를 신청하고 제공받을 수 있다.

② 사회복지법인 및 사회복지시설은 공공성을 가지며 사회복지사업을 시행하는 데 있어서 공공성을 확보하여야 한다.

③ 사회복지사업을 시행하는 데 있어서 사회복지를 제공하는 자는 사회복지를 필요로 하는 사람의 인권을 보장하여야 한다.

④ 사회복지서비스를 제공하는 자는 필요한 정보를 제공하는 등 사회복지서비스를 이용하는 사람의 선택권을 보장하여야 한다.

2) 다른 법률과의 관계 및 용어의 정의

(1) 다른 법률과의 관계(제3조)

① 사회복지사업의 내용 및 절차 등에 관하여 법률에 특별한 규정이 있는 경우를 제외하고는 이 법에서 정하는 바에 따른다.

② 법률을 개정하는 경우에는 이 법에 부합하도록 하여야 한다.

(2) 용어의 정의(제2조)

① 사회복지사업: 다음의 법률에 따른 보호·선도(善導) 또는 복지에 관한 사업과 사회복지상담, 직업지원, 무료 숙박, 지역사회복지, 의료복지, 재가복지(在家福祉), 사회복지관 운영, 정신질환자 및 한센병력자의 사회복귀에 관한 사업 등 각종 복지사업과 이와 관련된 자원봉사활동 및 복지시설의 운영 또는 지원을 목적으로 하는 사업을 말한다.

1. 국민기초생활 보장법 2. 아동복지법 3. 노인복지법 4. 장애인복지법
5. 한부모가족지원법 6. 영유아보육법 7. 성매매방지 및 피해자보호 등에 관한 법률
8. 정신건강증진 및 정신질환자 복지서비스 지원에 관한 법률
9. 성폭력방지 및 피해자보호 등에 관한 법률 10. 입양특례법
11. 일제하 일본군위안부 피해자에 대한 생활안정지원 및 기념사업 등에 관한 법률
12. 사회복지공동모금회법 13. 장애인·노인·임산부 등의 편의증진 보장에 관한 법률
14. 가정폭력방지 및 피해자보호 등에 관한 법률 15. 농어촌주민의 보건복지증진을 위한 특별법
16. 식품 등 기부 활성화에 관한 법률 17. 의료급여법
18. 기초연금법 19. 긴급복지지원법 20. 다문화가족지원법
21. 장애인연금법 22. 장애인활동 지원에 관한 법률
23. 노숙인 등의 복지 및 자립지원에 관한 법률 24. 보호관찰 등에 관한 법률
25. 장애아동 복지지원법 26. 발달장애인 권리보장 및 지원에 관한 법률
27. 청소년복지 지원법 28. 그 밖에 대통령령으로 정하는 법률

② 지역사회복지: 주민의 복지증진과 삶의 질 향상을 위하여 지역사회 차원에서 전개하는 사회복지를 말한다.

③ 사회복지법인: 사회복지사업을 할 목적으로 설립된 법인을 말한다.

④ 사회복지시설: 사회복지사업을 할 목적으로 설치된 시설을 말한다.

⑤ 사회복지관: 지역사회를 기반으로 일정한 시설과 전문인력을 갖추고 지역주민의 참여와 협력을 통하여 지역사회의 복지문제를 예방하고 해결하기 위하여 종합적인 복

지서비스를 제공하는 시설을 말한다.

⑥ 사회복지서비스: 국가 · 지방자치단체 및 민간부문의 도움을 필요로 하는 모든 국민에게 사회보장기본법에 따른 사회서비스 중 사회복지사업을 통한 서비스를 제공하여 삶의 질이 향상되도록 제도적으로 지원하는 것을 말한다.

⑦ 보건의료서비스: 국민의 건강을 보호 · 증진하기 위하여 보건의료인이 하는 모든 활동을 말한다.

3) 연혁 및 사회복지의 날

(1) 연혁

사회복지사업법이 제정되기 이전 1960년대에는 생활보호법(1961), 아동복리법(1961), 윤락행위 등 방지법(1961), 외국 민간원조 단체에 대한 법률(1963) 등이 제정 · 시행되었다. 하지만 이러한 법률은 주로 빈민, 노인, 아동, 장애인, 윤락여성, 부녀자, 월남동포, 해외귀환동포 등을 대상으로 한 구제차원의 조항에만 근거하고 있을 뿐 임시방편적이어서 구체적인 사회복지의 원리나 지도이념에 근거하여 제정되지 못했다.

이러한 사회복지서비스를 위한 법이 각 분야별로 분립되어 제정되고 개정됨에 따라 사회복지서비스 분야에 관한 법률의 기본적 사항을 체계화시켜 규정한 기본법을 제정할 필요가 생겼다.

표 8-1 사회복지사업법의 연혁

시기	내용
1970.01.01. 제정	• 법률 제2191호 사회복지사업법 입법 · 제정
1983.05.21. 개정	• 노인복지법 등 사회복지사업에 관한 각종 법률의 제정으로 관련 사항 정비 • 사회복지사 자격 신설
1992.12.08. 개정	• 일전행정기관에 사회복지전문요원을 둠 (1987년 시범사업으로 시작된 사회복지전담공무원의 법적 근거 마련됨)
1997.08.22. 개정	• 사회복지사업의 전문화와 민주화를 위한 개정 • 사회복지사 1급은 국가시험에 합격한 자로 규정 • 현행 사회복지시설 설치 · 운영에 대한 허가제를 신고제로 변경 • 사회복지법인과 시설운영의 투명성 보장을 위한 제도적 장치 마련 • 시설평가 규정 마련(임의규정)

시기	내용
1999.04.30. 개정	• 가정폭력방지 및 피해자보호 등에 관한 법률 추가(복지 14법)
2000.01.12. 개정	• 사회복지의 날 제정(9월 7일)
2003.07.30. 일부 개정	• 목적에 지역사회복지 체계 구축이 포함됨 • 시·군·구에 지역사회복지협의제 설치(민·관협의체) • 사회복지서비스 신청 규정 신설 • 보호의 방법에 사회복지서비스 이용권 추가 • 시장·군수·구청장은 사회복지서비스를 필요로 하는 자에 대하여 개인별 보호계획을 수립 • 시설평가가 의무규정이 됨(3년마다)
2006.03.24. 일부 개정	• 식품기부활성화에 관한 법률 추가(복지 16법)
2007.12.14. 일부 개정	• 의료급여법 추가(복지 17법)
2009.06.09. 일부 개정	• 기초노령연금, 긴급복지지원법, 다문화가족지원법 추가(복지 20법) • 정보시스템 운영 전담기구 설립
2010.04.12. 일부 개정	• 장애인연금법 추가(복지 21법)
2010.04.15. 일부 개정	• 성폭력방지 및 피해자보호 등에 관한 법률 신설 (종전의 성폭력범죄의 처벌 및 피해자보호 등에 관한 법률 폐지)
2011.01.14. 일부 개정	• 장애인활동 지원에 관한 법률 추가(복지 22법)
2011.06.07. 일부 개정	• 노숙인 등의 복지 및 자립지원에 관한 법률 추가(복지 23법)
2011.08.04. 일부 개정	• 보호관찰 등에 관한 법률 추가(복지 24법)
2012.01.26. 일부 개정	• 장애아동복지지원법 추가(복지 25법)
2014.05.20. 일부 개정	• 발달장애인 권리보장 및 지원에 관한 법률 추가(복지 26법)
2014.12.30. 일부 개정	• 사회보장급여의 이용·제공 및 수급권자 발굴에 관한 법률 제정 • 업무담당자 직권으로 급여 신청 가능, 지원계획을 수립하여 맞춤형 급여 제공 • 시·도에 사회보장위원회, 시·군·구에 지역사회보장협의체, 읍·면·동에 복지위원
2016.02.03. 일부 개정	• 청소년복지지원법 추가(복지 27법)
2018.12.11. 일부 개정	• 정신건강, 의료, 학교 등의 직무영역별 사회복지사 신설

※ 출처: 사회복지교육연구센터(2022: 200).

(2) 사회복지의 날(제15조의2)

국가는 국민의 사회복지에 대한 이해를 증진하고 사회복지사업 종사자의 활동을 장려하기 위하여 매년 9월 7일을 사회복지의 날로 하고, 사회복지의 날부터 1주간을 사회복지주간으로 한다.

2. 사회복지사업의 시행

1) 국가와 지방자치단체의 책임

(1) 복지와 인권증진의 책임(제4조)

① 국가와 지방자치단체는 사회복지서비스를 증진하고, 서비스를 이용하는 사람에 대하여 인권침해를 예방하고 차별을 금지하며 인권을 옹호할 책임을 진다.
② 국가와 지방자치단체는 사회복지서비스와 보건의료서비스를 함께 필요로 하는 사람에게 이들 서비스가 연계되어 제공되도록 노력하여야 한다.
③ 국가와 지방자치단체, 그 밖에 사회복지사업을 하는 자는 사회복지를 필요로 하는 사람에 대하여 그 사업과 관련한 상담, 작업치료(作業治療), 직업훈련 등을 실시하고 필요한 경우에는 주민의 복지 욕구를 조사할 수 있다.
④ 국가와 지방자치단체는 도움을 필요로 하는 국민이 본인의 선호와 필요에 따라 적절한 사회복지서비스를 제공받을 수 있도록 사회복지서비스 수요자 등을 고려하여 사회복지시설이 균형 있게 설치되도록 노력하여야 한다.
⑤ 국가와 지방자치단체는 민간부문의 사회복지 증진활동이 활성화되고 국가 및 지방자치단체의 사회복지사업과 민간부문의 사회복지 증진활동이 원활하게 연계될 수 있도록 노력하여야 한다.
⑥ 국가와 지방자치단체는 사회복지를 필요로 하는 사람의 인권이 충분히 존중되는 방식으로 사회복지서비스를 제공하고 사회복지와 관련된 인권교육을 강화하여야 한다.

(2) 인권존중 및 최대 봉사의 원칙(제5조)

① 이 법에 따라 복지업무에 종사하는 사람은 그 업무를 수행할 때에 사회복지를 필요로 하는 사람을 위하여 인권을 존중하고 차별 없이 최대로 봉사하여야 한다.
② 국가와 지방자치단체는 복지업무에 종사하는 사람이 그 업무를 수행할 때에 사회복지를 필요로 하는 사람의 인권을 침해하는 행위를 한 경우에는 법률(제2조 제1호)이 정하는 바에 따라 처분하고 그 사실을 공표하는 등의 조치를 하여야 한다.

(3) 사회복지서비스 제공의 원칙(제5조의2)

① 사회복지서비스를 필요로 하는 사람(보호대상자)에 대한 사회복지서비스 제공은 현물(現物)로 제공하는 것을 원칙으로 한다.

② 시장(제주특별자치도 설치 및 국제자유도시 조성을 위한 특별법에 따른 행정시장을 포함) · 군수 · 구청장(자치구의 구청장)은 국가 또는 지방자치단체 외의 자로 하여금 서비스 제공을 실시하게 하는 경우에는 보호대상자에게 사회복지서비스 이용권을 지급하여 국가 또는 지방자치단체 외의 자로부터 그 이용권으로 서비스 제공을 받게 할 수 있다.

③ 국가와 지방자치단체는 사회복지서비스의 품질향상과 원활한 제공을 위하여 필요한 시책을 마련하여야 한다.

④ 국가와 지방자치단체는 사회복지서비스의 품질을 관리하기 위하여 사회복지서비스를 제공하는 기관 · 법인 · 시설 · 단체의 서비스 환경, 서비스 제공 인력의 전문성 등을 평가할 수 있다.

⑤ 보건복지부장관은 평가를 위하여 평가기관을 설치 · 운영하거나, 평가의 전부 또는 일부를 관계 기관 또는 단체에 위탁할 수 있다.

⑥ 보건복지부장관은 평가를 위탁한 기관 또는 단체에 대하여 그 운영에 필요한 비용을 지원할 수 있다.

(4) 사회복지 자원봉사활동의 지원 · 육성(제9조)

국가와 지방자치단체는 사회복지 자원봉사활동을 지원 · 육성하기 위하여 자원봉사활동의 홍보 및 교육, 자원봉사활동 프로그램의 개발 · 보급, 자원봉사활동 중의 재해에 대비한 시책의 개발, 그 밖에 자원봉사활동의 지원에 필요한 사항을 실시하여야 한다.

2) 사회복지사

(1) 사회복지사 자격증의 발급 등(제11조)

① 보건복지부장관은 사회복지에 관한 전문지식과 기술을 가진 사람에게 사회복지사 자격증을 발급할 수 있다. 다만, 자격증 발급 신청일 기준으로 결격사유에 해당하는 사람에게 자격증을 발급해서는 아니 된다.

② 사회복지사의 등급은 1급 · 2급으로 하되, 정신건강 · 의료 · 학교 영역에 대해서는 영역별로 정신건강사회복지사 · 의료사회복지사 · 학교사회복지사의 자격을 부여할 수

있다.

③ 사회복지사 1급 자격은 국가시험에 합격한 사람에게 부여하고, 정신건강사회복지사·의료사회복지사·학교사회복지사의 자격은 1급 사회복지사의 자격이 있는 사람 중에서 보건복지부령으로 정하는 수련기관에서 수련을 받은 사람에게 부여한다.

④ 사회복지사 자격증을 발급받은 사람은 다른 사람에게 그 자격증을 빌려주어서는 아니 되고, 누구든지 그 자격증을 빌려서는 아니 된다.

(2) 사회복지사의 결격사유(제11조의2)

① 피성년후견인 또는 피한정후견인

② 금고 이상의 형을 선고받고 그 집행이 끝나지 아니하였거나 그 집행을 받지 아니하기로 확정되지 아니한 사람

③ 법원의 판결에 따라 자격이 상실되거나 정지된 사람

④ 마약·대마 또는 향정신성의약품의 중독자

⑤ 정신건강증진 및 정신질환자 복지서비스 지원에 관한 법률에 따른 정신질환자. 다만, 전문의가 사회복지사로서 적합하다고 인정하는 사람은 그러하지 아니하다.

(3) 사회복지사의 자격취소 등(제11조의3)

① 보건복지부장관은 사회복지사가 다음의 어느 하나에 해당하는 경우 그 자격을 취소하거나 1년의 범위에서 정지시킬 수 있다. 다만, 제1호부터 제3호까지에 해당하면 그 자격을 취소하여야 한다.

1. 거짓이나 그 밖의 부정한 방법으로 자격을 취득한 경우
2. 사회복지사의 결격사유의 어느 하나에 해당하게 된 경우
3. 자격증을 대여·양도 또는 위조·변조한 경우
4. 사회복지사의 업무수행 중 그 자격과 관련하여 고의나 중대한 과실로 다른 사람에게 손해를 입힌 경우
5. 자격정지 처분을 3회 이상 받았거나, 정지 기간 종료 후 3년 이내에 다시 자격정지 처분에 해당하는 행위를 한 경우
6. 자격정지 처분 기간에 자격증을 사용하여 자격 관련 업무를 수행한 경우

② 보건복지부장관은 사회복지사의 자격을 취소하거나 정지시키려는 경우에는 한국사회복지사협회의 장 등 관계 전문가의 의견을 들을 수 있다.

③ 자격이 취소된 사람은 취소된 날부터 15일 이내에 자격증을 보건복지부장관에게 반

납하여야 한다.

④ 보건복지부장관은 자격이 취소된 사람에게는 그 취소된 날부터 2년 이내에 자격증을 재교부하지 못한다.

(4) 유사명칭의 사용금지(제11조의4)

사회복지사가 아니면 사회복지사 또는 이와 유사한 명칭을 사용하지 못한다.

(5) 사회복지사의 채용(제13조)

① 사회복지법인 및 사회복지시설을 설치 · 운영하는 자는 대통령령으로 정하는 바에 따라 사회복지사를 그 종사자로 채용하고, 보고방법 · 보고주기 등 보건복지부령으로 정하는 바에 따라 특별시장 · 광역시장 · 특별자치시장 · 도지사 · 특별자치도지사(시 · 도지사) 또는 시장 · 군수 · 구청장에게 사회복지사의 임면에 관한 사항을 보고하여야 한다. 다만, 대통령령으로 정하는 사회복지시설은 그러하지 아니하다.

② 사회복지사 의무채용: 사회복지법인 또는 사회복지시설을 설치 · 운영하는 자는 해당 법인 또는 시설에서 사회복지프로그램의 개발 및 운영업무, 시설거주자의 생활지도 업무, 사회복지를 필요로 하는 사람에 대한 상담업무에 종사하는 자를 사회복지사로 채용하여야 한다(시행령 제6조 제1항).

(6) 사회복지사 보수교육(제13조)

① 보건복지부장관은 사회복지사의 자질 향상을 위하여 필요하다고 인정하면 사회복지사에게 교육을 받도록 명할 수 있다. 다만, 사회복지법인 또는 사회복지시설에 종사하는 사회복지사는 정기적으로 인권에 관한 내용이 포함된 보수교육(補修敎育)을 받아야 한다.

② 사회복지법인 또는 사회복지시설을 운영하는 자는 그 법인 또는 시설에 종사하는 사회복지사에 대하여 제2항 단서에 따른 교육을 이유로 불리한 처분을 하여서는 아니 된다.

③ 보건복지부장관은 교육을 보건복지부령으로 정하는 기관 또는 단체에 위탁할 수 있다.

④ 의료사회복지사 또는 학교사회복지사의 자격을 가지고 해당 자격과 관련된 업무에 종사하는 사람은 연간 12시간 이상의 보수교육을 받아야 한다. 다만, 다음의 어느 하나에 해당하는 사람에 대해서는 보수교육을 면제한다(시행규칙 제5조 제2항).

1. 군복무, 질병, 해외체류, 휴직 등 부득이한 사유로 해당 연도에 6개월 이상의 기간 동안 해당 자격과 관련된 업무에 종사하지 않은 사람
2. 고등교육법에 따른 학교에서 사회복지학 또는 사회사업학을 전공하고 있는 사람
3. 그 밖에 불가피한 사유로 보수교육을 받기가 곤란하다고 보건복지부장관이 인정하는 사람

⑤ 사회복지법인 또는 사회복지시설에 종사하는 사회복지사는 연간 8시간 이상의 보수교육을 받아야 한다. 다만, 다음의 어느 하나에 해당하는 자에 대해서는 보수교육을 면제한다(시행규칙 제5조 제3항).

1. 군복무, 질병, 해외체류, 휴직 등 부득이한 사유로 해당 연도에 6개월 이상 사회복지법인 또는 사회복지시설에 종사하지 아니한 자
2. 사회복지사업에 관한 법률(제2조 제1호 각 목의 법률)에 따른 보수교육을 받은 자
3. 고등교육법에 따른 학교에서 사회복지학 또는 사회사업학을 전공하고 있는 사람
4. 그 밖에 불가피한 사유로 보수교육을 받기가 곤란하다고 보건복지부장관이 인정하는 자

⑥ 보수교육에는 사회복지윤리 및 인권보호, 사회복지정책 및 사회복지실천기술 등이 포함되어야 한다(시행규칙 제5조 제5항).

3) 사회복지법인

(1) 법인의 설립허가(제16조)

사회복지법인을 설립하려는 자는 대통령령으로 정하는 바에 따라 시·도지사의 허가를 받아야 한다. 허가를 받은 자는 법인의 주된 사무소의 소재지에서 설립등기를 하여야 한다.

(2) 정관(제17조)

① 법인의 정관에는 다음의 사항이 포함되어야 한다.

1. 목적
2. 명칭
3. 주된 사무소의 소재지
4. 사업의 종류
5. 자산 및 회계에 관한 사항
6. 임원의 임면(任免) 등에 관한 사항
7. 회의에 관한 사항
8. 수익(收益)을 목적으로 하는 사업이 있는 경우 그에 관한 사항
9. 정관의 변경에 관한 사항

10. 존립 시기와 해산 사유를 정한 경우에는 그 시기와 사유 및 남은 재산의 처리방법
11. 공고 및 공고방법에 관한 사항

② 법인이 정관을 변경하려는 경우에는 시·도지사의 인가를 받아야 한다. 다만, 보건복지부령으로 정하는 경미한 사항의 경우에는 그러하지 아니하다.

(3) 임원(제18조)

① 법인은 대표이사를 포함한 이사 7명 이상과 감사 2명 이상을 두어야 한다.
② 법인은 이사 정수의 3분의 1(소수점 이하는 버림) 이상을 다음의 어느 하나에 해당하는 기관이 3배수로 추천한 사람 중에서 선임하여야 한다.

1. 사회보장급여의 이용·제공 및 수급권자 발굴에 관한 법률에 따른 시·도사회보장위원회
2. 사회보장급여의 이용·제공 및 수급권자 발굴에 관한 법률에 따른 지역사회보장협의체

③ 이사회의 구성에 있어서 대통령령으로 정하는 특별한 관계에 있는 사람이 이사 현원(現員)의 5분의 1을 초과할 수 없다.
④ 이사의 임기는 3년으로 하고 감사의 임기는 2년으로 하며, 각각 연임할 수 있다.
⑤ 외국인인 이사는 이사 현원의 2분의 1 미만이어야 한다.
⑥ 법인은 임원을 임면하는 경우에는 보건복지부령으로 정하는 바에 따라 지체 없이 시·도지사에게 보고하여야 한다.
⑦ 감사는 이사와 특별한 관계에 있는 사람이 아니어야 하며, 감사 중 1명은 법률 또는 회계에 관한 지식이 있는 사람 중에서 선임하여야 한다. 다만, 대통령령으로 정하는 일정 규모 이상의 법인은 시·도지사의 추천을 받아 주식회사 등의 외부감사에 관한 법률에 따른 감사인에 속한 사람을 감사로 선임하여야 한다.
⑧ 기관은 이사를 추천하기 위하여 매년 다음의 어느 하나에 해당하는 사람으로 이사 후보군을 구성하여 공고하여야 한다. 다만, 사회복지법인의 대표자, 사회복지사업을 하는 비영리법인 또는 단체의 대표자, 사회보장급여의 이용·제공 및 수급권자 발굴에 관한 법률에 따른 지역사회보장협의체의 대표자는 제외한다.

1. 사회복지 또는 보건의료에 관한 학식과 경험이 풍부한 사람
2. 사회복지를 필요로 하는 사람의 이익 등을 대표하는 사람
3. 비영리민간단체 지원법에 따른 비영리민간단체에서 추천한 사람
4. 사회복지공동모금회법에 따른 사회복지공동모금지회에서 추천한 사람

(4) 임원의 결격사유(제19조)

① 미성년자
② 피성년후견인 또는 피한정후견인
③ 파산선고를 받고 복권되지 아니한 사람
④ 법원의 판결에 따라 자격이 상실되거나 정지된 사람
⑤ 금고 이상의 실형을 선고받고 그 집행이 끝나거나(집행이 끝난 것으로 보는 경우를 포함) 집행이 면제된 날부터 3년이 지나지 아니한 사람
⑥ 금고 이상의 형의 집행유예를 선고받고 그 유예기간 중에 있는 사람
⑦ 사회복지사업 또는 그 직무와 관련하여 아동복지법, 보조금 관리에 관한 법률, 지방재정법, 영유아보육법, 장애아동 복지지원법 또는 형법의 죄를 범하거나 이 법을 위반하여 다음의 어느 하나에 해당하는 사람

1. 100만 원 이상의 벌금형을 선고받고 그 형이 확정된 후 5년이 지나지 아니한 사람
2. 형의 집행유예를 선고받고 그 형이 확정된 후 7년이 지나지 아니한 사람
3. 징역형을 선고받고 그 집행이 끝나거나(집행이 끝난 것으로 보는 경우를 포함) 집행이 면제된 날부터 7년이 지나지 아니한 사람

⑧ 성폭력범죄의 처벌 등에 관한 특례법의 성폭력범죄 또는 아동·청소년의 성보호에 관한 법률의 아동·청소년 대상 성범죄를 저지른 사람으로서 형 또는 치료감호를 선고받고 확정된 후 그 형 또는 치료감호의 전부 또는 일부의 집행이 끝나거나(집행이 끝난 것으로 보는 경우를 포함) 집행이 유예·면제된 날부터 10년이 지나지 아니한 사람
⑨ 아동복지법에 따른 아동학대 관련 범죄를 저지른 사람으로서 다음의 어느 하나에 해당하는 사람

1. 금고 이상의 실형을 선고받고 그 집행이 끝나거나(집행이 끝난 것으로 보는 경우를 포함) 집행이 면제된 날부터 10년이 지나지 아니한 사람
2. 금고 이상의 형의 집행유예를 선고받고 그 집행유예가 확정된 날부터 10년이 지나지 아니한 사람
3. 벌금형을 선고받고 그 형이 확정된 날부터 5년이 지나지 아니한 사람

⑩ 임원의 해임명령에 따라 해임된 날부터 5년이 지나지 아니한 사람
⑪ 설립허가가 취소된 사회복지법인의 임원이었던 사람(그 허가의 취소사유 발생에 관하여 직접적인 또는 이에 상응하는 책임이 있는 자로서 대통령령으로 정하는 사람으로 한정)으로서 그 설립허가가 취소된 날부터 5년이 지나지 아니한 사람
⑫ 시설의 장에서 해임된 사람으로서 해임된 날부터 5년이 지나지 아니한 사람

⑬ 시설의 폐쇄명령을 받고 3년이 지나지 아니한 사람
⑭ 사회복지 분야의 6급 이상 공무원으로 재직하다 퇴직한 지 3년이 경과하지 아니한 사람 중에서 퇴직 전 5년 동안 소속하였던 기초자치단체가 관할하는 법인의 임원이 되고자 하는 사람

(5) 임원의 보충과 겸직금지

① 임원의 보충(제20조)

이사 또는 감사 중에 결원이 생겼을 때에는 2개월 이내에 보충하여야 한다.

② 임원의 겸직금지(제21조)

이사는 법인이 설치한 사회복지시설의 장을 제외한 그 시설의 직원을 겸할 수 없다. 감사는 법인의 이사, 법인이 설치한 사회복지시설의 장 또는 그 직원을 겸할 수 없다.

(6) 임원의 해임명령(제22조)

① 시 · 도지사는 임원이 다음의 어느 하나에 해당할 때에는 법인에 그 임원의 해임을 명할 수 있다.

1. 시 · 도지사의 명령을 정당한 이유 없이 이행하지 아니하였을 때
2. 회계부정이나 인권침해 등 현저한 불법행위 또는 그 밖의 부당행위 등이 발견되었을 때
3. 법인의 업무에 관하여 시 · 도지사에게 보고할 사항에 대하여 고의로 보고를 지연하거나 거짓으로 보고를 하였을 때
4. 임원 관련 규정을 위반하여 선임된 사람
5. 겸직금지 규정을 위반한 사람
6. 직무집행 정지명령을 이행하지 아니한 사람
7. 그 밖에 이 법 또는 이 법에 따른 명령을 위반하였을 때

② 해임명령은 시 · 도지사가 해당 법인에게 그 사유를 들어 시정을 요구한 날부터 15일이 경과하여도 이에 응하지 아니한 경우에 한한다. 다만, 시정을 요구하여도 시정할 수 없는 것이 명백하거나 회계부정, 횡령, 뇌물수수 등 비리의 정도가 중대한 경우에는 시정 요구 없이 임원의 해임을 명할 수 있으며, 그 세부적 기준은 대통령령으로 정한다.
③ 해임명령을 받은 법인은 2개월 이내에 임원의 해임에 관한 사항을 의결하기 위한 이사회를 소집하여야 한다.

(7) 임원의 직무집행 정지 및 임시이사의 선임

① 임원의 직무집행 정지(제22조의2)

시 · 도지사는 해임명령을 하기 위하여 사실 여부에 대한 조사나 감사가 진행 중인 경우 및 해임명령 기간 중인 경우에는 해당 임원의 직무집행을 정지시킬 수 있다.

② 임시이사의 선임(제22조의3)

법인이 다음의 어느 하나에 해당하여 법인의 정상적인 운영이 어렵다고 판단되는 경우 시 · 도지사는 지체 없이 이해관계인의 청구 또는 직권으로 임시이사를 선임하여야 한다. 임시이사는 사유가 해소될 때까지 재임한다.

1. 기간 내에 결원된 이사를 보충하지 아니하거나 보충할 수 없는 것이 명백한 경우
2. 기간 내에 임원의 해임에 관한 사항을 의결하기 위한 이사회를 소집하지 아니하거나 소집할 수 없는 것이 명백한 경우

(8) 재산 등(제23조)

① 법인은 사회복지사업의 운영에 필요한 재산을 소유하여야 한다.

② 법인의 재산은 보건복지부령으로 정하는 바에 따라 기본재산과 보통재산으로 구분하며, 기본재산은 그 목록과 가액(價額)을 정관에 적어야 한다.

③ 법인은 기본재산에 관하여 매도 · 증여 · 교환 · 임대 · 담보제공 또는 용도변경을 하려는 경우, 보건복지부령으로 정하는 금액 이상을 1년 이상 장기차입(長期借入)하려는 경우에는 시 · 도지사의 허가를 받아야 한다. 다만, 보건복지부령으로 정하는 사항에 대하여는 그러하지 아니하다.

④ 재산의 구분 및 범위(시행규칙 제12조)

1. 기본재산: 부동산, 정관에서 기본재산으로 정한 재산, 이사회의 결의에 의하여 기본재산으로 편입된 재산
   가. 목적사업용 기본재산: 법인이 사회복지시설 등을 설치하는 데 직접 사용하는 기본재산
   나. 수익용 기본재산: 법인이 그 수익으로 목적사업의 수행에 필요한 경비를 충당하기 위한 기본재산
2. 보통재산: 기본재산이 아닌 그 밖의 재산

(9) 설립허가 취소 등(제26조)

시·도지사는 법인이 다음의 어느 하나에 해당할 때에는 기간을 정하여 시정명령을 하거나 설립허가를 취소할 수 있다. 다만, 거짓이나 그 밖의 부정한 방법으로 설립허가를 받았을 때 또는 법인 설립 후 기본재산을 출연하지 아니한 때에 해당할 때에는 설립허가를 취소하여야 한다.

1. 거짓이나 그 밖의 부정한 방법으로 설립허가를 받았을 때
2. 설립허가 조건을 위반하였을 때
3. 목적 달성이 불가능하게 되었을 때
4. 목적사업 외의 사업을 하였을 때
5. 정당한 사유 없이 설립허가를 받은 날부터 6개월 이내에 목적사업을 시작하지 아니하거나 1년 이상 사업실적이 없을 때
6. 법인이 운영하는 시설에서 반복적 또는 집단적 성폭력범죄 및 학대 관련 범죄가 발생한 때
7. 법인 설립 후 기본재산을 출연하지 아니한 때
8. 임원정수를 위반한 때
9. 임원 관련 규정을 위반하여 이사를 선임한 때
10. 임원의 해임명령을 이행하지 아니한 때
11. 그 밖에 이 법 또는 이 법에 따른 명령이나 정관을 위반하였을 때

(10) 남은 재산의 처리(제27조)

① 해산한 법인의 남은 재산은 정관으로 정하는 바에 따라 국가 또는 지방자치단체에 귀속된다.

② 국가 또는 지방자치단체에 귀속된 재산은 사회복지사업에 사용하거나 유사한 목적을 가진 법인에 무상으로 대여하거나 무상으로 사용·수익하게 할 수 있다. 다만, 해산한 법인의 이사 본인 및 그와 대통령령으로 정하는 특별한 관계에 있는 사람이 이사로 있는 법인에 대하여는 그러하지 아니하다.

(11) 수익사업(제28조)

① 법인은 목적사업의 경비에 충당하기 위하여 필요할 때에는 법인의 설립 목적 수행에 지장이 없는 범위에서 수익사업을 할 수 있다.

② 법인은 수익사업에서 생긴 수익을 법인 또는 법인이 설치한 사회복지시설의 운영 외의 목적에 사용할 수 없다.

③ 수익사업에 관한 회계는 법인의 다른 회계와 구분하여 회계처리하여야 한다.

(12) 합병(제30조)

① 법인은 시·도지사의 허가를 받아 이 법에 따른 다른 법인과 합병할 수 있다. 다만, 주된 사무소가 서로 다른 특별시·광역시·특별자치시·도·특별자치도(시·도)에 소재한 법인 간 합병의 경우에는 보건복지부장관의 허가를 받아야 한다.
② 법인이 합병하는 경우 합병 후 존속하는 법인이나 합병으로 설립된 법인은 합병으로 소멸된 법인의 지위를 승계한다.

4) 사회복지시설

(1) 사회복지시설의 설치(제34조)

① 국가나 지방자치단체는 사회복지시설을 설치·운영할 수 있다.
② 국가 또는 지방자치단체 외의 자가 시설을 설치·운영하려는 경우에는 보건복지부령으로 정하는 바에 따라 시장·군수·구청장에게 신고하여야 한다. 다만, 다음의 어느 하나에 해당하는 자는 시설의 설치·운영 신고를 할 수 없다.

1. 폐쇄명령을 받고 3년이 지나지 아니한 자
2. 사회복지법인 임원의 결격사유(제19조 제1항 제1호 및 제1호의2부터 제1호의8)의 어느 하나에 해당하는 개인 또는 그 개인이 임원인 법인

③ 시설을 설치·운영하는 자는 보건복지부령으로 정하는 재무·회계에 관한 기준에 따라 시설을 투명하게 운영하여야 한다.
④ 국가나 지방자치단체가 설치한 시설은 필요한 경우 사회복지법인이나 비영리법인에 위탁하여 운영하게 할 수 있다.

(2) 시설의 통합 설치·운영 등에 관한 특례(제34조의2)

① 이 법 또는 사회복지사업에 관한 법률(제2조 제1호 각 목)에 따른 시설을 설치·운영하려는 경우에는 지역특성과 시설분포의 실태를 고려하여 시설을 통합하여 하나의 시설로 설치·운영하거나 하나의 시설에서 둘 이상의 사회복지사업을 통합하여 수행할 수 있다. 이 경우 국가 또는 지방자치단체 외의 자는 통합하여 설치·운영하려는 각

각의 시설이나 사회복지사업에 관하여 해당 관계 법령에 따라 신고하거나 허가 등을 받아야 한다.

② 둘 이상의 시설을 통합하여 하나의 시설로 설치·운영하거나 하나의 시설에서 둘 이상의 사회복지사업을 통합하여 수행하는 경우 해당 시설에서 공동으로 이용하거나 배치할 수 있는 시설 및 인력 기준 등은 보건복지부령으로 정한다.

(3) 보험가입 의무(제34조의3)

① 시설의 운영자는 화재로 인한 손해배상책임, 화재 외의 안전사고로 인하여 생명·신체에 피해를 입은 보호대상자에 대한 손해배상책임을 이행하기 위하여 손해보험회사의 책임보험에 가입하거나 사회복지사 등의 처우 및 지위 향상을 위한 법률에 따른 한국사회복지공제회의 책임공제에 가입하여야 한다.

② 국가나 지방자치단체는 예산의 범위에서 책임보험 또는 책임공제의 가입에 드는 비용의 전부 또는 일부를 보조할 수 있다.

(4) 시설의 안전점검 등(제34조의4)

① 시설의 장은 시설에 대하여 정기 및 수시 안전점검을 실시하여야 한다.

② 국가나 지방자치단체는 예산의 범위에서 규정에 따른 안전점검, 시설의 보완 및 개수·보수에 드는 비용의 전부 또는 일부를 보조할 수 있다.

(5) 사회복지관의 설치 등(제34조의5)

① 사회복지관은 지역복지증진을 위하여 다음의 사업을 실시할 수 있다.

1. 지역사회의 특성과 지역주민의 복지욕구를 고려한 서비스 제공 사업
2. 국가·지방자치단체 및 민간부문의 사회복지서비스를 연계·제공하는 사례관리 사업
3. 지역사회 복지공동체 활성화를 위한 복지자원 관리, 주민교육 및 조직화 사업
4. 그 밖에 복지증진을 위한 사업으로서 지역사회에서 요청하는 사업

② 사회복지관은 모든 지역주민을 대상으로 사회복지서비스를 실시하되, 다음의 지역주민에게 우선 제공하여야 한다.

1. 국민기초생활 보장법에 따른 수급자 및 차상위계층
2. 장애인, 노인, 한부모가족 및 다문화가족
3. 직업 및 취업 알선이 필요한 사람
4. 보호와 교육이 필요한 유아·아동 및 청소년
5. 그 밖에 사회복지관의 사회복지서비스를 우선 제공할 필요가 있다고 인정되는 사람

(6) 시설의 장(제35조)

① 시설의 장은 상근(常勤)하여야 한다.

② 다음의 어느 하나에 해당하는 사람은 시설의 장이 될 수 없다.

1. 사회복지법인 임원의 결격사유(제19조 제1항 제1호, 제1호의2부터 제1호의9까지 및 제2호의2부터 제2호의4까지)의 어느 하나에 해당하는 사람
2. 사회복지법인의 해임명령에 따라 해임된 날부터 5년이 지나지 아니한 사람
3. 사회복지분야의 6급 이상 공무원으로 재직하다 퇴직한 지 3년이 경과하지 아니한 사람 중에서 퇴직 전 5년 동안 소속하였던 기초자치단체가 관할하는 시설의 장이 되고자 하는 사람

(7) 종사자(제35조의2)

① 사회복지법인과 사회복지시설을 설치·운영하는 자는 시설에 근무할 종사자를 채용할 수 있다.

② 다음의 어느 하나에 해당하는 사람은 사회복지법인 또는 사회복지시설의 종사자가 될 수 없다.

1. 사회복지법인 임원의 결격사유(제19조 제1항 제1호의7부터 제1호의9까지)의 어느 하나에 해당하는 사람
2. 종사자로 재직하는 동안 시설이용자를 대상으로 성폭력범죄의 처벌 등에 관한 특례법에 따른 성폭력범죄 및 아동·청소년의 성보호에 관한 법률에 따른 아동·청소년대상 성범죄를 저질러 금고 이상의 형 또는 치료감호를 선고받고 그 형이 확정된 사람

(8) 운영위원회(제36조)

① 시설의 장은 시설의 운영에 관한 다음의 사항을 심의하기 위하여 시설에 운영위원회를 두어야 한다. 다만, 보건복지부령으로 정하는 경우에는 복수의 시설에 공동으로

운영위원회를 둘 수 있다.

1. 시설운영계획의 수립·평가에 관한 사항
2. 사회복지 프로그램의 개발·평가에 관한 사항
3. 시설 종사자의 근무환경 개선에 관한 사항
4. 시설 거주자의 생활환경 개선 및 고충 처리 등에 관한 사항
5. 시설 종사자와 거주자의 인권보호 및 권익증진에 관한 사항
6. 시설과 지역사회의 협력에 관한 사항
7. 그 밖에 시설의 장이 운영위원회의 회의에 부치는 사항

② 운영위원회의 위원은 다음의 어느 하나에 해당하는 사람 중에서 관할 시장·군수·구청장이 임명하거나 위촉한다.

1. 시설의 장
2. 시설 거주자 대표
3. 시설 거주자의 보호자 대표
4. 시설 종사자의 대표
5. 해당 시·군·구 소속의 사회복지업무를 담당하는 공무원
6. 후원자 대표 또는 지역주민
7. 공익단체에서 추천한 사람
8. 그 밖에 시설의 운영 또는 사회복지에 관하여 전문적인 지식과 경험이 풍부한 사람

③ 시설의 장은 시설의 회계 및 예산·결산에 관한 사항, 후원금 조성 및 집행에 관한 사항, 그 밖에 시설운영과 관련된 사건·사고에 관한 사항을 운영위원회에 보고하여야 한다.

(9) 시설의 휴지·재개·폐지 신고 등(제38조)

① 신고를 한 자는 지체 없이 시설의 운영을 시작하여야 한다.
② 시설의 운영자는 그 운영을 일정 기간 중단하거나 다시 시작하거나 시설을 폐지하려는 경우에는 보건복지부령으로 정하는 바에 따라 시장·군수·구청장에게 신고하여야 한다.
③ 시장·군수·구청장은 시설 운영이 중단되거나 시설이 폐지되는 경우에는 보건복지부령으로 정하는 바에 따라 시설 거주자의 권익을 보호하기 위하여 다음의 조치를 하고 신고를 수리하여야 한다.

1. 시설 거주자가 자립을 원하는 경우 자립을 할 수 있도록 지원하고 그 이행을 확인하는 조치
2. 시설 거주자가 다른 시설을 선택할 수 있도록 하고 그 이행을 확인하는 조치
3. 시설 거주자가 이용료·사용료 등의 비용을 부담하는 경우 납부한 비용 중 사용하지 아니한 금액을 반환하게 하고 그 이행을 확인하는 조치
4. 보조금·후원금 등의 사용 실태 확인과 이를 재원으로 조성한 재산 중 남은 재산의 회수조치
5. 그 밖에 시설 거주자의 권익 보호를 위하여 필요하다고 인정되는 조치

④ 시설 운영자가 시설운영을 재개하려고 할 때에는 보건복지부령으로 정하는 바에 따라 시설 거주자의 권익을 보호하기 위하여 다음의 조치를 하여야 한다. 이 경우 시장·군수·구청장은 그 조치 내용을 확인하고 신고를 수리하여야 한다.

1. 운영 중단 사유의 해소
2. 향후 안정적 운영계획의 수립
3. 그 밖에 시설 거주자의 권익 보호를 위하여 보건복지부장관이 필요하다고 인정하는 조치

(10) 시설의 개선, 사업의 정지, 시설의 폐쇄 등(제40조)

보건복지부장관, 시·도지사 또는 시장·군수·구청장은 시설이 다음의 어느 하나에 해당할 때에는 그 시설의 개선, 사업의 정지, 시설의 장의 교체를 명하거나 시설의 폐쇄를 명할 수 있다.

1. 시설이 설치기준에 미달하게 되었을 때
2. 사회복지법인 또는 비영리법인이 설치·운영하는 시설의 경우 그 사회복지법인 또는 비영리법인의 설립허가가 취소되었을 때
3. 설치 목적이 달성되었거나 그 밖의 사유로 계속하여 운영될 필요가 없다고 인정할 때
4. 회계부정이나 불법행위 또는 그 밖의 부당행위 등이 발견되었을 때
5. 신고를 하지 아니하고 시설을 설치·운영하였을 때
6. 운영위원회를 설치하지 아니하거나 운영하지 아니하였을 때
7. 정당한 이유 없이 보고 또는 자료 제출을 하지 아니하거나 거짓으로 하였을 때
8. 정당한 이유 없이 검사·질문·회계감사를 거부·방해하거나 기피하였을 때
9. 시설에서 성폭력범죄의 처벌 등에 관한 특례법의 성폭력범죄, 아동·청소년의 성보호에 관한 법률의 아동·청소년대상 성폭력범죄, 아동복지법의 아동학대관련범죄, 노인복지법의 노인학대관련범죄, 장애인복지법의 장애인학대관련범죄, 그 밖에 대통령령으로 정하는 성폭력범죄 또는 학대관련범죄가 발생한 때
10. 1년 이상 시설이 휴지상태에 있어 시장·군수·구청장이 재개를 권고하였음에도 불구하고 재개하지 아니한 때

(11) 시설 수용인원의 제한(제41조)

① 각 시설의 수용인원은 300명을 초과할 수 없다. 다만, 대통령령으로 정하는 경우에는 그러하지 아니하다.

② 수용인원 300명을 초과할 수 있는 사회복지시설은 다음의 어느 하나에 해당하는 시설로 한다(시행령 제19조).

1. 노인복지법에 따른 노인주거복지시설 중 양로시설과 노인복지주택
2. 노인복지법에 따른 노인의료복지시설 중 노인요양시설
3. 보건복지부장관이 사회복지시설의 종류, 지역별 사회복지시설의 수, 지역별·종류별 사회복지서비스 수요 및 사회복지사업 관련 종사자의 수 등을 고려하여 정하여 고시하는 기준에 적합하다고 시장·군수·구청장이 인정하는 사회복지시설

(12) 시설의 서비스 최저기준(제43조)

① 보건복지부장관은 시설에서 제공하는 서비스의 최저기준을 마련하여야 한다.

② 시설 운영자는 서비스 최저기준 이상으로 서비스 수준을 유지하여야 한다.

(13) 시설의 평가(제43조의2)

① 보건복지부장관과 시·도지사는 보건복지부령으로 정하는 바에 따라 시설을 정기적으로 평가하고, 그 결과를 공표하거나 시설의 감독·지원 등에 반영할 수 있으며 시설 거주자를 다른 시설로 보내는 등의 조치를 할 수 있다.

② 보건복지부장관이나 시·도지사는 평가 결과에 따라 시설 거주자를 다른 시설로 보내는 경우에는 조치를 하여야 한다.

③ 보건복지부장관 및 시·도지사는 3년마다 시설에 대한 평가를 실시하여야 한다(시행규칙 제27조의2).

5) 보조금 및 후원금 관리

(1) 보조금 등(제42조)

① 국가나 지방자치단체는 사회복지사업을 하는 자 중 대통령령으로 정하는 자에게 운영비 등 필요한 비용의 전부 또는 일부를 보조할 수 있다. 보조금은 그 목적 외의 용

도에 사용할 수 없다. 보조금과 관련하여 이 법에서 규정한 사항 외에는 보조금 관리에 관한 법률 및 지방재정법을 따른다.

② 국유·공유 재산의 우선매각(제42조의2): 국가나 지방자치단체는 사회복지사업과 관련한 시설을 설치하거나 사업을 육성하기 위하여 필요하다고 인정하면 국유재산법과 공유재산 및 물품 관리법에도 불구하고 사회복지법인 또는 사회복지시설에 국유·공유 재산을 우선매각하거나 임대할 수 있다.

③ 지방자치단체에 대한 지원금(제42조의3): 보건복지부장관은 시·도지사 및 시장·군수·구청장에게 사회복지사업의 수행에 필요한 비용을 지원할 수 있다. 보건복지부장관은 사회보장급여의 이용·제공 및 수급권자 발굴에 관한 법률에 따른 평가결과를 반영하여 지원을 할 수 있다.

(2) 후원금의 관리(제45조)

① 사회복지법인의 대표이사와 시설의 장은 아무런 대가 없이 무상으로 받은 금품이나 그 밖의 자산(후원금)의 수입·지출 내용을 공개하여야 하며 그 관리에 명확성이 확보되도록 하여야 한다.

② 후원금에 관한 영수증 발급, 수입 및 사용결과 보고, 그 밖에 후원금 관리 및 공개 절차 등 구체적인 사항은 보건복지부령으로 정한다.

6) 재가복지

(1) 재가복지서비스(제41조의2)

① 국가나 지방자치단체는 보호대상자가 다음의 어느 하나에 해당하는 재가복지서비스를 제공받도록 할 수 있다.

> 1. 가정봉사서비스: 가사 및 개인활동을 지원하거나 정서활동을 지원하는 서비스
> 2. 주간·단기 보호서비스: 주간·단기 보호시설에서 급식 및 치료 등 일상생활의 편의를 낮 동안 또는 단기간 동안 제공하거나 가족에 대한 교육 및 상담을 지원하는 서비스

② 시장·군수·구청장은 사회보장급여의 이용·제공 및 수급권자 발굴에 관한 법률에 따른 보호대상자별 서비스 제공 계획에 따라 보호대상자에게 사회복지서비스를 제공하는 경우 시설 입소에 우선하여 재가복지서비스를 제공하도록 하여야 한다.

(2) 가정봉사원의 양성(제41조의4)

국가나 지방자치단체는 재가복지서비스를 필요로 하는 가정 또는 시설에서 보호대상자가 일상생활을 하기 위하여 필요한 각종 편의를 제공하는 가정봉사원을 양성하도록 노력하여야 한다.

3. 법정단체

1) 한국사회복지사협회

(1) 설립운영(제46조)

① 사회복지사는 사회복지에 관한 전문지식과 기술을 개발·보급하고, 사회복지사의 자질 향상을 위한 교육훈련을 실시하며, 사회복지사의 복지증진을 도모하기 위하여 한국사회복지사협회를 설립한다.
② 협회는 법인으로 하되, 협회의 조직과 운영 등에 필요한 사항은 대통령령으로 정한다. 이 법에서 규정한 사항을 제외하고는 민법 중 사단법인에 관한 규정을 준용한다.

(2) 한국사회복지사협회의 업무(시행령 제22조)

① 사회복지사에 대한 전문지식 및 기술의 개발·보급
② 사회복지사의 전문성 향상을 위한 교육훈련
③ 사회복지사제도에 대한 조사연구·학술대회개최 및 홍보·출판사업
④ 국제사회복지사단체와의 교류·협력
⑤ 보건복지부장관이 위탁하는 사회복지사업에 관한 업무
⑥ 기타 협회의 목적달성에 필요한 사항

2) 한국사회복지협의회

(1) 설립 · 운영(제33조)

① 사회복지에 관한 업무를 수행하기 위하여 전국 단위의 한국사회복지협의회(중앙협의

회)와 시 · 도 단위의 시 · 도 사회복지협의회(시 · 도협의회)를 두며, 필요한 경우에는 시(제주특별자치도 설치 및 국제자유도시 조성을 위한 특별법에 따른 행정시를 포함) · 군 · 구(자치구) 단위의 시 · 군 · 구 사회복지협의회(시 · 군 · 구협의회)를 둘 수 있다.

② 중앙협의회, 시 · 도협의회 및 시 · 군 · 구협의회는 이 법에 따른 사회복지법인으로 하되, '법인은 사회복지사업의 운영에 필요한 재산을 소유하여야 한다(제23조 제1항).'는 조항은 적용하지 아니한다.

③ 중앙협의회의 설립 및 운영 등에 관한 허가, 인가, 보고 등은 보건복지부장관에게 한다.

(2) 한국사회복지협의회 등의 업무(시행령 제12조)

① 사회복지에 관한 교육훈련

② 사회복지에 관한 자료수집 및 간행물 발간

③ 사회복지에 관한 계몽 및 홍보

④ 자원봉사활동의 진흥

⑤ 사회복지사업에 관한 기부문화의 조성

⑥ 사회복지사업에 종사하는 사람의 교육훈련과 복지증진

⑦ 사회복지에 관한 학술 도입과 국제사회복지단체와의 교류

⑧ 보건복지부장관이 위탁하는 사회복지에 관한 업무(중앙협의회만 해당)

⑨ 시 · 도지사 및 중앙협의회가 위탁하는 사회복지에 관한 업무(시 · 도협의회만 해당)

⑩ 시 · 도지사, 시장 · 군수 · 구청장, 중앙협의회 및 시 · 도협의회가 위탁하는 사회복지에 관한 업무(시 · 군 · 구협의회만 해당)

⑪ 그 밖에 중앙협의회, 시 · 도협의회, 시 · 군 · 구협의회의 목적 달성에 필요하여 각각의 정관에서 정하는 사항

4. 수급자의 권리보호

1) 수급자의 권리보호

(1) 비밀누설의 금지(제47조)

사회복지사업 또는 사회복지업무에 종사하였거나 종사하고 있는 사람은 그 업무 수행

과정에서 알게 된 다른 사람의 비밀을 누설하여서는 아니 된다.

(2) 압류 금지(제48조)

사회복지사업법 및 사회복지사업에 관한 법률(제2조 제1호)에 따라 지급된 금품과 이를 받을 권리는 압류하지 못한다.

2) 벌칙 등

(1) 5년 이하의 징역 또는 5천만 원 이하의 벌금(제53조)

① 법인은 기본재산에 관하여 매도 · 증여 · 교환 · 임대 · 담보제공 또는 용도변경을 하려는 경우와 보건복지부령으로 정하는 금액 이상을 1년 이상 장기차입(長期借入)하려는 경우에는 시 · 도지사의 허가를 받아야 하는데, 이를 위반한 자
② 사회복지사업을 수행하는 자에게 지급된 국가 또는 지방자치단체의 보조금을 목적 외의 용도에 사용한 자

(2) 1년 이하의 징역 또는 1천만 원 이하의 벌금(제54조)

① 정당한 사유 없이 사회복지시설의 설치를 방해한 자
② 사회복지사 자격증을 다른 사람에게 빌려주거나 빌린 사람
③ 사회복지사 자격증을 빌려주거나 빌리는 것을 알선한 사람
④ 사회복지법인의 임원선임과 관련하여 금품, 향응 또는 재산상의 이익을 주고받거나 주고받을 것을 약속한 사람
⑤ 수익사업으로부터 생긴 수익을 법인 또는 그가 설치한 사회복지시설의 운영 외의 목적에 사용한 자
⑥ 국가 또는 지방자치단체 외의 자가 시장 · 군수 · 구청장에게 신고를 하지 아니하고 시설을 설치 · 운영한 자
⑦ 정당한 이유 없이 시설운영이 중단되거나 폐지되는 경우, 사업의 정지 및 시설의 폐쇄명령을 받은 경우 시설 거주자를 다른 시설로 보내는 등 시설 거주자 권익 보호조치를 기피하거나 거부한 자
⑧ 정당한 이유 없이 보건복지부장관, 시 · 도지사 또는 시장 · 군수 · 구청장의 시설 개선, 사업의 정지, 시설의 장의 교체를 명하거나 시설의 폐쇄 명령을 이행하지 아니한 자

⑨ 사회복지사업 또는 사회복지업무에 종사하였거나 종사하고 있는 사람이 그 업무 수행 과정에서 알게 된 다른 사람의 비밀을 누설한 자
⑩ 정당한 이유 없이 보건복지부장관, 시 · 도지사 또는 시장 · 군수 · 구청장이 명령한 소관업무와 회계감사에 관한 보고를 하지 아니하거나 거짓으로 보고한 자, 자료를 제출하지 아니하거나 거짓 자료를 제출한 자, 검사 · 질문 · 회계감사를 거부 · 방해 또는 기피한 자

(3) 300만 원 이하의 벌금(제55조)

사회복지법인 및 사회복지시설을 설치 · 운영하는 자는 대통령령으로 정하는 바에 따라 사회복지사를 그 종사자로 채용하고, 보고방법 · 보고주기 등 보건복지부령으로 정하는 바에 따라 특별시장 · 광역시장 · 특별자치시장 · 도지사 · 특별자치도지사(시 · 도지사) 또는 시장 · 군수 · 구청장에게 사회복지사의 임면에 관한 사항을 보고하지 않은 경우

(4) 500만 원 이하의 과태료(제58조)

① 사회복지법인과 사회복지시설을 설치 · 운영하는 자가 해당 법인 또는 시설의 종사자를 채용할 때 정당한 사유 없이 채용광고의 내용을 종사자가 되려는 사람에게 불리하게 변경하여 채용한 경우
② 사회복지법인과 사회복지시설을 설치 · 운영하는 자가 종사자를 채용한 후에 정당한 사유 없이 채용광고에서 제시한 근로조건을 종사자에게 불리하게 변경하여 적용한 경우

(5) 300만 원 이하의 과태료(제58조)

① 사회복지사 보수교육(인권에 관한 내용 포함)을 받지 아니한 경우
② 사회복지사 보수교육을 이유로 불리한 처분을 한 경우
③ 사회복지사업법에 따른 사회복지사가 아님에도 사회복지사 또는 이와 유사한 명칭을 사용한 경우
④ 법인이 임원을 임면할 때 지체 없이 이를 시 · 도지사에게 보고하지 않은 경우
⑤ 법인이 매수 · 기부채납(寄附採納), 후원 등의 방법으로 재산을 취득하였을 때에는 지체 없이 이를 법인의 재산으로 편입 조치하여야 한다. 이 경우 법인은 그 취득 사유, 취득 재산의 종류 · 수량 및 가액을 매년 시 · 도지사에게 보고하여야 하나 이를 위반한 경우
⑥ 사회복지법인이 아닌 자가 사회복지법인이라는 명칭을 사용한 경우

⑦ 시설의 운영자는 손해배상책임을 이행하기 위하여 손해보험회사의 책임보험에 가입하거나 사회복지사 등의 처우 및 지위 향상을 위한 법률에 따른 한국사회복지공제회의 책임공제에 가입하여야 하나 가입하지 않은 경우

⑧ 시설의 장이 시설에 대하여 정기 및 수시 안전점검을 실시하지 않았거나 안전점검 결과를 시장·군수·구청장에게 제출하지 않은 경우

⑨ 후원금품대장 등 보건복지부령으로 정하는 서류를 시설에 비치하지 않은 경우

⑩ 신고를 한 자가 지체 없이 시설의 운영을 시작하지 않은 경우

⑪ 시설의 운영자가 휴지·재개·폐지신고 등을 하지 않은 경우

⑫ 후원금의 수입·지출 등의 관리를 명확하게 하지 않은 경우

(6) 양벌규정(第56條)

법인의 대표자나 법인 또는 개인의 대리인·사용인, 그 밖의 종업원이 그 법인 또는 개인의 업무에 관하여 벌칙에 해당하는 위반행위를 하면 그 행위자를 벌하는 외에 그 법인 또는 개인에게도 해당 조문의 벌금형을 과(科)한다. 다만, 법인 또는 개인이 그 위반행위를 방지하기 위하여 해당 업무에 관하여 상당한 주의와 감독을 게을리하지 아니한 경우에는 그러하지 아니하다.

연습문제

01 사회복지사업법의 내용으로 옳지 않은 것은? 제20회 출제

① 보건복지부장관은 사회복지사가 거짓으로 자격을 취득한 경우 그 자격을 취소하여야 한다.
② 사회복지법인을 설립하려는 자는 대통령령으로 정하는 바에 따라 시·도지사의 허가를 받아야 한다.
③ 사회복지법인이 설립 후 기본재산을 출연하지 아니한 때 시·도지사는 시정명령을 내릴 수 있다.
④ 누구든지 정당한 이유 없이 사회복지시설의 설치를 방해하여서는 아니 된다.
⑤ 사회복지를 필요로 하는 사람은 누구든지 자신의 의사에 따라 서비스를 신청하고 제공받을 수 있다.

02 사회복지사업법상 사회복지시설(이하 '시설'이라고 한다)에 관한 설명으로 옳은 것은? 제20회 출제

① 지방자치단체가 시설을 설치·운영하려는 경우에는 보건복지부에 신고하여야 한다.
② 사회복지법인의 대표는 시설에 대하여 정기 및 수시 안전점검을 실시하여야 한다.
③ 시설을 설치·운영하는 자는 시설에 근무할 종사자를 채용할 수 있다.
④ 시설의 장은 시설의 운영에 관한 사항을 의결하기 위하여 시설에 운영위원회를 두어야 한다.
⑤ 지방자치단체는 시설의 책임보험 가입에 드는 비용의 전부를 보조하여야 한다.

03 사회복지사업법상 사회복지법인(이하 '법인'으로 한다)에 관한 설명으로 옳지 않은 것은?

① 법인이 설치한 사회복지시설의 장과 직원은 그 법인의 이사를 겸할 수 없다.
② 파산선고를 받고 복권되지 아니한 사람은 임원이 될 수 없다.
③ 법인은 대표이사를 포함한 이사 7명 이상과 감사 2명 이상을 두어야 한다.
④ 이사회는 안건, 표결수 등을 기재한 회의록을 작성하여야 한다.
⑤ 해산한 법인의 남은 재산은 정관으로 정하는 바에 따라 국가 또는 지방자치단체에 귀속된다.

04 사회복지사업법상 기본이념에 해당하는 것은? 제19회 출제

① 사회통합과 행복한 복지사회의 실현
② 국민의 복지증진에 이바지
③ 어려운 사람의 자활을 지원
④ 사회 참여와 평등을 통한 사회통합
⑤ 사회복지서비스를 이용하는 사람의 선택권 보장

05 사회복지사업법의 내용으로 옳은 것은? 제19회 출제

① 「사회보장기본법」상 사회서비스는 사회복지서비스의 범위에 포함되는 개념이다.
② 사회복지서비스 제공은 현물 제공이 원칙이다.
③ 사회복지사 자격은 1년을 초과하여 정지시킬 수 있다.
④ 사회복지법인은 보건복지부 장관의 허가를 받아 설립한다.
⑤ 보건복지부 장관은 시설에서 제공하는 서비스의 적정기준을 마련하여야 한다.

06 사회복지사업법에 명시된 날에 해당하는 것은?

① 장애인의 날 4월 20일
② 노인의 날 10월 2일
③ 아동학대 예방의 날 11월 19일
④ 사회복지의 날 9월 7일
⑤ 어버이날 5월 8일

정답 1. ③ 2. ③ 3. ① 4. ⑤ 5. ② 6. ④

Part 03

공공부조법의 이해

Chapter 08

공공부조법 1

1. 국민기초생활보장법

1) 개요

국민기초생활보장정책은 국민들의 기초생활을 보장하기 위한 공공부조제도로써 국민기초생활보장법 제1조에서 "생활이 어려운 자에게 필요한 급여를 행하여 이들의 최저생활을 보장하고 자활을 조성하는 것을 목적으로 한다"고 밝히고 있다. 국민기초생활보장정책은 무갹출로 국가에 의해 수급자에게 일반적으로 제공되는 급여를 포함하고 있다. 이것은 국민이라는 자격으로 생존권을 보장받을 수 있다는 데에 근거를 두고 있으며, 따라서 수급권 역시 권리로 인정된다.

(1) 목적과 의의

이 법은 생활이 어려운 사람에게 필요한 급여를 실시하여 이들의 최저생활을 보장하고 자활을 돕는 것을 목적으로 한다(제1조).

국민기초생활보장법의 제정은 수급권의 법적 명확화, 최저생계보장에 대한 국가 책임의 강조, 종합적 빈곤대책이라는 의의를 가진다.

① 수급권의 법적 명확화

국민기초생활보장법은 헌법에 보장된 인간다운 생활을 할 권리, 생존권, 사회권, 복지권 내지 사회보장수급권 보장을 규정한 법으로써 공공부조 수급권을 구체적으로 보장하기 위한 법률이다. 급여를 받는 사람들의 권리를 인정하여 수혜자의 법적 권리를 강조하고 있다.

② 최저생계보장에 대한 국가 책임의 강조

지난 40여 년간의 시혜적 단순보호 차원의 생활보호제도로부터 저소득층에 대한 국가시책으로 대전환, 수급권자의 권리성을 부각하고 빈곤에 대한 사회적 책임을 강조하고 있다.

③ 종합적 빈곤 대책

국민기초생활보장법은 보호를 필요로 하는 절대 빈곤층의 기초생활을 국가가 보장하되, 종합적 자립 자활서비스 제공으로 생산적 복지를 구현하는 데 있다.

(2) 연혁

국민기초생활보장제도는 1997년 말 외환위기로 인해 실업과 빈곤문제가 심각했던 상황에서, 빈곤층의 인간다운 삶을 보장하기 위해 시민단체들의 청원과 여야 국회의원들의 공동발의로 1999년 9월 7일 제정되었고, 2000년 10월 1일 시행되었다. 이 제도는 빈곤층에 대한 소득보장을 '사회권'의 하나로 규정하였으며, 근로능력 유무와 무관하게 모든 빈곤층에게 소득보장을 하도록 규정하였으며, 자활사업을 통해 근로연계복지(workfare)를 실시하고 있다는 점에서 한국 사회보장제도에서 매우 상징적인 의미를 갖고 있다.

주요 개정을 살펴보면 다음과 같다.

표 8-1 국민기초생활보장제도의 연혁

시기	내용
1944.03.01. 실시	조선구호령[1] 실시
1961.12.30. 제정	생활보호법[2] 제정
1999.09.07. 제정	국민기초생활 보장법 제정
2000.10.01. 시행	국민기초생활 보장법 시행
2005.12.23. 일부개정	• 부양의무자 범위 축소(수급권자의 1촌 직계혈족 및 그 배우자) • 국내 체류 외국인 중 한국인과 결혼하여 한국 국적의 미성년 자녀를 양육하고 있는 자도 수급권자에 포함
2006.12.28. 일부개정	• 차상위계층에 대한 주거, 교육, 의료, 강제 및 자활급여 등 부분급여 지급 • 중앙자활센터 설치 • 자활후견기관을 지역자활센터로 변경 • 시·군·구 자활기관협의체 의무적 설치 • 상시근로자의 일정비율 이상을 수급자로 채용하는 기업에 대하여 대통령령

시기	내용
	이 정하는 바에 따른 지원을 할 수 있도록 함 • 보장기금을 자활기금으로 명칭 변경
2007.10.17. 일부개정	• 시·군·구의 재정부담 불균형을 해소하기 위해 재정여건과 사회보장비 지출 등에 따라 기초생활보장사업에 드는 비용에 대한 국가, 시·군·구 간 분담비용을 다르게 적용
2012.02.01. 일부개정	• 중앙자활센터의 기본사업으로 수급자와 차상위자에 대한 취업·창업지원 조항 추가 • 광역자활센터의 지정 및 취소, 수행사업 내용, 경비보조 등의 법적 근거 마련 • 자활공동체의 명칭 변경(자활기업), 설립조건을 2인 이상 공동창업에서 1인으로
2014.12.30. 일부개정	• 맞춤형 급여체계 시행
2019.01.15. 일부개정	• 중앙자활센터의 명칭 변경(한국자활복지개발원)[3], 이하에 한국자활연수원을 둠

※ 출처: 임정문 외(2020: 336), 사회복지교육연구센터(2022: 246).

(3) 용어의 정의(제2조)

- 수급권자: 급여를 받을 수 있는 자격을 가진 사람을 말한다.
- 수급자: 급여를 받는 사람을 말한다.
- 수급품: 수급자에게 지급하거나 대여하는 금전 또는 물품을 말한다.
- 보장기관: 급여를 실시하는 국가 또는 지방자치단체를 말한다.
- 부양의무자: 수급권자를 부양할 책임이 있는 사람으로서 수급권자의 1촌의 직계혈족

---

1) 조선구호령(1944년 3월)은 일본에서 1929년 제정되어 1932년부터 실시하던 구호법을 원용하여 실시하였는데, 형식상으로는 근대적 의미의 공공부조가 우리나라에 최초로 제도화된 것이며, 「국민기초생활보장법」의 전신인 「생활보호법」의 모태가 되었다.
   ① 적용 대상: 65세 이상의 노쇠자, 13세 이하의 유아, 임산부, 불구, 폐질, 질병, 상이, 기타 정신 또는 신체의 장애로 인하여 노동을 하기에 지장이 있는 자
   ② 급여: 생활부조, 의료, 조산, 생업부조, 장제부조 등
   ③ 원칙: 신청주의에 의하며, 자산조사를 거치도록 규정하였다. 거택보호가 원칙이며, 예외적으로 구호시설수용, 위탁수용을 할 수 있도록 규정하였다.
   ④ 재정: 국가가 1/2 또는 7/12 이내를 보조하고, 도는 1/4을 보조할 수 있으며, 이하는 읍·면에서 부담하도록 규정
2) 「생활보호법」(1961. 12. 30.)은 조선구호령과 유사한 측면이 많은 법으로, 인구학적 기준(18세 미만, 65세 이상)에 따라 지원을 하였다. 「생활보호법」 제정을 통해 우리나라 빈곤 구제정책이 정착되고, 공공부조 사업이 본격적으로 실시되기 시작하였으며, 급여로는 생계보호, 의료보호, 자활보호, 교육보호, 해산보호, 장제보호를 하였다.
3) 자활지원사업의 체계를 개편하고 보장기관의 자활기금 설치 의무화 및 자활사업 참여자에 대한 지속적 관리를 위한 법적 근거를 마련하는 등 근로연계정책으로서의 실효성을 높이기 위해 변경.

및 그 배우자를 말한다. 다만, 사망한 1촌의 직계혈족의 배우자는 제외한다.

- 최저보장수준: 국민의 소득·지출 수준과 수급권자의 가구 유형 등 생활실태, 물가상승률 등을 고려하여 급여의 종류별로 공표하는 금액이나 보장수준을 말한다.
- 최저생계비: 국민이 건강하고 문화적인 생활을 유지하기 위하여 필요한 최소한의 비용으로서 보건복지부장관이 계측하는 금액을 말한다.
- 개별가구: 급여를 받거나 이 법에 따른 자격요건에 부합하는지에 관한 조사를 받는 기본단위로서 수급자 또는 수급권자로 구성된 가구를 말한다. 이 경우 개별가구의 범위 등 구체적인 사항은 대통령령으로 정한다.
- 소득인정액: 보장기관이 급여의 결정 및 실시 등에 사용하기 위하여 산출한 개별가구의 소득평가액과 재산의 소득환산액을 합산한 금액을 말한다.
- 차상위계층: 수급권자(제14조의2에 따라 수급권자로 보는 사람은 제외)에 해당하지 아니하는 계층으로서 소득인정액이 대통령령으로 정하는 기준 이하인 계층을 말한다(기준 중위소득의 100분의 50 이하).
- 기준 중위소득: 보건복지부장관이 급여의 기준 등에 활용하기 위하여 중앙생활보장위원회의 심의·의결을 거쳐 고시하는 국민 가구소득의 중위값을 말한다.

(4) 최저보장수준의 결정 등(제6조)

보건복지부장관 또는 소관 중앙행정기관의 장은 급여의 종류별 수급자 선정기준 및 최저보장수준을 결정하여야 한다. 보건복지부장관 또는 소관 중앙행정기관의 장은 매년 8월 1일까지 중앙생활보장위원회의 심의·의결을 거쳐 다음 연도의 급여의 종류별 수급자 선정기준 및 최저보장수준을 공표하여야 한다.

(5) 기준 중위소득의 산정(제6조의2)

기준 중위소득은 통계법 제27조에 따라 통계청이 공표하는 통계자료의 가구 경상소득(근로소득, 사업소득, 재산소득, 이전소득을 합산한 소득)의 중간값에 최근 가구소득 평균 증가율, 가구규모에 따른 소득수준의 차이 등을 반영하여 가구규모별로 산정한다. 그 밖에 가구규모별 소득수준 반영 방법 등 기준 중위소득의 산정에 필요한 사항은 중앙생활보장위원회에서 정한다.

(6) 소득인정액의 산정(제6조의3)

① 소득평가액

개별가구의 소득평가액은 개별가구의 실제소득에도 불구하고 보장기관이 급여의 결정 및 실시 등에 사용하기 위하여 산출한 금액으로 '근로소득, 사업소득, 재산소득, 이전소득'을 합한 개별가구의 실제소득에서 장애 · 질병 · 양육 등 가구 특성에 따른 지출요인, 근로를 유인하기 위한 요인, 그 밖에 추가적인 지출요인에 해당하는 금액을 감하여 산정한다.

② 재산의 소득환산액

재산의 소득환산액은 개별가구의 재산가액에서 기본재산액(기초생활의 유지에 필요하다고 보건복지부장관이 정하여 고시하는 재산액) 및 부채를 공제한 금액에 소득환산율을 곱하여 산정한다. 이 경우 소득으로 환산하는 재산의 범위는 '일반재산(금융재산 및 자동차를 제외한 재산), 금융재산, 자동차'로, 실제소득, 소득평가액 및 재산의 소득환산액 산정을 위한 구체적인 범위 · 기준 등은 대통령령으로 정한다.

2) 수급권자

(1) 수급권자

① 수급권자

수급권자란 이 법에 따른 급여를 받을 수 있는 자격을 가진 사람을 말하며(제2조 제1호), 수급자란 이 법에 따른 급여를 받는 사람을 말한다(제2조 제2호).

② 외국인에 대한 특례(제5조의2)

- 국내에 체류하고 있는 외국인 중 대한민국 국민과 혼인하여 본인 또는 배우자가 임신 중이거나 대한민국 국적의 미성년 자녀를 양육하고 있거나 배우자의 대한민국 국적인 직계존속(直系尊屬)과 생계나 주거를 같이하고 있는 사람으로서 대통령령으로 정하는 사람이 이 법에 따른 급여를 받을 수 있는 자격을 가진 경우에는 수급권자가 된다.
- 수급권자가 될 수 있는 외국인은 출입국관리법에 따라 외국인 등록을 한 사람으로서 다음에 해당하는 경우이다(시행령 제4조).

1. 대한민국 국민과 혼인 중인 사람으로서 본인 또는 대한민국 국적의 배우자가 임신 중인 사람
2. 대한민국 국민과 혼인 중인 사람으로서 대한민국 국적의 미성년 자녀를 양육하고 있는 사람
3. 대한민국 국민과 혼인 중인 사람으로서 배우자의 대한민국 국적인 직계존속과 생계나 주거를 같이하는 사람
4. 대한민국 국민인 배우자와 이혼하거나 그 배우자가 사망한 사람으로서 대한민국 국적의 미성년 자녀를 양육하고 있는 사람 또는 사망한 배우자의 태아를 임신하고 있는 사람

- 난민법 제2조에 따라 법무부장관이 난민으로 인정한 사람도 외국인의 특례의 적용이 된다.

(2) 수급자 선정기준

① 소득인정액 기준

가구의 소득인정액을 가구규모별·급여종류별 선정기준과 비교하여 급여종류별로 수급자를 선정하고 급여액을 결정한다. 수급자 선정을 위한 기준은 기준 중위소득을 적용한다. 급여별 선정기준을 중위소득(모든 가구를 소득순으로 매겼을 때, 가운데를 차지한 가구의 소득)과 연동한다.

② 부양의무자 기준

부양의무자가 없는 경우, 부양의무자가 있어도 부양능력이 없는 경우, 부양의무자가 부양능력이 미약한 경우로서 수급권자에 대한 부양비 지원을 전제로 부양능력이 없는 것으로 인정하는 경우, 부양의무자가 있어도 부양을 받을 수 없는 경우, 보건복지부장관은 '부양의무자가 혼인한 딸이거나 혼인한 딸의 직계존속인 경우, 부양의무자 가구에 중증장애인이 있는 경우, 노인·장애인·한부모가족 등 수급권자 가구의 특성으로 인하여 특히 생활이 어렵다고 보건복지부장관이 정하는 경우'에는 부양능력 인정기준을 완화하여 정할 수 있다.

1. 부양능력이 없는 경우(제8조 제2항, 제12조 제3항, 제12조의3 제2항)
   가. 기준 중위소득 수준을 고려하여 대통령령으로 정하는 소득·재산 기준 미만인 경우
   나. 직계존속 또는 장애인연금법 제2조 제1호의 중증장애인인 직계비속을 자신의 주거에서 부양하는 경우로서 보건복지부장관이 정하여 고시하는 경우
   다. 그 밖에 질병, 교육, 가구 특성 등으로 부양능력이 없다고 보건복지부장관이 정하는 경우
2. 부양을 받을 수 없는 경우(제8조 제2항, 제12조 제3항, 제12조의3 제2항)
   가. 부양의무자가 병역법에 따라 징집되거나 소집된 경우

나. 부양의무자가 해외이주법 제2조의 해외이주자에 해당하는 경우
다. 부양의무자가 형의 집행 및 수용자의 처우에 관한 법률 및 치료감호법 등에 따른 교도소, 구치소, 치료감호시설 등에 수용 중인 경우
라. 부양의무자에 대하여 실종선고 절차가 진행 중인 경우
마. 부양의무자가 보장시설에서 급여를 받고 있는 경우
바. 부양의무자의 가출 또는 행방불명으로 경찰서 등 행정관청에 신고된 후 1개월이 지났거나 가출 또는 행방불명 사실을 특별자치시장·특별자치도지사·시장·군수·구청장(자치구의 구청장을 말한다. 이하 "시장·군수·구청장"이라 한다)이 확인한 경우
사. 부양의무자가 부양을 기피하거나 거부하는 경우
아. 그 밖에 부양을 받을 수 없는 것으로 보건복지부장관이 정하는 경우

3. 아동복지법 제15조 제1항 제2호부터 제4호까지(제2호의 경우 친권자인 보호자는 제외)에 따라 부양 대상 아동이 보호조치된 경우에는 제8조 제2항, 제12조 제3항, 제12조의3 제2항에 따른 부양을 받을 수 없는 것으로 본다.

(3) 조건부수급자(시행령 제8조)

조건부수급자는 국민기초생활보장법에 따라 자활에 필요한 사업에 참가할 것을 조건으로 부과하여 생계급여를 지급받는 사람(조건부수급자)은 제7조에 따른 근로능력이 있는 수급자로 한다. 시장·군수·구청장은 근로능력이 있는 수급자 중 다음의 어느 하나에 해당하는 사람에게는 조건 부과를 유예할 수 있다.

① 개별가구 또는 개인의 여건 등으로 자활사업에 참가하기가 곤란한 다음의 어느 하나에 해당하는 사람

1. 미취학 자녀, 질병·부상 또는 장애 등으로 거동이 곤란한 가구원이나 치매 등으로 특히 보호가 필요한 가구원을 양육·간병 또는 보호하는 수급자(가구별로 1명으로 한정하되, 양육·간병 또는 보호를 할 수 있는 다른 가구원이 있거나 사회복지시설 등에서 보육·간병 또는 보호서비스를 제공받는 경우는 제외)
2. 고등교육법에 따른 대학, 산업대학, 교육대학, 전문대학, 기술대학, 각종학교(원격대학 제외)에 재학 중인 사람
3. 장애인고용촉진 및 직업재활법에 따른 장애인 직업재활 실시 기관 및 한국장애인고용공단이 실시하는 고용촉진 및 직업재활 사업에 참가하고 있는 장애인
4. 임신 중이거나 분만 후 6개월 미만인 여자
5. 사회복무요원 등 법률상 의무를 이행 중인 사람

② 근로 또는 사업에 종사하는 대가로 보건복지부장관이 정하여 고시하는 기준을 초과하는 소득을 얻고 있는 사람으로서 다음의 어느 하나에 해당하는 사람

1. 주당 평균 3일(1일 6시간 이상 근로에 종사하는 경우만 해당) 이상 근로에 종사하거나 주당 평균 4일 이상의 기간 동안 22시간 이상 근로에 종사하는 사람
2. 부가가치세법에 따라 사업자등록을 하고 그 사업에 종사하고 있는 사람

③ 환경 변화로 적응기간이 필요하다고 인정되는 다음의 어느 하나에 해당하는 사람. 단, 이 경우에는 그 유예기간을 3개월로 한정한다.

1. 병역법에 따른 입영예정자 또는 전역자
2. 형의 집행 및 수용자의 처우에 관한 법률 및 치료감호 등에 관한 법률 등에 따른 교도소, 구치소, 치료감호시설 등에서 출소한 사람
3. 보장시설에서 퇴소한 사람
4. 초·중등교육법에 따른 학교 또는 고등교육법에 따른 학교(원격대학은 제외)의 졸업자
5. 질병·부상 등으로 2개월 이상 치료를 받고 회복 중인 사람

④ 그 밖에 자활사업에 참가할 것을 조건으로 하여 생계급여를 지급하는 것이 곤란하다고 보건복지부장관이 정하는 사람

⑤ 조건 부과를 유예받은 사람은 그 유예기간 동안 조건부수급자로 보지 아니한다.

3) 급여

수급자 선정을 위한 기준은 기준 중위소득[4])을 적용한다. 급여별 선정기준을 중위소득(모든 가구를 소득순으로 매겼을 때, 가운데를 차지한 가구의 소득)과 연계한다.

(1) 급여의 기본원칙

이 법에 따른 급여는 수급자가 자신의 생활의 유지·향상을 위하여 그의 소득, 재산, 근로능력 등을 활용하여 최대한 노력하는 것을 전제로 이를 보충·발전시키는 것을 기본원칙으로 한다.

부양의무자의 부양과 다른 법령에 따른 보호는 이 법에 따른 급여에 우선하여 행하여지는 것으로 한다. 다만, 다른 법령에 따른 보호의 수준이 이 법에서 정하는 수준에 이르지 아니하는 경우에는 나머지 부분에 관하여 이 법에 따른 급여를 받을 권리를 잃지 아니한다(제3조).

4) 기준 중위소득은 「통계법」 제27조에 따라 통계청이 공표하는 통계자료의 가구 경상소득(근로소득, 사업소득, 재산소득, 이전소득을 합산한 소득을 말한다)의 중간값에 최근 가구소득 평균 증가율, 가구규모에 따른 소득수준의 차이 등을 반영하여 가구규모별로 산정한다.

(2) 급여의 기준

① 급여는 건강하고 문화적인 최저생활을 유지할 수 있는 것이어야 한다.

② 이 법에 따른 급여의 기준은 수급자의 연령, 가구 규모, 거주지역, 그 밖의 생활여건 등을 고려하여 급여의 종류별로 보건복지부장관이 정하거나 급여를 지급하는 중앙행정기관의 장이 보건복지부장관과 협의하여 정한다.

③ 보장기관은 이 법에 따른 급여를 개별가구 단위로 실시하되, 특히 필요하다고 인정하는 경우에는 개인 단위로 실시할 수 있다.

④ 지방자치단체인 보장기관은 해당 지방자치단체의 조례로 정하는 바에 따라 이 법에 따른 급여의 범위 및 수준을 초과하여 급여를 실시할 수 있다. 이 경우 해당 보장기관은 보건복지부장관 및 소관 중앙행정기관의 장에게 알려야 한다(제4조).

⑤ 급여와 관련하여 다른 법률에 특별한 규정이 있는 경우를 제외하고는 이 법이 정하는 바에 따른다(제4조의2).

(3) 급여의 종류

급여의 종류는 생계급여, 주거급여, 의료급여, 교육급여, 해산급여(解産給與), 장제급여(葬祭給與), 자활급여가 있다.

수급권자에 대한 급여는 수급자의 필요에 따라 생계급여, 주거급여, 의료급여, 교육급여, 해산급여(解産給與), 장제급여(葬祭給與), 자활급여의 전부 또는 일부를 실시하는 것으로 한다.

차상위계층에 속하는 사람에 대한 급여는 보장기관이 차상위자의 가구별 생활여건을 고려하여 예산의 범위에서 주거급여, 의료급여, 교육급여, 장제급여(葬祭給與), 자활급여의 전부 또는 일부를 실시할 수 있다. 이 경우 차상위자에 대한 급여의 기준 및 절차 등에 관하여 필요한 사항은 대통령령으로 정한다(제7조).

① 생계급여(제8조)

- 생계급여는 수급자에게 의복, 음식물 및 연료비와 그 밖에 일상생활에 기본적으로 필요한 금품을 지급하여 그 생계를 유지하게 하는 것으로 한다.
- 생계급여 수급권자는 부양의무자가 없거나, 부양의무자가 있어도 부양능력이 없거나 부양을 받을 수 없는 사람으로서 그 소득인정액이 중앙생활보장위원회의 심의·의결을 거쳐 결정하는 금액(생계급여 선정기준) 이하인 사람으로 한다. 이 경우 생계급여 선정기준은 기준 중위소득의 100분의 30 이상으로 한다.
- 생계급여 최저보장수준은 생계급여와 소득인정액을 포함하여 생계급여 선정기준 이상

이 되도록 하여야 한다.

- 보장시설에 위탁하여 생계급여를 실시하는 경우에는 보건복지부장관이 정하는 고시에 따라 그 선정기준 등을 달리 정할 수 있다.

② 주거급여(제11조)

- 주거급여는 수급자에게 주거 안정에 필요한 임차료, 수선유지비, 그 밖의 수급품을 지급하는 것으로 한다.
- 주거급여에 관하여 필요한 사항은 따로 법률에서 정한다(주거급여법).

③ 교육급여(제12조)

- 교육급여는 수급자에게 입학금, 수업료, 학용품비, 그 밖의 수급품을 지급하는 것으로 하되, 학교의 종류·범위 등에 관하여 필요한 사항은 대통령령으로 정한다.
- 교육급여는 교육부장관의 소관으로 한다.
- 교육급여 수급권자는 부양의무자가 없거나, 부양의무자가 있어도 부양능력이 없거나 부양을 받을 수 없는 사람으로서 그 소득인정액이 중앙생활보장위원회의 심의·의결을 거쳐 결정하는 금액(교육급여 선정기준) 이하인 사람으로 한다. 이 경우 교육급여 선정기준은 기준 중위소득의 100분의 50 이상으로 한다.
- 교육급여의 신청 및 지급 등에 대하여는 초·중등교육법에 따른 교육비 지원절차를 준용한다.

④ 의료급여(제12조의3)

- 의료급여는 수급자에게 건강한 생활을 유지하는 데 필요한 각종 검사 및 치료 등을 지급하는 것으로 한다.
- 의료급여 수급권자는 부양의무자가 없거나, 부양의무자가 있어도 부양능력이 없거나 부양을 받을 수 없는 사람으로서 그 소득인정액이 중앙생활보장위원회의 심의·의결을 거쳐 결정하는 금액(의료급여 선정기준) 이하인 사람으로 한다. 이 경우 의료급여 선정기준은 기준 중위소득의 100분의 40 이상으로 한다.
- 의료급여에 필요한 사항은 따로 법률에서 정한다(의료급여법).

⑤ 해산급여(제13조)

- 해산급여는 생계급여, 주거급여, 의료급여 중 하나 이상의 급여를 받는 수급자에게 조산(助産), 분만 전과 분만 후에 필요한 조치와 보호를 실시하는 것으로 한다.
- 해산급여는 보건복지부령으로 정하는 바에 따라 보장기관이 지정하는 의료기관에 위

탁하여 실시할 수 있다.

- 해산급여에 필요한 수급품은 보건복지부령으로 정하는 바에 따라 수급자나 그 세대주 또는 세대주에 준하는 사람에게 지급한다. 다만, 그 급여를 의료기관에 위탁하는 경우에는 수급품을 그 의료기관에 지급할 수 있다.

⑥ 장제급여(제14조)

- 장제급여는 생계급여, 주거급여, 의료급여 중 하나 이상의 급여를 받는 수급자가 사망한 경우 사체의 검안(檢案) · 운반 · 화장 또는 매장, 그 밖의 장제조치를 하는 것으로 한다.
- 장제급여는 보건복지부령으로 정하는 바에 따라 실제로 장제를 실시하는 사람에게 장제에 필요한 비용을 지급하는 것으로 한다. 다만, 그 비용을 지급할 수 없거나 비용을 지급하는 것이 적당하지 아니하다고 인정하는 경우에는 물품을 지급할 수 있다.

⑦ 자활급여(제15조)

- 자활급여는 수급자의 자활을 돕기 위하여 다음의 급여를 실시하는 것으로 한다.

1. 자활에 필요한 금품의 지급 또는 대여
2. 자활에 필요한 근로능력의 향상 및 기능습득의 지원
3. 취업알선 등 정보의 제공
4. 자활을 위한 근로기회의 제공
5. 자활에 필요한 시설 및 장비의 대여
6. 창업교육, 기능훈련 및 기술 · 경영 지도 등 창업지원
7. 자활에 필요한 자산형성 지원
8. 그 밖에 대통령령으로 정하는 자활을 위한 각종 지원

- 자활급여는 관련 공공기관 · 비영리법인 · 시설과 그 밖에 대통령령으로 정하는 기관에 위탁하여 실시할 수 있다. 이 경우 그에 드는 비용은 보장기관이 부담한다.

(4) 급여의 실시

공공부조의 원칙으로 첫째, 신청주의 원칙이다. 수급권자와 그의 부양의무자, 친족, 기타 관계인의 신청에 의해 개시하는 것을 원칙으로 한다. 국민기초생활보장제도의 경우, 사회복지전담공무원은 이 법에 의한 급여를 필요로 하는 자가 누락되지 아니하도록 하기 위하여 관할지역 내에 거주하는 수급권자가 누락되지 않도록 급여를 직권으로 신청할 수 있는데, 이 경우에는 수급권자의 동의를 구하여야 하며, 이를 수급권자의 신청으로 볼 수 있다. 둘째, 조사 및 확인의 원칙으로 보호대상자 또는 피보호자의 자산 상황 · 건강생활 또는 부

양관계 등에 대하여 조사를 실시하여 수급자로 결정이 된다. 또한 수급자는 매년 1회 이상 정기적으로 조사를 실시한다. 보장기관은 수급자 또는 부양의무자가 조사를 2회 이상 거부·방해 또는 기피하거나 검진지시에 따르지 아니한 때에는 수급자의 급여결정을 취소하거나 정지 또는 중지할 수 있다(임정문 외, 2020: 333).

① 급여의 신청(제21조)

- 수급권자와 그 친족, 그 밖의 관계인은 관할 시장·군수·구청장에게 수급권자에 대한 급여를 신청할 수 있다. 차상위자가 급여를 신청하려는 경우에도 같다.
- 사회복지 전담공무원은 이 법에 따른 급여를 필요로 하는 사람이 누락되지 아니하도록 하기 위하여 관할지역에 거주하는 수급권자에 대한 급여를 직권으로 신청할 수 있다. 이 경우 수급권자의 동의를 구하여야 하며 수급권자의 동의는 수급권자의 신청으로 볼 수 있다.
- 급여신청을 할 때나 사회복지 전담공무원이 급여신청을 하는 것에 수급권자가 동의하였을 때에는 수급권자와 부양의무자는 금융정보, 신용정보, 보험정보의 자료 또는 정보의 제공에 대하여 동의한다는 서면을 제출하여야 한다.[5)]
- 수급권자 등이 급여를 신청할 경우 사회복지 전담공무원은 신청한 사람이 급여에 관한 정보의 부족 등으로 불리한 입장에 놓이지 아니하도록 수급권자의 선정기준, 급여의 내용 및 신청방법 등을 알기 쉽게 설명하여야 한다.
- 시장·군수·구청장은 신청자에게 급여 신청의 철회나 포기를 유도하는 행위를 하여서는 아니 된다.
- 급여의 신청 방법 및 절차 등에 관하여 필요한 사항은 보건복지부령으로 정하고, 동의의 방법·절차 등에 관하여 필요한 사항은 대통령령으로 정한다.

② 신청에 의한 조사(제22조)

- 시장·군수·구청장은 급여신청이 있는 경우에는 사회복지 전담공무원으로 하여금 급여의 결정 및 실시 등에 필요한 사항[6)]을 조사하게 하거나 수급권자에게 보장기관이

5) 1. 「금융실명거래 및 비밀보장에 관한 법률」 제2조 제2호 및 제3호에 따른 금융자산 및 금융거래의 내용에 대한 자료 또는 정보 중 예금의 평균잔액과 그 밖에 대통령령으로 정하는 자료 또는 정보(이하 “금융정보”라 한다)
2. 「신용정보의 이용 및 보호에 관한 법률」 제2조 제1호에 따른 신용정보 중 채무액과 그 밖에 대통령령으로 정하는 자료 또는 정보(이하 “신용정보”라 한다)
3. 「보험업법」 제4조 제1항 각 호에 따른 보험에 가입하여 낸 보험료와 그 밖에 대통령령으로 정하는 자료 또는 정보(이하 “보험정보”라 한다)

6) 1. 부양의무자의 유무 및 부양능력 등 부양의무자와 관련된 사항

지정하는 의료기관에서 검진을 받게 할 수 있다.

- 시장·군수·구청장은 제1항에 따라 신청한 수급권자 또는 그 부양의무자의 소득, 재산 및 건강상태 등을 확인하기 위하여 필요한 자료를 확보하기 곤란한 경우 보건복지부령으로 정하는 바에 따라 수급권자 또는 부양의무자에게 필요한 자료의 제출을 요구할 수 있다.
- 시장·군수·구청장은 급여의 결정 또는 실시 등을 위하여 필요한 경우에는 조사를 관계 기관에 위촉하거나 수급권자 또는 그 부양의무자의 고용주, 그 밖의 관계인에게 이에 관한 자료의 제출을 요청할 수 있다.
- 보장기관이 조사를 하기 위하여 금융·국세·지방세·토지·건물·자동차·건강보험·국민연금·고용보험·출입국·병무·교정 등 관련 전산망 또는 자료를 이용하려는 경우에는 관계 기관의 장에게 협조를 요청할 수 있다. 이 경우 관계 기관의 장은 정당한 사유가 없으면 협조하여야 한다.
- 보장기관은 수급권자 또는 부양의무자가 조사 또는 자료제출 요구를 2회 이상 거부·방해 또는 기피하거나 검진 지시에 따르지 아니하면 급여신청을 각하(却下)할 수 있다. 이 경우 서면으로 그 이유를 구체적으로 밝혀 수급자에게 통지하여야 한다.

③ 확인조사(제23조)

- 시장·군수·구청장은 수급자 및 수급자에 대한 급여의 적정성을 확인하기 위하여 매년 연간조사계획을 수립하고 관할구역의 수급자를 대상으로 매년 1회 이상 정기적으로 조사하여야 하며, 특히 필요하다고 인정하는 경우에는 보장기관이 지정하는 의료기관에서 검진을 받게 할 수 있다. 다만, 보건복지부장관이 정하는 사항은 분기마다 조사하여야 한다.
- 보장기관은 수급자 또는 부양의무자가 조사나 자료제출 요구를 2회 이상 거부·방해 또는 기피하거나 검진 지시에 따르지 아니하면 수급자에 대한 급여 결정을 취소하거나 급여를 정지 또는 중지할 수 있다. 이 경우 서면으로 그 이유를 구체적으로 밝혀 수급자에게 통지하여야 한다.

---

2. 수급권자 및 부양의무자의 소득·재산에 관한 사항
3. 수급권자의 근로능력, 취업상태, 자활욕구 등 제28조에 따른 자활지원계획 수립에 필요한 사항
4. 그 밖에 수급권자의 건강상태, 가구 특성 등 생활실태에 관한 사항

④ 금융정보 등의 제공(제23조의2)

- 보건복지부장관은 금융실명거래 및 비밀보장에 관한 법률과 신용정보의 이용 및 보호에 관한 법률에도 불구하고 수급권자와 그 부양의무자가 제출한 동의 서면을 전자적 형태로 바꾼 문서에 의하여 금융기관 등의 장에게 금융정보·신용정보 또는 보험정보의 제공을 요청할 수 있다.
- 보건복지부장관은 확인조사를 위하여 필요하다고 인정하는 경우 금융실명거래 및 비밀보장에 관한 법률과 신용정보의 이용 및 보호에 관한 법률에도 불구하고 대통령령으로 정하는 기준에 따라 인적사항을 적은 문서 또는 정보통신망으로 금융기관 등의 장에게 수급자와 부양의무자의 금융정보 등을 제공하도록 요청할 수 있다.
- 금융정보 등의 제공을 요청받은 금융기관 등의 장은 금융실명거래 및 비밀보장에 관한 법률과 신용정보의 이용 및 보호에 관한 법률에도 불구하고 명의인의 금융정보 등을 제공하여야 한다.

⑤ 차상위계층에 대한 조사(제24조)

- 시장·군수·구청장은 급여의 종류별 수급자 선정기준의 변경 등에 의하여 수급권자의 범위가 변동함에 따라 다음 연도에 이 법에 따른 급여가 필요할 것으로 예측되는 수급권자의 규모를 조사하기 위하여 보건복지부령으로 정하는 바에 따라 차상위계층에 대하여 조사할 수 있다.
- 시장·군수·구청장은 조사를 하려는 경우 조사대상자의 동의를 받아야 한다. 이 경우 조사대상자의 동의는 다음 연도의 급여신청으로 본다.

⑥ 차상위계층에 대한 조사 결과의 보고 등(제25조)

시장·군수·구청장이 수급권자, 수급자, 부양의무자 및 차상위계층을 조사하였을 때에는 보건복지부령으로 정하는 바에 따라 관할 시·도지사에게 보고하여야 하며 보고를 받은 시·도지사는 이를 보건복지부장관 및 소관 중앙행정기관의 장에게 보고하여야 한다. 시·도지사가 조사하였을 때에도 또한 같다.

⑦ 급여의 결정 등(제26조)

- 시장·군수·구청장은 조사를 하였을 때에는 지체 없이 급여 실시 여부와 급여의 내용을 결정하여야 한다.
- 차상위계층을 조사한 시장·군수·구청장은 규정된 급여개시일이 속하는 달에 급여 실시 여부와 급여 내용을 결정하여야 한다.

- 시장 · 군수 · 구청장은 급여 실시 여부와 급여 내용을 결정하였을 때에는 그 결정의 요지(급여의 산출 근거를 포함), 급여의 종류 · 방법 및 급여의 개시 시기 등을 서면으로 수급권자 또는 신청인에게 통지하여야 한다.
- 신청인에 대한 통지는 급여의 신청일부터 30일 이내에 하여야 한다. 다만, 다음의 어느 하나에[7] 해당하는 경우에는 신청일부터 60일 이내에 통지할 수 있다. 이 경우 통지서에 그 사유를 구체적으로 밝혀야 한다.

⑧ 급여의 실시 등(제27조)

- 급여 실시 및 급여 내용이 결정된 수급자에 대한 급여는 급여의 신청일부터 시작한다. 다만, 보건복지부장관 또는 소관 중앙행정기관의 장이 매년 결정 · 공표하는 급여의 종류별 수급자 선정기준의 변경으로 인하여 매년 1월에 새로 수급자로 결정되는 사람에 대한 급여는 해당 연도의 1월 1일을 그 급여개시일로 한다.
- 시장 · 군수 · 구청장은 급여 실시 여부의 결정을 하기 전이라도 수급권자에게 급여를 실시하여야 할 긴급한 필요가 있다고 인정할 때에는 규정된 급여의 일부를 실시할 수 있다.

⑨ 급여의 지급방법 등(제27조의2)

- 보장기관이 급여를 금전으로 지급할 때에는 수급자의 신청에 따라 수급자 명의의 지정된 계좌(급여수급계좌)로 입금하여야 한다. 다만, 정보통신장애나 그 밖에 대통령령으로 정하는 불가피한 사유로 급여수급계좌로 이체할 수 없을 때에는 대통령령으로 정하는 바에 따라 급여를 지급할 수 있다.
- 급여수급계좌의 해당 금융기관은 이 법에 따른 급여와 지방자치단체가 실시하는 급여만이 급여수급계좌에 입금되도록 관리하여야 한다.

⑩ 급여의 대리수령 등(제27조의3)

- 보장기관은 수급자가 피성년후견인인 경우, 채무불이행으로 금전채권이 압류된 경우, 그 밖에 대통령령으로 정하는 사유로 본인 명의의 계좌를 개설하기 어려운 경우에는 수급자 또는 후견인의 동의를 받아 급여를 수급자의 배우자, 직계혈족 또는 3촌 이내의 방계혈족(배우자 등) 명의의 계좌에 입금할 수 있다.
- 배우자 등 명의의 계좌로 급여를 지급하려는 보장기관은 미리 그 사유, 입금할 급여의 사용 목적 및 다른 용도 사용금지 등에 관한 사항을 배우자 등에게 안내하여야 한다.

---

7) 1. 부양의무자의 소득 · 재산 등의 조사에 시일이 걸리는 특별한 사유가 있는 경우
2. 수급권자 또는 부양의무자가 제22조 제1항 · 제2항 및 관계 법률에 따른 조사나 자료제출 요구를 거부 · 방해 또는 기피하는 경우

• 급여를 지급받은 배우자 등은 해당 급여를 목적 외의 용도로 사용하여서는 아니 된다.

(5) 자활지원

① **한국자활복지개발원**(제15조의2~15조의8)

• 수급자 및 차상위자의 자활촉진에 필요한 사업을 수행하기 위하여 한국자활복지개발원을 설립한다.

• 자활복지개발원은 법인으로 한다.

• 자활복지개발원은 그 주된 사무소의 소재지에서 설립등기를 함으로써 성립한다.

• 보건복지부장관은 자활복지개발원을 지도·감독하며 자활복지개발원에 대하여 업무·회계 및 재산에 관하여 필요한 사항을 보고하게 하거나 소속 공무원에게 자활복지개발원에 출입하여 장부, 서류, 그 밖의 물건을 검사하게 할 수 있다.

• 규정한 사항 외에 자활복지개발원의 정관, 이사회, 회계, 그 밖에 자활복지개발원의 설립·운영에 필요한 사항은 대통령령으로 정한다(제15조의2).

• 자활복지개발원은 다음의 사업을 수행한다(제15조의3).

1. 자활 지원을 위한 사업(자활지원사업)의 개발 및 평가
2. 자활 지원을 위한 조사·연구 및 홍보
3. 광역자활센터, 지역자활센터 및 자활기업의 기술·경영 지도 및 평가
4. 자활 관련 기관 간의 협력체계 구축·운영
5. 자활 관련 기관 간의 정보네트워크 구축·운영
6. 취업·창업을 위한 자활촉진 프로그램 개발 및 지원
7. 고용지원서비스의 연계 및 사회복지서비스의 지원 대상자 관리
8. 수급자 및 차상위자의 자활촉진을 위한 교육·훈련, 광역자활센터 등 자활 관련 기관의 종사자 및 참여자에 대한 교육·훈련 및 지원
9. 국가 또는 지방자치단체로부터 위탁받은 자활 관련 사업
10. 그 밖에 자활촉진에 필요한 사업으로서 보건복지부장관이 정하는 사업

• 구축·운영되는 정보시스템은 사회복지사업법에 따른 정보시스템 및 사회보장기본법에 따른 사회보장정보시스템과 연계할 수 있다.

• 자활복지개발원장은 교육·훈련을 위하여 자활복지개발원에 한국자활연수원을 둔다.

• 임원(제15조의4)

-자활복지개발원에 원장 1명을 포함한 11명 이내의 이사와 감사 1명을 두며, 원장을 제외한 이사와 감사는 비상임으로 한다.

-원장과 감사는 정관으로 정하는 바에 따라 구성된 임원추천위원회가 복수로 추천한

사람 중에서 보건복지부장관이 임명한다.

-원장의 임기는 3년으로 하되, 1년을 단위로 연임할 수 있다.

-이사는 자활지원사업·사회복지 분야에 학식과 경험이 풍부한 사람(제1호), 정보통신·교육훈련·경영·경제·금융 분야 중 어느 하나 이상의 분야에 학식과 경험이 풍부한 사람(제2호), 보건복지부의 자활지원사업을 담당하는 공무원 또는 지방자치단체의 공무원(제3호)에 해당하는 사람 중에서 보건복지부장관이 임명하되, 제1호 및 제2호의 경우에는 임원추천위원회의 추천을 받아 임명한다.

-원장 및 보건복지부의 자활지원사업을 담당하는 공무원 또는 지방자치단체의 공무원 이사를 제외한 임원의 임기는 2년으로 하되, 1년을 단위로 연임할 수 있다.

-그 밖에 임원의 자격, 선임, 직무에 관하여 필요한 사항은 정관으로 정한다.

• 직원의 파견 등(제15조의5): 자활복지개발원은 그 목적의 달성과 전문성의 향상을 위하여 필요한 경우에는 보건복지부장관을 거쳐 국가기관·지방자치단체·연구기관 또는 공공단체에 직원의 파견을 요청할 수 있다. 직원의 파견을 요청받은 국가기관 등의 장은 그 소속 직원을 자활복지개발원에 파견할 수 있다.

• 국가의 보조 등(제15조의6): 국가는 자활복지개발원의 설립·운영에 필요한 경비의 전부 또는 일부를 보조하거나 출연할 수 있다. 국가는 자활복지개발원의 설립·운영을 위하여 필요하다고 인정하는 경우 국유재산특례제한법에 따라 국유재산을 자활복지개발원에 무상으로 대부·양여하거나 사용·수익하게 할 수 있다.

• 민법의 준용(제15조의7): 자활복지개발원에 관하여 이 법에서 규정한 것을 제외하고는 민법 중 재단법인에 관한 규정을 준용한다.

• 비밀누설 등의 금지(제15조의8): 자활복지개발원의 임직원 또는 임직원이었던 자는 직무상 알게 된 비밀을 누설하거나 다른 용도로 사용해서는 아니 된다.

② **광역자활센터**(제15조의10)

• 보장기관은 수급자 및 차상위자의 자활촉진에 필요한 다음의 사업을 수행하게 하기 위하여 사회복지법인, 사회적협동조합 등 비영리법인과 단체(법인 등)를 법인 등의 신청을 받아 특별시·광역시·특별자치시·도·특별자치도(시·도) 단위의 광역자활센터로 지정한다. 이 경우 보장기관은 법인 등의 지역사회복지사업 및 자활지원사업의 수행 능력·경험 등을 고려하여야 한다.

1. 시·도 단위의 자활기업 창업지원
2. 시·도 단위의 수급자 및 차상위자에 대한 취업·창업 지원 및 알선

3. 지역자활센터 종사자 및 참여자에 대한 교육훈련 및 지원
4. 지역특화형 자활프로그램 개발·보급 및 사업개발 지원
5. 지역자활센터 및 자활기업에 대한 기술·경영 지도
6. 그 밖에 자활촉진에 필요한 사업으로서 보건복지부장관이 정하는 사업

• 보장기관은 광역자활센터의 설치 및 운영에 필요한 경비의 전부 또는 일부를 보조할 수 있다.
• 보장기관은 광역자활센터에 대하여 정기적으로 사업실적 및 운영실태를 평가하고 수급자의 자활촉진을 달성하지 못하는 광역자활센터에 대해서는 그 지정을 취소할 수 있다.

③ 지역자활센터(제16조)

• 보장기관은 수급자 및 차상위자의 자활 촉진에 필요한 다음의 사업을 수행하게 하기 위하여 사회복지법인, 사회적협동조합 등 비영리법인과 단체(법인 등)를 법인 등의 신청을 받아 지역자활센터로 지정할 수 있다. 이 경우 보장기관은 법인 등의 지역사회복지사업 및 자활지원사업 수행능력·경험 등을 고려하여야 한다.

1. 자활의욕 고취를 위한 교육
2. 자활을 위한 정보제공, 상담, 직업교육 및 취업알선
3. 생업을 위한 자금융자 알선
4. 자영창업 지원 및 기술·경영 지도
5. 자활기업의 설립·운영 지원
6. 그 밖에 자활을 위한 각종 사업

• 보장기관은 지정을 받은 지역자활센터에 대하여 지역자활센터의 설립·운영 비용 또는 사업수행 비용의 전부 또는 일부, 국유·공유 재산의 무상임대, 보장기관이 실시하는 사업의 우선 위탁의 지원을 할 수 있다.
• 보장기관은 지역자활센터에 대하여 정기적으로 사업실적 및 운영실태를 평가하고 수급자의 자활촉진을 달성하지 못하는 지역자활센터에 대하여는 그 지정을 취소할 수 있다.
• 지역자활센터는 수급자 및 차상위자에 대한 효과적인 자활 지원과 지역자활센터의 발전을 공동으로 도모하기 위하여 지역자활센터협회를 설립할 수 있다.

④ 자활기관협의체(제17조)

• 시장·군수·구청장은 자활지원사업의 효율적인 추진을 위하여 지역자활센터, 직업안정기관, 사회복지시설의 장 등과 상시적인 협의체계(자활기관협의체)를 구축하여야 한다.

⑤ 자활기업(제18조)

- 수급자 및 차상위자는 상호 협력하여 자활기업을 설립·운영할 수 있다.
- 자활기업을 설립·운영하려는 자는 다음의 요건을 모두 갖추어 보장기관의 인정을 받아야 한다.

> 1. 조합 또는 부가가치세법상 사업자의 형태를 갖출 것
> 2. 설립 및 운영 주체는 수급자 또는 차상위자를 2인 이상 포함하여 구성할 것. 다만, 설립 당시에는 수급자 또는 차상위자였으나, 설립 이후 수급자 또는 차상위자를 면하게 된 사람이 계속하여 그 구성원으로 있는 경우에는 수급자 또는 차상위자로 산정(算定)한다.
> 3. 그 밖에 운영기준에 관하여 보건복지부장관이 정하는 사항을 갖출 것

- 보장기관은 자활기업에게 직접 또는 자활복지개발원, 광역자활센터 및 지역자활센터를 통하여 다음의 지원을 할 수 있다.

> 1. 자활을 위한 사업자금 융자
> 2. 국유지·공유지 우선 임대
> 3. 국가나 지방자치단체가 실시하는 사업의 우선 위탁
> 4. 자활기업 운영에 필요한 경영·세무 등의 교육 및 컨설팅 지원
> 5. 그 밖에 수급자의 자활촉진을 위한 각종 사업

⑥ 공공기관의 우선구매(제18조의2)

- 중소기업제품 구매촉진 및 판로지원에 관한 법률에 따른 공공기관의 장은 자활기업이 직접 생산하는 물품, 제공하는 용역 및 수행하는 공사(자활기업생산품)의 우선구매를 촉진하여야 한다.
- 공공기관의 장은 소속 기관 등에 대한 평가를 시행하는 경우에는 자활기업생산품의 구매실적을 포함하여야 한다.

⑦ 보고 등(제18조의3)

- 자활기업은 보건복지부장관이 정하는 바에 따라 설립·운영현황, 사업실적 등의 사항을 적은 사업보고서를 작성하여 매 회계연도 4월 말 및 10월 말까지 보장기관에 제출하여야 한다.
- 보장기관은 자활기업을 지도·감독하며, 필요하다고 인정하는 경우에는 자활기업과 그 구성원에 대하여 업무에 필요한 보고나 관계 서류의 제출을 명할 수 있다.
- 보장기관은 보고 사항의 검토 및 지도·감독을 한 결과 필요하면 시정을 명할 수 있다. 다만, 인정요건을 갖추지 못하게 된 경우에는 시정을 명하여야 한다.

⑧ 자활기업의 인정취소(제18조의4)

• 보장기관은 자활기업이 다음의 어느 하나에 해당하게 되면 인정을 취소할 수 있다. 다만, 거짓이나 그 밖의 부정한 방법으로 인정을 받은 경우에 해당하면 인정을 취소하여야 한다.

1. 거짓이나 그 밖의 부정한 방법으로 인정을 받은 경우
2. 인정요건을 갖추지 못하게 된 경우
3. 거짓이나 그 밖의 부정한 방법으로 이 법 또는 다른 법령에 따른 재정 지원을 받았거나 받으려고 한 경우
4. 경영 악화 등으로 자진하여 인정취소를 요청하는 경우
5. 시정명령을 2회 이상 받고도 시정하지 아니한 경우

• 보장기관은 거짓이나 그 밖의 부정한 방법으로 인정을 받은 경우, 거짓이나 그 밖의 부정한 방법으로 이 법 또는 다른 법령에 따른 재정 지원을 받았거나 받으려고 한 경우, 시정명령을 2회 이상 받고도 시정하지 아니한 경우의 이유로 인정이 취소된 기업 또는 해당 기업과 실질적 동일성이 인정되는 기업에 대하여는 그 취소된 날부터 3년이 지나지 아니한 경우에는 인정하여서는 아니 된다.

⑨ 유사명칭의 사용금지(제18조의5)

자활기업이 아닌 자는 자활기업 또는 이와 유사한 명칭을 사용하여서는 아니 된다.

⑩ 고용촉진(제18조의6)

• 보장기관은 수급자 및 차상위자의 고용을 촉진하기 위하여 상시근로자의 일정비율 이상을 수급자 및 차상위자로 채용하는 기업에 대하여는 대통령령으로 정하는 바에 따라 자활을 위한 사업자금 융자, 국유지 · 공유지 우선 임대, 국가나 지방자치단체가 실시하는 사업의 우선 위탁, 자활기업 운영에 필요한 경영 · 세무 등의 교육 및 컨설팅 지원, 그 밖에 수급자의 자활촉진을 위한 각종 사업에 해당하는 지원을 할 수 있다.
• 시장 · 군수 · 구청장은 수급자 및 차상위자에게 가구별 특성을 고려하여 관련 기관의 고용지원서비스를 연계할 수 있다.
• 시장 · 군수 · 구청장은 수급자 및 차상위자의 취업활동으로 인하여 지원이 필요하게 된 해당 가구의 아동 · 노인 등에게 사회복지서비스를 지원할 수 있다.

⑪ 자활기금의 적립(제18조의7)

• 보장기관은 이 법에 따른 자활지원사업의 원활한 추진을 위하여 자활기금을 적립한다.

- 보장기관은 자활지원사업의 효율적 추진을 위하여 필요하다고 인정하는 경우에는 자활기금의 관리 · 운영을 자활복지개발원 또는 자활지원사업을 수행하는 비영리법인에 위탁할 수 있다. 이 경우 그에 드는 비용은 보장기관이 부담한다.

⑫ 자산형성지원(제18조의8)
- 보장기관은 수급자 및 차상위자가 자활에 필요한 자산을 형성할 수 있도록 재정적인 지원을 할 수 있다. 다만, 청년기본법의 청년으로서 대통령령으로 정하는 소득 · 재산 기준을 충족하는 사람은 다른 규정에도 불구하고 이 법에 따른 자산형성지원의 대상으로 본다.
- 보장기관은 자산형성지원 대상자가 자활에 필요한 자산을 형성하는 데 필요한 교육을 실시할 수 있다.
- 보장기관의 지원으로 형성된 자산은 대통령령으로 정하는 바에 따라 수급자의 재산의 소득환산액 산정 시 이를 포함하지 아니한다.
- 보장기관은 자산형성지원과 그 교육에 관한 업무의 전부 또는 일부를 자활복지개발원 등의 법인 또는 단체 등에 위탁할 수 있다.

⑬ 자활의 교육 등(제18조의9)
- 보건복지부장관, 특별시장 · 광역시장 · 특별자치시장 · 도지사 · 특별자치도지사(시 · 도지사), 시장 · 군수 · 구청장은 수급자 및 차상위자의 자활촉진을 위하여 교육을 실시할 수 있다.
- 보건복지부장관은 교육의 전부 또는 일부를 법인 · 단체 등에 위탁할 수 있다.
- 보건복지부장관은 교육을 위탁받은 법인 · 단체 등에 대하여 그 운영에 필요한 비용을 지원할 수 있다.

⑭ 자활지원계획의 수립(제28조)
- 시장 · 군수 · 구청장은 수급자의 자활을 체계적으로 지원하기 위하여 보건복지부장관이 정하는 바에 따라 조사 결과를 고려하여 수급자 가구별로 자활지원계획을 수립하고 그에 따라 이 법에 따른 급여를 실시하여야 한다.
- 보장기관은 수급자의 자활을 위하여 필요한 경우에는 사회복지사업법 등 다른 법률에 따라 보장기관이 제공할 수 있는 급여가 있거나 민간기관 등이 후원을 제공하는 경우 자활지원계획에 따라 급여를 지급하거나 후원을 연계할 수 있다.
- 시장 · 군수 · 구청장은 수급자의 자활여건 변화와 급여 실시 결과를 정기적으로 평가하고 필요한 경우 자활지원계획을 변경할 수 있다.

4) 보장기관 및 보장시설

(1) 보장기관(제19조)

- 이 법에 따른 급여는 수급권자 또는 수급자의 거주지를 관할하는 시·도지사와 시장·군수·구청장(교육급여인 경우에는 특별시·광역시·특별자치시·도·특별자치도의 교육감)이 실시한다. 다만, 주거가 일정하지 아니한 경우에는 수급권자 또는 수급자가 실제 거주하는 지역을 관할하는 시장·군수·구청장이 실시한다.
- 보건복지부장관, 소관 중앙행정기관의 장과 시·도지사는 수급자를 각각 국가나 해당 지방자치단체가 경영하는 보장시설에 입소하게 하거나 다른 보장시설에 위탁하여 급여를 실시할 수 있다.
- 수급권자나 수급자가 거주지를 변경하는 경우의 처리방법과 보장기관 간의 협조, 그 밖에 업무처리에 필요한 사항은 보건복지부령으로 정한다.
- 보장기관은 수급권자·수급자·차상위계층에 대한 조사와 수급자 결정 및 급여의 실시 등 이 법에 따른 보장업무를 수행하게 하기 위하여 사회복지사업법에 따른 사회복지 전담공무원을 배치하여야 한다. 이 경우 자활급여 업무를 수행하는 사회복지 전담공무원은 따로 배치하여야 한다.

(2) 생활보장위원회(제20조)

이 법에 따른 생활보장사업의 기획·조사·실시 등에 관한 사항을 심의·의결하기 위하여 보건복지부와 시·도 및 시·군·구에 각각 생활보장위원회를 둔다. 다만, 시·도 및 시·군·구에 두는 생활보장위원회는 그 기능을 담당하기에 적합한 다른 위원회가 있고 그 위원회의 위원이 규정된 자격을 갖춘 경우에는 시·도 또는 시·군·구의 조례로 정하는 바에 따라 그 위원회가 생활보장위원회의 기능을 대신할 수 있다.

① 중앙생활보장위원회

- 보건복지부에 두는 생활보장위원회는 다음의 사항을 심의·의결한다.

1. 기초생활보장 종합계획의 수립
2. 소득인정액 산정방식과 기준 중위소득의 결정
3. 급여의 종류별 수급자 선정기준과 최저보장수준의 결정
4. 급여기준의 적정성 등 평가 및 실태조사에 관한 사항

5. 급여의 종류별 누락·중복, 차상위계층의 지원사업 등에 대한 조정
6. 자활기금의 적립·관리 및 사용에 관한 지침의 수립
7. 그 밖에 위원장이 회의에 부치는 사항

• 중앙생활보장위원회는 위원장을 포함하여 16명 이내의 위원으로 구성하고 위원은 보건복지부장관이 다음의 어느 하나에 해당하는 사람 중에서 위촉·지명하며 위원장은 보건복지부장관으로 한다.

1. 공공부조 또는 사회복지와 관련된 학문을 전공한 전문가로서 대학의 조교수 이상인 사람 또는 연구기관의 연구원으로 재직 중인 사람 5명 이내
2. 공익을 대표하는 사람 5명 이내
3. 관계 행정기관 소속 3급 이상 공무원 또는 고위공무원단에 속하는 일반직공무원 5명 이내

② 지방생활보장위원회(시행령 제28조~29조)

• 지방생활보장위원회의 조직과 구성
  - 시·도 및 시·군·구에 두는 생활보장위원회는 위원장 및 부위원장 각 1명을 포함하여 15명 이내의 위원으로 구성된다.
  - 부위원장은 위원 중에서 호선한다.
  - 다른 위원회가 지방생활보장위원회의 기능을 대신하는 경우 위원회를 구성할 때 사회보장에 관한 학식과 경험이 있는 사람, 공익을 대표하는 사람의 참여 기회를 보장하여야 한다.
  - 지방생활보장위원회는 심의사항을 전문적으로 검토하기 위하여 의결로 소위원회를 둘 수 있다.
  - 소위원회는 소위원회 위원장을 포함하여 7명 이내의 위원으로 구성되며, 소위원회 위원장은 지방생활보장위원회 위원장이 지방생활보장위원회의 의결을 거쳐 위원 중에서 지명한다.

• 시·도에 두는 지방생활보장위원회는 다음의 사항을 심의·의결한다.

1. 시·도의 생활보장사업 기본방향 및 시행계획의 수립에 관한 사항
2. 해당 시·도가 실시하는 급여에 관한 사항
3. 자활기금의 설치·운용에 관한 사항
4. 자활지원계획에 관한 사항
5. 그 밖에 시·도지사가 회의에 부치는 사항

• 시·군·구에 두는 지방생활보장위원회는 다음의 사항을 심의·의결한다.

1. 시·군·구의 생활보장사업 기본방향 및 시행계획의 수립에 관한 사항
2. 급여를 받을 자격이 있는 수급권자에 해당하지 아니하여도 생활이 어려운 사람의 보호를 위하여 보건복지부장관 또는 소관 중앙행정기관의 장이 정하는 급여의 결정에 관한 사항
3. 연간조사계획에 관한 사항
4. 해당 시·군·구가 실시하는 급여에 관한 사항
5. 자활기금의 설치·운용에 관한 사항
6. 자활지원계획에 관한 사항
7. 보장비용 징수 제외 및 결정, 금품의 반환·징수·감면 관련 사항 및 결손처분 관련 사항
8. 그 밖에 시장·군수·구청장이 회의에 부치는 사항

(3) 기초생활보장 계획의 수립 및 평가(제20조의2)

- 소관 중앙행정기관의 장은 수급자의 최저생활을 보장하기 위하여 3년마다 소관별로 기초생활보장 기본계획을 수립하여 보건복지부장관에게 제출하여야 한다.
- 보건복지부장관 및 소관 중앙행정기관의 장은 실태조사 결과를 고려하여 급여기준의 적정성 등에 대한 평가를 실시할 수 있으며, 이와 관련하여 전문적인 조사·연구 등을 공공기관의 운영에 관한 법률에 따른 공공기관 또는 민간 법인·단체 등에 위탁할 수 있다.
- 보건복지부장관은 기초생활보장 기본계획 및 평가결과를 종합하여 기초생활보장 종합계획을 수립하여 중앙생활보장위원회의 심의를 받아야 한다.
- 보건복지부장관은 수급권자, 수급자 및 차상위계층 등의 규모·생활실태 파악, 최저생계비 계측 등을 위하여 3년마다 실태조사를 실시·공표하여야 한다.
- 보건복지부장관 및 소관 중앙행정기관의 장은 관계 행정기관, 지방자치단체, 공공기관의 운영에 관한 법률에 따른 공공기관 등에 대하여 평가에 관한 의견 또는 자료의 제출을 요구할 수 있다. 이 경우 관계 행정기관 등은 특별한 사유가 없으면 이에 따라야 한다.

(4) 보장시설 및 보장시설 장의 의무

① 보장시설(제32조)

보장시설이란 규정된 급여를 실시하는 사회복지사업법에 따른 사회복지시설로서 다음의 시설 중 보건복지부령으로 정하는 시설을 말한다.

1. 장애인복지법의 장애인 거주시설
2. 노인복지법의 노인주거복지시설 및 노인의료복지시설
3. 아동복지법에 따른 아동복지시설 및 통합 시설

4. 정신건강증진 및 정신질환자 복지서비스 지원에 관한 법률에 따른 정신요양시설 및 정신재활시설
5. 노숙인 등의 복지 및 자립지원에 관한 법률의 노숙인재활시설 및 노숙인요양시설
6. 가정폭력방지 및 피해자보호 등에 관한 법률에 따른 가정폭력피해자 보호시설
7. 성매매방지 및 피해자보호 등에 관한 법률에 따른 성매매피해자 등을 위한 지원시설
8. 성폭력방지 및 피해자보호 등에 관한 법률에 따른 성폭력피해자보호시설
9. 한부모가족지원법의 한부모가족복지시설
10. 사회복지사업법의 사회복지시설 중 결핵 및 한센병요양시설
11. 그 밖에 보건복지부령으로 정하는 시설

② **보장시설의 장의 의무**(제33조)

보장시설의 장은 보장기관으로부터 수급자에 대한 급여를 위탁받은 경우에는 정당한 사유 없이 이를 거부하여서는 아니 된다.

(5) 보장비용

① **보장비용**(제42조)

• 보장업무에 드는 인건비와 사무비
• 생활보장위원회의 운영에 드는 비용
• 규정에 따른 급여 실시 비용
• 그 밖에 이 법에 따른 보장업무에 드는 비용

② **보장비용의 부담 구분**(제43조)

• 국가 또는 시 · 도가 직접 수행하는 보장업무에 드는 비용은 국가 또는 해당 시 · 도가 부담한다.
• 급여의 실시 비용은 국가 또는 해당 시 · 도가 부담한다.
• 시 · 군 · 구가 수행하는 보장업무에 드는 비용 중 보장업무에 드는 인건비와 사무비, 생활보장위원회의 운영에 드는 비용은 해당 시 · 군 · 구가 부담한다.
• 시 · 군 · 구가 수행하는 보장업무에 드는 비용 중 급여 실시 비용 및 그 밖에 이 법에 따른 보장업무에 드는 비용(시 · 군 · 구 보장비용)은 시 · 군 · 구의 재정여건, 사회보장비 지출 등을 고려하여 국가, 시 · 도 및 시 · 군 · 구가 다음에 따라 차등하여 분담한다.
  -국가는 시 · 군 · 구 보장비용의 총액 중 100분의 40 이상 100분의 90 이하를 부담한다.
  -시 · 도는 시 · 군 · 구 보장비용의 총액에서 국가부담분을 뺀 금액 중 100분의 30 이상 100분의 70 이하를 부담하고, 시 · 군 · 구는 시 · 군 · 구 보장비용의 총액 중에서 국가와 시 · 도가 부담하는 금액을 뺀 금액을 부담한다. 다만, 특별자치시 · 특별자

치도는 시 · 군 · 구 보장비용의 총액 중에서 국가가 부담하는 금액을 뺀 금액을 부담한다.

- 국가는 매년 이 법에 따른 보장비용 중 국가부담 예정 합계액을 각각 보조금으로 지급하고, 그 과부족(過不足) 금액은 정산하여 추가로 지급하거나 반납하게 한다.
- 시 · 도는 매년 시 · 군 · 구에 대하여 국가의 보조금에, 시 · 도의 부담예정액을 합하여 보조금으로 지급하고 그 과부족 금액은 정산하여 추가로 지급하거나 반납하게 한다.
- 보조금의 산출 및 정산 방법 등에 관하여 필요한 사항은 대통령령으로 정한다.
- 지방자치단체의 조례에 따라 이 법에 따른 급여 범위 및 수준을 초과하여 급여를 실시하는 경우 그 초과 보장비용은 해당 지방자치단체가 부담한다.

③ 비용의 징수(제46조)

- 수급자에게 부양능력을 가진 부양의무자가 있음이 확인된 경우에는 보장비용을 지급한 보장기관은 생활보장위원회의 심의 · 의결을 거쳐 그 비용의 전부 또는 일부를 그 부양의무자로부터 부양의무의 범위에서 징수할 수 있다.
- 속임수나 그 밖의 부정한 방법으로 급여를 받거나 타인으로 하여금 급여를 받게 한 경우에는 보장비용을 지급한 보장기관은 그 비용의 전부 또는 일부를 그 급여를 받은 사람 또는 급여를 받게 한 자(부정수급자)로부터 징수할 수 있다.
- 징수할 금액은 각각 부양의무자 또는 부정수급자에게 통지하여 징수하고, 부양의무자 또는 부정수급자가 이에 응하지 아니하는 경우 국세 또는 지방세 체납처분의 예에 따라 징수한다.

④ 반환명령(제47조)

보장기관은 급여의 변경 또는 급여의 정지 · 중지에 따라 수급자에게 이미 지급한 수급품 중 과잉지급분이 발생한 경우에는 즉시 수급자에 대하여 그 전부 또는 일부의 반환을 명하여야 한다. 다만, 이미 이를 소비하였거나 그 밖에 수급자에게 부득이한 사유가 있을 때에는 그 반환을 면제할 수 있다.

5) 수급자의 권리보호

(1) 수급자의 권리와 의무(제34조~41조)

① 급여 변경의 금지(제34조)

- 수급자에 대한 급여는 정당한 사유 없이 수급자에게 불리하게 변경할 수 없다.

② 압류금지(제35조)

수급자에게 지급된 수급품(지방자치단체가 실시하는 급여 포함)과 이를 받을 권리는 압류할 수 없다. 지정된 급여수급계좌의 예금에 관한 채권은 압류할 수 없다.

③ 양도금지(제36조)

• 수급자는 급여를 받을 권리를 타인에게 양도할 수 없다.

④ 신고의 의무(제37조)

수급자는 거주지역, 세대의 구성 또는 임대차 계약내용이 변동되거나 부양의무자의 유무 및 부양능력 등 부양의무자와 관련된 사항, 수급권자 및 부양의무자의 소득·재산에 관한 사항, 수급권자의 근로능력·취업상태·자활욕구 등 자활지원계획 수립에 필요한 사항, 그 밖에 수급권자의 건강상태, 가구 특성 등 생활실태에 관한 사항이 현저하게 변동되었을 때에는 지체 없이 관할 보장기관에 신고하여야 한다.

⑤ 이의신청

• 시·도지사에 대한 이의신청(제38조)

-수급자나 급여 또는 급여 변경을 신청한 사람은 시장·군수·구청장(교육급여인 경우에는 시·도교육감)의 처분에 대하여 이의가 있는 경우에는 그 결정의 통지를 받은 날부터 90일 이내에 해당 보장기관을 거쳐 시·도지사(특별자치시장·특별자치도지사 및 시·도교육감의 처분에 이의가 있는 경우에는 해당 특별자치시장·특별자치도지사 및 시·도교육감)에게 서면 또는 구두로 이의를 신청할 수 있다. 이 경우 구두로 이의신청을 접수한 보장기관의 공무원은 이의신청서를 작성할 수 있도록 협조하여야 한다.

-이의신청을 받은 시장·군수·구청장은 10일 이내에 의견서와 관계 서류를 첨부하여 시·도지사에게 보내야 한다.

• 시·도지사의 처분 등(제39조)

-시·도지사가 시장·군수·구청장으로부터 이의신청서를 받았을 때(특별자치시장·특별자치도지사 및 시·도교육감의 경우에는 직접 이의신청을 받았을 때)에는 30일 이내에 필요한 심사를 하고 이의신청을 각하 또는 기각하거나 해당 처분을 변경 또는 취소하거나 그 밖에 필요한 급여를 명하여야 한다.

-시·도지사는 처분 등을 하였을 때에는 지체 없이 신청인과 해당 시장·군수·구청장에게 각각 서면으로 통지하여야 한다.

• 보건복지부장관 등에 대한 이의신청(제40조)

-처분 등에 대하여 이의가 있는 사람은 그 처분 등의 통지를 받은 날부터 90일 이내

에 시·도지사를 거쳐 보건복지부장관(주거급여 또는 교육급여인 경우에는 소관 중앙행정기관의 장을 말하며, 보건복지부장관에게 한 이의신청은 소관 중앙행정기관의 장에게 한 것으로 본다)에게 서면 또는 구두로 이의를 신청할 수 있다. 이 경우 구두로 이의신청을 접수한 보장기관의 공무원은 이의신청서를 작성할 수 있도록 협조하여야 한다.

-시·도지사는 이의신청을 받으면 10일 이내에 의견서와 관계 서류를 첨부하여 보건복지부장관 또는 소관 중앙행정기관의 장(주거급여 또는 교육급여인 경우에 한정)에게 보내야 한다.

-규정된 사항 외에 이의신청의 방법 등은 대통령령으로 정한다.

• 이의신청의 결정 및 통지(제41조)

-보건복지부장관 또는 소관 중앙행정기관의 장은 이의신청서를 받았을 때에는 30일 이내에 필요한 심사를 하고 이의신청을 각하 또는 기각하거나 해당 처분의 변경 또는 취소의 결정을 하여야 한다.

-보건복지부장관 또는 소관 중앙행정기관의 장은 결정을 하였을 때에는 지체 없이 시·도지사 및 신청인에게 각각 서면으로 결정 내용을 통지하여야 한다. 이 경우 소관 중앙행정기관의 장이 결정 내용을 통지하는 때에는 그 사실을 보건복지부장관에게 알려야 한다.

(2) 벌칙 등

① 벌칙

• 금융정보 등을 사용·제공 또는 누설한 자는 5년 이하의 징역 또는 5천만 원 이하의 벌금에 처한다(제48조).

• 위반하여 정보 또는 자료를 사용하거나 제공한 자는 3년 이하의 징역 또는 3천만 원 이하의 벌금에 처한다(제48조).

• 거짓이나 그 밖의 부정한 방법으로 급여를 받거나 다른 사람으로 하여금 급여를 받게 한 자, 지급받은 급여를 목적 외의 용도로 사용한 자는 1년 이하의 징역, 1천만 원 이하의 벌금, 구류 또는 과료에 처한다(제49조).

• 직무상 알게 된 비밀을 누설하거나 다른 용도로 사용한 자는 1년 이하의 징역 또는 1천만 원 이하의 벌금에 처한다(제49조의2).

• 수급자의 급여 위탁을 정당한 사유 없이 거부한 자나 종교상의 행위를 강제한 자는 300만 원 이하의 벌금, 구류 또는 과료에 처한다(제50조).

• 다음의 어느 하나에 해당하는 자에게는 300만 원 이하의 과태료를 부과한다. 과태료는

대통령령으로 정하는 바에 따라 보장기관이 부과·징수한다(제50조의2).

1. 사업보고서를 제출하지 아니하거나 거짓 또는 그 밖의 부정한 방법으로 작성하여 제출한 자
2. 보고 또는 관계 서류의 제출을 하지 아니하거나 거짓으로 보고 또는 관계 서류의 제출을 한 자
3. 시정명령을 이행하지 아니한 자
4. 자활기업 또는 이와 유사한 명칭을 사용한 자

② 양벌규정(제51조)

법인의 대표자나 법인 또는 개인의 대리인, 사용인, 그 밖의 종업원이 그 법인 또는 개인의 업무에 관하여 벌칙의 위반행위를 하면 그 행위자를 벌하는 외에 그 법인 또는 개인에게도 각 해당 조문의 벌금 또는 과료의 형을 과(科)한다. 다만, 법인 또는 개인이 그 위반행위를 방지하기 위하여 해당 업무에 관하여 상당한 주의와 감독을 게을리하지 아니한 경우에는 그러하지 아니하다.

2. 의료급여법

의료급여란 생활유지능력이 없거나 생활이 어려운 저소득 국민의 의료문제를 국가가 보장하는 제도로서 건강보험과 함께 국민 의료보장의 중요한 수단이 되는 사회보장제도이다. 특히 저소득층을 대상으로 하는 의료급여는 어려운 국민들에게 발생하는 질병, 부상, 출산 등에 대해 의료서비스를 현물로 제공하고 있다.

1) 개요

(1) 목적과 의의

① 목적(제1조)

생활이 어려운 사람에게 의료급여를 함으로써 국민보건의 향상과 사회복지의 증진에 이바지함을 목적으로 한다.

② 의의

생활이 어려운 자에게 의료급여를 실시함으로써 국민보건의 향상과 사회복지의 증진에 이바지함을 목적으로 한다. 이는 건강보험과 더불어, 국민의 건강한 생활을 보장하기 위한 의료보장제도로서 특히 저소득층을 대상으로 하는 의료급여는 어려운 국민들에게 발

생하는 질병, 부상, 출산 등에 대해 의료서비스를 현물로 제공하고 있다(임정문 외, 2020: 343).

(2) 주요 연혁

의료급여법의 주요 연혁은 다음과 같다.

표 8-2 의료급여법 연혁

연도	내용
1961	• 생활보호법 제정(12월) ※ 의료보호에 관한 규정 최초 제정: 시행령 미비로 미실시
1977	• 의료보호법 제정(12.31.) -생활보호대상자, 사회복지시설 수용자, 이재자, 국가유공자, 중요무형문화재 등을 대상으로 의료보호사업을 독자적으로 실시 -1종 거택보호자 황색카드, 2종 자활보호자 녹색카드로 구분
2001	• 의료급여법 전면개정(5.24., 의료보호법 폐지), 2001.10.1. 시행 -중앙의료급여심의위원회 설치, 의료급여수급기간 폐지, 요양비 신설, 건강검진규정, 의료급여 제한 범위 축소 등
2003	• 의료급여법 개정(5.15.) -중요무형문화재 명예보유자에 대한 의료급여 실시
2004	• 의료급여법시행령 개정(2003.12.30.), 2004.1.1. 시행 -차상위 희귀/만성질환자에 대한의료급여 실시 • 의료급여법 개정(3.5.) -입양촉진 및 절차에 관한 특례법에 의하여 국내 입양된 18세 미만 아동에 대해 의료급여 실시 • 의료급여법시행령 개정(6.29.), 7.1. 시행 -의료급여 본인부담상한제(6개월 120만 원) 실시 ※ 시행규칙 개정(7.6.) -본인부담상한제 절차 마련 -의사상자의 경우 의사상 행위 시로 소급하여 의료급여 실시
2005	• 의료급여법 개정(12.23.) -급여비용의 청구에 관한 서류보존(5년) -약국 등 보건복지부장관이 정하는 의료기관의 처방전의 보존기간(3년) -서류보존 의무위반: 100만 원 이하의 과태료
2006	• 차상위수급권자 선정기준 개정(9.1.) -부양의무자 범위조정(사위, 며느리 포함), 자동차 기준 변경, 부양능력 판정기준 조정, 진단서 첨부

연도	내용
	• 의료급여법 개정(10.4.) -난민에 대한 의료급여 실시 근거 마련
2007	• 의료급여법 개정(2006.12.28), 2007.3.29. 시행 -부양의무자를 "1촌의 직계혈족 및 그 배우자"로 축소
2011	• 의료급여법 개정(3.30., 7.1. 시행) -보장기관을 시·군·구에서 시·도까지 확대 -사례관리사업 근거 마련
2013	• 의료급여법 개정(2013.6.12), 2013.12.13. 시행 -타법 수급권자의 인정 절차 마련 -의료급여증 유효기간 규정 삭제, 자격 증명서 범위 확대 및 제시의무 완화 -업무정지 처분의 효과 승계 근거 마련 -포상금 지급제도 근거 마련 및 장려금 제도 시행
2014	• 의료급여법 개정(2014.1.28.), 2014.7.29. 시행 -급여비용 심사기관의 이의신청 결정에 대한 행정심판을 중앙행정심판위원회에서 복지부의 건강보험분쟁조정위원회로 이관
2020	시행 2020.7.23. •「코로나바이러스감염증-19 의료급여 절차 예외 인정기준」(고시 제2020-156호)

※ 출처: 임정문 외(2020: 344), 보건복지부(2021: 597-599).

(3) 특징

의료급여제도는 국민보건의 향상과 사회복지의 증진에 이바지함을 목적으로 생활유지 능력이 없거나 생활이 어려운 저소득 국민의 의료문제를 국가가 보장하는 공공부조제도로 건강보험과 함께 국민 의료보장의 중요한 수단이 되는 사회보장제도이다.

의료급여는 건강보험과는 달리 필요한 재원을 일반조세 수입으로 충당하여 소득재분배의 기능과 사회적 형평성에 기여한다. 헌법상 보장된 인간다운 생활을 할 권리와 국민의 건강권을 저소득층과 사회적 기여자들에게 구체화하는 공적 프로그램이다.

(4) 용어의 정의(제2조)

- 수급권자: 이 법에 따라 의료급여를 받을 수 있는 자격을 가진 사람을 말한다.
- 의료급여기관: 수급권자에 대한 진료·조제 또는 투약 등을 담당하는 의료기관 및 약국 등을 말한다.

• 부양의무자: 수급권자를 부양할 책임이 있는 사람으로서 수급권자의 1촌 직계혈족 및 그 배우자를 말한다.

2) 수급권자

(1) 수급권자(제3조)

이 법에 따른 수급권자는 다음과 같다.

① 국민기초생활 보장법에 따른 의료급여 수급자

② 재해구호법에 따른 이재민으로서 보건복지부장관이 의료급여가 필요하다고 인정한 사람

③ 의사상자 등 예우 및 지원에 관한 법률에 따라 의료급여를 받는 사람

④ 입양특례법에 따라 국내에 입양된 18세 미만의 아동

⑤ 독립유공자 예우에 관한 법률, 국가유공자 등 예우 및 지원에 관한 법률 및 보훈보상대상자 지원에 관한 법률의 적용을 받고 있는 사람과 그 가족으로서 국가보훈부장관이 의료급여가 필요하다고 추천한 사람 중에서 보건복지부장관이 의료급여가 필요하다고 인정한 사람

⑥ 무형문화재 보전 및 진흥에 관한 법률에 따라 지정된 국가무형문화재의 보유자(명예보유자 포함)와 그 가족으로서 문화재청장이 의료급여가 필요하다고 추천한 사람 중에서 보건복지부장관이 의료급여가 필요하다고 인정한 사람

⑦ 북한이탈주민의 보호 및 정착지원에 관한 법률의 적용을 받고 있는 사람과 그 가족으로서 보건복지부장관이 의료급여가 필요하다고 인정한 사람

⑧ 5·18민주화운동 관련자 보상 등에 관한 법률에 따라 보상금 등을 받은 사람과 그 가족으로서 보건복지부장관이 의료급여가 필요하다고 인정한 사람

⑨ 노숙인 등의 복지 및 자립지원에 관한 법률에 따른 노숙인 등으로서 보건복지부장관이 의료급여가 필요하다고 인정한 사람

⑩ 그 밖에 생활유지 능력이 없거나 생활이 어려운 사람으로서 대통령령으로 정하는 사람

(2) 난민에 따른 특례(제3조의2)

난민법에 따른 난민인정자로서 국민기초생활 보장법에 따른 의료급여 수급권자의 범위에 해당하는 사람은 수급권자로 본다.[8)]

(3) 1종 및 2종 수급권자의 구분

수급권자는 1종 수급권자와 2종 수급권자로 구분한다(시행령 제3조)

가. 1종 수급권자

① 국민기초생활 보장법에 의한 수급자 중 다음에 해당하는 자

- 법 제3조제1항제1호 및 제3호부터 제8호까지의 규정에 해당하는 사람 중 다음의 어느 하나에 해당하는 자 또는 근로능력이 없거나 근로가 곤란하다고 인정하여 보건복지부장관이 정하는 자만으로 구성된 세대의 구성원

1. 18세 미만인 사람
2. 65세 이상인 사람
3. 장애인고용촉진 및 직업재활법에 해당하는 중증장애인
4. 질병, 부상 또는 그 후유증으로 치료나 요양이 필요한 사람 중에서 근로능력평가를 통하여 특별자치시장·특별자치도지사·시장(특별자치도의 행정시장은 제외)·군수·구청장(구청장은 자치구의 구청장을 말함)이 근로능력이 없다고 판정한 사람
5. 임신 중에 있거나 분만 후 6개월 미만의 여자
6. 병역법에 의한 병역의무를 이행 중인 사람

- 국민기초생활 보장법에 따른 보장시설에서 급여를 받고 있는 사람
- 보건복지부장관이 정하여 고시하는 결핵질환, 희귀난치성질환 또는 중증질환을 가진 사람

② 타법에 의한 의료급여수급자

- 재해구호법에 따른 이재민으로서 보건복지부장관이 의료급여가 필요하다고 인정한 사람
- 의사상자 등 예우 및 지원에 관한 법률에 따라 의료급여를 받는 사람
- 입양특례법에 따라 국내에 입양된 18세 미만의 아동
- 독립유공자 예우에 관한 법률, 국가유공자 등 예우 및 지원에 관한 법률 및 보훈보상대상자 지원에 관한 법률의 적용을 받고 있는 사람과 그 가족으로서 국가보훈처장이 의료급여가 필요하다고 추천한 사람 중에서 보건복지부 장관이 의료급여가 필요하다

---

8) 의료급여 수급권자는 부양의무자가 없거나, 부양의무자가 있어도 부양능력이 없거나 부양을 받을 수 없는 사람으로서 그 소득인정액이 중앙생활보장위원회의 심의·의결을 거쳐 결정하는 금액(의료급여 선정기준) 이하인 사람으로 한다. 이 경우 의료급여 선정기준은 기준 중위소득의 100분의 40 이상으로 한다.

고 인정한 사람

- 무형문화재 보전 및 진흥에 관한 법률에 따라 지정된 국가무형문화재의 보유자(명예보유자 포함)와 그 가족으로서 문화재청장이 의료급여가 필요하다고 추천한 사람 중에서 보건복지부 장관이 의료급여가 필요하다고 인정한 사람
- 북한이탈주민의 보호 및 정착지원에 관한 법률의 적용을 받고 있는 사람과 그 가족으로서 보건복지부 장관이 의료급여가 필요하다고 인정한 사람
- 5·18민주화운동 관련자 보상 등에 관한 법률에 따라 보상금 등을 받은 사람과 그 가족으로서 보건복지부 장관이 의료급여가 필요하다고 인정한 사람
- 노숙인 등의 복지 및 자립지원에 관한 법률에 따른 노숙인 등으로서 보건복지부장관이 의료급여가 필요하다고 인정한 사람

③ 기타

일정한 거소가 없는 사람으로서 경찰관서에서 무연고자로 확인된 사람, 보건복지부령으로 정하는 사람으로서 보건복지부장관이 1종의료급여가 필요하다고 인정하는 사람

나. 2종 수습권자

- 국민기초생활 보장법에 따른 의료급여 수급자 중 1종 수급권자에 해당하지 않는 사람
- 보건복지부령으로 정하는 사람으로서 보건복지부장관이 2종 의료급여가 필요하다고 인정하는 사람

(4) 수급권자의 인정 절차(제3조의3)

이 법에서 수급권자의 인정 절차는 다음과 같다.

- 수급권자가 되려는 사람은 보건복지부령으로 정하는 바에 따라 특별자치시장·특별자치도지사·시장(특별자치도의 행정시장은 제외)·군수·구청장(자치구의 구청장)에게 수급권자 인정 신청을 하여야 한다.
- 시장·군수·구청장은 신청인을 수급권자로 인정하는 것이 타당한지를 확인하기 위하여 필요한 경우 그 신청인에게 국민기초생활 보장법에 따른 자료 또는 정보의 제공에 동의한다는 서면을 제출하게 할 수 있다.
- 신청에 따른 조사, 확인조사, 금융정보 등의 제공 등에 관하여는 국민기초생활 보장법의 제22조, 제23조 및 제23조의2를 준용한다.
- 국가보훈부장관과 문화재청장은 대통령령으로 정하는 바에 따라 수급권자로 인정할

필요가 있는 사람을 추천하여 그 결과를 수급권자의 주소지를 관할하는 시장 · 군수 · 구청장에게 알려야 한다. 이 경우 수급권자가 되려는 사람이 수급권자 인정 신청을 한 것으로 본다.

- 시장 · 군수 · 구청장은 인정 신청을 한 사람(의상자 및 의사자 유족 중에서 의료급여를 받는 사람 및 국내에 입양된 18세 미만의 아동은 제외) 중에서 수급권자의 인정기준에 따라 수급권자를 정하여야 한다.

3) 의료급여

(1) 의료급여의 내용 등(제7조)

이 법에 따른 수급권자의 질병 · 부상 · 출산 등에 대한 의료급여의 내용은 진찰 · 검사, 약제(藥劑) · 치료재료의 지급, 처치 · 수술과 그 밖의 치료, 예방 · 재활, 입원, 간호, 이송과 그 밖의 의료목적 달성을 위한 조치이다.

의료급여의 방법 · 절차 · 범위 · 한도 등 의료급여의 기준에 관하여는 보건복지부령으로 정하고, 의료수가기준과 그 계산방법 등에 관하여는 보건복지부장관이 정한다. 보건복지부장관은 의료급여의 기준을 정할 때에는 업무 또는 일상생활에 지장이 없는 질환 등 보건복지부령으로 정하는 사항은 의료급여 대상에서 제외할 수 있다.

(2) 의료급여증(제8조)

① 시장 · 군수 · 구청장은 수급권자가 신청하는 경우 의료급여증을 발급하여야 한다. 다만, 부득이한 사유가 있는 경우에는 의료급여증을 갈음하여 의료급여증명서를 발급하거나 보건복지부령으로 정하는 바에 따라 의료급여증을 발급하지 아니할 수 있다.

② 수급권자가 의료급여를 받을 때에는 의료급여증 또는 의료급여증명서를 의료급여기관에 제출하여야 한다. 다만, 천재지변이나 그 밖의 부득이한 사유가 있으면 그러하지 아니하다.

③ 수급권자는 주민등록증, 운전면허증, 여권, 그 밖에 본인 여부를 확인할 수 있는 보건복지부령으로 정하는 신분증명서로 의료급여기관이 그 자격을 확인할 수 있으면 의료급여증 또는 의료급여증명서를 제출하지 아니할 수 있다.

(3) 급여의 절차 및 개시

① 급여의 절차(시행규칙 제3조)

- 수급권자가 의료급여를 받으려는 경우에는 제1차 의료급여기관에 의료급여를 신청해야 한다. 다만, 다음 중 제1호부터 제8호까지의 어느 하나에 해당하는 경우에는 같은 항 제2호 또는 제3호에 따른 제2차 의료급여기관 또는 제3차 의료급여기관에 의료급여를 신청할 수 있고, 제9호부터 제14호까지의 어느 하나에 해당하는 경우에는 제2차 의료급여기관에 의료급여를 신청할 수 있다.

1. 응급의료에 관한 법률 제2조제1호에 해당하는 응급환자인 경우
2. 분만의 경우
3. 시행령에 따라 보건복지부장관이 정하여 고시하는 결핵질환, 희귀난치성질환 또는 중증질환을 가진 사람이 의료급여를 받으려는 경우
4. 제2차 의료급여기관 또는 제3차 의료급여기관에서 근무하는 수급권자가 그 근무하는 의료급여기관에서 의료급여를 받으려는 경우
5. 장애인복지법에 따라 등록한 장애인이 장애인·노인 등을 위한 보조기기 지원 및 활용촉진에 관한 법률에 따른 보조기기를 지급받으려는 경우
6. 장애인복지법에 따라 등록한 장애인이 구강보건법에 따른 장애인구강진료센터에서 의료급여를 받으려는 경우
7. 감염병의 확산 등 긴급한 사유가 있어 보건복지부장관이 정하여 고시하는 기준에 따라 의료급여를 받으려는 경우
8. 건강검진기본법에 따른 국가건강검진을 받은 사람이 보건복지부장관이 정하여 고시하는 결핵질환의 확진검사에 대하여 의료급여를 받으려는 경우
9. 단순물리치료가 아닌 작업치료·운동치료 등의 재활치료가 필요하다고 인정되는 사람이 재활의학과에서 의료급여를 받으려는 경우
10. 한센병환자가 의료급여를 받으려는 경우
11. 장애인복지법에 따라 등록한 장애인이 의료급여를 받으려는 경우(제6호는 제외)
12. 국민건강보험법 시행령 제45조제1호에 해당하는 지역의 의료급여수급권자가 의료급여를 받으려는 경우
13. 국가유공자 등 예우 및 지원에 관한 법률 시행령 제14조 또는 보훈보상대상자 지원에 관한 법률 시행령 제8조에 따른 상이등급을 받은 사람이 의료급여를 받으려는 경우
14. 15세 이하의 아동이 의료급여를 받으려는 경우

- 노숙인 등(국민기초생활 보장법에 따른 수급자는 제외)인 수급권자는 노숙인 등의 복지 및 자립지원에 관한 법률에 따른 노숙인진료시설인 제1차 의료급여기관 또는 제2차 의료급여기관에 의료급여를 신청하여야 한다. 다만, 노숙인 등이 응급의료에 관한 법률에 해당하는 응급환자인 경우, 노숙인 등이 분만하는 경우에 해당하는 경우에는 노숙인진

료시설이 아닌 제1차 의료급여기관, 제2차 의료급여기관 및 제3차 의료급여기관에 의료급여를 신청할 수 있다.

- 의료급여 신청을 받은 의료급여기관은 진찰 결과 또는 진료 중에 다른 의료급여기관의 진료가 필요하다고 판단하는 경우에는 진료담당의사의 진료의견을 기재한 의료급여의뢰서를 수급권자 또는 그 보호자에게 발급하여야 한다. 이 경우 진료를 의뢰할 수 있는 다른 의료급여기관의 범위는 다음의 구분에 따른다.

1. 제1차 의료급여기관이 의료급여 신청을 받은 경우: 제2차 의료급여기관에 의뢰. 다만, 의료급여 신청을 받은 제1차 의료급여기관은 노숙인진료시설인 제2차 의료급여기관에 의뢰하여야 한다.
2. 제2차 의료급여기관이 의료급여 신청을 받은 경우: 다른 제2차 의료급여기관 또는 제3차 의료급여기관에 의뢰. 다만, 의료급여 신청을 받은 2차 의료급여기관은 제3차 의료급여기관 또는 다른 노숙인진료시설인 제2차 의료급여기관에 의뢰하여야 한다.
3. 제3차 의료급여기관이 의료급여 신청을 받은 경우: 다른 제3차 의료급여기관에 의뢰

- 의료급여의뢰서를 발급받은 수급권자는 발급받은 날부터 7일(공휴일 제외) 이내에 제2차 의료급여기관 또는 제3차 의료급여기관에 이를 제출하여야 한다. 이 경우 의료급여의뢰서를 발급받은 날부터 7일 이내에 진료를 예약하고 진료를 받는 때에 의료급여의뢰서를 제출하는 경우에는 예약접수일을 의료급여의뢰서 제출일로 본다.
- 의료급여를 의뢰받은 의료급여기관은 수급권자의 상태가 호전되는 때에는 의료급여회송서를 수급권자에게 발급하여 의료급여를 의뢰한 의료급여기관이나 다음의 구분에 따른 적절한 다른 의료급여기관으로 수급권자를 회송할 수 있다.

1. 의뢰받은 의료급여기관이 제3차 의료급여기관인 경우: 제2차 의료급여기관 또는 제1차 의료급여기관에 회송. 이 경우 수급권자가 노숙인 등일 때에는 노숙인진료시설인 의료급여기관에 회송하여야 한다.
2. 의뢰받은 의료급여기관이 제2차 의료급여기관인 경우: 제1차 의료급여기관에 회송. 이 경우 수급권자가 노숙인 등일 때에는 노숙인진료시설인 의료급여기관에 회송하여야 한다.

- 의료급여를 의뢰하거나 수급권자를 회송하는 의료급여기관은 수급권자의 동의를 받아 진료기록의 사본 등 의료급여에 관한 자료를 의료급여를 의뢰받거나 수급권자를 회송받는 의료급여기관에 제공해야 한다.
- 심사평가원은 의료급여의 의뢰 및 수급권자의 회송이 효율적으로 이루어질 수 있도록 진료 의뢰·회송 중계시스템을 설치하여 운영할 수 있다.

② 의료급여의 개시일(시행령 제6조)

수급권자에 대한 의료급여는 국민기초생활 보장법에 따른 수급자가 되거나 수급권자로 인정된 날부터 개시한다. 다만, 무연고자는 행정기관이 응급진료를 받게 한 날부터, 의상자 또는 의사자의 유족은 의상자 또는 의사자가 다른 사람의 생명·신체 또는 재산을 구하다가 신체의 부상을 입거나 사망한 날부터 개시한다.

(4) 급여의 제한

① 적용배제(제4조)

- 수급권자가 업무 또는 공무로 생긴 질병·부상·재해로 다른 법령에 따른 급여나 보상(報償) 또는 보상(補償)을 받게 되는 경우에는 이 법에 따른 의료급여를 하지 아니한다.
- 수급권자가 다른 법령에 따라 국가나 지방자치단체 등으로부터 의료급여에 상당하는 급여 또는 비용을 받게 되는 경우에는 그 한도에서 이 법에 따른 의료급여를 하지 아니한다.

② 급여의 제한(제15조)

시장·군수·구청장은 수급권자가 다음의 어느 하나에 해당하면 이 법에 따른 의료급여를 하지 아니한다. 다만, 보건복지부장관이 의료급여를 할 필요가 있다고 인정하는 경우에는 그러하지 아니하다.

1. 수급권자가 자신의 고의 또는 중대한 과실로 인한 범죄행위에 그 원인이 있거나 고의로 사고를 일으켜 의료급여가 필요하게 된 경우
2. 수급권자가 정당한 이유 없이 이 법의 규정이나 의료급여기관의 진료에 관한 지시에 따르지 아니한 경우

③ 급여의 변경(제16조)

- 시장·군수·구청장은 수급권자의 소득, 재산상황, 근로능력 등이 변동되었을 때에는 직권으로 또는 수급권자나 그 친족, 그 밖의 관계인의 신청을 받아 의료급여의 내용 등을 변경할 수 있다.
- 시장·군수·구청장은 의료급여의 내용 등을 변경하였을 때에는 서면으로 그 이유를 밝혀 수급권자에게 알려야 한다.

④ 급여의 중지(제17조)

- 시장 · 군수 · 구청장은 수급권자가 수급권자에 대한 의료급여가 필요 없게 된 경우, 수급권자가 의료급여를 거부한 경우에 해당하면 의료급여를 중지하여야 한다.
- 시장 · 군수 · 구청장은 수급권자가 의료급여를 거부한 경우에는 수급권자가 속한 가구원 전부에 대하여 의료급여를 중지하여야 한다.
- 시장 · 군수 · 구청장은 의료급여를 중지하였을 때에는 서면으로 그 이유를 밝혀 수급권자에게 알려야 한다.

⑤ 의료급여 상한일수(시행규칙 제8조의3, 제8조의4)

- 수급권자가 의료급여기금의 부담으로 의료급여를 받을 수 있는 일수(상한일수)는 다음에 정하는 바에 따른다. 다만, 인체면역결핍증바이러스 질환자에 대해서는 상한일수를 제한하지 않는다.

1. 시행령에 따라 보건복지부장관이 정하여 고시하는 결핵질환, 희귀난치성질환 및 중증질환: 각 질환별로 연간 365일(윤년의 경우 366일)
2. 정신 및 행동장애 등 보건복지부장관이 정하여 고시하는 질환: 각 질환별로 연간 380일
3. 그 외의 질환: 모든 질환의 의료급여 일수를 합하여 연간 400일

- 수급권자가 장기간 입원 또는 복합적인 투약 등으로 불가피하게 의료급여를 받아야 할 사유가 발생한 경우에는 보건복지부장관이 정하는 기준에 따라 시장 · 군수 · 구청장의 승인을 얻어 상한일수를 초과하여 의료급여를 받을 수 있다. 이 경우 시장 · 군수 · 구청장은 시 · 군 · 구 의료급여심의위원회의 심의를 거쳐야 한다.
- 시장 · 군수 · 구청장은 상한일수를 초과하여 의료급여를 받으려는 사람 중 중복투약으로 인하여 건강상 위해가 발생할 우려가 있는 사람으로서 보건복지부장관이 정하여 고시하는 기준에 해당하는 사람에 대해서는 의료급여를 받을 수 있는 의료급여기관의 선택 범위를 다음 연도 말일까지 제한하는 것을 조건으로 승인할 수 있다.

(5) 의료급여기관

① 의료급여의 실시기관(제9조)

- 의료급여는 다음의 의료급여기관에서 실시한다.

1. 의료법에 따라 개설된 의료기관
2. 지역보건법에 따라 설치된 보건소·보건의료원 및 보건지소
3. 농어촌 등 보건의료를 위한 특별조치법에 따라 설치된 보건진료소
4. 약사법에 따라 개설등록된 약국 및 한국희귀·필수의약품센터

② 의료급여기관의 구분(제9조)

- 의료급여기관별 진료범위는 보건복지부령으로 정한다.
- 제1차 의료급여기관: 의료법에 따라 개설신고를 한 의료기관, 지역보건법에 따라 설치된 보건소·보건의료원 및 보건지소, 농어촌 등 보건의료를 위한 특별조치법에 따라 설치된 보건진료소, 약사법에 따라 개설등록된 약국 및 한국 희귀·필수의약품센터
- 제2차 의료급여기관: 의료법에 따라 개설허가를 받은 의료기관
- 제3차 의료급여기관: 제2차 의료급여기관 중에서 보건복지부장관이 지정하는 의료기관

③ 급여의 청구와 지급(제11조)

- 의료급여기관은 의료급여기금에서 부담하는 급여비용의 지급을 시장·군수·구청장에게 청구할 수 있다. 이 경우 심사청구는 시장·군수·구청장에 대한 급여비용의 청구로 본다.
- 급여비용을 청구하려는 의료급여기관은 급여비용심사기관에 급여비용의 심사청구를 하여야 하며, 심사청구를 받은 급여비용심사기관은 이를 심사한 후 지체 없이 그 내용을 시장·군수·구청장 및 의료급여기관에 알려야 한다.
- 심사의 내용을 통보받은 시장·군수·구청장은 지체 없이 그 내용에 따라 급여비용을 의료급여기관에 지급하여야 한다.
- 의료급여기관은 심사청구를 다음의 단체가 대행하게 할 수 있다.

1. 의료법에 따른 의사회·치과의사회·한의사회·조산사회 또는 신고한 각각의 지부 및 분회
2. 의료법에 따른 의료기관단체
3. 약사법에 따른 대한약사회 또는 신고한 지부 및 분회

④ 서류의 보존(제11의2)

- 의료급여기관은 의료급여가 끝난 날부터 5년간 보건복지부령으로 정하는 바에 따라 급여비용의 청구에 관한 서류를 보존하여야 한다.
- 약국 등 보건복지부령으로 정하는 의료급여기관은 처방전을 급여비용을 청구한 날부

터 3년간 보존하여야 한다.

⑤ 의료급여기관의 업무정지 등(제28조)

• 보건복지부장관은 의료급여기관이 다음의 어느 하나에 해당하면 1년의 범위에서 기간을 정하여 의료급여기관의 업무정지를 명할 수 있다.

1. 속임수나 그 밖의 부당한 방법으로 수급권자, 부양의무자 또는 시장·군수·구청장에게 급여비용을 부담하게 한 경우
2. 본인부담금을 미리 청구하거나 입원보증금 등 다른 명목의 비용을 청구한 경우
3. 보고 또는 서류제출을 하지 아니하거나 거짓 보고를 하거나 거짓 서류를 제출하거나 소속 공무원의 질문 및 검사를 거부·방해 또는 기피한 경우

• 보건복지부장관은 제3차 의료급여기관이 위 내용의 어느 하나에 해당하면 그 지정을 취소할 수 있다. 보건복지부장관은 지정취소처분을 받은 제3차 의료급여기관을 그 지정을 취소한 날부터 1년 이내에는 제3차 의료급여기관으로 다시 지정할 수 없다. 업무정지처분을 받은 자는 해당 업무정지기간 중에는 의료급여를 하지 못한다.

⑥ 과징금(제29조)

• 보건복지부장관은 의료급여기관이 업무정지처분을 하여야 하는 경우로서 그 업무정지처분이 수급권자에게 심한 불편을 주거나 그 밖의 특별한 사유가 있다고 인정되면 그 업무정지처분을 갈음하여 속임수나 그 밖의 부당한 방법으로 부담하게 한 급여비용의 5배 이하의 금액을 과징금으로 부과·징수할 수 있다. 이 경우 보건복지부장관은 12개월의 범위에서 분할 납부를 하게 할 수 있다.
• 보건복지부장관은 과징금을 납부하여야 할 자가 납부기한까지 내지 아니하면 대통령령으로 정하는 바에 따라 과징금 부과 처분을 취소하고 업무정지 처분을 하거나 국세 체납처분의 예에 따라 징수할 수 있고, 과징금 징수에 관한 권한이 시·도지사에게 위임된 경우에는 시·도지사가 지방세 체납처분의 예에 따라 징수할 수 있다. 이 경우 의료급여기관의 폐업 등으로 업무정지 처분을 할 수 없으면 국세 체납처분 또는 지방세 체납처분의 예에 따라 징수한다.

(6) 급여비용의 본인부담

급여비용의 본인부담은 다음과 같다(시행령 제13조).

• 급여비용은 대통령령으로 정하는 바에 따라 그 전부 또는 일부를 의료급여기금에서 부

담하되, 의료급여기금에서 일부를 부담하는 경우 그 나머지 비용은 본인이 부담한다.

- 의료급여가 제한되는 경우, 기금에 상당한 부담을 초래한다고 인정되는 경우 등 보건복지부령이 정하는 경우 또는 항목에 대하여는 보건복지부령이 정하는 금액을 수급권자가 부담한다.
- 기금에서 부담하는 급여비용 외에 수급권자가 부담하는 본인부담금(급여대상 본인부담금)과 수급권자가 부담하는 본인부담금은 의료급여기관의 청구에 의하여 수급권자가 의료급여기관에 지급한다.
- 본인부담보상제: 의료급여기관에 지급한 급여대상 본인부담금이 매 30일간 1종 수급권자는 2만 원, 2종 수급권자는 20만 원의 금액을 초과한 경우에는 그 초과한 금액의 100분의 50에 해당하는 금액을 보건복지부령이 정하는 바에 따라 시장 · 군수 · 구청장이 수급권자에게 지급한다. 다만, 지급하여야 할 금액이 2천 원 미만인 경우에는 이를 지급하지 아니한다.
- 급여대상 본인부담금에서 지급받은 금액을 차감한 금액이 1종 수급권자는 매 30일간 5만 원, 2종 수급권자는 연간 80만 원(다만, 의료법에 따른 요양병원에 연간 240일을 초과하여 입원한 경우에는 연간 120만 원으로 한다)을 초과한 경우에는 그 초과금액을 기금에서 부담한다. 다만, 초과금액이 2천 원 미만인 경우에는 이를 수급권자가 부담한다.

(7) 기타

① 요양비(제12조)

시장 · 군수 · 구청장은 수급권자가 보건복지부령으로 정하는 긴급하거나 그 밖의 부득이한 사유로 의료급여기관과 같은 기능을 수행하는 기관으로서 보건복지부령으로 정하는 기관(업무정지기간 중인 의료급여기관을 포함)에서 질병 · 부상 · 출산 등에 대하여 의료급여를 받거나 의료급여기관이 아닌 장소에서 출산을 하였을 때에는 그 의료급여에 상당하는 금액을 보건복지부령으로 정하는 바에 따라 수급권자에게 요양비로 지급한다. 요양비의 지급방법 등에 필요한 사항은 보건복지부령으로 정한다.

② 장애인 및 임산부에 대한 특례(제13조)

- 시장 · 군수 · 구청장은 장애인복지법에 따라 등록한 장애인인 수급권자에게 장애인 · 노인 등을 위한 보조기기 지원 및 활용촉진에 관한 법률에 따른 보조기기에 대하여 급여를 실시할 수 있다.
- 시장 · 군수 · 구청장은 임신한 수급권자가 임신기간 중 의료급여기관에서 받는 진료에

드는 비용(출산비용을 포함)에 대하여 추가급여를 실시할 수 있다.

③ 건강검진(제14조)

시장 · 군수 · 구청장은 이 법에 따른 수급권자에 대하여 질병의 조기발견과 그에 따른 의료급여를 하기 위하여 건강검진을 할 수 있다. 건강검진의 대상 · 횟수 · 절차와 그 밖에 필요한 사항은 보건복지부장관이 정한다.

4) 보장기관 등

(1) 보장기관(제5조)

- 이 법에 따른 의료급여에 관한 업무는 수급권자의 거주지를 관할하는 특별시장 · 광역시장 · 도지사와 시장 · 군수 · 구청장이 한다.
- 주거가 일정하지 아니한 수급권자에 대한 의료급여 업무는 그가 실제 거주하는 지역을 관할하는 시장 · 군수 · 구청장이 한다.

(2) 사례관리(제5조의2)

- 보건복지부장관, 특별시장 · 광역시장 · 도지사 및 시장 · 군수 · 구청장은 수급권자의 건강관리 능력 향상 및 합리적 의료이용 유도 등을 위하여 사례관리를 실시할 수 있다.
- 사례관리를 실시하기 위하여 특별시 · 광역시 · 특별자치시 · 도 · 특별자치도(이하 시 · 도) 및 시(특별자치도의 행정시 제외) · 군 · 구(자치구)에 의료급여 관리사를 둔다.
- 보건복지부장관은 사례관리 사업의 전문적인 지원을 위하여 해당 업무를 공공 또는 민간 기관 · 단체 등에 위탁하여 실시할 수 있다.

(3) 의료급여심의위원회(제6조)

- 의료급여사업의 실시에 관한 사항을 심의하기 위하여 보건복지부, 시 · 도 및 시 · 군 · 구에 각각 의료급여심의위원회를 둔다. 다만, 시 · 도 및 시 · 군 · 구에 두는 의료급여심의위원회의 경우에는 그 기능을 담당하기에 적합한 다른 위원회가 있고 그 위원회의 위원이 규정된 자격을 갖춘 경우 시 · 도 또는 시 · 군 · 구의 조례로 각각 정하는 바에 따라 그 위원회로 하여금 의료급여심의위원회의 기능을 수행하게 할 수 있다.
- 보건복지부에 두는 의료급여심의위원회(중앙의료급여심의위원회)는 의료급여사업의 기본

방향 및 대책 수립에 관한 사항, 의료급여의 기준 및 수가에 관한 사항, 그 밖에 보건복지부장관 또는 위원장이 부의하는 사항을 심의한다.

- 중앙의료급여심의위원회는 위원장을 포함하여 15명 이내의 위원으로 구성하고 위원은 보건복지부장관이 다음의 어느 하나에 해당하는 사람 중에서 위촉·지명하며 위원장은 보건복지부차관으로 한다.

> 1. 공익을 대표하는 사람(의료보장에 관한 전문가로서 대학의 조교수 이상인 사람 또는 연구기관의 연구원으로 재직 중인 사람)
> 2. 의약계를 대표하는 사람 및 사회복지계를 대표하는 사람
> 3. 관계 행정기관 소속의 3급 이상 공무원

- 시·도 및 시·군·구 의료급여심의위원회의 위원은 특별시장·광역시장·도지사 또는 시장·군수·구청장이 의료보장에 관한 학식과 경험이 있는 사람, 공익을 대표하는 사람, 관계 행정기관 소속의 공무원 중에서 위촉·지명하며 위원장은 해당 특별시장·광역시장·도지사 또는 시장·군수·구청장으로 한다. 다만, 다른 위원회가 의료급여심의위원회의 기능을 대신하는 경우 위원장은 조례로 정한다.
- 의료급여심의위원회는 심의와 관련하여 필요한 경우에 보장기관에 대하여 그 소속 공무원의 출석이나 자료의 제출을 요청할 수 있다. 이 경우 해당 보장기관은 정당한 사유가 없는 한 이에 응하여야 한다.

(4) 의료급여기금

① 의료급여기금의 설치 및 조성(제25조)

- 급여비용의 재원에 충당하기 위하여 시·도에 의료급여기금을 설치한다.
- 기금은 국고보조금, 지방자치단체의 출연금, 상환받은 대지급금, 징수한 부당이득금, 징수한 과징금, 기금의 결산상 잉여금 및 그 밖의 수입금의 재원으로 조성한다.
- 국가와 지방자치단체는 기금운영에 필요한 충분한 예산을 확보하여야 한다.
- 국고보조금의 비율은 보조금 관리에 관한 법률 및 관계 법령에서 정하는 바에 따른다.

② 기금의 관리 및 운용(제26조)

- 기금은 일반회계와 구분하여 별도의 계정을 설정하여 관리하여야 한다.
- 기금은 급여비용, 대지급에 드는 비용, 업무 위탁에 드는 비용 또는 그 밖의 의료급여 업무에 직접 드는 비용으로서 보건복지부령으로 정하는 비용에만 사용하여야 한다.
- 특별시장·광역시장·특별자치시장·도지사·특별자치도지사(시·도지사)는 기금에 여

유자금이 있을 때에는 금융기관 또는 체신관서에의 예치, 국채·공채의 매입의 방법으로 기금을 운용할 수 있다.

(5) 업무의 위탁(시행령 제20조)

• 시장·군수·구청장은 다음의 업무를 심사평가원에 위탁한다.

1. 급여비용(건강검진비용을 포함)의 심사·조정
2. 의료급여(건강검진을 포함)의 적정성 평가
3. 급여비용과 의료급여에 관련된 심사 및 평가기준의 설정

• 시장·군수·구청장은 다음의 업무를 보험공단에 위탁한다.

1. 수급권자의 건강 유지 및 증진을 위한 사업 중 보건복지부장관이 정하여 고시하는 사업
2. 급여비용의 지급 및 급여비용의 지급 보류
3. 건강검진의 실시 및 그 결과의 관리
4. 의료급여의 제한에 필요한 실태조사 및 자료수집
5. 의료급여의 한도 관리, 기금에서 부담하는 급여비용을 적용받는 수급권자의 관리, 수급권자의 자격 및 개인별 진료내역의 관리 업무에 필요한 정보시스템의 구축 또는 운영

5) 수급자의 권리보호

(1) 수급권자의 권리보호

① 이의신청 등(제30조)

• 수급권자의 자격, 의료급여 및 급여비용에 대한 시장·군수·구청장의 처분에 이의가 있는 자는 시장·군수·구청장에게 이의신청을 할 수 있다.
• 급여비용의 심사·조정, 의료급여의 적정성 평가 및 급여 대상 여부의 확인에 관한 급여비용심사기관의 처분에 이의가 있는 보장기관, 의료급여기관 또는 수급권자는 급여비용심사기관에 이의신청을 할 수 있다.
• 이의신청은 처분이 있음을 안 날부터 90일 이내에 문서(전자문서 포함)로 하여야 하며, 처분이 있은 날부터 180일이 지나면 제기하지 못한다. 다만, 정당한 사유에 따라 그 기간에 이의신청을 할 수 없었음을 소명한 경우에는 그러하지 아니하다.
• 의료급여기관이 급여비용심사기관의 확인에 대하여 이의신청을 하려면 통보받은 날부터 30일 이내에 하여야 한다.

② 심판청구(제30조의2)

- 급여비용심사기관의 이의신청에 대한 결정에 불복이 있는 자는 국민건강보험법에 따른 건강보험분쟁조정위원회에 심판청구를 할 수 있다.
- 심판청구를 하려는 자는 대통령령으로 정하는 심판청구서를 처분을 행한 급여비용심사기관에 제출하거나 건강보험분쟁조정위원회에 제출하여야 한다.

③ 소멸시효(제31조)

- 의료급여를 받을 권리, 급여비용을 받을 권리, 대지급금을 상환받을 권리는 3년간 행사하지 아니하면 소멸시효가 완성된다.
- 시효는 급여비용의 청구, 대지급금에 대한 납입의 고지 및 독촉에 해당하는 사유로 중단된다.

(2) 벌칙 등

① 벌칙(제35조)

- 국민기초생활 보장법을 위반하여 금융정보 · 신용정보 또는 보험정보를 사용 · 제공 또는 누설한 사람은 5년 이하의 징역 또는 5천만 원 이하의 벌금에 처한다.
- 국민기초생활 보장법을 위반하여 정보 또는 자료를 사용하거나 제공한 사람, 대행청구단체의 종사자로서 거짓이나 그 밖의 부정한 방법으로 급여비용을 청구한 사람은 3년 이하의 징역 또는 3천만 원 이하의 벌금에 처한다.
- 다음에 해당하는 자는 1년 이하의 징역 또는 1천만 원 이하의 벌금에 처한다.

1. 정당한 이유 없이 이 법에 따른 의료급여를 거부한 자
2. 대행청구단체가 아닌 자로 하여금 급여비용의 심사청구를 대행하게 한 자
3. 속임수나 그 밖의 부정한 방법으로 의료급여를 받은 자 또는 제3자로 하여금 의료급여를 받게 한 자
4. 업무정지기간 중에 의료급여를 한 의료급여기관의 개설자

- 정당한 이유 없이 보고 또는 서류제출을 하지 아니하거나 거짓으로 보고하거나 거짓 자료를 제출하거나 검사를 거부 · 방해 또는 기피한 사람은 1천만 원 이하의 벌금에 처한다.

② 양벌규정(제36조)

법인의 대표자나 법인 또는 개인의 대리인, 사용인, 그 밖의 종업원이 그 법인 또는 개인의 업무에 관하여 벌칙 조항의 위반행위를 하면 그 행위자를 벌하는 외에 그 법인 또는 개인에게도 해당 조문의 벌금형을 과(科)한다. 다만, 법인 또는 개인이 그 위반행위를 방지

하기 위하여 해당 업무에 관하여 상당한 주의와 감독을 게을리하지 아니한 경우에는 그러하지 아니하다.

③ 과태료(제37조)

- 행정처분을 받은 사실 또는 행정처분 절차가 진행 중인 사실을 양수인 또는 합병 후 존속하는 법인이나 합병으로 설립된 법인에 알리지 아니한 자에게는 500만 원 이하의 과태료를 부과한다.
- 서류보존의무를 위반한 자, 정당한 사유 없이 서류제출을 하지 아니하거나 거짓 서류를 제출하거나 질문에 대하여 진술을 거부하거나 거짓으로 진술하거나 검사 등 조사를 거부 · 방해 · 기피한 자에게는 100만 원 이하의 과태료를 부과한다.

연습문제

01 **국민기초생활 보장법상 보장기관과 보장시설에 대한 예시이다. '보장기관 – 보장시설'을 순서대로 옳게 짝지은 것은?** 제20회 출제

> ㄱ. 「장애인복지법」 제58조 제1항 제1호의 장애인 거주시설
> ㄴ. 「사회복지사업법」 제2조 제4호의 사회복지시설 중 결핵 및 한센병요양시설
> ㄷ. 대전광역시장
> ㄹ. 전라남도지사
> ㅁ. 인천광역시 교육감

① ㄱ – ㄴ ② ㄴ – ㅁ ③ ㄷ – ㄱ ④ ㄹ – ㄷ ⑤ ㅁ – ㄹ

02 **국민기초생활 보장법상 외국인에 대한 특례 규정이다. ( )에 들어갈 내용이 옳지 않은 것은?** 제19회 출제

> 국내에 체류하고 있는 외국인 중 (ㄱ)하여 본인 또는 배우자가 임신 중이거나 (ㄴ)하고 있거나 (ㄷ)과 (ㄹ)으로서 (ㅁ)으로 정하는 사람이 이 법에 따른 급여를 받을 수 있는 자격을 가진 경우에는 수급권자가 된다.

① ㄱ: 대한민국 국민과 혼인
② ㄴ: 대한민국 국적의 미성년 자녀를 양육
③ ㄷ: 배우자의 대한민국 국적인 직계비속
④ ㄹ: 생계나 주거를 같이하고 있는 사람
⑤ ㅁ: 대통령령

03 **국민기초생활 보장법상 5년 이하의 징역 또는 5천만 원 이하의 벌금에 처해지는 경우는?** 제19회 출제

① 부정한 방법으로 급여를 받은 경우
② 수급권자의 금융정보를 사용·제공한 경우
③ 지급받은 급여를 용도 외로 사용한 경우
④ 직무상 알게 된 비밀을 누설한 경우
⑤ 종교상의 행위를 강제한 경우

04 국민기초생활 보장법상 자활 지원에 관한 내용으로 옳지 않은 것은? 제18회 출제

① 보장기관은 자활지원사업의 원활한 추진을 위하여 자활기금을 적립한다.
② 보장기관은 지역자활센터에 국유·공유 재산의 무상임대 지원을 할 수 있다.
③ 보장기관은 수급자 및 차상위자가 자활에 필요한 자산을 형성할 수 있도록 재정적인 지원을 할 수 있다.
④ 보장기관은 수급자 및 차상위자의 자활 촉진에 필요한 사업을 수행하게 하기 위하여 법인 등의 신청을 받아 지역자활센터를 지정할 수 있다.
⑤ 수급자 및 소득인정액이 기준 중위소득의 100분의 70 이상인 자는 상호 협력하여 자활기업을 설립·운영할 수 있다.

05 의료급여법상 의료급여의 내용에 해당하지 않는 것은? 제19회 출제

① 진찰·검사 ② 예방·재활 ③ 입원
④ 간호 ⑤ 화장 또는 매장 등 장제 조치

06 의료급여법의 내용이다. ( )에 들어갈 숫자를 옳게 짝지은 것은? 제16회 출제

○ 의료급여기관은 의료급여가 끝난 날부터 (ㄱ)년간 보건복지부령으로 정하는 바에 따라 급여비용의 청구에 관한 서류를 보존하여야 한다.
○ 약국 등 보건복지부령으로 정하는 의료급여기관은 처방전을 급여비용을 청구한 날부터 (ㄴ)년간 보존하여야 한다.

① ㄱ: 2, ㄴ: 3 ② ㄱ: 3, ㄴ: 3 ③ ㄱ: 3, ㄴ: 5
④ ㄱ: 5, ㄴ: 3 ⑤ ㄱ: 5, ㄴ: 5

정답 1. ③ 2. ③ 3. ② 4. ⑤ 5. ⑤ 6. ④

Chapter 09

공공부조법 2

1. 긴급복지지원법

생계곤란 등의 위기상황에 처하여 도움이 필요한 사람을 신속하게 지원함으로써 이들이 위기상황에서 벗어나 건강하고 인간다운 생활을 하게 함을 목적으로 한다. 기초생활보장 신청 후 급여까지 절차를 밟는 데 걸리는 기간이 길기 때문에, 긴급한 경우 필요한 신속한 지원을 위해 선지원·사후조사의 절차로 신청 후 3~4일 이내에 급여를 지급한다.

1) 개요

(1) 목적과 의의

① 목적(제1조)

긴급복지지원법은 생계곤란 등의 위기상황에 처하여 도움이 필요한 사람을 신속하게 지원함으로써 이들이 위기상황에서 벗어나 건강하고 인간다운 생활을 하게 함을 목적으로 한다.

② 의의

이는 2005년 12월 23일 제정되어 2010년 12월 22일까지 5년간 효력을 갖는 한시법으로, 경제 양극화 및 이혼 증가 등 사회변화 속에서 소득상실, 질병과 같이 갑작스러운 위기상황이 발생한 경우, 누구든지 손쉽게 도움을 청하고 필요한 지원을 받을 수 있는 제도를 마련하기 위하여 지역사회의 각종 복지자원을 활용하여 위기상황에 처한 자를 조기에 찾을 수 있는 체계를 갖추고, 이들에게 필요한 지원을 신속하게 실시하며 기존의 공공부조제도나 사회복지서비스와 연계되도록 하기 위해 제정되었다. 이후 2009년 5월 28일 개정을 통해 5년간 효력을 갖는다는 종전의 부칙조항을 삭제하였다. 2012년부터는 지원 위기상황에 해당하는 사유가 확대되었다. 기존에 관련 규정(긴급복지지원법령 및 고시)에 열거된 위기사유에 해당되지 않아서 지원받지 못했던 위기가구들이 혜택을 받는 것이 가능하게 되었고, 지역의 특성과 사정을 고려하여 지방의회에서 조례로 정하거나, 지방자치단체장이 인정하는 위기상황에 대한 긴급복지지원이 가능하게 되었다(임정문 외, 2020: 348-349).

(2) 연혁

긴급복지지원법의 연혁은 다음 **표 9-1**과 같다.

표 9-1 긴급복지지원법의 연혁

시기	내용
2005.12.23. 제정	• 생계곤란 등의 위기상황에서 벗어나 건강하고 인간다운 생활을 영위하게 함을 목적으로 제정됨
2006.03.24. 시행	• 시행일부터 5년간 효력을 가짐(5년간의 한시법)
2009.05.28. 개정	• 시행일부터 5년간 효력을 갖는다는 부칙조항 삭제 • 긴급지원 기간 최장 4개월에서 6개월로 연장 • 위기상황에 처한 초·중·고등학생 입학금 및 수업료 등 지원
2012.10.22. 개정	• 생계지원의 소득기준 완화(위기상황에 대한 정의에서 최저생계비 이하의 소득기준 부분을 삭제) • 주거지원 기간의 상한을 6개월에서 12개월로 연장 • 긴급지원 관련 민간단체가 참여하는 긴급지원협의회를 폐지
2014.12.30. 일부 개정	• 사유인 위기상황에 대하여 지방자치단체가 상황별 사유를 조례로 정할 수 있도록 함으로써 지방자치단체의 재량을 확대 • 긴급지원대상자 신고의무자의 범위에 장애인활동지원기관의 종사자 등을 포함 • 위기사항에 처한 사람에 대한 신속한 선지원을 위하여 긴급지원대상자에게 신속히 지원할 필요가 있다고 판단되는 경우 긴급지원담당공무원으로 하여금 우선 필요한 지원을 할 수 있도록 함 • 긴급지원대상자가 신청하는 경우에는 긴급지원대상자에게 지급되는 금전만이 입금되는 긴급지원대상자 명의의 지정된 계좌(긴급지원수급계좌)로 긴급지원대상자에게 지급되는 금전을 입금하도록 하고, 긴급지원수급계좌의 긴급지원금과 이에 관한 채권은 압류할 수 없도록 함

※ 출처: 임정문 외(2020: 349), 여유진 외(2018: 37-55).

(3) 기본원칙과 정의

① 정의(제2조)

이 법에서 '위기상황'이란 본인 또는 본인과 생계 및 주거를 같이 하고 있는 가구구성원이 다음의 어느 하나에 해당하는 사유로 인하여 생계유지 등이 어렵게 된 것을 말한다.

1. 주소득자(主所得者)가 사망, 가출, 행방불명, 구금시설에 수용되는 등의 사유로 소득을 상실한 경우
2. 중한 질병 또는 부상을 당한 경우
3. 가구구성원으로부터 방임(放任) 또는 유기(遺棄)되거나 학대 등을 당한 경우
4. 가정폭력을 당하여 가구구성원과 함께 원만한 가정생활을 하기 곤란하거나 가구구성원으로부터 성폭력을 당한 경우
5. 화재 또는 자연재해 등으로 인하여 거주하는 주택 또는 건물에서 생활하기 곤란하게 된 경우
6. 주소득자 또는 부소득자(副所得者)의 휴업, 폐업 또는 사업장의 화재 등으로 인하여 실질적인 영업이 곤란하게 된 경우
7. 주소득자 또는 부소득자의 실직으로 소득을 상실한 경우
8. 보건복지부령으로 정하는 기준에 따라 지방자치단체의 조례로 정한 사유가 발생한 경우
9. 그 밖에 보건복지부장관이 정하여 고시하는 사유가 발생한 경우

② 기본원칙(제3조)

위기상황에 처한 사람에게 일시적으로 신속하게 지원하는 것을 기본원칙으로 한다. 재해구호법, 국민기초생활 보장법, 의료급여법, 사회복지사업법, 가정폭력방지 및 피해자보호 등에 관한 법률, 성폭력방지 및 피해자보호 등에 관한 법률 등 다른 법률에 따라 이 법에 따른 지원 내용과 동일한 내용의 구호·보호 또는 지원을 받고 있는 경우에는 이 법에 따른 지원을 하지 아니한다.

2) 긴급지원대상자의 관리

(1) 긴급지원대상자

① 긴급지원대상자(제5조)

이 법에 따른 지원대상자는 위기상황에 처한 사람으로서 이 법에 따른 지원이 긴급하게 필요한 사람(긴급지원대상자)으로 한다.

② 외국인에 대한 특례(제5조의2)

국내에 체류하고 있는 외국인 중 대통령령으로 정하는 사람이 긴급지원대상자에 해당하

는 경우에는 긴급지원대상자가 된다. 긴급복지지원법에 따라 긴급지원대상자가 될 수 있는 외국인은 다음의 어느 하나에 해당하는 사람으로 한다(시행령 제1조의2).

1. 대한민국 국민과 혼인 중인 사람
2. 대한민국 국민인 배우자와 이혼하거나 그 배우자가 사망한 사람으로서 대한민국 국적을 가진 직계존비속(直系尊卑屬)을 돌보고 있는 사람
3. 난민법에 따른 난민(難民)으로 인정된 사람
4. 본인의 귀책사유 없이 화재, 범죄, 천재지변으로 피해를 입은 사람
5. 그 밖에 보건복지부장관이 긴급한 지원이 필요하다고 인정하는 사람

(2) 긴급지원의 기간

① 긴급지원의 기간(제10조)

생계지원, 주거지원, 사회복지시설 이용 지원, 그 밖의 긴급지원은 1개월간의 생계유지 등에 필요한 지원으로 한다. 다만, 시장·군수·구청장이 긴급지원대상자의 위기상황이 계속된다고 판단하는 경우에는 1개월씩 두 번의 범위에서 기간을 연장할 수 있다. 의료지원은 위기상황의 원인이 되는 질병 또는 부상을 검사·치료하기 위한 범위에서 한 번 실시하며, 교육지원도 한 번 실시한다. 시장·군수·구청장은 위 규정의 지원에도 불구하고 위기상황이 계속되는 경우에는 긴급지원심의위원회의 심의를 거쳐 지원을 연장할 수 있다. 이 경우 생계지원, 사회복지시설 이용 지원, 그 밖의 지원은 지원기간을 합하여 총 6개월을 초과하여서는 아니 되고, 주거지원은 지원기간을 합하여 총 12개월을 초과하여서는 아니 되며, 의료지원은 규정된 지원횟수를 합하여 총 두 번, 교육지원은 규정된 지원횟수를 합하여 총 네 번을 초과하여서는 아니 된다.

② 지원연장의 결정(시행규칙 제3조)

시장·군수·구청장은 긴급지원대상자에 대한 지원기간을 연장하려는 경우에는 지원기간이 끝나기 3일 전까지 연장 여부를 결정하여야 하고, 지원연장을 결정한 때에는 지원연장 기간 및 지원 내용과 그 밖에 지원에 필요한 사항을 긴급지원대상자에게 지체 없이 알려야 한다.

③ 긴급지원의 추가 연장(시행규칙 제4조)

시장·군수·구청장은 위기상황이 계속되는 긴급지원대상자에 대하여 지원연장이 필요한 사유, 지원연장 기간 및 지원 내용 등을 기재하여 긴급지원심의위원회의 심의에 부쳐야 한다. 위원회는 심의를 요청한 긴급지원대상자의 지원연장 여부에 대하여 지원기간이 끝

나기 3일 전까지 심의를 마쳐야 한다. 시장 · 군수 · 구청장은 지원연장을 하기로 결정한 긴급지원대상자에게 지원연장 기간 및 지원 내용과 그 밖에 지원에 필요한 사항을 지체 없이 알려야 한다.

(3) 지원요청 및 신고(제7조)

긴급지원대상자와 친족, 그 밖의 관계인은 구술 또는 서면 등으로 관할 시장 · 군수 · 구청장에게 이 법에 따른 지원을 요청할 수 있다. 누구든지 긴급지원대상자를 발견한 경우에는 관할 시장 · 군수 · 구청장에게 신고하여야 한다. 다음의 어느 하나에 해당하는 사람은 진료 · 상담 등 직무수행 과정에서 긴급지원대상자가 있음을 알게 된 경우에는 관할 시장 · 군수 · 구청장에게 이를 신고하고, 긴급지원대상자가 신속하게 지원을 받을 수 있도록 노력하여야 한다.

1. 의료법에 따른 의료기관의 종사자
2. 유아교육법, 초 · 중등교육법 및 고등교육법에 따른 교원, 직원, 산학겸임교사, 강사
3. 사회복지사업법에 따른 사회복지시설의 종사자
4. 국가공무원법 및 지방공무원법에 따른 공무원
5. 장애인활동 지원에 관한 법률에 따른 활동지원기관의 장 및 그 종사자와 활동지원인력
6. 학원의 설립 · 운영 및 과외교습에 관한 법률에 따른 학원의 운영자 · 강사 · 직원 및 교습소의 교습자 · 직원
7. 건강가정기본법에 따른 건강가정지원센터의 장과 그 종사자
8. 청소년 기본법에 따른 청소년시설 및 청소년단체의 장과 그 종사자
9. 청소년 보호법에 따른 청소년 보호 · 재활센터의 장과 그 종사자
10. 평생교육법에 따른 평생교육기관의 장과 그 종사자
11. 그 밖에 긴급지원대상자를 발견할 수 있는 자로서 보건복지부령으로 정하는 자

(4) 위기상황의 발굴(제7조의2)

국가 및 지방자치단체는 위기상황에 처한 사람에 대한 발굴조사를 연 1회 이상 정기적으로 실시하여야 한다. 국가 및 지방자치단체는 정기 발굴조사 또는 수시 발굴조사를 위하여 필요한 경우 관계 기관 · 법인 · 단체 등의 장에게 자료의 제출, 위기상황에 처한 사람의 거주지 등 현장조사 시 소속 직원의 동행 등 협조를 요청할 수 있다. 이 경우 관계 기관 · 법인 · 단체 등의 장은 정당한 사유가 없으면 이에 따라야 한다.

(5) 현장확인(제8조)

시장 · 군수 · 구청장은 지원요청 또는 신고를 받거나 위기상황에 처한 사람을 찾아낸 경우에는 지체 없이 긴급지원담당공무원으로 하여금 긴급지원대상자의 거주지 등을 방문하여 위기상황을 확인하여야 한다.

(6) 긴급지원수급계좌(제9조의2)

시장 · 군수 · 구청장은 긴급지원대상자의 신청이 있는 경우에는 긴급지원대상자에게 지급하는 금전(긴급지원금)을 긴급지원대상자 명의의 지정된 계좌(긴급지원수급계좌)로 입금하여야 한다.

(7) 압류 등의 금지(제18조)

긴급지원대상자에게 지급되는 금전 또는 현물은 압류할 수 없다. 긴급지원수급계좌의 긴급지원금과 이에 관한 채권은 압류할 수 없다. 긴급지원대상자는 이 법에 따라 지급되는 금전 또는 현물을 생계유지 등의 목적 외의 다른 용도로 사용하기 위하여 양도하거나 담보로 제공할 수 없다.

3) 급여

이 법에 따른 지원의 종류 및 내용은 다음과 같다(제9조).

1. 금전 또는 현물(現物) 등의 직접지원
   가. 생계지원: 식료품비 · 의복비 등 생계유지에 필요한 비용 또는 현물 지원
   나. 의료지원: 각종 검사 및 치료 등 의료서비스 지원
   다. 주거지원: 임시거소(臨時居所) 제공 또는 이에 해당하는 비용 지원
   라. 사회복지시설 이용 지원: 사회복지시설 입소(入所) 또는 이용 서비스 제공이나 이에 필요한 비용 지원
   마. 교육지원: 초 · 중 · 고등학생의 수업료, 입학금, 학교운영지원비 및 학용품비 등 필요한 비용 지원
   바. 그 밖의 지원: 연료비나 그 밖에 위기상황의 극복에 필요한 비용 또는 현물 지원
2. 민간기관 · 단체와의 연계 등의 지원
   가. 대한적십자사, 사회복지공동모금회 등의 사회복지기관 · 단체와의 연계 지원
   나. 상담 · 정보제공, 그 밖의 지원

① **생계지원**(시행령 제2조)

생계지원의 대상은 긴급지원대상자로서 위기상황의 사유로 생계유지가 곤란한 사람으로 한다.

② **의료지원**(시행령 제3조)

의료지원의 대상은 긴급지원대상자로서 위기상황의 사유로 의료비를 감당하기 곤란한 사람으로 한다.

③ **주거지원**(시행령 제4조)

주거지원의 대상은 긴급지원대상자로서 위기상황에 해당하는 사유로 임시거소(臨時居所)의 제공 또는 주거비 지원이 필요하다고 인정되는 사람으로 한다.

④ **사회복지시설의 이용 지원**(시행령 제5조)

사회복지시설 이용 지원의 대상자는 긴급지원대상자로서 위기사항에 해당하는 사유로 사회복지시설에서 제공하는 서비스가 필요하다고 인정되는 사람으로 한다.

⑤ **교육지원**(시행령 제5조의2)

교육지원의 대상은 긴급지원대상자로서 다음의 어느 하나에 해당하는 학교 또는 시설에 입학하거나 재학 중인 사람 중 위기사항에 해당하는 사유로 교육비 지원이 필요하다고 인정되는 사람으로 한다.

1. 초·중등교육법에 따른 초등학교·공민학교
2. 초·중등교육법에 따른 중학교·고등공민학교
3. 초·중등교육법에 따른 고등학교·고등기술학교
4. 초·중등교육법에 따른 특수학교(초등학교·중학교·고등학교 과정만 해당)
5. 초·중등교육법에 따른 각종학교로서 제1호부터 제3호까지의 학교와 유사한 학교
6. 평생교육법에 따른 학교형태의 평생교육시설(초등학교, 중학교, 고등학교의 학력이 인정되는 시설만 해당)

⑥ **그 밖의 지원**(시행령 제6조)

그 밖의 지원의 종류는 연료비 및 해산비, 그 밖에 보건복지부장관이 정하는 지원으로 한다.

4) 국가 및 지방자치단체의 책무 및 지원기관

(1) 국가 및 지방자치단체의 책무

① 국가 및 지방자치단체의 책무(제4조)

국가 및 지방자치단체는 위기상황에 처한 사람을 찾아내어 최대한 신속하게 필요한 지원을 하도록 노력하여야 하며, 긴급지원의 지원대상 및 소득 또는 재산 기준, 지원 종류·내용·절차와 그 밖에 필요한 사항 등 긴급지원사업에 관하여 적극적으로 안내하여야 한다.

② 예산분담(제17조)

국가 및 지방자치단체는 긴급지원 업무를 수행하기 위하여 필요한 비용을 분담하여야 한다.

(2) 긴급지원기관(제6조)

이 법에 따른 지원은 긴급지원대상자의 거주지를 관할하는 시장(제주특별자치도 설치 및 국제자유도시 조성을 위한 특별법에 따른 행정시장을 포함) · 군수 · 구청장(자치구의 구청장)이 한다. 다만, 긴급지원대상자의 거주지가 분명하지 아니한 경우에는 지원요청 또는 신고를 받은 시장·군수·구청장이 한다. 거주지가 분명하지 아니한 사람에게 지원요청 또는 신고가 특정 지역에 집중되는 경우에는 보건복지부령으로 정하는 바에 따라 긴급지원기관을 달리 정할 수 있다.

(3) 담당기구 설치 등(제11조)

보건복지부장관은 위기상황에 처한 사람에게 상담·정보제공 및 관련 기관·단체 등과의 연계서비스를 제공하기 위하여 담당기구를 설치·운영할 수 있다.

(4) 긴급지원심의위원회(제12조)

다음의 사항을 심의·의결하기 위하여 시(제주특별자치도 설치 및 국제자유도시 조성을 위한 특별법에 따른 행정시를 포함) · 군 · 구(자치구)에 긴급지원심의위원회를 둔다. 긴급지원심의위원회는 위원장 1명을 포함한 15명 이내의 위원으로 구성한다.

> 1. 긴급지원연장 결정
> 2. 긴급지원의 적정성 심사
> 3. 긴급지원의 중단 또는 지원비용의 환수 결정
> 4. 그 밖에 긴급지원심의위원회의 위원장이 회의에 부치는 사항

(5) 사후조사 및 적정성 심사

① 사후조사(제13조)

시장·군수·구청장은 이 법에 따라 지원을 받았거나 받고 있는 긴급지원대상자에 대하여 소득 또는 재산 등 대통령령으로 정하는 기준에 따라 긴급지원이 적정한지를 조사하여야 한다.

② 긴급지원의 적정성 심사(제14조)

긴급지원심의위원회는 시장·군수·구청장이 한 사후조사 결과를 참고하여 긴급지원의 적정성을 심사한다. 시장·군수·구청장은 심사결과 긴급지원대상자에 대한 지원이 적정하지 아니한 것으로 결정된 경우에도 긴급지원담당공무원의 고의 또는 중대한 과실이 없으면 이를 이유로 긴급지원담당공무원에 대하여 불리한 처분이나 대우를 하여서는 아니 된다.

③ 지원중단 또는 비용환수(제15조)

시장·군수·구청장은 심사결과 거짓이나 그 밖의 부정한 방법으로 지원을 받은 것으로 결정된 사람에게는 긴급지원심의위원회의 결정에 따라 지체 없이 지원을 중단하고 지원한 비용의 전부 또는 일부를 반환하게 하여야 한다. 시장·군수·구청장은 반환명령에 따르지 아니하는 사람에게는 지방세 체납처분의 예에 따라 징수한다.

④ 이의신청(제16조)

반환명령에 이의가 있는 사람은 그 처분을 고지받은 날부터 30일 이내에 해당 시장·군수·구청장을 거쳐 특별시장·광역시장·도지사·특별자치도지사(시·도지사)에게 서면으로 이의신청할 수 있다. 이 경우 시장·군수·구청장은 이의신청을 받은 날부터 10일 이내에 의견서와 관련 서류를 첨부하여 시·도지사에게 송부하여야 한다. 시·도지사는 송부를 받은 날부터 15일 이내에 이를 검토하고 처분이 위법·부당하다고 인정되는 때는 시정, 그 밖에 필요한 조치를 하여야 한다.

2. 기초연금법

기초연금법은 현재의 심각한 노인 빈곤문제를 해결하면서, 미래세대의 부담을 덜고 노후에 안정된 혜택을 누릴 수 있도록 2014년 7월부터 기초노령연금제도[1]가 폐지되고 기초연금제도가 시행되었다.

1) 개요

(1) 목적(제1조)

이 법은 노인에게 기초연금을 지급하여 안정적인 소득기반을 제공함으로써 노인의 생활안정을 지원하고 복지를 증진함을 목적으로 한다.

(2) 용어의 정의(제2조)

- 기초연금 수급권(受給權): 이 법에 따른 기초연금을 받을 권리를 말한다.
- 기초연금 수급권자: 기초연금 수급권을 가진 사람을 말한다.
- 기초연금 수급자: 이 법에 따라 기초연금을 지급받고 있는 사람을 말한다.
- 소득인정액: 본인 및 배우자의 소득평가액과[2] 재산의 소득환산액을[3] 합산한 금액을 말한다. 이 경우 소득평가액과 재산의 소득환산액을 산정하는 소득 및 재산의 범위는 대통령령으로 정하고, 소득평가액과 재산의 소득환산액의 구체적인 산정방법은 보건복지부령으로 정한다.

(3) 국가와 지방자치단체의 책무(제4조)

- 국가와 지방자치단체는 기초연금이 노인의 생활안정을 지원하고 복지를 증진하는 데 필요한 수준이 되도록 최대한 노력하여야 한다.

---

1) 2008년부터 국민연금의 사각지대에 있는 노인빈곤층을 위하여 기초노령연금을 지급함으로써 노후의 생활안정을 지원하고 복지증진을 도모하는 사회보장제도로서의 측면에서 기초노령연금제도는 중요하다는 것이다. 2007년 4월 25일 신규 제정된 법률로, 2008년 1월 1일부터 실행되었다(김귀환·나직균, 2010).
2) 소득평가액 = {0.7 × (상시근로소득 - 103만 원)} + 기타 소득
3) [{(일반재산 - 기본 재산액*) + (금융재산 - 2,000만 원) - 부채} ×재산의 소득환산율 ÷ 12월] + P**
   * 기본재산액은 기본적 생활 유지에 필요하다고 인정되어 보건복지부장관이 정하여 고시하는 금액으로 소득환산에서 제외되는 재산가액
   ** 고급자동차 및 회원권의 가액으로 월 100%의 소득환산율을 적용

- 국가와 지방자치단체는 필요한 비용을 부담할 수 있도록 재원(財源)을 조성하여야 한다. 이 경우 국민연금법에 따라 설치된 국민연금기금은 기초연금 지급을 위한 재원으로 사용할 수 없다.
- 국가와 지방자치단체는 기초연금의 지급에 따라 계층 간 소득역전 현상이 발생하지 아니하고 근로의욕 및 저축유인이 저하되지 아니하도록 최대한 노력하여야 한다.

2) 연금

(1) 지급대상 및 특례

① 지급대상(제3조)

기초연금은 65세 이상인 사람으로서 소득인정액이 보건복지부장관이 정하여 고시하는 금액(선정기준액) 이하인 사람에게 지급한다. 보건복지부장관은 선정기준액을 정하는 경우 65세 이상인 사람 중 기초연금 수급자가 100분의 70 수준이 되도록 한다.

② 지급 제외대상

다음의 어느 하나에 해당하는 연금의 수급권자와 그 배우자나 다음의 어느 하나에 해당하는 연금을 받은 사람 중 대통령령으로 정하는 사람과 그 배우자에게는 기초연금을 지급하지 아니한다.

1. 공무원연금법, 공무원 재해보상법 또는 사립학교교직원 연금법에 따른 퇴직연금, 퇴직연금일시금, 퇴직연금공제일시금, 장해연금, 비공무상 장해연금, 비직무상 장해연금, 장해일시금, 비공무상 장해일시금, 비직무상 장해일시금, 퇴직유족연금, 장해유족연금, 순직유족연금, 직무상유족연금, 위험직무순직유족연금, 퇴직유족연금일시금 또는 퇴직유족일시금[퇴직유족일시금의 경우에는 공무원 재해보상법에 따라 순직유족연금의 수급권자가 순직유족연금을 갈음하여 선택한 경우(사립학교교직원 연금법에 따른 직무상유족연금의 수급권자가 직무상유족연금을 갈음하여 선택한 경우를 포함) 및 위험직무순직유족연금의 수급권자가 위험직무순직유족연금을 갈음하여 선택한 경우로 한정]
2. 군인연금법에 따른 퇴역연금, 퇴역연금일시금, 퇴역연금공제일시금, 퇴역유족연금, 퇴역유족연금일시금 또는 군인 재해보상법에 따른 상이연금, 상이유족연금, 순직유족연금, 순직유족연금일시금
3. 별정우체국법에 따른 퇴직연금, 퇴직연금일시금, 퇴직연금공제일시금, 유족연금 또는 유족연금일시금
4. 국민연금과 직역연금의 연계에 관한 법률에 따른 연계퇴직연금 또는 연계퇴직유족연금 중 직역재직기간이 10년 이상인 경우의 연계퇴직연금 또는 연계퇴직유족연금

③ 직역연금 가입자 중 지급대상

다음 중 어느 하나에 해당하는 직역연금의 수급권자 및 그 배우자는 기초연금수급권자 범위에 포함한다.

1. 연계퇴직연금 또는 연계퇴직유족연금 수급권자 중 직역재직기간이 10년 미만인 경우
2. 유족연금일시금, 장해일시금, 비공무상 장해일시금, 비직무상 장해일시금, 퇴직유족연금일시금, 퇴직유족일시금을 받은 이후 5년이 경과된 경우
   *퇴직유족일시금의 경우에는 공무원 재해보상법에 따라 순직유족연금의 수급권자가 순직유족연금을 갈음하여 선택한 경우(사립학교교직원 연금법에 따른 직무상유족연금의 수급권자가 직무상유족연금을 갈음하여 선택한 경우를 포함) 및 위험직무순직유족연금의 수급권자가 위험직무순직유족연금을 갈음하여 선택한 경우로 한정

④ 직역연금 가입자 특례(부칙 제5조)

기초연금 수급권자 대상에서 제외되는 직역연금 수급권자 및 그 배우자 중 다음의 경우에 해당하는 자이다.

1. 1949년 6월 30일 이전 출생자로 종전의 기초노령연금법에 따른 기초노령연금수급권자가 소득인정액이 선정기준액 이하인 경우
2. 1996년 6월 30일 이전 출생자로 장애인연금법 부칙 제4조에 따른 장애인연금특례수급권자가 65세에 도달할 당시의 소득인정액이 선정기준액 이하인 경우

(2) 기초연금액의 산정 및 급여액

① 기초연금액의 산정(제5조)

기초연금 수급권자에 대한 기초연금의 금액(기초연금액)은 기준연금액과 국민연금 급여액 등을 고려하여 산정한다. 기준연금액은 보건복지부장관이 그 전년도의 기준연금액에 대통령령으로 정하는 바에 따라 전국소비자물가변동률(통계법에 따라 통계청장이 매년 고시하는 전국소비자물가변동률)을 반영하여 매년 고시한다. 이 경우 그 고시한 기준연금액의 적용기간은 해당 조정연도 1월부터 12월까지로 한다. 기초연금 수급권자 중 국민연금법에 따른 노령연금 수급권자 또는 분할연금 수급권자와 북한이탈주민의 보호 및 정착지원에 관한 법률에 따른 국민연금 수급권자(국민연금 수급권자)에게 지급하는 기초연금액은 다음과 같이 산정한 금액으로 한다.

{기준연금액 - (2/3 × A급여액[4])} + 부가연금액)

② 연계노령연금

연계노령연금 수급권자는 국민연금 A급여액과 연계퇴직연금액의 1/2을 합산하여 산식에 적용한다.

> {기준연금액 – 2/3 × (A급여액 + 연계퇴직연금액의 1/2)} + 부가연금액

이 경우, 국민연금 A급여액 등을 산식(A급여액 적용 산식)에 적용하여 산정한 금액과 기준연금액의 250%에서 국민연금 급여액 등을 차감한 금액을 비교하여 둘 중 큰 금액을 기초연금액으로 산정한다.

※ 국민연금 급여액 등이 기준연금액의 200%를 초과하는 경우에는 항상 산식을 적용(A급여액 적용 산식에 의하여 산출된 금액이 항상 크기 때문) 부가연금액 산정 대상·특례를 적용받는 기초연금 수급자의 경우 기초연금액을 기준연금액의 50%로 산정(보건복지부 기초연금과, 2022: 4).

③ 기준금액 지급자

기초연금 수급권자 중 다음의 어느 하나에 해당하는 사람에게 지급하는 기초연금액은 기준연금액으로 한다.

1. 국민연금급여액 등이 기준연금액의 150% 이하인 노령연금, 분할연금 수급권자 및 연계노령연금, 연계퇴직연금 수급권자
2. 국민연금법에 따라 국민연금 지급이 정지된 노령연금 수급권자 및 분할연금 수급권자
3. 장애인연금법에 따른 수급권자
4. 국민기초생활보장법에 따른 수급권자
5. 국민연금법에 따라 임의계속가입 중인 사람
6. 국민연금법에 따른 분할연금 수급권을 취득한 후 해당 급여를 청구하지 아니한 사람
7. 국민연금과 직역연금의 연계에 관한 법률에 따라 유족연금 수급권을 선택한 연계노령연금 수급권자
8. 국민기초생활 보장법에 따른 수급권자로서 대통령령으로 정하는 사람

④ 저소득 기초연금 수급권자에 대한 기초연금액 산정의 특례(제5조의2)

65세 이상인 사람 중 소득인정액이 100분의 40 이하인 사람에게 적용하는 기준연금액은 30만 원으로 한다. 보건복지부장관은 기준연금액을 적용받는 사람을 선정하기 위한 소득인정액(저소득자 선정기준액)을 정하여 고시하여야 한다.

4) 소득재분배급여금액

⑤ 기초연금액의 감액(제8조)

본인과 그 배우자가 모두 기초연금 수급권자인 경우에는 각각의 기초연금액에서 기초연금액의 100분의 20에 해당하는 금액을 감액한다. 소득인정액과 기초연금액(부부감액이 적용되는 경우에는 그 감액분이 반영된 금액)을 합산한 금액이 선정기준액 이상인 경우에는 선정기준액을 초과하는 금액의 범위에서 기초연금액의 일부를 감액할 수 있다.

⑥ 기초연금액의 적정성 평가 등(제9조)

보건복지부장관은 5년마다 기초연금 수급권자의 생활수준, 국민연금법에 따른 금액의 변동률, 전국소비자물가변동률 등을 종합적으로 고려하여 기초연금액의 적정성을 평가하고 그 결과를 반영하여 기준연금액을 조정하여야 한다.

(3) 기초연금의 신청 및 지급 결정

① 기초연금 지급의 신청(제10조)

기초연금을 지급받으려는 사람(기초연금 수급희망자) 또는 보건복지부령으로 정하는 대리인은 특별자치시장 · 특별자치도지사 · 시장 · 군수 · 구청장(자치구의 구청장)에게 기초연금의 지급을 신청할 수 있다.

② 기초연금 관련 정보의 제공(제10조의2)

보건복지부장관 또는 특별자치시장 · 특별자치도지사 · 시장 · 군수 · 구청장은 65세 이상인 사람에게 기초연금의 지급대상, 금액 및 신청방법 등 기초연금 관련 정보를 제공하여야 한다.

③ 기초연금 지급의 결정 등(제13조)

특별자치시장 · 특별자치도지사 · 시장 · 군수 · 구청장은 기초연금 수급권의 발생 · 변경 · 상실 등을 결정을 한 경우에는 그 결정 내용을 서면으로 그 이유를 구체적으로 밝혀 기초연금 수급권자에게 지체 없이 통지하여야 한다.

④ 기초연금의 지급 및 지급 시기(제14조)

특별자치시장 · 특별자치도지사 · 시장 · 군수 · 구청장은 기초연금 수급권자로 결정한 사람에 대하여 기초연금의 지급을 신청한 날이 속하는 달부터 기초연금 수급권을 상실한 날이 속하는 달까지 매월 정기적으로 기초연금을 지급한다.

(4) 비용의 분담(제25조)

국가는 지방자치단체의 노인인구 비율 및 재정 여건 등을 고려하여 기초연금의 지급에 드는 비용 중 100분의 40 이상 100분의 90 이하의 범위에서 대통령령으로 정하는 비율에 해당하는 비용을 부담한다.

3) 기타

(1) 기초연금 수급자 사후관리

① 미지급 기초연금(제15조)

기초연금 수급자가 사망한 경우로서 그 기초연금 수급자에게 지급되지 아니한 기초연금액이 있는 경우에는 그 기초연금 수급자의 사망 당시 생계를 같이 한 부양의무자(배우자와 직계혈족 및 그 배우자)는 미지급 기초연금을 청구할 수 있다.

② 기초연금 지급의 정지(제16조)

특별자치시장 · 특별자치도지사 · 시장 · 군수 · 구청장은 기초연금 수급자가 다음의 어느 하나의 경우에 해당하면 그 사유가 발생한 날이 속하는 달의 다음 달부터 그 사유가 소멸한 날이 속하는 달까지는 기초연금의 지급을 정지한다.

1. 기초연금 수급자가 금고 이상의 형을 선고받고 교정시설 또는 치료감호시설에 수용되어 있는 경우
2. 기초연금 수급자가 행방불명되거나 실종되는 등 대통령령으로 정하는 바에 따라 사망한 것으로 추정되는 경우
3. 기초연금 수급자의 국외 체류기간이 60일 이상 지속되는 경우. 이 경우 국외 체류 60일이 되는 날을 지급 정지의 사유가 발생한 날로 본다.
4. 그 밖에 위의 경우에 준하는 경우로서 대통령령으로 정하는 경우

③ 기초연금 수급권의 상실(제17조)

기초연금 수급권자는 사망한 때, 국적을 상실하거나 국외로 이주한 때, 기초연금 수급권자에 해당하지 아니하게 된 때에는 기초연금 수급권을 상실한다.

④ 신고(제18조)

기초연금 수급자는 다음의 어느 하나에 해당하는 경우 대통령령으로 정하는 바에 따라 30일 이내에 그 사실을 특별자치시장 · 특별자치도지사 · 시장 · 군수 · 구청장에게 신고하여

야 한다.

1. 지급 정지의 사유가 소멸한 경우
2. 기초연금 수급권 상실의 사유가 있는 경우
3. 대통령령으로 정하는 기준에 해당하는 기초연금 수급자 또는 그 배우자의 소득·재산의 변동이 발생한 경우
4. 기초연금 수급자가 결혼 또는 이혼을 하거나 그 배우자가 사망한 경우
5. 그 밖에 보건복지부령으로 정하는 사유가 발생한 경우

⑤ 기초연금액의 환수(제19조)

특별자치시장·특별자치도지사·시장·군수·구청장은 기초연금을 받은 사람이 다음의 어느 하나에 해당하는 경우에는 지급한 기초연금액을 대통령령으로 정하는 바에 따라 환수하여야 한다.

1. 거짓이나 그 밖의 부정한 방법으로 기초연금을 받은 경우
2. 기초연금의 지급이 정지된 기간에 대하여 기초연금이 지급된 경우
3. 그 밖의 사유로 기초연금이 잘못 지급된 경우

(2) 기초연금 수급권자의 권리 보호 및 시효

① 기초연금 수급권의 보호(제21조)

기초연금 수급권은 양도하거나 담보로 제공할 수 없으며, 압류 대상으로 할 수 없다. 기초연금으로 지급받은 금품은 압류할 수 없다.

② 이의신청(제22조)

결정이나 그 밖에 이 법에 따른 처분에 이의가 있는 사람은 특별자치시장·특별자치도지사·시장·군수·구청장에게 이의신청을 할 수 있다. 이의신청은 그 처분이 있음을 안 날부터 90일 이내에 서면으로 하여야 한다. 다만, 정당한 사유로 인하여 그 기간 이내에 이의신청을 할 수 없었음을 증명한 때에는 그 사유가 소멸한 때부터 60일 이내에 이의신청을 할 수 있다.

③ 시효(제23조)

환수금을 환수할 권리와 기초연금 수급권자의 권리는 5년간 행사하지 아니하면 시효의 완성으로 소멸한다.

3. 장애인연금법

1) 개요

(1) 목적(제1조)

이 법은 장애로 인하여 생활이 어려운 중증장애인에게 장애인연금을 지급함으로써 중증장애인의 생활 안정 지원과 복지 증진 및 사회통합을 도모하는 데 이바지함을 목적으로 한다.

(2) 용어의 정의(제2조)

- 중증장애인: 장애인복지법에 따라 등록한 장애인 중 근로능력이 상실되거나 현저하게 감소되는 등 장애 정도가 중증인 사람으로서 대통령령으로 정하는 사람을 말한다.
- 수급권: 이 법에 따라 장애인연금을 받을 수 있는 자격을 말한다.
- 수급권자: 수급권을 가진 사람을 말한다.
- 수급자: 이 법에 따라 장애인연금을 받는 사람을 말한다.
- 소득인정액: 수급권자와 그 배우자의 소득평가액과 재산의 소득환산액을 합산한 금액을 말한다.
- 수급권자와 그 배우자의 소득평가액: 수급권자와 그 배우자의 실제 소득에도 불구하고 장애인연금의 지급 결정 및 실시 등에 사용하기 위하여 산출한 금액을 말한다. 이 경우 소득평가액 산출의 기초가 되는 소득의 범위는 대통령령으로 정하고, 구체적인 산정방식은 보건복지부령으로 정한다.
- 재산의 소득환산액: 수급권자와 그 배우자의 재산가액에 재산의 소득환산율을 곱하여 산출한 금액을 말한다. 이 경우 수급권자와 그 배우자의 재산 범위, 재산가액의 산정 기준, 재산의 소득환산율, 그 밖에 재산의 소득환산액 산정방식에 필요한 사항은 보건복지부령으로 정한다.

(3) 국가 및 지방자치단체의 책무(제3조)

- 국가 및 지방자치단체는 장애인연금이 중증장애인의 생활 안정을 지원하고 복지를 증진하는 데 필요한 수준이 되도록 최대한 노력하여야 하며, 매년 필요한 재원(財源)을 조달하여야 한다.
- 국가 및 지방자치단체는 장애인연금의 지급에 따라 계층 간 소득 역전(逆轉) 현상이 발생

하지 아니하고 근로 의욕 및 저축 유인이 저하되지 아니하도록 최대한 노력하여야 한다.

2) 연금

(1) 수급권자의 범위(제4조)

수급권자는 18세 이상의 중증장애인으로서 소득인정액이 그 중증장애인의 소득·재산·생활수준과 물가상승률 등을 고려하여 보건복지부장관이 정하여 고시하는 금액(선정기준액) 이하인 사람으로 한다. 보건복지부장관은 선정기준액을 정하는 경우에 18세 이상의 중증장애인 중 수급자가 100분의 70 수준이 되도록 한다.

(2) 연금의 신청 및 조사

① 장애인연금의 신청(제8조)

장애인연금을 지급받으려는 사람(수급희망자)은 특별자치시장·특별자치도지사·시장·군수·구청장(자치구의 구청장)에게 장애인연금의 지급을 신청할 수 있다.

② 장애인연금 관련 정보의 제공(제8조의2)

보건복지부장관 또는 특별자치시장·특별자치도지사·시장·군수·구청장은 중증장애인에게 수급권자의 범위, 장애인연금의 종류·내용·신청방법 등 장애인연금 관련 정보를 제공하여야 한다.

③ 신청에 따른 조사(제9조)

보건복지부장관 또는 특별자치시장·특별자치도지사·시장·군수·구청장은 장애인연금의 신청을 받으면 소속 공무원으로 하여금 장애인연금의 지급 결정 및 실시 등에 필요한 다음의 사항을 조사하게 할 수 있다.

1. 수급희망자 또는 수급권자와 그 배우자의 소득 및 재산에 관한 사항
2. 수급희망자 또는 수급권자의 가구 특성 및 장애 정도에 관한 사항
3. 수급희망자 또는 수급권자의 지급계좌 등 장애인연금의 지급에 필요한 사항

④ 장애인연금 지급의 결정 등(제10조)

특별자치시장·특별자치도지사·시장·군수·구청장은 장애인연금 신청에 따른 조사를 하였을 때에는 지체 없이 장애인연금 지급의 여부와 내용을 결정하여야 한다. 특별자치시

장 · 특별자치도지사 · 시장 · 군수 · 구청장은 장애인연금 지급의 여부와 내용을 결정하였을 때에는 그 결정의 요지, 장애인연금의 종류 및 지급 개시시기 등을 서면으로 해당 수급희망자 또는 수급권자에게 통지하여야 한다.

(3) 연금의 종류 및 금액

① 장애인연금의 종류 및 내용(제5조)

이 법에 따른 장애인연금의 종류 및 내용은 다음과 같으며, 급여는 기초급여와 부가급여로 구분하되 합산하여 지급한다.

1. 기초급여: 근로능력의 상실 또는 현저한 감소로 인하여 줄어드는 소득을 보전(補塡)하여 주기 위하여 지급하는 급여
2. 부가급여: 장애로 인하여 추가로 드는 비용의 전부 또는 일부를 보전하여 주기 위하여 지급하는 급여

② 기초급여액(제6조)

기초급여의 금액(기초급여액)은 보건복지부장관이 그 전년도 기초급여액에 대통령령으로 정하는 바에 따라 전국소비자물가변동률(통계법에 따라 통계청장이 매년 고시하는 전국소비자물가변동률)을 반영하여 매년 고시한다. 수급권자와 그 배우자가 모두 기초급여를 받는 경우에는 각각의 기초급여액에서 기초급여액의 100분의 20에 해당하는 금액을 감액한다. 기초급여액의 적용기간은 해당 조정연도 1월부터 12월까지로 한다.

③ 부가급여액(제7조)

부가급여액은 월정액으로 하며, 수급권자와 그 배우자의 소득 수준 및 장애로 인한 추가 비용 등을 고려하여 대통령령으로 정한다.

(4) 장애인연금의 지급

① 장애인연금의 지급기간 및 지급시기(제13조)

특별자치시장 · 특별자치도지사 · 시장 · 군수 · 구청장은 장애인연금의 지급이 결정되면 해당 수급권자에게 장애인연금을 신청한 날이 속하는 달부터 수급권이 소멸한 날이 속하는 달까지 매월 정기적으로 지급한다.

② 장애인연금수급계좌(제13조의2)

특별자치시장·특별자치도지사·시장·군수·구청장은 수급자의 신청이 있는 경우에는 장애인연금을 수급자 명의의 지정된 계좌(장애인연금수급계좌)로 입금하여야 한다.

(5) 비용부담(제21조)

장애인연금은 지방자치단체의 재정 여건 등을 고려하여 대통령령으로 정하는 바에 따라 국가, 특별시·광역시·도 또는 특별자치시·특별자치도·시·군·구가 부담한다.

3) 기타

(1) 수급권의 소멸과 지급정지(제15조)

- 수급권자가 다음의 어느 하나에 해당하게 되면 그 수급권은 소멸한다.

1. 사망한 경우
2. 국적을 상실하거나 외국으로 이주하기 위하여 출국하는 경우
3. 수급권자의 범위에 해당하지 아니하게 된 경우
4. 장애 정도의 변경 등으로 중증장애인에 해당하지 아니하게 된 경우

- 특별자치시장·특별자치도지사·시장·군수·구청장은 수급자가 다음의 어느 하나에 해당하게 되면 장애인연금의 지급을 정지한다.

1. 수급자가 금고 이상의 실형을 선고받고 형의 집행 및 수용자의 처우에 관한 법률 또는 치료감호법에 따른 교정시설 또는 치료감호시설에 수용 중인 경우
2. 수급자가 행방불명 또는 실종 등의 사유로 사망한 것으로 추정되는 경우
3. 수급자의 국외 체류기간이 60일 이상 지속되는 경우. 이 경우 국외 체류 60일이 되는 날을 지급 정지의 사유가 발생한 날로 본다.

- 특별자치시장·특별자치도지사·시장·군수·구청장은 수급권이 소멸하거나 장애인연금의 지급을 정지하는 경우에는 서면으로 그 이유를 분명하게 밝혀 수급권자 또는 수급자나 그 배우자에게 통지하여야 한다.

(2) 장애인연금의 환수(제17조)

특별자치시장·특별자치도지사·시장·군수·구청장은 이 법에 따라 장애인연금을 받은

자가 다음의 어느 하나에 해당되면 그가 받은 장애인연금의 전부 또는 일부를 환수하여야 한다.

> 1. 거짓이나 그 밖의 부정한 방법으로 장애인연금을 받은 경우
> 2. 장애인연금을 받은 후 그 장애인연금을 받게 된 사유가 소급하여 소멸한 경우
> 3. 잘못 지급된 경우

(3) 이의신청(제18조)

장애인연금의 지급 결정이나 그 밖에 이 법에 따른 처분에 이의가 있는 사람은 특별자치시장 · 특별자치도지사 · 시장 · 군수 · 구청장에게 이의신청을 할 수 있다. 이의신청은 그 처분이 있음을 안 날부터 90일 이내에 서면으로 할 수 있다. 다만, 정당한 사유로 그 기간 내에 이의신청을 할 수 없음을 증명한 경우에는 그 사유가 소멸한 날부터 60일 이내에 이의신청을 할 수 있다.

(4) 압류금지 등(제19조)

수급자에게 장애인연금으로 지급된 금품이나 이를 받을 권리는 압류할 수 없다. 장애인연금수급계좌의 예금에 관한 채권은 압류할 수 없다. 수급자는 장애인연금을 받을 권리를 다른 사람에게 양도하거나 담보로 제공할 수 없다.

(5) 시효(제20조)

수급자의 장애인연금을 받을 권리와 장애인연금을 환수할 지방자치단체의 권리는 5년간 행사하지 아니하면 시효의 완성으로 소멸된다.

연습문제

01 긴급복지지원법상 직무수행 과정에서 긴급지원대상자가 있음을 알게 된 경우 이를 신고하고, 긴급지원대상자가 신속하게 지원을 받을 수 있도록 노력하여야 하는 자에 해당하지 않는 것은? 제19회 출제

① 「의료법」에 따른 의료기관의 종사자
② 「고등교육법」에 따른 직원
③ 「지방공무원법」에 따른 공무원
④ 「무형문화재 보전 및 진흥에 관한 법률」에 따라 지정된 국가무형문화재의 보유자
⑤ 「사회복지사업법」에 따른 사회복지시설의 종사자

02 긴급복지지원법의 내용으로 옳지 않은 것은? 제18회 출제

① 주거지가 불분명한 자도 긴급지원대상자가 될 수 있다.
② 국내에 체류하는 모든 외국인은 긴급지원대상자가 될 수 없다.
③ 위기상황에 처한 사람에게 일시적으로 신속하게 지원하는 것을 기본원칙으로 한다.
④ 누구든지 긴급지원대상자를 발견한 경우에는 관할 시장·군수·구청장에게 신고하여야 한다.
⑤ 국가 및 지방자치단체는 위기상황에 처한 사람에 대한 발굴조사를 연 1회 이상 정기적으로 실시하여야 한다.

03 기초연금법상 기초연금의 지급정지 사유에 해당하는 것을 모두 고른 것은? 제20회 출제

ㄱ. 기초연금 수급자가 금고 이상의 형을 선고받고 교정시설 또는 치료감호시설에 수용되어 있는 경우
ㄴ. 기초연금 수급자가 행방불명되거나 실종되는 등 대통령령으로 정하는 바에 따라 사망한 것으로 추정되는 경우
ㄷ. 기초연금 수급권자가 국적을 상실한 때
ㄹ. 기초연금 수급자의 국외 체류기간이 60일 이상 지속되는 경우

① ㄱ, ㄴ ② ㄷ, ㄹ ③ ㄱ, ㄴ, ㄷ ④ ㄱ, ㄴ, ㄹ ⑤ ㄱ, ㄴ, ㄷ, ㄹ

04 기초연금법상 수급권자의 범위에 관한 내용이다. ( )에 들어갈 숫자가 옳은 것은?

제19회 출제

> ○ 기초연금은 (ㄱ)세 이상인 사람으로서 소득인정액이 보건복지부장관이 정하여 고시하는 금액(이하 "선정기준액"이라 한다) 이하인 사람에게 지급한다.
> ○ 보건복지부 장관은 선정기준액을 정하는 경우 (ㄱ)세 이상인 사람 중 기초연금 수급자가 100분의 (ㄴ) 수준이 되도록 한다.

① ㄱ: 60, ㄴ: 70 ② ㄱ: 65, ㄴ: 70 ③ ㄱ: 65, ㄴ: 80
④ ㄱ: 70, ㄴ: 70 ⑤ ㄱ: 70, ㄴ: 80

05 기초연금법의 내용이다. ( )에 들어갈 숫자가 순서대로 옳은 것은?

제18회 출제

> ○ 보건복지부장관은 선정기준액을 정하는 경우 65세 이상인 사람 중 기초연금 수급자가 100분의 ( ) 수준이 되도록 한다.
> ○ 본인과 그 배우자가 모두 기초연금 수급권자인 경우에는 각각의 초연금액에서 기초연금액의 100분의 ( )에 해당하는 금액을 감액한다.

① 60, 40 ② 60, 50 ③ 70, 20 ④ 70, 30 ⑤ 80, 10

정답 1. ④ 2. ② 3. ④ 4. ② 5. ③

Part 04

사회보험법의 이해

Chapter 10

사회보험법 1

1. 국민연금법

국민연금제도는 사회보험의 하나로, 사회보험은 사회정책을 위한 보험으로 국가가 사회정책을 수행하기 위해 보험의 원리와 방식을 도입하여 만든 사회경제제도이다. 우리나라의 국민연금제도는 일반적으로 가계를 책임지는 자가 노령, 폐질 또는 사망 등으로 소득능력이 영속적으로 상실 또는 감퇴된 경우 그 자신과 유족의 보호를 위해 정기적으로 일정액의 금전 급부를 행하여 안정된 생활을 지속할 수 있도록 일반 국민을 대상으로 보장하는 장기적 소득보장제도로 실시되었다(임정문 외, 2020: 272).

1) 개요

(1) 목적과 관장

① 목적(제1조)

이 법은 국민의 노령, 장애 또는 사망에 대하여 연금급여를 실시함으로써 국민의 생활 안정과 복지 증진에 이바지하는 것을 목적으로 한다.

② 관장(제2조)

이 법에 따른 국민연금사업은 보건복지부장관이 맡아 주관한다.

(2) 특징

국민연금은 사회보험으로써, 사회보험의 일반적 특성에 따라 국가 관장 원리, 강제가입 및 위험분산, 소득재분배, 수정적립방식을 특성으로 하고 있다.

첫째, 사회보험의 특징을 가진다. 국민연금은 국민의 생활안정과 복지증진을 위하여 보험의 원리를 도입하여 만든 사회보험의 일종이며, 가입자, 사용자로부터 일정한 보험료를 받고 여기에 국가의 비용부담을 재원으로 하여 여러 가지 정형화된 보험금의 지급을 특징으로 하는 사회보장제도이다.

둘째, 국가 관장 원리는 연금제도의 관리 운영은 국가가 관장함으로써 제도의 영속성과 안정성을 도모한다.

셋째, 강제가입 및 위험분산은 사회적 위험의 분산을 목적으로 역선택(보험시장에서의 역선택은 사고위험이 높은 그룹이 집중적으로 보험에 가입하는 현상으로, 공적 사회보험에서는 이를 방지하기 위해 강제가입)과 같은 현상을 방지하기 위해 민간보험과 달리 강제가입이 되고, 탈퇴나 보험료 징수 및 급여 등에 관한 사항은 법에 따라 엄격히 규정한다는 것이다.

넷째, 소득재분배는 국민연금은 노령, 폐질, 질병, 사망 등으로 소득이 상실되거나 감퇴된 경우에 빈곤에 빠지지 않도록 연금을 지급하여 본인이나 유족의 기본생계를 보장하고, 소득이 높은 계층으로부터 낮은 계층으로 소득이 재분배되는 기능을 가진다.

다섯째, 수정적립방식은 국민연금의 재정방식으로, 제도의 도입초기에는 불충분한 재정구조에 따른 "저부담-고급여" 방식으로 재정을 운영한 뒤, 제도가 점차 정착됨에 따라 보험료를 상향조정하는 방식이다(임정문 외, 2020: 274-275).

(3) 연혁

우리나라는 1960년 공무원연금, 1963년 군인연금, 1973년 사립학교교원연금 등의 특수직역연금이 먼저 만들어졌고, 일반국민을 대상으로 하는 국민연금은 1986년 만들어졌다. 그 후 국민연금법은 여러 차례 개정을 거쳤으며, 1998년 이후 경제성장에 따라 주로 연금급여의 대상자 확대, 연금재정의 안정을 위한 급여조정 등을 중심으로 개정이 이루어졌다. 국민연금의 중요 개정 사항은 다음의 **표 10-1**과 같다.

표 10-1 국민연금법의 주요 연혁

시기	내용
1973.12.24. 제정	• 국민복지연금법[1]) 제정
1986.12.31. 제정	• 1988.01.01. 시행 • 국민복지연금법에서 국민연금법으로 변경 -국민연금에 가입할 수 있는 자는 18세 이상 60세 미만의 국민으로 하되, 공무원연금법·군인연금법 및 사립학교교원 연금법의 적용을 받는 공무원·군인·사립학교교직원 등은 제외 -가입자는 사업장가입자·지역가입자 및 임의계속가입자로 구분 -급여의 종류는 노령연금·장해연금·유족연금 및 반환일시금 -가입자 및 사용자로부터 갹출료를 징수 -국민연금기금을 설치·운영 -국민연금관리공단을 설립·운영
1988.01.01. 시행	• 국민연금제도 실시(상시 근로자 10인 이상 사업장)
1995.01.05. 일부개정	• 1995.07.01. 시행 • 적용대상 확대(농어민과 농어촌지역 자영업자까지 확대)
1995.08.04. 일부개정	• 1995.08.04. 시행 • 대한민국에 체류하는 외국인으로서 국민연금 적용사업장에 종사하는 자에 대하여 국민연금에 당연히 가입되게 하고 반환일시금의 지급을 제한
1998.12.31. 일부개정	• 1999.04.01. 시행 • 적용대상 확대(도시지역 자영업자까지 확대로 전 국민 연금실현) • 가입기간을 현행 20년에서 10년으로 단축함
2000.12.23. 일부개정	• 2000.12.23. 시행 • 국민연금에 임의계속가입할 수 있는 가입자의 상한연령(65세) 폐지 • 기본연금액에 대하여 연금수급직전 3년간의 평균소득월액의 평균액으로 하여 경기변동에 따른 연금액의 급격한 변동을 완화하고 연금재정의 장기적 안정을 기하도록 함
2007.07.23. 전부개정	• 2007.07.23. 시행 • 급여산정기준 변경(표준소득월액 → 기준소득월액) • 군복무, 출산에 대한 가입기간 추가산입(6개월 추가) • 기본연금액 인하(급여수준을 평균소득액의 60%에서 2008년 50%, 2028년에는 40%로 인하, 기존 수급자 및 기존 가입기간에 대하여는 종전대로 지급하여 기득권을 보장)
2009.01.30. 일부개정	• 2009.05.01. 시행 • 국민연금공단의 기금증식 사업(위한 대여사업, 맞춤형 노인복지시설의 설치·공급·임대 및 운영, 부대시설로 체육시설의 설치 운영, 노후설계상담 및 소득

시기	내용
	활동 지원 등의 사업) • 국민연금공단이 복지시설을 설치하는 경우 국가·지방자치단체 또는 공공기관으로부터 안정적으로 부지를 확보할 수 있도록 특례규정을 마련
2009.05.21. 일부개정	• 2011.01.01. 시행 • 연금보험료 징수업무(국민건강보험공단 위탁) • 국민연금공단은 연금보험료 부과업무 수행(2011년 시행)
2012.10.22. 일부개정	• 2013.04.23. 시행 • 국민연금 가입자가 60세가 되어 가입자격을 상실하게 된 날부터 지급연령에 도달하는 날까지의 기간에 발생한 질병·부상이나 사망은 가입기간 중에 발생한 것으로 보도록 함으로써 장애연금 및 유족연금의 수급권을 보장 • 국민연금 가입기간이 10년 미만인 가입자 또는 가입자였던 사람은 60세가 된 때 반환일시금을 지급받을 수 있도록 함으로써 수급자의 선택권을 보장
2016.05.29. 일부개정	• 2016.11.30. 시행 • 공적연금가입자의 무소득배우자로서 전업주부 및 경력단절여성의 국민연금 적용제외 되었던 기간에 대해서도 추후 납부 허용 • 장애·사망일 당시 적용제외자인 전업주부, 경력단절여성도 일정한 가입기간이 있는 경우에 지급받을 수 있도록 장애연금 및 유족연금의 수급기준을 개선 • 부부 가입자의 유족연금의 중복지급률 인상 조정 • 유족연금을 수급받을 수 있는 자녀의 연령을 25세 미만으로 확대 • 군복무크레딧의 적용대상인 현역병 및 사회복무요원에서 전환복무자, 상근예비역 등으로 까지 확대
2021.12.21. 일부개정	• 2022.06.22. 시행 • 수급권자의 선택권 보장을 위하여 노령연금의 지급연기 신청을 1회로 한정하는 부분을 삭제함으로써 수급권자가 희망하는 경우 횟수 제한 없이 지급연기를 신청할 수 있도록 하고, 수급권자가 1년 이상 소재불명인 경우에 대한 급여의 지급 정지, 지급 정지의 취소, 미지급 급여의 지급 등에 관한 법적 근거를 명시

※ 출처: 임정문 외(2022: 273-274).

(4) 용어의 정의(제3조)

이 법을 적용할 때 배우자, 남편 또는 아내에는 사실상의 혼인관계에 있는 자를 포함한다. 수급권을 취득할 당시 가입자 또는 가입자였던 자의 태아가 출생하면 그 자녀는 가입

1) 「국민복지연금법」은 1960년대 추진된 경제개발계획으로 인하여 산업화, 도시화, 핵가족화, 노령화가 빠른 속도로 진행되고, 이로 인하여 발생된 사회문제의 해결방안으로 1973년 제정·공포되었다. 하지만 1973년 발생한 석유파동의 영향으로 인해 경제 불황으로 무기한 시행이 연기되었으며, 1986년 국민연금법 제정의 모태가 되었다.

자 또는 가입자였던 자에 의하여 생계를 유지하고 있던 자녀로 본다.

- 근로자: 직업의 종류가 무엇이든 사업장에서 노무를 제공하고 그 대가로 임금을 받아 생활하는 자(법인의 이사와 그 밖의 임원을 포함)를 말한다. 다만, 대통령령으로 정하는 자는 제외한다(시행령 제2조).

1. 일용근로자나 1개월 미만의 기한을 정하여 근로를 제공하는 사람. 다만, 1개월 이상 계속하여 근로를 제공하는 사람으로서 다음의 어느 하나에 해당하는 사람은 근로자에 포함된다.
   가. 건설산업기본법에 따른 건설공사의 사업장 등 보건복지부장관이 정하여 고시하는 사업장에서 근로를 제공하는 경우: 1개월 동안의 근로일수가 8일 이상이거나 1개월 동안의 소득이 보건복지부장관이 정하여 고시하는 금액 이상인 사람
   나. 위에서 명시한 사항 외의 사업장에서 근로를 제공하는 경우: 1개월 동안의 근로일수가 8일 이상 또는 1개월 동안의 근로시간이 60시간 이상이거나 1개월 동안의 소득이 보건복지부장관이 정하여 고시하는 금액 이상인 사람
2. 소재지가 일정하지 아니한 사업장에 종사하는 근로자
3. 법인의 이사 중 소득이 없는 사람
4. 1개월 동안의 소정근로시간이 60시간 미만인 단시간근로자. 다만, 해당 단시간근로자 중 다음의 어느 하나에 해당하는 사람은 근로자에 포함된다.
   가. 3개월 이상 계속하여 근로를 제공하는 사람으로서 고등교육법에 따른 강사
   나. 3개월 이상 계속하여 근로를 제공하는 사람으로서 사용자의 동의를 받아 근로자로 적용되기를 희망하는 사람
   다. 둘 이상 사업장에 근로를 제공하면서 각 사업장의 1개월 소정근로시간의 합이 60시간 이상인 사람으로서 1개월 소정근로시간이 60시간 미만인 사업장에서 근로자로 적용되기를 희망하는 사람
   라. 1개월 이상 계속하여 근로를 제공하는 사람으로서 1개월 동안의 소득이 보건복지부장관이 정하여 고시하는 금액 이상인 사람

- 사용자: 해당 근로자가 소속되어 있는 사업장의 사업주를 말한다.
- 소득: 일정한 기간 근로를 제공하여 얻은 수입에서 대통령령으로 정하는 비과세소득을 제외한 금액 또는 사업 및 자산을 운영하여 얻는 수입에서 필요경비를 제외한 금액을 말한다.
- 평균소득월액: 매년 사업장가입자 및 지역가입자 전원(全員)의 기준소득월액을 평균한 금액을 말한다.
- 기준소득월액: 연금보험료와 급여를 산정하기 위하여 국민연금가입자의 소득월액을 기준으로 하여 정하는 금액을 말한다.
- 연금보험료: 국민연금사업에 필요한 비용으로서 사업장가입자의 경우에는 부담금 및 기여금의 합계액을, 지역가입자·임의가입자 및 임의계속가입자의 경우에는 본인이 내

는 금액을 말한다.

- 부담금: 사업장가입자의 사용자가 부담하는 금액을 말한다.
- 기여금: 사업장가입자가 부담하는 금액을 말한다.
- 사업장: 근로자를 사용하는 사업소 및 사무소를 말한다.
- 수급권: 급여를 받을 권리를 말한다.
- 수급권자: 수급권을 가진 자를 말한다.
- 수급자: 급여를 받고 있는 자를 말한다.
- 초진일: 장애의 주된 원인이 되는 질병이나 부상에 대하여 처음으로 의사의 진찰을 받은 날을 말한다. 이 경우 질병이나 부상의 초진일에 대한 구체적인 판단기준은 보건복지부장관이 정하여 고시한다.
- 완치일: 장애의 주된 원인이 되는 질병이나 부상이 다음의 어느 하나에 해당하는 날을 말한다. 이 경우 증상의 종류별 완치일에 대한 구체적인 판단기준은 보건복지부장관이 정하여 고시한다.

1. 해당 질병이나 부상이 의학적으로 치유된 날
2. 더 이상 치료효과를 기대할 수 없는 경우로서 그 증상이 고정되었다고 인정되는 날
3. 증상의 고정성은 인정되지 아니하나, 증상의 정도를 고려할 때 완치된 것으로 볼 수 있는 날

- 가입대상기간: 18세부터 초진일 혹은 사망일까지의 기간으로서, 초진일이나 사망일 이전에 18세 이상 27세 미만인 기간 중 학생이거나 군 복무 등의 이유로 지역가입자에서 제외되는 기간(연금보험료를 납부한 사실이 있는 자는 제외), 18세 이상 27세 미만인 기간 중 연금보험료 납부예외 법률에 따라 연금보험료를 내지 아니한 기간(병역의무를 수행하는 경우는 27세 이상인 기간도 포함)에 해당하는 기간을 제외한 기간을 말한다. 다만, 18세 미만에 가입자가 된 경우에는 18세 미만인 기간 중 보험료 납부기간을 가입대상기간에 포함하고, 18세 이상 27세 미만인 기간 중 연금보험료를 내지 아니한 기간(병역의무를 수행하는 경우는 27세 이상인 기간도 포함)의 보험료를 추후 납부하였을 경우에는 그 추후 납부한 기간을 가입대상기간에 포함한다.

(5) 국가의 책무(제3조의2)

국가는 이 법에 따른 연금급여가 안정적 · 지속적으로 지급되도록 필요한 시책을 수립 · 시행하여야 한다.

2) 가입자

(1) 가입대상(제6조)

국내에 거주하는 국민으로서 18세 이상 60세 미만인 자는 국민연금 가입 대상이 된다. 다만, 공무원연금법, 군인연금법, 사립학교교직원 연금법 및 별정우체국법을 적용받는 공무원, 군인, 교직원 및 별정우체국 직원, 그 밖에 대통령령으로 정하는 자는 제외한다.

(2) 가입자의 종류(제7조)

가입자는 사업장가입자, 지역가입자, 임의가입자 및 임의계속가입자로 구분한다.

① 사업장가입자(제8조)

- 사업의 종류, 근로자의 수 등을 고려하여 대통령령으로 정하는 사업장(당연적용사업장)의 18세 이상 60세 미만인 근로자와 사용자는 당연히 사업장가입자가 된다. 다만, 공무원연금법, 공무원 재해보상법, 사립학교교직원 연금법 또는 별정우체국법에 따른 퇴직연금, 장해연금 또는 퇴직연금일시금이나 군인연금법에 따른 퇴역연금, 퇴역연금일시금, 군인 재해보상법에 따른 상이연금을 받을 권리를 얻은 자(퇴직연금 등 수급권자)는 제외한다(다만, 퇴직연금 등 수급권자가 국민연금과 직역연금의 연계에 관한 법률에 따라 연계 신청을 한 경우에는 그러하지 아니하다).
- 국민연금에 가입된 사업장에 종사하는 18세 미만 근로자는 사업장가입자가 되는 것으로 본다. 다만, 본인이 원하지 아니하면 사업장가입자가 되지 아니할 수 있다.
- 국민기초생활 보장법에 따른 생계급여 수급자 또는 의료급여 수급자는 본인의 희망에 따라 사업장가입자가 되지 아니할 수 있다.

② 지역가입자(제9조)

사업장가입자가 아닌 자로서 18세 이상 60세 미만인 자는 당연히 지역가입자가 된다. 다만, 다음의 어느 하나에 해당하는 자는 제외한다.

1. 다음의 어느 하나에 해당하는 자의 배우자로서 별도의 소득이 없는 자
   가. 국민연금 가입 대상에서 제외되는 자
   나. 사업장가입자, 지역가입자 및 임의계속가입자
   다. 노령연금 수급권자 및 퇴직연금 등 수급권자
2. 퇴직연금 등 수급권자. 다만, 퇴직연금 등 수급권자가 국민연금과 직역연금의 연계에 관한 법률에

따라 연계 신청을 한 경우에는 그러하지 아니하다.
3. 18세 이상 27세 미만인 자로서 학생이거나 군 복무 등의 이유로 소득이 없는 자(연금보험료를 납부한 사실이 있는 자는 제외)
4. 국민기초생활 보장법에 따른 생계급여 수급자 또는 의료급여 수급자
5. 1년 이상 행방불명된 자. 이 경우 행방불명된 자에 대한 인정 기준 및 방법은 대통령령으로 정한다.

③ 임의가입자(제10조)

사업장가입자, 지역가입자 외의 자로서 18세 이상 60세 미만인 자는 보건복지부령으로 정하는 바에 따라 국민연금공단에 가입을 신청하면 임의가입자가 될 수 있다. 임의가입자는 보건복지부령으로 정하는 바에 따라 국민연금공단에 신청하여 탈퇴할 수 있다.

④ 임의계속가입자(제13조)

다음의 어느 하나에 해당하는 자는 65세가 될 때까지 보건복지부령으로 정하는 바에 따라 국민연금공단에 가입을 신청하면 임의계속가입자가 될 수 있다. 이 경우 가입 신청이 수리된 날에 그 자격을 취득한다. 임의계속가입자는 보건복지부령으로 정하는 바에 따라 국민연금공단에 신청하면 탈퇴할 수 있다.

1. 국민연금 가입자 또는 가입자였던 자로서 60세가 된 자. 다만, 다음의 어느 하나에 해당하는 자는 제외한다.
   가. 연금보험료를 납부한 사실이 없는 자
   나. 노령연금 수급권자로서 급여를 지급받고 있는 자
   다. 반환일시금을 지급받은 자
2. 전체 국민연금 가입기간의 5분의 3 이상을 대통령령으로 정하는 직종의 근로자로 국민연금에 가입하거나 가입하였던 사람(특수직종근로자)으로서 다음의 어느 하나에 해당하는 사람 중 노령연금 급여를 지급받지 않는 사람
   가. 노령연금 수급권을 취득한 사람
   나. 국민복지연금법개정법률 부칙에 따라 특례노령연금 수급권을 취득한 사람

(3) 가입자격의 취득 및 상실 시기

① 가입자 자격의 취득 시기(제11조)

• 사업장가입자는 다음의 어느 하나에 해당하게 된 날에 그 자격을 취득한다.

1. 사업장에 고용된 때 또는 그 사업장의 사용자가 된 때
2. 당연적용사업장으로 된 때

• 지역가입자는 다음의 어느 하나에 해당하게 된 날에 그 자격을 취득한다. 배우자가 별도의 소득이 있게 된 때 또는 18세 이상 27세 미만인 자가 소득이 있게 된 경우 소득이 있게 된 때를 알 수 없는 경우에는 신고를 한 날에 그 자격을 취득한다.

1. 사업장가입자의 자격을 상실한 때
2. 국민연금 가입 대상 제외자에 해당하지 아니하게 된 때
3. 배우자가 별도의 소득이 있게 된 때
4. 18세 이상 27세 미만인 자가 소득이 있게 된 때

• 임의가입자는 가입 신청이 수리된 날에 자격을 취득한다.

② 가입자 자격의 상실 시기(제12조)

• 사업장가입자는 다음의 어느 하나에 해당하게 된 날의 다음 날에 자격을 상실한다. 다만, 국민연금 가입 대상 제외자에 해당하게 된 때에는 그에 해당하게 된 날에 자격을 상실한다.

1. 사망한 때
2. 국적을 상실하거나 국외로 이주한 때
3. 사용관계가 끝난 때
4. 60세가 된 때
5. 공무원연금법, 군인연금법, 사립학교교직원 연금법 또는 별정우체국법에 따른 국민연금 가입 대상 제외자에 해당하게 된 때

• 지역가입자는 다음의 어느 하나에 해당하게 된 날의 다음 날에 자격을 상실한다. 다만, 국민연금 가입 대상 제외자에 해당하게 된 때와 사업장가입자의 자격을 취득한 때에는 그에 해당하게 된 날에 그 자격을 상실한다.

1. 사망한 때
2. 국적을 상실하거나 국외로 이주한 때
3. 공무원연금법, 군인연금법, 사립학교교직원 연금법 또는 별정우체국법에 따른 국민연금 가입 대상 제외자에 해당하게 된 때
4. 사업장가입자의 자격을 취득한 때
5. 국민연금 가입 대상에서 제외되는 자, 사업장가입자, 지역가입자 및 임의계속가입자, 노령연금 수급권자 및 퇴직연금 등 수급권자의 배우자로서 별도의 소득이 없게 된 때
6. 60세가 된 때

• 임의가입자는 다음의 어느 하나에 해당하게 된 날의 다음 날에 자격을 상실한다. 다만, 사업장가입자 또는 지역가입자의 자격을 취득한 때, 공무원연금법, 군인연금법, 사립

학교교직원 연금법 또는 별정우체국법에 따른 국민연금 가입 대상 제외자에 해당하게 된 때에는 그에 해당하게 된 날에 그 자격을 상실한다.

1. 사망한 때
2. 국적을 상실하거나 국외로 이주한 때
3. 탈퇴 신청이 수리된 때
4. 60세가 된 때
5. 대통령령으로 정하는 기간 이상 계속하여 연금보험료를 체납한 때
6. 사업장가입자 또는 지역가입자의 자격을 취득한 때
7. 공무원연금법, 군인연금법, 사립학교교직원 연금법 또는 별정우체국법에 따른 국민연금 가입 대상 제외자에 해당하게 된 때

(4) 신고 및 통지

① 가입자 자격 및 소득 등에 관한 신고(제21조)

- 사업장가입자의 사용자는 보건복지부령으로 정하는 바에 따라 당연적용사업장에 해당된 사실, 사업장의 내용 변경 및 휴업·폐업 등에 관한 사항과 가입자 자격의 취득·상실, 가입자의 소득월액 등에 관한 사항을 국민연금공단에 신고하여야 한다.
- 지역가입자, 임의가입자 및 임의계속가입자는 보건복지부령으로 정하는 바에 따라 자격의 취득·상실, 이름 또는 주소의 변경 및 소득에 관한 사항 등을 국민연금공단에 신고하여야 한다.
- 지역가입자, 임의가입자 또는 임의계속가입자가 부득이한 사유로 신고를 할 수 없는 경우에는 배우자나 그 밖의 가족이 신고를 대리(代理)할 수 있다.

② 가입자 등에 대한 통지 등(제23조)

- 국민연금공단은 사업장가입자의 자격 취득·상실에 관한 확인을 한 때와 기준소득월액이 결정되거나 변경된 때에는 이를 그 사업장의 사용자에게 통지하여야 하며, 지역가입자, 임의가입자 또는 임의계속가입자의 자격 취득·상실에 관한 확인을 한 때와 기준소득월액이 결정되거나 변경된 때에는 이를 그 지역가입자, 임의가입자 또는 임의계속가입자에게 통지하여야 한다.
- 통지를 받은 사용자는 이를 해당 사업장가입자 또는 그 자격을 상실한 자에게 통지하되, 그 통지를 받을 자의 소재를 알 수 없어 통지할 수 없는 경우에는 그 뜻을 국민연금공단에 통지하여야 한다.

- 사용자는 사업장가입자 또는 그 자격을 상실한 사람에게 통지를 한 경우에는 그 사실을 확인할 수 있는 서류를 작성하고, 보건복지부령으로 정하는 기간 동안 이를 보관하여야 한다.
- 국민연금공단은 다음의 어느 하나에 해당하면 보건복지부령으로 정하는 바에 따라 공고하는 것으로 통지를 갈음할 수 있다.

1. 사업장이 폐지된 경우
2. 통지를 받을 지역가입자, 임의가입자 또는 임의계속가입자의 소재를 알 수 없는 경우
3. 사용자로부터 통지를 받은 경우
4. 그 밖에 통지할 수 없는 불가피한 사정이 있는 경우로서 대통령령으로 정하는 경우

3) 급여의 산정

(1) 급여의 종류(제49조)

이 법에 따른 급여의 종류는 노령연금, 장애연금, 유족연금, 반환일시금이 있다.

(2) 급여의 산정(제50조)

급여는 수급권자의 청구에 따라 공단이 지급한다. 연금액은 지급사유에 따라 기본연금액과 부양가족연금액을 기초로 산정한다.

① 기본연금액(제51조)

- 기본연금 산정식

※ 연금액 = 기본연금액 × 지급률* + 부양가족연금액

* 노령연금의 지급률 : 가입기간 10년 기준 50%에 가입기간 10년을 초과하는 1년마다 5%를 가산(1년 미만이면 매 1개월마다 5/12% 가산)
* 장애연금의 지급률 : 장애1급 100%, 2급 80%, 3급 60%, 4급(일시금) 225%
* 유족연금의 지급률 : 가입기간 10년 미만 40%, 10년 이상 20년 미만 50%, 20년 이상 60%

- 가입기간이 여러 구간에 걸쳐 있는 경우의 기본연금액 산정식

2.4 (A+0.75B)×P1/P + 1.8(A+B)×P2/P + 1.5(A+B)×P3/P +... 1.2(A+B)×P23/P]×(1+0.05 n/12)
• A: 연금수급 전 3년간의 평균소득월액의 평균액(균등부분) • B: 가입자 개인의 가입기간 중 표준소득월액의 평균액(소득비례부분) • n: 20년 초과 가입월수(1년 미만의 매 1월은 12분의 1로 계산) • P1~P3: 연도별 전체가입월수 - P1: 88~98년 - P2: 99~07년 - P3: 08~27년 - P23: 28년 이후

- 산정식에 따른 금액을 수급권자에게 적용할 때에는 연금 수급 2년 전 연도와 대비한 전년도의 전국소비자물가변동률을 기준으로 그 변동률에 해당하는 금액을 더하거나 빼되, 미리 국민연금심의위원회의 심의를 거쳐야 한다.
- 조정된 금액을 수급권자에게 적용할 때 그 적용 기간은 해당 조정연도 1월부터 12월까지로 한다.

② 부양가족연금액(제52조)

- 수급권자(유족연금의 경우에는 사망한 가입자 또는 가입자였던 자)를 기준으로 하는 다음의 자로서 수급권자에 의하여 생계를 유지하고 있는 자에 대하여 해당 호에 규정된 각각의 금액으로 한다. 이 경우 생계유지에 관한 대상자별 인정기준은 대통령령으로 정한다.

1. 배우자: 연 15만 원
2. 19세 미만이거나 장애상태에 있는 자녀(배우자가 혼인 전에 얻은 자녀를 포함): 연 10만 원
3. 60세 이상이거나 장애상태에 있는 부모(부 또는 모의 배우자, 배우자의 부모를 포함): 연 10만 원

- 부양가족연금액을 수급권자에게 적용하는 경우에는 기본연금액에 관한 규정을 준용한다.
- 부양가족연금액의 수급대상자가 다음의 어느 하나에 해당하면 부양가족연금액 계산에서 제외한다.

1. 연금 수급권자(국민연금과 직역연금의 연계에 관한 법률에 따른 연계급여 수급권자를 포함)
2. 퇴직연금 등 수급권자
3. 공무원연금법, 공무원 재해보상법, 사립학교교직원 연금법, 별정우체국법, 군인연금법 또는 군인재해보상법에 따른 퇴직유족연금, 퇴역유족연금, 장해유족연금, 상이유족연금, 순직유족연금, 직무상유족연금, 위험직무순직유족연금 또는 유족연금 수급권자

• 부양가족연금액의 수급대상자는 부양가족연금액을 계산할 때 2명 이상의 연금 수급권자의 부양가족연금 계산 대상이 될 수 없다.
• 부양가족연금액의 수급대상자가 다음의 어느 하나에 해당하게 되면 부양가족연금액의 계산에서 제외한다.

1. 사망한 때
2. 수급권자에 의한 생계유지의 상태가 끝난 때
3. 배우자가 이혼한 때
4. 자녀가 다른 사람의 양자가 되거나 파양(罷養)된 때
5. 자녀가 19세가 된 때. 다만, 장애상태에 있는 자녀는 제외한다.
6. 장애상태에 있던 자녀 또는 부모가 그 장애상태에 해당하지 아니하게 된 때
7. 배우자가 혼인 전에 얻은 자녀와의 관계가 이혼으로 인하여 종료된 때
8. 재혼한 부 또는 모의 배우자와 수급자의 관계가 부모와 그 배우자의 이혼으로 인하여 종료된 경우

4) 급여의 종류

국민연금은 나이가 들거나 장애 또는 사망으로 인해 소득이 감소할 경우 일정한 급여를 지급하여 소득을 보장하는 종신보험 성격의 사회보험으로, 연금급여로 노령연금, 장애연금, 유족연금과 일시금급여로 반환일시금과 사망일시금이 있다.

(1) 노령연금

노령연금은 가입기간(연금보험료 납부기간)이 10년 이상이면 지급연령(60세~65세) 이후부터 평생 동안 매월 지급받을 수 있으며, 국민연금의 기초가 되는 급여이다.

가입기간, 연령, 소득활동 유무에 따라 노령연금(소득활동에 따른 노령연금 포함), 조기노령연금으로 구분되며, 파생급여로 분할연금이 있다.

① **노령연금**(제61조, 제63조, 제63조2)

• 가입기간이 10년 이상인 가입자 또는 가입자였던 자에 대하여는 60세(특수직종근로자는 55세)가 된 때부터 그가 생존하는 동안 노령연금을 지급한다(제61조).
• 노령연금액은 다음의 구분에 따른 금액에 부양가족연금액을 더한 금액으로 한다(제63조).

> 1. 가입기간이 20년 이상인 경우: 기본연금액
> 2. 가입기간이 10년 이상 20년 미만인 경우: 기본연금액의 1천분의 500에 해당하는 금액에 가입기간 10년을 초과하는 1년(1년 미만이면 매 1개월을 12분의 1년으로 계산)마다 기본연금액의 1천분의 50에 해당하는 금액을 더한 금액

- 소득활동에 따른 노령연금액은 노령연금 수급권자가 대통령령으로 정하는 소득이 있는 업무에 종사하면 60세 이상 65세 미만(특수직종근로자는 55세 이상 60세 미만)인 기간에는 노령연금액(부양가족연금액은 제외)에서 다음의 구분에 따른 금액을 뺀 금액을 지급한다. 이 경우 빼는 금액은 노령연금액의 2분의 1을 초과할 수 없다(제63조의2).

> 1. 초과소득월액(노령연금 수급권자의 소득월액에서 산정한 금액을 뺀 금액)이 100만 원 미만인 사람: 초과소득월액의 1천분의 50
> 2. 초과소득월액이 100만 원 이상 200만 원 미만인 사람: 5만 원 + (초과소득월액 - 100만 원) × 1천분의 100
> 3. 초과소득월액이 200만 원 이상 300만 원 미만인 사람: 15만 원 + (초과소득월액 - 200만 원) × 1천분의 150
> 4. 초과소득월액이 300만 원 이상 400만 원 미만인 사람: 30만 원 + (초과소득월액 - 300만 원) × 1천분의 200
> 5. 초과소득월액이 400만 원 이상인 사람: 50만 원 + (초과소득월액 - 400만 원) × 1천분의 250

② 조기노령연금(제61조, 제63조, 제66조)

- 가입기간이 10년 이상인 가입자 또는 가입자였던 자로서 55세 이상인 자가 대통령령으로 정하는 소득이 있는 업무에 종사하지 아니하는 경우 본인이 희망하면 60세가 되기 전이라도 본인이 청구한 때부터 그가 생존하는 동안 일정한 금액의 연금(조기노령연금)을 받을 수 있다(제61조).
- 조기노령연금액은 가입기간에 따라 노령연금액 중 부양가족연금액을 제외한 금액에 수급연령별로 다음의 구분에 따른 비율(청구일이 연령도달일이 속한 달의 다음 달 이후인 경우에는 1개월마다 1천분의 5를 더한다)을 곱한 금액에 부양가족연금액을 더한 금액으로 한다(제63조).

> 1. 55세부터 지급받는 경우에는 1천분의 700
> 2. 56세부터 지급받는 경우에는 1천분의 760
> 3. 57세부터 지급받는 경우에는 1천분의 820
> 4. 58세부터 지급받는 경우에는 1천분의 880
> 5. 59세부터 지급받는 경우에는 1천분의 940

• 조기노령연금을 받고 있는 60세 미만인 자가 다음의 어느 하나에 해당되는 경우에는 그 기간에 해당하는 조기노령연금은 지급을 정지한다. 조기노령연금 지급 정지 및 재지급 신청에 필요한 세부사항은 보건복지부령으로 정한다(제66조).

1. 소득이 있는 업무에 종사하는 경우
2. 소득이 있는 업무에 종사하는 경우에는 해당되지 아니하나 조기노령연금을 받고 있는 본인이 조기노령연금 지급 정지를 신청하는 경우

③ 분할연금

• 분할연금의 수급권자(제64조)

-혼인 기간(배우자의 가입기간 중의 혼인 기간으로서 별거, 가출 등의 사유로 인하여 실질적인 혼인 관계가 존재하지 아니하였던 기간을 제외한 기간)이 5년 이상인 자가 다음의 요건을 모두 갖추면 그때부터 그가 생존하는 동안 배우자였던 자의 노령연금을 분할한 일정한 금액의 연금(분할연금)을 받을 수 있다.

1. 배우자와 이혼하였을 것
2. 배우자였던 사람이 노령연금 수급권자일 것
3. 60세가 되었을 것

-분할연금액은 배우자였던 자의 노령연금액(부양가족연금액은 제외) 중 혼인 기간(배우자의 가입기간 중의 혼인 기간으로서 별거, 가출 등의 사유로 인하여 실질적인 혼인관계가 존재하지 아니하였던 기간을 제외한 기간)에 해당하는 연금액을 균등하게 나눈 금액으로 한다.

-분할연금은 분할연금 수급권자의 요건을 모두 갖추게 된 때부터 5년 이내에 청구하여야 한다.

• 분할연금 지급의 특례(제64조의2)

-민법에[2] 따라 연금의 분할에 관하여 별도로 결정된 경우에는 그에 따른다.

-연금의 분할이 별도로 결정된 경우에는 분할 비율 등에 대하여 공단에 신고하여야 한다. 신고 방법 및 절차 등 신고에 필요한 세부사항은 보건복지부령으로 정한다.

• 분할연금 청구의 특례(제64조의3)

-60세에 도달하기 이전에 이혼하는 경우에는 이혼의 효력이 발생하는 때부터 분할연금을 미리 청구(분할연금 선청구)할 수 있다. 이 경우 청구를 한 것으로 본다(선청구를 하고 선청구의 취소를 하지 아니한 경우에 한정).

---

2) 제839조의2 또는 제843조

-분할연금 선청구는 이혼의 효력이 발생하는 때부터 3년 이내에 하여야 하며, 60세에 도달하기 이전에 분할연금 선청구를 취소할 수 있다. 이 경우 분할연금 선청구 및 선청구의 취소는 1회에 한한다.

-분할연금을 선청구한 경우라고 하더라도 분할연금 수급권자의 요건을 모두 갖추게 된 때에 분할연금을 지급한다.

• 분할연금 수급권의 포기(제64조의4)

-분할연금 수급권자는 같은 항의 배우자였던 사람과 재혼한 경우 보건복지부령으로 정하는 바에 따라 분할연금 수급권의 포기를 신청할 수 있다.

-분할연금 수급권자가 분할연금 수급권의 포기를 신청한 경우에는 그 분할연금 수급권은 신청한 날부터 소멸된다.

-분할연금 수급권이 소멸된 경우에는 분할연금 수급권을 포기한 사람의 배우자에게 분할연금이 발생하기 전의 노령연금을 지급한다.

• 분할연금과 노령연금의 관계 등(제65조)

-분할연금 수급권은 그 수급권을 취득한 후에 배우자였던 자에게 생긴 사유로 노령연금 수급권이 소멸·정지되어도 영향을 받지 아니한다.

-수급권자에게 2 이상의 분할연금 수급권이 생기면 2 이상의 분할연금액을 합산하여 지급한다. 다만, 2 이상의 분할연금 수급권과 다른 급여(노령연금을 제외)의 수급권이 생기면 그 2 이상의 분할연금 수급권을 하나의 분할연금 수급권으로 보고 본인의 선택에 따라 분할연금과 다른 급여 중 하나만 지급하고 선택하지 아니한 분할연금 또는 다른 급여의 지급은 정지된다.

-분할연금 수급권자는 유족연금을 지급할 때 노령연금 수급권자로 보지 아니한다.

-분할연금 수급권자에게 노령연금 수급권이 발생한 경우에는 분할연금액과 노령연금액을 합산하여 지급한다.

(2) 장애연금

① 장애연금의 수급권자(제67조)

• 가입자 또는 가입자였던 자가 질병이나 부상으로 신체상 또는 정신상의 장애가 있고 다음의 요건을 모두 충족하는 경우에는 장애 정도를 결정하는 기준이 되는 날(장애결정 기준일)부터 그 장애가 계속되는 기간 동안 장애 정도에 따라 장애연금을 지급한다.

1. 해당 질병 또는 부상의 초진일 당시 연령이 18세(다만, 18세 전에 가입한 경우에는 가입자가 된 날)이상이고 노령연금의 지급 연령 미만일 것
2. 다음의 어느 하나에 해당할 것
   가. 해당 질병 또는 부상의 초진일 당시 연금보험료를 낸 기간이 가입대상기간의 3분의 1 이상일 것
   나. 해당 질병 또는 부상의 초진일 5년 전부터 초진일까지의 기간 중 연금보험료를 낸 기간이 3년 이상일 것. 다만, 가입대상기간 중 체납기간이 3년 이상인 경우는 제외한다.
   다. 해당 질병 또는 부상의 초진일 당시 가입기간이 10년 이상일 것

• 장애결정 기준일은 다음에서 정하는 날로 한다.

1. 초진일부터 1년 6개월이 지나기 전에 완치일이 있는 경우: 완치일
2. 초진일부터 1년 6개월이 지날 때까지 완치일이 없는 경우: 초진일부터 1년 6개월이 되는 날의 다음 날
3. 초진일부터 1년 6개월이 되는 날의 다음 날에 장애연금의 지급 대상이 되지 아니하였으나, 그 후 그 질병이나 부상이 악화된 경우: 장애연금의 지급을 청구한 날(노령연금 지급연령 전에 청구한 경우만 해당)과 완치일 중 빠른 날
4. 장애연금의 수급권이 소멸된 사람이 장애연금 수급권을 취득할 당시의 질병이나 부상이 악화된 경우: 청구일과 완치일 중 빠른 날

• 장애연금의 지급 대상이 되는 경우에도 불구하고 초진일이 가입 대상에서 제외된 기간 중에 있는 경우, 초진일이 국외이주 · 국적상실 기간 중에 있는 경우, 반환일시금을 지급받은 경우에는 장애연금을 지급하지 아니한다.
• 장애 정도에 관한 장애등급은 1급, 2급, 3급 및 4급으로 구분하되, 등급 구분의 기준과 장애 정도의 심사에 관한 사항은 대통령령으로 정한다.

② 장애연금액(제68조)

• 장애연금액은 장애 등급에 따라 다음의 금액으로 한다.

1. 장애등급 1급에 해당하는 자에 대하여는 기본연금액에 부양가족연금액을 더한 금액
2. 장애등급 2급에 해당하는 자에 대하여는 기본연금액의 1천분의 800에 해당하는 금액에 부양가족연금액을 더한 금액
3. 장애등급 3급에 해당하는 자에 대하여는 기본연금액의 1천분의 600에 해당하는 금액에 부양가족연금액을 더한 금액

• 장애등급 4급에 해당하는 자에 대하여는 기본연금액의 1천분의 2천250에 해당하는 금액을 일시보상금으로 지급한다.

③ 장애의 중복 조정(제69조)

장애연금 수급권자에게 다시 장애연금을 지급하여야 할 장애가 발생한 때에는 전후의 장애를 병합(倂合)한 장애 정도에 따라 장애연금을 지급한다. 다만, 전후의 장애를 병합한 장애 정도에 따른 장애연금이 전의 장애연금보다 적으면 전의 장애연금을 지급한다.

④ 장애연금액의 변경 등(제70조)

- 공단은 장애연금 수급권자의 장애 정도를 심사하여 장애등급이 다르게 되면 그 등급에 따라 장애연금액을 변경하고, 장애등급에 해당되지 아니하면 장애연금 수급권을 소멸시킨다.
- 장애연금의 수급권자는 그 장애가 악화되면 공단에 장애연금액의 변경을 청구할 수 있다.
- 장애정도를 결정할 때에는 완치일을 기준으로 하며, 다음의 구분에 따른 날까지 완치되지 않은 경우에는 그 해당하는 날을 기준으로 장애 정도를 결정한다.

1. 장애 정도를 심사하여 장애등급이 다른 경우에는 장애 정도의 변화개연성에 따라 공단이 지정한 주기가 도래한 날이 속하는 달의 말일 등 대통령령으로 정하는 날
2. 장애가 악화된 경우에는 수급권자가 장애연금액의 변경을 청구한 날

- 60세 이상인 장애연금 수급권자에 대하여는 적용하지 아니한다.

⑤ 일시보상금에 대한 평가(제71조)

- 일시보상금 수급권자에게 중복급여의 조정, 장애의 중복 조정, 장애연금액의 변경 및 소멸시효를 적용할 때에는 일시보상금 지급 사유 발생일이 속하는 달의 다음 달부터 기본연금액의 1천분의 400을 12로 나눈 금액이 67개월 동안 지급된 것으로 본다.

(3) 유족연금

① 유족연금의 수급권자(제72조)

- 다음의 어느 하나에 해당하는 사람이 사망하면 그 유족에게 유족연금을 지급한다.

1. 노령연금 수급권자
2. 가입기간이 10년 이상인 가입자 또는 가입자였던 자
3. 연금보험료를 낸 기간이 가입대상기간의 3분의 1 이상인 가입자 또는 가입자였던 자
4. 사망일 5년 전부터 사망일까지의 기간 중 연금보험료를 낸 기간이 3년 이상인 가입자 또는 가입자였던 자. 다만, 가입대상기간 중 체납기간이 3년 이상인 사람은 제외한다.

5. 장애등급이 2급 이상인 장애연금 수급권자

- 연금보험료를 낸 기간이 가입대상기간의 3분의 1 이상인 가입자 또는 가입자였던 자와 사망일 5년 전부터 사망일까지의 기간 중 연금보험료를 낸 기간이 3년 이상인 가입자 또는 가입자였던 자(가입대상기간 중 체납기간이 3년 이상인 사람은 제외)가 가입 대상에서 제외되는 기간, 국외이주·국적상실 기간 중 사망하는 경우에는 유족연금을 지급하지 아니한다.

② 유족의 범위 등(제73조)

- 유족연금을 지급받을 수 있는 유족은 가입자 또는 가입자였던 자가 사망할 당시(민법에 따른 실종선고를 받은 경우에는 실종기간의 개시 당시를, 실종선고를 받은 경우에는 사망의 원인이 된 위난 발생 당시) 그에 의하여 생계를 유지하고 있던 다음의 자로 한다. 이 경우 가입자 또는 가입자였던 자에 의하여 생계를 유지하고 있던 자에 관한 인정 기준은 대통령령으로 정한다.

1. 배우자
2. 자녀. 다만, 25세 미만이거나 장애상태에 있는 사람만 해당한다.
3. 부모(배우자의 부모 포함). 다만, 60세 이상이거나 장애상태에 있는 사람만 해당한다.
4. 손자녀. 다만, 19세 미만이거나 장애상태에 있는 사람만 해당한다.
5. 조부모(배우자의 조부모 포함). 다만, 60세 이상이거나 장애상태에 있는 사람만 해당한다.

- 같은 순위의 유족이 2명 이상이면 그 유족연금액을 똑같이 나누어 지급하되, 지급 방법은 대통령령으로 정한다.
- 자녀의 경우 25세 미만이거나 장애상태에 있는 사람만 해당. 손자녀의 경우 19세 미만이거나 장애상태에 있는 사람만 해당. 부모, 조부모의 경우 60세 이상이거나 장애상태에 있는 사람만 해당.

③ 유족연금액(제74조)

유족연금액은 가입기간에 따라 다음의 금액에 부양가족연금액을 더한 금액으로 한다. 다만, 노령연금 수급권자가 사망한 경우의 유족연금액은 사망한 자가 지급받던 노령연금액을 초과할 수 없다.

1. 가입기간이 10년 미만이면 기본연금액의 1천분의 400에 해당하는 금액(40%)
2. 가입기간이 10년 이상 20년 미만이면 기본연금액의 1천분의 500에 해당하는 금액(50%)
3. 가입기간이 20년 이상이면 기본연금액의 1천분의 600에 해당하는 금액(60%)

④ 유족연금 수급권의 소멸(제75조)

• 유족연금 수급권자가 다음의 어느 하나에 해당하게 되면 그 수급권은 소멸한다.

1. 수급권자가 사망한 때
2. 배우자인 수급권자가 재혼한 때
3. 자녀나 손자녀인 수급권자가 파양된 때
4. 장애상태에 해당하지 아니한 자녀인 수급권자가 25세가 된 때 또는 장애상태에 해당하지 아니한 손자녀인 수급권자가 19세가 된 때

• 부모, 손자녀 또는 조부모인 유족의 유족연금 수급권은 가입자 또는 가입자였던 사람이 사망할 당시에 그 가입자 또는 가입자였던 사람의 태아가 출생하여 수급권을 갖게 되면 소멸한다.

⑤ 유족연금의 지급 정지(제76조)

• 유족연금의 수급권자인 배우자에 대하여는 수급권이 발생한 때부터 3년 동안 유족연금을 지급한 후 55세가 될 때까지 지급을 정지한다. 다만, 그 수급권자가 다음의 어느 하나에 해당하면 지급을 정지하지 아니한다.

1. 장애상태인 경우
2. 가입자 또는 가입자였던 자의 25세 미만인 자녀 또는 장애상태인 자녀의 생계를 유지한 경우
3. 대통령령으로 정하는 소득이 있는 업무에 종사하지 아니하는 경우

• 유족연금의 수급권자인 배우자의 소재를 1년 이상 알 수 없는 때에는 유족인 자녀의 신청에 의하여 그 소재 불명(不明)의 기간 동안 그에게 지급하여야 할 유족연금은 지급을 정지한다.
• 배우자 외의 자에 대한 유족연금의 수급권자가 2명 이상인 경우 그 수급권자 중에서 1년 이상 소재를 알 수 없는 자가 있으면 다른 수급권자의 신청에 따라 그 소재 불명의 기간에 해당하는 그에 대한 유족연금의 지급을 정지한다.
• 유족연금의 지급이 정지된 자의 소재가 확인된 경우에는 본인의 신청에 의하여 지급 정지를 해제한다.
• 자녀나 손자녀인 수급권자가 다른 사람에게 입양된 때에는 그에 해당하게 된 때부터 유족연금의 지급을 정지한다. 유족연금의 지급이 정지된 자가 파양된 경우에는 본인의 신청에 의하여 파양된 때부터 지급 정지를 해제한다.
• 장애로 수급권을 취득한 자가 장애상태에 해당하지 아니하게 된 때에는 그에 해당하게 된 때부터 유족연금의 지급을 정지한다. 유족연금의 지급이 정지된 자가 그 질병이

나 부상이 악화되어 장애상태에 해당하게 된 경우에는 본인의 신청에 의하여 장애상태에 해당하게 된 때부터 지급 정지를 해제한다.

(4) 반환일시금

① 반환일시금(제77조)

- 가입자 또는 가입자였던 자가 다음의 어느 하나에 해당하게 되면 본인이나 그 유족의 청구에 의하여 반환일시금을 지급받을 수 있다.

> 1. 가입기간이 10년 미만인 자가 60세가 된 때
> 2. 가입자 또는 가입자였던 자가 사망한 때. 다만, 유족연금이 지급되는 경우에는 그러하지 아니하다.
> 3. 국적을 상실하거나 국외로 이주한 때

- 반환일시금의 액수는 가입자 또는 가입자였던 자가 납부한 연금보험료(사업장가입자 또는 사업장가입자였던 자의 경우에는 사용자의 부담금을 포함)에 대통령령으로 정하는 이자를 더한 금액으로 한다.

② 반납금 납부와 가입기간(제78조)

- 반환일시금을 받은 자로서 다시 가입자의 자격을 취득한 자는 지급받은 반환일시금에 대통령령으로 정하는 이자를 더한 금액(반납금)을 공단에 낼 수 있다.
- 반납금은 대통령령으로 정하는 바에 따라 분할하여 납부하게 할 수 있다. 이 경우 대통령령으로 정하는 이자를 더하여야 한다.
- 반납금을 낸 경우에는 그에 상응하는 기간은 가입기간에 넣어 계산한다.
- 반납금의 납부 신청, 납부 방법 및 납부 기한 등 반납금의 납부에 필요한 사항은 대통령령으로 정한다.

③ 반환일시금 수급권의 소멸(제79조)

반환일시금의 수급권은 다음의 어느 하나에 해당하면 소멸한다.

> 1. 수급권자가 다시 가입자로 된 때
> 2. 수급권자가 노령연금의 수급권을 취득한 때
> 3. 수급권자가 장애연금의 수급권을 취득한 때
> 4. 수급권자의 유족이 유족연금의 수급권을 취득한 때

(5) 사망일시금

① 사망일시금(제80조)

다음의 어느 하나에 해당하는 사람이 사망한 때에 유족의 범위(제73조)의 유족이 없으면 그 배우자·자녀·부모·손자녀·조부모·형제자매 또는 4촌 이내 방계혈족(傍系血族)에게 사망일시금을 지급한다. 가출·실종 등 대통령령으로 정하는 경우에 해당하는 사람에게는 지급하지 아니하며, 4촌 이내 방계혈족의 경우에는 대통령령으로 정하는 바에 따라 다음의 어느 하나에 해당하는 사람의 사망 당시 그 사람에 의하여 생계를 유지하고 있던 사람에게만 지급한다.

1. 가입자 또는 가입자였던 사람
2. 노령연금 수급권자
3. 장애등급이 3급 이상인 장애연금 수급권자

② 사망일시금 액수(제80조)

• 사망일시금은 다음의 금액으로 한다.

1. 가입자 또는 가입자였던 사람의 경우: 가입자 또는 가입자였던 사람의 반환일시금에 상당하는 금액. 다만, 사망한 가입자 또는 가입자였던 사람의 최종 기준소득월액을 연도별 재평가율에 따라 사망일이 속하는 해의 전년도의 현재가치로 환산한 금액과 같은 호에 준하여 산정한 가입기간 중 기준소득월액의 평균액 중에서 많은 금액의 4배를 초과하지 못한다.
2. 노령연금 수급권자 또는 장애등급이 3급 이상인 장애연금 수급권자에 해당하는 경우: 수급권자가 사망할 때까지 지급받은 연금액이 위의 내용을 준용하여 산정한 금액(이 경우 "가입자 또는 가입자였던 사람"은 "노령연금 수급권자 또는 장애등급이 3급 이상인 장애연금 수급권자"로 본다)보다 적은 경우에 그 차액에 해당하는 금액

③ 유족연금과 사망일시금의 관계(제81조)

자녀(25세 미만이거나 장애상태에 있는 사람만 해당) 및 손자녀(19세 미만이거나 장애상태에 있는 사람만 해당)인 유족연금 수급권자에 대하여는 유족연금수급권이 소멸할 때까지 지급받은 유족연금액이 사망일시금액보다 적을 때에는 그 차액을 일시금으로 지급한다.

(6) 기타급여

① 연금액의 최고한도(제53조)

연금의 월별 지급액은 다음의 금액 중에서 많은 금액을 넘지 못한다.

1. 가입자였던 최종 5년 동안의 기준소득월액(연금 수급 전년도를 기준)을 평균한 금액을 물가에 연동하여 조정한 금액
2. 가입기간 동안의 기준소득월액(연금 수급 전년도를 기준)을 평균한 금액을 물가에 연동하여 조정한 금액

② 연금 지급 기간 및 지급 시기(제54조)

- 연금은 지급하여야 할 사유가 생긴 날(반납금, 추납보험료 또는 체납된 연금보험료를 냄에 따라 연금을 지급하여야 할 사유가 생긴 경우에는 해당 금액을 낸 날)이 속하는 달의 다음 달부터 수급권이 소멸한 날이 속하는 달까지 지급한다.
- 연금은 매월 25일에 그 달의 금액을 지급하되, 지급일이 토요일이나 공휴일이면 그 전날에 지급한다. 다만, 수급권이 소멸하거나 연금 지급이 정지된 경우에는 그 지급일 전에 지급할 수 있다.
- 연금은 지급을 정지하여야 할 사유가 생기면 그 사유가 생긴 날이 속하는 달의 다음 달부터 그 사유가 소멸한 날이 속하는 달까지는 지급하지 아니한다.

③ 급여수급전용계좌(제54조의2)

수급자는 본인 명의의 지정된 계좌(급여수급전용계좌)로 입금하도록 공단에 신청할 수 있으며, 이 경우 공단은 급여를 급여수급전용계좌로 입금하여야 한다.

④ 미지급 급여(제55조)

수급권자가 사망한 경우 그 수급권자에게 지급하여야 할 급여 중 아직 지급되지 아니한 것이 있으면 그 배우자 · 자녀 · 부모 · 손자녀 · 조부모 또는 형제자매의 청구에 따라 그 미지급 급여를 지급한다. 급여를 받을 순위는 배우자, 자녀, 부모, 손자녀, 조부모, 형제자매의 순으로 한다. 이 경우 순위가 같은 사람이 2명 이상이면 똑같이 나누어 지급, 미지급 급여는 수급권자가 사망한 날부터 5년 이내에 청구하여야 한다.

⑤ 급여의 환수(제57조)

공단은 급여를 받은 사람이 다음의 어느 하나에 해당하는 경우에는 대통령령으로 정하는 바에 따라 그 금액(환수금)을 환수하여야 한다.

1. 거짓이나 그 밖의 부정한 방법으로 급여를 받은 경우
2. 신고 의무자가 신고 사항을 공단에 신고하지 아니하거나 늦게 신고하여 급여를 잘못 지급 받은 경우

3. 가입자 또는 가입자였던 자가 사망한 것으로 추정되어 유족연금 등의 급여가 지급된 후 해당 가입자 또는 가입자였던 자의 생존이 확인된 경우
4. 그 밖의 사유로 급여가 잘못 지급된 경우

(7) 중복급여

① 중복급여의 조정(제56조)

수급권자에게 이 법에 따른 2 이상의 급여 수급권이 생기면 수급권자의 선택에 따라 그 중 하나만 지급하고 다른 급여의 지급은 정지된다. 선택하지 아니한 급여가 다음의 어느 하나에 해당하는 경우에는 규정된 금액을 선택한 급여에 추가하여 지급한다.

1. 선택하지 아니한 급여가 유족연금일 때(선택한 급여가 반환일시금일 때를 제외): 유족연금액의 100분의 30에 해당하는 금액
2. 선택하지 아니한 급여가 반환일시금일 때(선택한 급여가 장애연금이고, 선택하지 아니한 급여가 본인의 연금보험료 납부로 인한 반환일시금일 때를 제외): 사망일시금에 준용하여 상당하는 금액

② 연금의 중복급여 조정(제113조)

장애연금 또는 유족연금의 수급권자가 이 법에 따른 장애연금 또는 유족연금의 지급 사유와 같은 사유로 다음의 어느 하나에 해당하는 급여를 받을 수 있는 경우에는 장애연금액이나 유족연금액은 그 2분의 1에 해당하는 금액을 지급한다.

1. 근로기준법에 따른 장해보상, 유족보상 또는 일시보상
2. 산업재해보상보험법에 따른 장해급여, 유족급여, 진폐보상연금 또는 진폐유족연금
3. 선원법에 따른 장해보상, 일시보상 또는 유족보상
4. 어선원 및 어선 재해보상보험법에 따른 장해급여, 일시보상급여 또는 유족급여

(8) 급여의 제한 등

① 급여의 제한(제82조)

가입자 또는 가입자였던 자가 고의로 질병·부상 또는 그 원인이 되는 사고를 일으켜 그로 인하여 장애를 입은 경우에는 그 장애를 지급 사유로 하는 장애연금을 지급하지 아니할 수 있다. 가입자 또는 가입자였던 자가 고의나 중대한 과실로 요양 지시에 따르지 아니하거나 정당한 사유 없이 요양 지시에 따르지 아니하여 다음의 어느 하나에 해당하게 되면 급여의 전부 또는 일부를 지급하지 아니할 수 있다.

1. 장애를 입거나 사망한 경우
2. 장애나 사망의 원인이 되는 사고를 일으킨 경우
3. 장애를 악화시키거나 회복을 방해한 경우

② 장애연금액의 변경 제한(제83조)

장애연금의 수급권자가 고의나 중대한 과실로 요양 지시에 따르지 아니하거나 정당한 사유 없이 요양 지시에 따르지 아니하여 장애를 악화시키거나 회복을 방해한 경우에는 장애연금액을 변경하지 아니할 수 있다.

③ 지급의 정지 등(제86조)

수급권자가 다음의 어느 하나에 해당하면 급여의 전부 또는 일부의 지급을 정지할 수 있다.

1. 수급권자가 정당한 사유 없이 공단의 서류, 그 밖의 자료 제출 요구에 응하지 아니한 때
2. 장애연금 또는 유족연금의 수급권자가 정당한 사유 없이 공단의 진단 요구 또는 확인에 응하지 아니한 때
3. 장애연금 수급권자가 고의나 중대한 과실로 요양 지시에 따르지 아니하거나 정당한 사유 없이 요양 지시에 따르지 아니하여 회복을 방해한 때
4. 수급권자가 정당한 사유 없이 신고를 하지 아니한 때

5) 비용부담 및 가입기간

(1) 연금보험료의 부과 · 징수 등(제88조)

- 보건복지부장관은 국민연금사업 중 연금보험료의 징수에 관하여 이 법에서 정하는 사항을 건강보험공단에 위탁한다. 공단은 국민연금사업에 드는 비용에 충당하기 위하여 가입자와 사용자에게 가입기간 동안 매월 연금보험료를 부과하고, 건강보험공단이 이를 징수한다. 사업장가입자의 연금보험료 중 기여금은 사업장가입자 본인이, 부담금은 사용자가 각각 부담하되, 그 금액은 각각 기준소득월액의 1천분의 45에 해당하는 금액으로 한다.
- 지역가입자, 임의가입자 및 임의계속가입자의 연금보험료는 지역가입자, 임의가입자 또는 임의계속가입자 본인이 부담하되, 그 금액은 기준소득월액의 1천분의 90으로 한다.
- 공단은 기준소득월액 정정 등의 사유로 당초 징수 결정한 금액을 다시 산정함으로써

연금보험료를 추가로 징수하여야 하는 경우 가입자 또는 사용자에게 그 추가되는 연금보험료를 나누어 내도록 할 수 있다. 이 경우 분할 납부 신청 대상, 분할 납부 방법 및 납부 기한 등 연금보험료의 분할 납부에 필요한 사항은 대통령령으로 정한다.

(2) 보험료 등의 징수 순위(국민건강보험법 제85조)

보험료 등은 국세와 지방세를 제외한 다른 채권에 우선하여 징수한다. 다만, 보험료 등의 납부기한 전에 전세권·질권·저당권 또는 동산·채권 등의 담보에 관한 법률에 따른 담보권의 설정을 등기 또는 등록한 사실이 증명되는 재산을 매각할 때에 그 매각대금 중에서 보험료 등을 징수하는 경우 그 전세권·질권·저당권 또는 동산·채권 등의 담보에 관한 법률에 따른 담보권으로 담보된 채권에 대하여는 그러하지 아니하다.

(3) 가입기간의 계산 및 합산

① 국민연금 가입기간의 계산(제17조, 제17조의2)

- 국민연금 가입기간은 월 단위로 계산하되, 가입자의 자격을 취득한 날이 속하는 달의 다음 달부터 자격을 상실한 날의 전날이 속하는 달까지로 한다. 다만, 다음의 어느 하나에 해당하는 경우 자격을 취득한 날이 속하는 달은 가입기간에 산입하되, 가입자가 그 자격을 상실한 날의 전날이 속하는 달에 자격을 다시 취득하면 다시 취득한 달을 중복하여 가입기간에 산입하지 아니한다(제17조).

1. 가입자가 자격을 취득한 날이 그 속하는 달의 초일인 경우(자격 취득일이 속하는 달에 다시 그 자격을 상실하는 경우는 제외)
2. 임의계속가입자의 자격을 취득한 경우
3. 가입자가 희망하는 경우

- 가입기간을 계산할 때 연금보험료를 내지 아니한 기간은 가입기간에 산입하지 아니한다. 다만, 사용자가 근로자의 임금에서 기여금을 공제하고 연금보험료를 내지 아니한 경우에는 그 내지 아니한 기간의 2분의 1에 해당하는 기간을 근로자의 가입기간으로 산입한다. 이 경우 1개월 미만의 기간은 1개월로 한다(제17조).
- 가입기간을 계산할 때 연금보험료의 일부가 납부된 경우에는 그 일부 납부된 보험료를 다른 일부 납부된 월의 미납 연금보험료와 연체금 등에 충당하고, 충당 후 완납된 월은 가입기간에 산입한다. 이 경우 충당의 대상 및 방법, 가입기간의 계산 및 급여의 지급 등에 필요한 사항은 대통령령으로 정한다(제17조의2).

② 군 복무기간에 대한 가입기간 추가 산입(제18조)

병역법에 따른 현역병, 전환복무를 한 사람, 상근예비역, 사회복무요원에 해당하는 자가 노령연금 수급권을 취득한 때에는 6개월을 가입기간에 추가로 산입한다. 다만, 병역법에 따른 병역의무를 수행한 기간이 6개월 미만인 경우에는 그러하지 아니한다.

③ 출산에 대한 가입기간 추가 산입(제19조)

둘 이상의 자녀가 있는 가입자 또는 가입자였던 자가 노령연금수급권을 취득한 때에는 다음에 따른 기간을 가입기간에 추가로 산입한다. 다만, 추가로 산입하는 기간은 50개월을 초과할 수 없으며, 자녀 수의 인정방법 등에 관하여 필요한 사항은 대통령령으로 정한다.

1. 자녀가 2명인 경우: 12개월
2. 자녀가 3명 이상인 경우: 둘째 자녀에 대하여 인정되는 12개월에 2자녀를 초과하는 자녀 1명마다 18개월을 더한 개월 수

④ 실업에 대한 가입기간 추가 산입(제19조의2)

- 다음의 요건을 모두 갖춘 사람이 고용보험법에 따른 구직급여를 받는 경우로서 구직급여를 받는 기간을 가입기간으로 산입하기 위하여 국민연금공단에 신청하는 때에는 그 기간을 가입기간에 추가로 산입한다. 다만, 추가로 산입하는 기간은 1년을 초과할 수 없다.

1. 18세 이상 60세 미만인 사람 중 가입자 또는 가입자였을 것
2. 대통령령으로 정하는 재산 또는 소득이 보건복지부장관이 정하여 고시하는 기준 이하일 것

- 산입되는 가입기간에 대하여는 고용보험법에 따른 구직급여의 산정 기초가 되는 임금일액을 월액으로 환산한 금액의 절반에 해당하는 소득(인정소득)으로 가입한 것으로 본다. 다만, 인정소득의 상한선 및 하한선은 보건복지부장관이 정하여 고시하는 금액으로 한다.
- 가입자 또는 가입자였던 사람은 구직급여를 받는 기간을 가입기간으로 추가 산입하려는 경우 인정소득을 기준으로 연금보험료를 납부하여야 한다. 이 경우 국가는 연금보험료의 전부 또는 일부를 일반회계, 국민연금기금 및 고용보험법에 따른 고용보험기금에서 지원할 수 있다.
- 추가로 산입된 가입기간(추가산입기간)을 급여에 적용할 때에는 다음을 따른다.

> 1. 노령연금: 추가산입기간을 기본연금액에 반영한다.
> 2. 장애연금: 추가산입기간을 기본연금액에 반영하지 아니한다.
> 3. 유족연금: 추가산입기간을 기본연금액에 반영하지 아니하되, 제74조 각 호에 해당하는 가입기간에는 반영한다.3)

- 국민연금공단은 신청의 접수·처리 등 업무를 대통령령으로 정하는 바에 따라 고용보험법에 따른 직업안정기관 및 그 밖의 공공기관에 위탁할 수 있다.

⑤ 가입기간의 합산(제20조)

- 가입자의 자격을 상실한 후 다시 그 자격을 취득한 자에 대하여는 전후의 가입기간을 합산한다.
- 가입자의 가입 종류가 변동되면 그 가입자의 가입기간은 각 종류별 가입기간을 합산한 기간으로 한다.

6) 관리·운영기구

(1) 국민연금공단

① 국민연금공단의 설립(제24조), 법인격(제26조)

보건복지부장관의 위탁을 받아 국민연금공단을 설립한다(제24조). 공단은 법인으로 한다(제26조).

② 공단의 업무(제25조)

> 1. 가입자에 대한 기록의 관리 및 유지
> 2. 연금보험료의 부과
> 3. 급여의 결정 및 지급
> 4. 가입자, 가입자였던 자, 수급권자 및 수급자를 위한 자금의 대여와 복지시설의 설치·운영 등 복지사업

3) 제74조(유족연금액) 유족연금액은 가입기간에 따라 다음 각 호의 금액에 부양가족연금액을 더한 금액으로 한다. 다만, 노령연금 수급권자가 사망한 경우의 유족연금액은 사망한 자가 지급받던 노령연금액을 초과할 수 없다.
1. 가입기간이 10년 미만이면 기본연금액의 1천분의 400에 해당하는 금액
2. 가입기간이 10년 이상 20년 미만이면 기본연금액의 1천분의 500에 해당하는 금액
3. 가입기간이 20년 이상이면 기본연금액의 1천분의 600에 해당하는 금액

5. 가입자 및 가입자였던 자에 대한 기금증식을 위한 자금 대여사업
6. 가입 대상과 수급권자 등을 위한 노후준비서비스 사업
7. 국민연금제도·재정계산·기금운용에 관한 조사연구
8. 국민연금기금 운용 전문인력 양성
9. 국민연금에 관한 국제협력
10. 그 밖에 이 법 또는 다른 법령에 따라 위탁받은 사항
11. 그 밖에 국민연금사업에 관하여 보건복지부장관이 위탁하는 사항

③ 정관(제28조)

공단의 정관에는 목적, 명칭, 주된 사무소와 분사무소에 관한 사항, 임직원에 관한 사항, 이사회에 관한 사항, 사업에 관한 사항, 예산 및 결산에 관한 사항, 자산 및 회계에 관한 사항, 정관의 변경에 관한 사항, 규약·규정의 제정 및 개정·폐지에 관한 사항, 공고에 관한 사항을 기재하여야 한다. 공단은 정관을 변경하려면 보건복지부장관의 인가를 받아야 한다.

④ 임원(제30조), 임기(제32조)

공단에 임원으로 이사장 1명, 상임이사 4명 이내, 이사 9명, 감사 1명을 두되, 이사에는 사용자 대표, 근로자 대표, 지역가입자 대표, 수급자 대표 각 1명 이상과 당연직 이사로서 보건복지부에서 국민연금 업무를 담당하는 3급 국가공무원 또는 고위공무원단에 속하는 일반직 공무원 1명이 포함되어야 한다. 이사장은 보건복지부장관의 제청으로 대통령이 임면(任免)하고, 상임이사·이사(당연직 이사는 제외) 및 감사는 이사장의 제청으로 보건복지부장관이 임면한다. 임원의 임기는 3년으로 한다. 다만, 당연직 이사의 임기는 그 재임기간으로 하고, 기금이사의 임기는 계약기간으로 한다(제32조).

⑤ 이사회(제38조)

공단의 중요 사항을 심의·의결하기 위하여 공단에 이사회를 둔다. 이사회는 이사장·상임이사 및 이사로 구성한다. 이사회는 재적 구성원 과반수의 출석과 출석 구성원 과반수의 찬성으로 의결한다.

⑥ 복지사업과 대여사업 등(제46조)

공단은 가입자, 가입자였던 자 및 수급권자의 복지를 증진하기 위하여 대통령령으로 정하는 바에 따라 다음의 복지사업을 할 수 있다. 공단은 대통령령으로 정하는 바에 따라 가입자와 가입자였던 자에 대하여 국민연금기금의 증식을 위한 대여사업을 할 수 있다.

1. 자금의 대여
2. 노인복지법에 따른 노인복지시설의 설치·공급·임대와 운영
3. 노인복지시설의 부대시설로서 체육시설의 설치·이용에 관한 법률에 따른 체육시설의 설치 및 운영
4. 그 밖에 대통령령으로 정하는 복지사업

⑦ 노후준비서비스(제46조의3)

공단은 가입대상 및 수급권자를 포함한 국민의 안정된 노후생활 보장을 위하여 노후준비 지원법의 노후준비서비스와 관련된 다음의 사업을 실시할 수 있다.

1. 노후준비서비스의 제공
2. 노후준비서비스에 관한 조사·연구
3. 노후준비서비스에 필요한 프로그램의 개발·보급
4. 노후준비서비스 제공자의 양성·관리
5. 노후준비서비스를 위한 정보시스템의 구축·운영
6. 그 밖에 노후준비서비스 제공에 관하여 보건복지부장관이 위탁하는 사항

(2) 국민연금심의위원회(제5조)

국민연금사업에 관한 다음 사항을 심의하기 위하여 보건복지부에 국민연금심의위원회를 둔다.

1. 국민연금제도 및 재정 계산에 관한 사항
2. 급여에 관한 사항
3. 연금보험료에 관한 사항
4. 국민연금기금에 관한 사항
5. 그 밖에 국민연금제도의 운영과 관련하여 보건복지부장관이 회의에 부치는 사항

(3) 국민연금기금

① 기금의 설치 및 조성(제101조)

보건복지부장관은 국민연금사업에 필요한 재원을 원활하게 확보하고, 이 법에 따른 급여에 충당하기 위한 책임준비금으로서 국민연금기금을 설치한다. 기금은 연금보험료, 기금 운용 수익금, 적립금, 공단의 수입지출 결산상의 잉여금의 재원으로 조성한다.

② 기금의 관리 및 운용(제102조)

기금은 보건복지부장관이 관리 · 운용한다. 보건복지부장관은 국민연금 재정의 장기적인 안정을 유지하기 위하여 그 수익을 최대로 증대시킬 수 있도록 국민연금기금운용위원회에서 의결한 바에 따라 다음의 방법으로 기금을 관리 · 운용하되, 가입자, 가입자였던 자 및 수급권자의 복지증진을 위한 사업에 대한 투자는 국민연금 재정의 안정을 해치지 아니하는 범위에서 하여야 한다.

1. 대통령령으로 정하는 금융기관에 대한 예입 또는 신탁
2. 공공사업을 위한 공공부문에 대한 투자
3. 자본시장과 금융투자업에 관한 법률에 따른 증권의 매매 및 대여
4. 자본시장과 금융투자업에 관한 법률에 따른 지수 중 금융투자상품지수에 관한 파생상품시장에서의 거래
5. 복지사업 및 대여사업
6. 기금의 본래 사업 목적을 수행하기 위한 재산의 취득 및 처분
7. 그 밖에 기금의 증식을 위하여 대통령령으로 정하는 사업

③ 건강보험공단에 출연(제102조의2)

보건복지부장관은 연금보험료 등의 징수에 소요되는 비용을 국민연금기금운용위원회의 의결을 거쳐 기금에서 건강보험공단에 출연할 수 있다.

④ 국민연금기금 운용지침(제105조)

운용위원회는 가입자의 권익이 극대화되도록 매년 다음에 관한 국민연금기금운용지침을 마련하여야 한다.

1. 공공사업에 사용할 기금 자산의 비율
2. 공공사업에 대한 기금 배분의 우선순위
3. 가입자, 가입자였던 자 및 수급권자의 복지 증진을 위한 사업비
4. 기금의 증식을 위한 가입자 및 가입자였던 자에 대한 대여사업비
5. 기금의 관리·운용 현황에 관한 공시 대상 및 방법

7) 기타

(1) 외국인에 대한 적용 및 사회보장협정

① 외국인에 대한 적용(제126조)

이 법의 적용을 받는 사업장에 사용되고 있거나 국내에 거주하는 외국인으로서 대통령령으로 정하는 자 외의 외국인은 당연히 사업장가입자 또는 지역가입자가 된다.

② 외국과의 사회보장협정(제127조)

대한민국이 외국과 사회보장협정을 맺은 경우에는 이 법에도 불구하고 국민연금의 가입, 연금보험료의 납부, 급여의 수급 요건, 급여액의 산정, 급여의 지급 등에 관하여 그 사회보장협정에서 정하는 바에 따른다.

(2) 수급권자의 권리보호

① 수급권 보호(제58조)

수급권은 양도·압류하거나 담보로 제공할 수 없다. 수급권자에게 지급된 급여로서 대통령령으로 정하는 금액 이하의 급여는 압류할 수 없다. 급여수급전용계좌에 입금된 급여와 이에 관한 채권은 압류할 수 없다.

② 근로자의 권익 보호(제119조)

사용자는 근로자가 가입자로 되는 것을 방해하거나 부담금의 증가를 기피할 목적으로 정당한 사유 없이 근로자의 승급(昇級) 또는 임금 인상을 하지 아니하거나 해고(解雇)나 그 밖의 불리한 대우를 하여서는 아니 된다.

③ 심사청구(제108조)

가입자의 자격, 기준소득월액, 연금보험료, 그 밖의 이 법에 따른 징수금과 급여에 관한 공단 또는 건강보험공단의 처분에 이의가 있는 자는 그 처분을 한 공단 또는 건강보험공단에 심사청구를 할 수 있다. 심사청구는 그 처분이 있음을 안 날부터 90일 이내에 문서(전자정부법에 따른 전자문서를 포함)로 하여야 하며, 처분이 있은 날부터 180일을 경과하면 이를 제기하지 못한다. 다만, 정당한 사유로 그 기간에 심사청구를 할 수 없었음을 증명하면 그 기간이 지난 후에도 심사 청구를 할 수 있다.

④ 재심사청구(제110조)
심사청구에 대한 결정에 불복하는 자는 그 결정통지를 받은 날부터 90일 이내에 대통령령으로 정하는 사항을 적은 재심사청구서에 따라 국민연금재심사위원회에 재심사를 청구할 수 있다.

2. 국민건강보험법

국민건강보험은 질병이나 부상으로 인해 발생한 고액의 진료비로 가계에 과도한 부담이 되는 것을 방지하기 위하여, 국민들이 평소에 보험료를 내고 보험자인 국민건강보험공단이 이를 관리·운영하다가 필요시 보험급여를 제공함으로써 국민 상호 간 위험을 분담하고 필요한 의료서비스를 받을 수 있도록 하는 사회보장제도이다.

1) 개요

(1) 목적 및 기본원칙

① 목적(제1조)
국민의 질병·부상에 대한 예방·진단·치료·재활과 출산·사망 및 건강증진에 대하여 보험급여를 실시함으로써 국민보건 향상과 사회보장 증진에 이바지함을 목적으로 한다.

② 관장(제2조)
건강보험사업은 보건복지부장관이 맡아 주관한다.

(2) 특징

국민건강보험은 사회보험으로써의 특성을 가진다. 건강보험이 가지는 특성은 다음과 같다(임정문 외, 2020: 286-287).

첫째, 법률에 의한 강제가입과 납부의 강제성이다. 보험가입을 기피할 수 있도록 제도화될 경우 질병위험이 큰 사람만 보험에 가입하여 국민 상호 간 위험분담 및 의료비 공동해결이라는 건강보험제도의 목적을 실현할 수 없기 때문에 일정한 법적요건이 충족되면 본인의 의사와 관계없이 건강보험가입이 강제되며, 보험료 납부의무가 부여된다.

둘째, 부담능력에 따른 보험료의 차등부담(형평성)이다. 민간보험은 보장의 범위, 질병위험의 정도, 계약의 내용 등에 따라 보험료를 부담하는 데 비해, 사회보험방식으로 운영되는 국민건강보험은 사회적 연대를 기초로 의료비 문제를 해결하는 것을 목적으로 하므로 소득수준 등 보험료 부담능력에 따라서 보험료를 부과한다.

셋째, 보험급여의 균등한 수혜이다. 민간보험은 보험료 수준과 계약내용에 따라 개인별로 다르게 보장되지만, 사회보험인 국민건강보험은 보험료 부담수준과 관계없이 관계법령에 의하여 균등하게 보험급여가 이루어진다.

넷째, 단기보험의 특성을 가진다. 국민건강보험은 국민연금과 같이 장기보험이 아니라 1년인 단기보험에 속한다. 이는 1년 단위의 회계연도를 기준으로 수입과 지출을 예정하여 보험료를 계산하여 지급하는 것이다.

(3) 연혁

국민건강보험법은 1999년 2월에 제정되었지만, 그 전신인 의료보험법은 1963년 12월 16일 의료보험법이 제정되어 1977년 7월 1일에 본격적으로 시행되었다. 1963년 당시 의료보험법은 일부 관계자들의 노력으로 입법화되었으나 강제적용을 전제로 하지 않았기 때문에 경제사회적 미비로 인해 큰 성과를 거두지 못하였다.

우리나라의 건강보험 운영방식은 1997년 이전까지는 조합방식의 사회보험방식이었다. 조합방식은 지역별·직업별·직장별로 여러 개의 조합으로 자유롭게 구성되어 소규모 동질 집단 내에서 위험분산을 강조하는 방식이다. 우리나라의 경우 지역과 직장조합의 재정차이가 너무 크게 나타나 여러 가지 문제가 지적되었다. 따라서 단계적으로 의료보험조합을 통합하여 재정과 운영의 효율성을 도모하고 전국적인 위험분산을 통해 저소득지역이나 노령화지역의 부담을 분산하였다. 이 과정에서 여러 부작용과 반발로 인해 2000년 7월 통합과정에서 건강보험의 운영을 하나로 통합하였으나 일시적으로 재정을 따로 운영하는 과도기를 거쳐 2003년 7월, 재정까지 하나로 통합된 통합건강방식을 도입하게 되었다(김경우 외, 2014: 272).

표 10-2 국민건강보험법의 연혁

시기	내용
1963.12.16. 제정	• 의료보험법 제정 • 300인 이상 사업장의 근로자와 농어민 대상으로 임의가입
1997.12.31. 제정	• 국민의료보험법[4] 제정 • 1998.10. 지역의료조합(227개)과 공·교 의료보험관리공단 통합

시기	내용
	• 국민의료보험관리공단 출범
1999.02.08. 제정	• 국민건강보험법5) 제정(2000.01.01. 시행)
2000.12.07. 일부개정	• 2001.07.13. 시행 • 5인 미만 사업장 근로자 직장가입자로 편입
2002.01.19. 일부개정	• 2003년 7월 1일 지역과 직장의 재정 통합
2002.01.19. 일부개정	• 2003.06.30. 시행 • 직장과 지역의 재정 통합(조합주의 운영방식을 통합주의 운영방식으로 변경)
2005.07.19. 일부개정	• 국내에 체류 재외국민의 가입인정
2008.03.28. 일부개정	• 사업장 신고의무 부과(사용자는 건강보험 적용되는 사업장에 해당된 경우나 휴업·폐업하는 경우에는 그 사유 발생일부터 14일 이내에 보험자에게 신고) • 건강보험증 제시의무 완화(주민등록증, 운전면허증 등으로 확인)
2009.05.21. 일부개정	• 2011.01.11. 시행 • 국민건강보험공단의 업무에 국민연금법, 고용보험 및 산업재해보상보험의 보험료 징수 등에 관한 법률 및 임금채권보장법에 따라 위탁받은 사회보험료 징수업무를 추가
2011.12.31. 전부개정	• 2012.09.01. 시행 • 2011년 12월 말까지로 예정되어 있는 건강보험재정에 대한 정부지원을 2016년 12월 말까지 연장 • 직장가입자에 대하여 보수를 기준으로 산정하는 보수월액보험료 외에 다른 소득을 기준으로 산정하는 소득월액보험료를 징수하는 근거를 마련 • 요양급여비용의 누수를 방지하기 위하여 요양기관 시설·장비·인력 현황에 대한 신고의무를 법정화
2016.02.03. 일부개정	• 보건복지부장관이 건강보험정책심의위원회의 심의를 거쳐 5년마다 국민건강보험 종합계획을 수립하고 매년 종합계획에 따른 연도별 시행계획을 수립·시행하며, 관련 사항을 국회에 보고하도록 함 • 국민건강보험공단이 보험료 등 징수업무 및 4대 사회보험료 통합 징수업무를 외부기관에게 위탁할 수 없도록 함
2017.04.18. 일부개정	• 피부양자 인정 요건 명확화(소득 및 재산이 보건복지부령으로 정하는 기준 이하에 해당하는 사람) • 직장가입자의 소득월액보험료 산정 기준 변경(소득월액 보험료 산정 시 연간 보수 외 소득에서 대통령령으로 정하는 금액을 공제하도록 하고, 소득월액 보험료율을 보수월액 보험료율의 50%에서 100%로 상향) • 보험료 상한 및 하한 근거 일원화(직장 및 지역가입자의 보험료 평균액의 일정비율에 해당하는 금액을 고려하여 보험료의 상·하한을 정하도록 함으로써 여러 조항에 각각 존재하던 상·하한 규정을 통합하고, 구체적인 상·하한금액 등은 대통령령으로 정하도록 함) • 지역가입자의 보험료 부과 요소 중 평가소득 제외(연소득 5백만 원 이하 지역가입자의 소득보험료 산정 기준으로 적용되던 평가소득을 폐지하여, 연소득 5백만 원

시기	내용
	이하 지역가입자도 연소득 5백만 원 이상 지역가입자와 마찬가지로 소득보험료의 산정 시 종합과세소득을 기준으로 산정된 보험료를 적용받을 수 있도록 함)
2018.01.16. 일부개정	• 국민건강보험공단이 재난적의료비 지원에 관한 법률에 따라 재난적의료비 지원사업에 출연금을 출연할 수 있도록 근거를 마련하고, 공단이 확보한 과징금의 사용 용도에 재난적의료비 지원사업에 대한 지원을 추가 • 사용관계가 끝나기 전 보건복지부령으로 정하는 기간 동안 직장가입자로서 근무하였던 기간이 통산 1년 이상인 경우 임의계속가입자로 인정하고, 임의계속가입자의 보수월액을 보수월액보험료가 산정된 최근 12개월간의 보수월액을 평균한 금액으로 산정하도록 함
2019.01.15. 일부개정	• 2019.07.16. 시행 • 외국인 지역가입자 당연적용 실시

※ 출처: 임정문 외(2020: 287-288), 재구성. 국민건강보험홈페이지(2021) 참조.

(4) 용어의 정의(제3조)

• 근로자: 직업의 종류와 관계없이 근로의 대가로 보수를 받아 생활하는 사람(법인의 이사와 그 밖의 임원을 포함)으로서 공무원 및 교직원을 제외한 사람을 말한다.

• 사용자: 다음의 어느 하나에 해당하는 자를 말한다.

1. 근로자가 소속되어 있는 사업장의 사업주
2. 공무원이 소속되어 있는 기관의 장으로서 대통령령으로 정하는 사람
3. 교직원이 소속되어 있는 사립학교(사립학교교직원 연금법에 규정된 사립학교)를 설립·운영하는 자

• 사업장: 사업소나 사무소를 말한다.

• 공무원: 국가나 지방자치단체에서 상시 공무에 종사하는 사람을 말한다.

• 교직원: 사립학교나 사립학교의 경영기관에서 근무하는 교원과 직원을 말한다.

(5) 국민건강보험종합계획의 수립 등(제3조의2)

보건복지부장관은 이 법에 따른 건강보험의 건전한 운영을 위하여 건강보험정책심의위

4) 1997년 12월 31일에는 일시적 통합, 국민의료보험공단 신설(공무원 및 사립학교 교직원 의료보험관리공단과 지역의료보험조합 업무를 포괄적으로 수행하는 역할을 함)로 인한 집단 간의 갈등을 최소화하면서 점진적으로 통합운영 방식의 의료보험제도를 도입하기 위해 국민의료보험법을 제정하였다.

5) 1999년 2월 8일 제정, 2000년 1월 1일 시행된 국민건강보험법은 다보험자 방식으로 운영되고 있던 기존의 의료보험 관리체계를 단일보험자(국민건강보험공단)로 통합운영 방식으로 변경하였다.

원회의 심의를 거쳐 5년마다 국민건강보험종합계획을 수립하여야 한다. 수립된 종합계획을 변경할 때도 또한 같다. 종합계획에는 다음의 사항이 포함되어야 한다.

1. 건강보험정책의 기본목표 및 추진방향
2. 건강보험 보장성 강화의 추진계획 및 추진방법
3. 건강보험의 중장기 재정 전망 및 운영
4. 보험료 부과체계에 관한 사항
5. 요양급여비용에 관한 사항
6. 건강증진 사업에 관한 사항
7. 취약계층 지원에 관한 사항
8. 건강보험에 관한 통계 및 정보의 관리에 관한 사항
9. 그 밖에 건강보험의 개선을 위하여 필요한 사항으로 대통령령으로 정하는 사항

2) 적용대상자

(1) 적용대상(제5조)

국내에 거주하는 국민은 건강보험의 가입자 또는 피부양자가 된다. 다만, 다음의 어느 하나에 해당하는 사람은 제외한다.

1. 의료급여법에 따라 의료급여를 받는 사람(수급권자)
2. 독립유공자예우에 관한 법률 및 국가유공자 등 예우 및 지원에 관한 법률에 따라 의료보호를 받는 사람(유공자 등 의료보호대상자). 다만, 다음의 어느 하나에 해당하는 사람은 가입자 또는 피부양자가 된다.
   가. 유공자 등 의료보호대상자 중 건강보험의 적용을 보험자에게 신청한 사람
   나. 건강보험을 적용받고 있던 사람이 유공자 등 의료보호대상자로 되었으나 건강보험의 적용배제신청을 보험자에게 하지 아니한 사람

(2) 가입자의 종류

가입자는 직장가입자와 지역가입자로 구분한다(제6조).

① 직장가입자

모든 사업장의 근로자 및 사용자와 공무원 및 교직원은 직장가입자가 된다. 다만, 다음의 어느 하나에 해당하는 사람은 제외한다.

1. 고용 기간이 1개월 미만인 일용근로자
2. 병역법에 따른 현역병(지원에 의하지 아니하고 임용된 하사를 포함), 전환복무된 사람 및 군간부후보생
3. 선거에 당선되어 취임하는 공무원으로서 매월 보수 또는 보수에 준하는 급료를 받지 아니하는 사람
4. 그 밖에 사업장의 특성, 고용 형태 및 사업의 종류 등을 고려하여 대통령령으로 정하는 사업장의 근로자 및 사용자와 공무원 및 교직원(시행령 제9조)
   가. 비상근 근로자 또는 1개월 동안의 소정(所定)근로시간이 60시간 미만인 단시간근로자
   나. 비상근 교직원 또는 1개월 동안의 소정근로시간이 60시간 미만인 시간제공무원 및 교직원
   다. 소재지가 일정하지 아니한 사업장의 근로자 및 사용자
   라. 근로자가 없거나 비상근 근로자 또는 1개월 동안의 소정근로시간이 60시간 미만인 단시간근로자에 해당하는 근로자만을 고용하고 있는 사업장의 사업주

② 지역가입자

지역가입자는 직장가입자와 그 피부양자를 제외한 가입자를 말한다.

③ 외국인 등에 대한 특례(제109조)

정부는 외국 정부가 사용자인 사업장의 근로자의 건강보험에 관하여는 외국 정부와 한 합의에 따라 이를 따로 정할 수 있다. 국내에 체류하는 재외국민 또는 외국인(국내체류 외국인 등)이 적용대상사업장의 근로자, 공무원 또는 교직원이고 직장가입자의 제외대상에 해당하지 아니하면서 다음의 어느 하나에 해당하는 경우에는 직장가입자가 된다.

1. 주민등록법에 따라 등록한 사람
2. 재외동포의 출입국과 법적 지위에 관한 법률에 따라 국내거소신고를 한 사람
3. 출입국관리법에 따라 외국인등록을 한 사람

(3) 자격의 취득 · 변동 · 상실

① 자격의 취득 시기 등(제8조)

가입자는 국내에 거주하게 된 날에 직장가입자 또는 지역가입자의 자격을 얻는다. 다만, 다음의 어느 하나에 해당하는 사람은 그 해당되는 날에 각각 자격을 얻는다.

1. 수급권자이었던 사람은 그 대상자에서 제외된 날
2. 직장가입자의 피부양자이었던 사람은 그 자격을 잃은 날
3. 유공자 등 의료보호대상자이었던 사람은 그 대상자에서 제외된 날
4. 보험자에게 건강보험의 적용을 신청한 유공자 등 의료보호대상자는 그 신청한 날

② **자격의 변동 시기 등**(제9조)

가입자는 다음의 어느 하나에 해당하게 된 날에 그 자격이 변동된다.

1. 지역가입자가 적용대상사업장의 사용자로 되거나, 근로자 · 공무원 또는 교직원(근로자 등)으로 사용된 날
2. 직장가입자가 다른 적용대상사업장의 사용자로 되거나 근로자 등으로 사용된 날
3. 직장가입자인 근로자 등이 그 사용관계가 끝난 날의 다음 날
4. 적용대상사업장에 휴업 · 폐업 등의 사유가 발생한 날의 다음 날
5. 지역가입자가 다른 세대로 전입한 날

③ **자격 취득 · 변동 사항의 고지**(제9조의2)

공단은 제공받은 자료를 통하여 가입자 자격의 취득 또는 변동 여부를 확인하는 경우에는 자격 취득 또는 변동 후 최초로 납부의무자에게 보험료 납입 고지를 할 때 보건복지부령으로 정하는 바에 따라 자격 취득 또는 변동에 관한 사항을 알려야 한다.

④ **자격의 상실 시기 등**(제10조)

가입자는 다음의 어느 하나에 해당하게 된 날에 그 자격을 잃는다.

1. 사망한 날의 다음 날
2. 국적을 잃은 날의 다음 날
3. 국내에 거주하지 아니하게 된 날의 다음 날
4. 직장가입자의 피부양자가 된 날
5. 수급권자가 된 날
6. 건강보험을 적용받고 있던 사람이 유공자 등 의료보호대상자가 되어 건강보험의 적용배제신청을 한 날

⑤ **자격취득 등의 확인**(제11조)

가입자 자격의 취득 · 변동 및 상실은 자격의 취득 · 변동 및 상실의 시기로 소급하여 효력을 발생한다. 이 경우 보험자는 그 사실을 확인할 수 있다. 가입자나 가입자이었던 사람 또는 피부양자나 피부양자이었던 사람은 자격취득 · 변동 · 상실에 따른 확인을 청구할 수 있다.

⑥ **건강보험증**(제12조)

국민건강보험공단은 가입자 또는 피부양자가 신청하는 경우 건강보험증을 발급하여야 한다.

3) 보험급여

가입자 및 피부양자의 질병과 부상에 대한 예방, 진단, 치료, 재활, 출산, 사망 및 건강증진에 대하여 법령이 정하는 바에 따라 현물 또는 현금의 형태로 제공하는 서비스를 말한다.

건강보험의 급여종류에는 현물급여 형태의 요양급여, 건강검진과 현금급여 형태의 요양비, 장애인보조기기 급여비, 임신·출산진료비 지원사업 등이 있다. 또한 고액 중증질환의 의료비 부담을 덜기 위하여 환자가 부담한 연간 본인부담금 총액이 가입자 소득수준에 따른 본인부담 상한액을 초과하는 경우, 그 초과금액을 전액 환자에게 돌려주는 제도로 본인부담상한액제도가 실시 중이다.

표 10-3 건강보험 급여의 종류

구분		수급권자
현물급여	요양급여	가입자 및 피부양자
	건강검진	가입자 및 피부양자
현금급여	요양비	가입자 및 피부양자
	장애인보조기기	가입자 및 피부양자 중 장애인복지법에 의해 등록한 장애인
	본인부담액 상한제	가입자 및 피부양자
	임신·출산 진료비	가입자 및 피부양자 중 임산부

※ 출처: 임정문 외(2020: 290).

(1) 요양급여

① 요양급여(제41조)

가입자와 피부양자의 질병, 부상, 출산 등에 대하여 진찰·검사, 약제(藥劑)·치료재료의 지급, 처치·수술 및 그 밖의 치료, 예방·재활, 입원, 간호, 이송(移送)의 요양급여를 실시한다.

② 선별급여(제41조의4)

요양급여를 결정함에 있어 경제성 또는 치료효과성 등이 불확실하여 그 검증을 위하여 추가적인 근거가 필요하거나, 경제성이 낮아도 가입자와 피부양자의 건강회복에 잠재적 이득이 있는 등 대통령령으로 정하는 경우에는 예비적인 요양급여인 선별급여로 지정하여 실시할 수 있다.

③ 방문요양급여(제41조의5)

가입자 또는 피부양자가 질병이나 부상으로 거동이 불편한 경우 등 보건복지부령으로 정하는 사유에 해당하는 경우에는 가입자 또는 피부양자를 직접 방문하여 요양급여를 실시할 수 있다.

④ 요양기관(제42조)

요양급여(간호와 이송은 제외)는 다음의 요양기관에서 실시한다. 이 경우 보건복지부장관은 공익이나 국가정책에 비추어 요양기관으로 적합하지 아니한 대통령령으로 정하는 의료기관 등은 요양기관에서 제외할 수 있다.

1. 의료법에 따라 개설된 의료기관
2. 약사법에 따라 등록된 약국
3. 약사법에 따라 설립된 한국희귀·필수의약품센터
4. 지역보건법에 따른 보건소·보건의료원 및 보건지소
5. 농어촌 등 보건의료를 위한 특별조치법에 따라 설치된 보건진료소

⑤ 비용의 일부부담(제44조)

요양급여를 받는 자는 대통령령으로 정하는 바에 따라 비용의 일부(본인일부부담금)를 본인이 부담한다. 이 경우 선별급여에 대해서는 다른 요양급여에 비하여 본인일부부담금을 상향 조정할 수 있다. 본인이 연간 부담하는 본인일부부담금의 총액이 대통령령으로 정하는 금액(본인부담상한액)을 초과한 경우에는 공단이 그 초과 금액을 부담하여야 한다.

⑥ 요양급여비용의 산정 등(제45조)

요양급여비용은 공단의 이사장과 대통령령으로 정하는 의약계를 대표하는 사람들의 계약으로 정한다. 이 경우 계약기간은 1년으로 한다.

(2) 요양비(제49조)

공단은 가입자나 피부양자가 보건복지부령으로 정하는 긴급하거나 그 밖의 부득이한 사유로 요양기관과 비슷한 기능을 하는 기관으로서 보건복지부령으로 정하는 기관(준요양기관)[6]에서 질병·부상·출산 등에 대하여 요양을 받거나 요양기관이 아닌 장소에서 출산한

6) 업무정지기간 중인 요양기관 포함

경우에는 그 요양급여에 상당하는 금액을 보건복지부령으로 정하는 바에 따라 가입자나 피부양자에게 요양비로 지급한다.

(3) 부가급여(제50조, 시행령 제23조)

공단은 이 법에서 정한 요양급여 외에 대통령령으로 정하는 바에 따라 임신·출산 진료비, 장제비, 상병수당, 그 밖의 급여를 실시할 수 있다. 부가급여는 임신·출산(유산 및 사산을 포함) 진료비로 한다(시행령 제23조). 임신·출산 진료비 지원 대상은 다음과 같다.

1. 임신·출산한 가입자 또는 피부양자
2. 2세 미만인 가입자 또는 피부양자(2세 미만 영유아)의 법정대리인(출산한 가입자 또는 피부양자가 사망한 경우에 한정)

(4) 장애인에 대한 특례(제51조)

공단은 장애인복지법에 따라 등록한 장애인인 가입자 및 피부양자에게는 장애인·노인 등을 위한 보조기기 지원 및 활용촉진에 관한 법률에 따른 보조기기에 대하여 보험급여를 할 수 있다.

(5) 건강검진(제52조, 시행령 제25조)

공단은 가입자와 피부양자에 대하여 질병의 조기 발견과 그에 따른 요양급여를 하기 위하여 건강검진을 실시한다. 건강검진의 종류 및 대상은 다음과 같다. 건강검진은 2년마다 1회 이상 실시하되, 사무직에 종사하지 않는 직장가입자에 대해서는 1년에 1회 실시한다. 다만, 암검진은 암관리법 시행령에서 정한 바에 따르며, 영유아건강검진은 영유아의 나이 등을 고려하여 보건복지부장관이 정하여 고시하는 바에 따라 검진주기와 검진횟수를 다르게 할 수 있다.

1. 일반건강검진: 직장가입자, 세대주인 지역가입자, 20세 이상인 지역가입자 및 20세 이상인 피부양자
2. 암검진: 암관리법에 따른 암의 종류별 검진주기와 연령 기준 등에 해당하는 사람
3. 영유아건강검진: 6세 미만의 가입자 및 피부양자

(6) 급여의 제한 및 정지

① 급여의 제한(제53조)

공단은 보험급여를 받을 수 있는 사람이 다음의 어느 하나에 해당하면 보험급여를 하지 아니한다.

1. 고의 또는 중대한 과실로 인한 범죄행위에 그 원인이 있거나 고의로 사고를 일으킨 경우
2. 고의 또는 중대한 과실로 공단이나 요양기관의 요양에 관한 지시에 따르지 아니한 경우
3. 고의 또는 중대한 과실로 문서와 그 밖의 물건의 제출을 거부하거나 질문 또는 진단을 기피한 경우
4. 업무 또는 공무로 생긴 질병·부상·재해로 다른 법령에 따른 보험급여나 보상(報償) 또는 보상(補償)을 받게 되는 경우

② 급여의 정지(제54조)

보험급여를 받을 수 있는 사람이 다음의 어느 하나에 해당하면 그 기간에는 보험급여를 하지 아니한다. 다만, 병역법에 따른 현역병(지원에 의하지 아니하고 임용된 하사를 포함), 전환복무된 사람 및 군간부후보생에 해당하게 된 경우, 교도소, 그 밖에 이에 준하는 시설에 수용되어 있는 경우에는 현역병 등에 대한 요양급여비용 등의 지급(제60조)에 따른 요양급여를 실시한다.

1. 국외에 체류하는 경우
2. 병역법에 따른 현역병(지원에 의하지 아니하고 임용된 하사를 포함), 전환복무된 사람 및 군간부후보생에 해당하게 된 경우
3. 교도소, 그 밖에 이에 준하는 시설에 수용되어 있는 경우

③ 급여의 확인(제55조)

공단은 보험급여를 할 때 필요하다고 인정되면 보험급여를 받는 사람에게 문서와 그 밖의 물건을 제출하도록 요구하거나 관계인을 시켜 질문 또는 진단하게 할 수 있다.

4) 보험료

(1) 보험료 징수(제69조)

공단은 건강보험사업에 드는 비용에 충당하기 위하여 보험료의 납부의무자로부터 보험료를 징수한다. 보험료는 가입자의 자격을 취득한 날이 속하는 달의 다음 달부터 가입자의

자격을 잃은 날의 전날이 속하는 달까지 징수한다. 다만, 가입자의 자격을 매월 1일에 취득한 경우 또는 건강보험 적용 신청으로 가입자의 자격을 취득하는 경우에는 그 달부터 징수한다.

(2) 직장가입자의 보험료 산정

① 직장가입자 보험료 산정(제69조)

직장가입자의 월별 보험료액은 다음에 따라 산정한 금액으로 한다.

1. 보수월액보험료: 보수월액에 보험료율을 곱하여 얻은 금액
2. 소득월액보험료: 소득월액에 보험료율을 곱하여 얻은 금액

② 보수월액보험료 산정(제70조)

직장가입자의 보수월액은 직장가입자가 지급받는 보수를 기준으로 하여 산정한다.

③ 소득월액보험료 산정(제71조)

소득월액은 보수월액의 산정에 포함된 보수를 제외한 직장가입자의 소득(보수외소득)이 대통령령으로 정하는 금액을 초과하는 경우 다음의 계산식에 따라 산정한다.

(연간 보수외소득 – 대통령령으로 정하는 금액) × 1/12

④ 보수월액보험료와 소득월액보험료의 부담(제76조)

직장가입자의 보수월액보험료는 직장가입자와 다음의 구분에 따른 자가 각각 보험료액의 100분의 50씩 부담한다. 다만, 직장가입자가 교직원으로서 사립학교에 근무하는 교원이면 보험료액은 그 직장가입자가 100분의 50을, 교직원이 소속되어 있는 사립학교를 설립·운영하는 자가 100분의 30을, 국가가 100분의 20을 각각 부담한다. 직장가입자의 소득월액보험료는 직장가입자가 부담한다. 직장가입자가 교직원인 경우 교직원이 소속되어 있는 사립학교를 설립·운영하는 자가 부담액 전부를 부담할 수 없으면 그 부족액을 학교에 속하는 회계에서 부담하게 할 수 있다.

1. 직장가입자가 근로자인 경우에는 근로자가 소속되어 있는 사업장의 사업주
2. 직장가입자가 공무원인 경우에는 그 공무원이 소속되어 있는 국가 또는 지방자치단체
3. 직장가입자가 교직원(사립학교에 근무하는 교원은 제외)인 경우에는 교직원이 소속되어 있는 사립학교를 설립·운영하는 자

⑤ 보험료의 납부의무(제77조)

직장가입자의 보험료는 다음의 구분에 따라 다음에서 정한 자가 납부한다.

1. 보수월액보험료: 사용자. 이 경우 사업장의 사용자가 2명 이상인 때에는 그 사업장의 사용자는 해당 직장가입자의 보험료를 연대하여 납부한다.
2. 소득월액보험료: 직장가입자

(3) 지역가입자의 보험료

① 지역가입자의 보험료 산정(제69조)

지역가입자의 월별 보험료액은 세대 단위로 산정하되, 지역가입자가 속한 세대의 월별 보험료액은 산정한 보험료부과점수에 보험료부과점수당 금액을 곱한 금액으로 한다.

② 보험료부과점수(제72조)

보험료부과점수는 지역가입자의 소득 및 재산을 기준으로 산정한다.

③ 지역가입자의 보험료 부담(제76조)

지역가입자의 보험료는 그 가입자가 속한 세대의 지역가입자 전원이 연대하여 부담한다.

④ 보험료의 납부의무(제77조)

지역가입자의 보험료는 그 가입자가 속한 세대의 지역가입자 전원이 연대하여 납부한다. 다만, 소득 및 재산이 없는 미성년자와 소득 및 재산 등을 고려하여 대통령령으로 정하는 기준에 해당하는 미성년자는 납부의무를 부담하지 아니한다.

(4) 보험료의 면제 및 경감

① 직장가입자의 보험료 면제(제74조)

공단은 직장가입자가 '국외에 체류하는 경우(3개월 이상으로 한정), 병역법에 따른 현역병(자원에 의하지 아니하고 임용된 하사를 포함) · 전환복무된 사람 및 군간부후보생에 해당하게 된 경우, 교도소 · 그 밖에 준하는 시설에 수용되어 있는 경우에는 그 가입자의 보험료를 면제한다. 다만, 국외에 체류하는 직장가입자의 경우에는 국내에 거주하는 피부양자가 없을 때에만 보험료를 면제한다.

② 지역가입자의 보험료 면제(제74조)

공단은 지역가입자가 '국외에 체류하는 경우(3개월 이상으로 한정), 병역법에 따른 현역병(자원에 의하지 아니하고 임용된 하사를 포함)·전환복무된 사람 및 군간부후보생에 해당하게 된 경우, 교도소·그 밖에 준하는 시설에 수용되어 있는 경우에는 그 가입자가 속한 세대의 보험료를 산정할 때 그 가입자의 보험료부과점수를 제외한다.

③ 보험료의 경감 등(제75조)

다음의 어느 하나에 해당하는 가입자 중 보건복지부령으로 정하는 가입자에 대하여는 그 가입자 또는 그 가입자가 속한 세대의 보험료의 일부를 경감할 수 있다.

1. 섬·벽지(僻地)·농어촌 등 대통령령으로 정하는 지역에 거주하는 사람
2. 65세 이상인 사람
3. 장애인복지법에 따라 등록한 장애인
4. 국가유공자 등 예우 및 지원에 관한 법률에 따른 국가유공자
5. 휴직자
6. 그 밖에 생활이 어렵거나 천재지변 등의 사유로 보험료를 경감할 필요가 있다고 보건복지부장관이 정하여 고시하는 사람

5) 국민건강보험공단 등 관련 기관

(1) 국민건강보험공단

① 보험자(제13조) 및 법인격(제15조)

건강보험의 보험자는 국민건강보험공단으로 한다. 공단은 법인으로 한다. 공단은 주된 사무소의 소재지에서 설립등기를 함으로써 성립한다.

② 업무(제14조)

1. 가입자 및 피부양자의 자격 관리
2. 보험료와 그 밖에 이 법에 따른 징수금의 부과·징수
3. 보험급여의 관리
4. 가입자 및 피부양자의 질병의 조기발견·예방 및 건강관리를 위하여 요양급여 실시 현황과 건강검진 결과 등을 활용하여 실시하는 예방사업으로서 대통령령으로 정하는 사업
5. 보험급여 비용의 지급
6. 자산의 관리·운영 및 증식사업

7. 의료시설의 운영
8. 건강보험에 관한 교육훈련 및 홍보
9. 건강보험에 관한 조사연구 및 국제협력
10. 이 법에서 공단의 업무로 정하고 있는 사항
11. 국민연금법, 고용보험 및 산업재해보상보험의 보험료징수 등에 관한 법률, 임금채권보장법 및 석면피해구제법(징수위탁근거법)에 따라 위탁받은 업무
12. 그 밖에 이 법 또는 다른 법령에 따라 위탁받은 업무
13. 그 밖에 건강보험과 관련하여 보건복지부장관이 필요하다고 인정한 업무

③ 임원(제20조)

공단은 임원으로서 이사장 1명, 이사 14명 및 감사 1명을 둔다. 이 경우 이사장, 이사 중 5명 및 감사는 상임으로 한다.

④ 재정운영위원회(제33조)

요양급여비용의 계약 및 결손처분 등 보험재정에 관련된 사항을 심의·의결하기 위하여 공단에 재정운영위원회를 둔다.

⑤ 회계, 예·결산 등

- 회계(제35조): 공단의 회계연도는 정부의 회계연도에 따른다. 공단은 직장가입자와 지역가입자의 재정을 통합하여 운영한다. 공단은 건강보험사업 및 징수위탁근거법의 위탁에 따른 국민연금사업·고용보험사업·산업재해보상보험사업·임금채권보장사업에 관한 회계를 공단의 다른 회계와 구분하여 각각 회계처리하여야 한다.
- 예산(제36조): 공단은 회계연도마다 예산안을 편성하여 이사회의 의결을 거친 후 보건복지부장관의 승인을 받아야 한다. 예산을 변경할 때에도 또한 같다.
- 결산(제39조): 공단은 회계연도마다 결산보고서와 사업보고서를 작성하여 다음해 2월 말일까지 보건복지부장관에게 보고하여야 한다. 공단은 결산보고서와 사업보고서를 보건복지부장관에게 보고하였을 때에는 보건복지부령으로 정하는 바에 따라 그 내용을 공고하여야 한다.

(2) 건강보험정책심의위원회(제4조)

건강보험정책에 관한 다음의 사항을 심의·의결하기 위하여 보건복지부장관 소속으로 건강보험정책심의위원회를 둔다.

1. 종합계획 및 시행계획에 관한 사항(심의에 한정)
2. 요양급여의 기준
3. 요양급여비용에 관한 사항
4. 직장가입자의 보험료율
5. 지역가입자의 보험료부과점수당 금액
6. 그 밖에 건강보험에 관한 주요 사항으로서 대통령령으로 정하는 사항

(3) 건강보험심사평가원(제63조)

1. 요양급여비용의 심사
2. 요양급여의 적정성 평가
3. 심사기준 및 평가기준의 개발
4. 요양급여비용의 심사, 요양급여의 적정성 평가, 심사기준 및 평가기준의 개발에 따른 업무와 관련된 조사연구 및 국제협력
5. 다른 법률에 따라 지급되는 급여비용의 심사 또는 의료의 적정성 평가에 관하여 위탁받은 업무
6. 그 밖에 이 법 또는 다른 법령에 따라 위탁받은 업무
7. 건강보험과 관련하여 보건복지부장관이 필요하다고 인정한 업무
8. 그 밖에 보험급여 비용의 심사와 보험급여의 적정성 평가와 관련하여 대통령령으로 정하는 업무

(4) 건강보험분쟁조정위원회(제89조)

심판청구를 심리·의결하기 위하여 보건복지부에 건강보험분쟁조정위원회(분쟁조정위원회)를 둔다. 분쟁조정위원회는 위원장을 포함하여 60명 이내의 위원으로 구성하고, 위원장을 제외한 위원 중 1명은 당연직위원으로 한다.

6) 수급자의 권리보호 및 벌칙

(1) 권리보호

① 이의신청(제87조)

가입자 및 피부양자의 자격, 보험료 등, 보험급여, 보험급여 비용에 관한 공단의 처분에 이의가 있는 자는 공단에 이의신청을 할 수 있다. 요양급여비용 및 요양급여의 적정성 평가 등에 관한 심사평가원의 처분에 이의가 있는 공단, 요양기관 또는 그 밖의 자는 심사평

가원에 이의신청을 할 수 있다. 이의신청은 처분이 있음을 안 날부터 90일 이내에 문서(전자문서를 포함)로 하여야 하며 처분이 있은 날부터 180일을 지나면 제기하지 못한다. 다만, 정당한 사유로 그 기간에 이의신청을 할 수 없었음을 소명한 경우에는 그러하지 아니하다. 요양기관이 심사평가원의 확인에 대하여 이의신청을 하려면 통보받은 날부터 30일 이내에 하여야 한다.

② 심판청구(제88조)

이의신청에 대한 결정에 불복하는 자는 건강보험분쟁조정위원회에 심판청구를 할 수 있다. 이 경우 심판청구의 제기기간 및 제기방법에 관하여는 처분이 있음을 안 날부터 90일 이내에 문서(전자문서를 포함)로 하여야 하며 처분이 있은 날부터 180일을 지나면 제기하지 못한다. 다만, 정당한 사유로 그 기간에 이의신청을 할 수 없었음을 소명한 경우에는 그러하지 아니하다. 심판청구를 하려는 자는 처분을 한 공단 또는 심사평가원에 제출하거나 건강보험분쟁조정위원회에 제출하여야 한다.

③ 행정소송(제90조)

공단 또는 심사평가원의 처분에 이의가 있는 자와 이의신청 또는 심판청구에 대한 결정에 불복하는 자는 행정소송법에서 정하는 바에 따라 행정소송을 제기할 수 있다.

(2) 시효(제91조)

다음의 권리는 3년 동안 행사하지 아니하면 소멸시효가 완성된다.

1. 보험료, 연체금 및 가산금을 징수할 권리
2. 보험료, 연체금 및 가산금으로 과오납부한 금액을 환급받을 권리
3. 보험급여를 받을 권리
4. 보험급여 비용을 받을 권리
5. 과다납부된 본인일부부담금을 돌려받을 권리
6. 근로복지공단의 권리

(3) 업무정지(제98조)

보건복지부장관은 요양기관이 다음의 어느 하나에 해당하면 그 요양기관에 대하여 1년의 범위에서 기간을 정하여 업무정지를 명할 수 있다.

1. 속임수나 그 밖의 부당한 방법으로 보험자·가입자 및 피부양자에게 요양급여비용을 부담하게 한 경우
2. 요양·약제의 지급 등 보험급여에 관한 보고 또는 서류제출 명령에 위반하거나 거짓 보고를 하거나 거짓 서류를 제출하거나, 소속 공무원의 검사 또는 질문을 거부·방해 또는 기피한 경우
3. 정당한 사유 없이 요양기관이 행위·치료재료에 대한 요양급여대상 여부에 따른 결정을 신청하지 아니하고 속임수나 그 밖의 부당한 방법으로 행위·치료재료를 가입자 또는 피부양자에게 실시 또는 사용하고 비용을 부담시킨 경우

(4) 과징금(제99조)

보건복지부장관은 요양기관이 속임수나 그 밖의 부당한 방법으로 보험자·가입자 및 피부양자에게 요양급여비용을 부담하게 한 경우 또는 정당한 사유 없이 요양기관이 행위·치료재료에 대한 요양급여대상 여부에 따른 결정을 신청하지 아니하고 속임수나 그 밖의 부당한 방법으로 행위·치료재료를 가입자 또는 피부양자에게 실시 또는 사용하고 비용을 부담시킨 경우에 해당하여 업무정지 처분을 하여야 하는 경우로서 그 업무정지 처분이 해당 요양기관을 이용하는 사람에게 심한 불편을 주거나 보건복지부장관이 정하는 특별한 사유가 있다고 인정되면 업무정지 처분을 갈음하여 속임수나 그 밖의 부당한 방법으로 부담하게 한 금액의 5배 이하의 금액을 과징금으로 부과·징수할 수 있다.

연습문제

01 국민연금법상 급여의 종류에 해당하는 것을 모두 고른 것은? 제20회 출제

ㄱ. 노령연금　　ㄴ. 장애인연금
ㄷ. 장해급여　　ㄹ. 장애연금
ㅁ. 반환일시금

① ㄱ, ㄴ, ㄹ　② ㄱ, ㄴ, ㅁ　③ ㄱ, ㄷ, ㅁ
④ ㄱ, ㄹ, ㅁ　⑤ ㄴ, ㄷ, ㄹ

02 국민연금법의 내용으로 옳은 것은? 제17회 출제

① 이 법을 적용할 때 배우자의 범위에는 사실상의 혼인관계에 있는 자를 제외한다.
② 수급권을 취득할 당시 가입자였던 자의 태아가 출생하면 그 자녀는 가입자였던 자에 의하여 생계를 유지하고 있던 자녀로 본다.
③ 가입자의 종류는 사업장가입자와 지역가입자의 2가지로 구분된다.
④ 지역가입자가 사업장가입자의 자격을 취득한 때에는 그에 해당하게 된 날의 다음 날에 지역가입자의 자격을 상실한다.
⑤ 수급권자가 사망한 경우 그 수급권자에게 미지급 급여가 있으면 그 급여를 받을 순위는 자녀, 배우자, 부모의 순으로 한다.

03 국민건강보험법상 건강보험심사평가원의 업무에 해당하는 것은? 제20회 출제

① 요양급여의 적정성 평가　② 가입자의 자격 관리
③ 보험급여의 관리　④ 보험급여 비용의 지급
⑤ 보험료의 부과·징수

04 국민건강보험법상 국민건강보험공단이 관장하는 업무에 해당하지 않는 것은? 제19회 출제

① 가입자 및 피부양자의 자격관리　② 자산의 관리·운영 및 증식사업
③ 의료시설의 운영　④ 건강보험에 관한 교육훈련 및 홍보
⑤ 요양급여비용의 심사

05 국민건강보험법상 요양급여에 해당하지 않는 것은? 제18회 출제

① 예방 · 재활
② 이송(移送)
③ 요양병원간병비
④ 처치 · 수술 및 그 밖의 치료
⑤ 약제(藥劑) · 치료재료의 지급

정답 1. ④ 2. ④ 3. ① 4. ⑤ 5. ③

Chapter 11

사회보험법 2

1. 고용보험법

1) 개요

우리나라는 1995년 7월 1일부터 고용보험제도가 시행됨으로써 산재보험(1962년), 의료보험(1977년), 국민연금(1988년) 등 선진국 수준의 4대 사회보장제도를 모두 갖추게 되었다. 고용보험제도는 실직근로자에게 실업급여를 지급하여 실직자의 생계를 보장하고 적극적인 직업소개 또는 직업훈련 지원을 통해 재취업을 촉진하고, 다양한 고용안정, 직업능력개발사업 등을 행하는 적극적인 취업알선 및 취업기회의 확대 등을 상호 연계하여 실시하는 사회보험제도이고, 적극적 차원의 사회보장제도이자 고용정책제도이다.

(1) 목적

이 법은 고용보험의 시행을 통하여 실업의 예방, 고용의 촉진 및 근로자 등의 직업능력의 개발과 향상을 꾀하고, 국가의 직업지도와 직업소개 기능을 강화하며, 근로자 등이 실업한 경우에 생활에 필요한 급여를 실시하여 근로자 등의 생활안정과 구직 활동을 촉진함으로써 경제·사회 발전에 이바지하는 것을 목적으로 한다.

(2) 특징

실직 근로자에게는 실업급여 지급과 고용촉진 등을 위한 고용안정사업, 직업능력개발사업을 연계 실시하는 사회보장제도로서, 이를 통해 실직 근로자의 생활보장과 고용대책을 통합적으로 운영하고 있다. 따라서 고용보험은 실직자에 대한 생계지원을 포함하여 근로자의 재취업을 촉진, 실업의 예방 및 고용안정, 노동시장의 구조 개편, 직업능력개발을 강화하기 위한 사전적 · 적극적 차원의 종합적인 노동시장정책이라 할 수 있다. 실업률은 경기변동과 밀접한 관계가 있으며, 보험사고의 예측이 어려운 사회보험으로 경기변동과 밀접한 관계가 있다.

(3) 연혁

고용보험은 김영삼정부 시기인 1995년 7월부터 시행되었다. 이후 IMF 외환위기로 인한 실업이 급증하자 김대중정부 시기인 1998년, 적용대상을 확대하여 근로자 1인 이상 사업장까지 포함되었다. 2001년 7월에는 육아휴직급여 및 산전후휴가급여가 신설되어 현재에 이르고 있다.

표 11-1 고용보험 연혁

시기	내용
1991.08.	• 80년대 초, 높은 실업률로 인하여 실업보험제도의 필요성이 제기되자, 제7차 경제 사회발전계획(1992~1996) 후반기 중 고용보험제도를 도입하기로 결정
1992.05.	• KLI에 '고용보험연구기획단' 설치
1993.07.	• 신경제 5개년 계획의 대국민 발표를 통해 95년 시행 고지
1993.12.	• 고용보험법 제정
1995.07.	• 고용보험 시행
1998.10.	• 1인 이상 전 사업장으로 고용보험 적용확대
2001.11.	• 고용보험을 통해 모성보호급여(육아 휴직, 산전후 휴가 급여) 지급
2002.12.	• 일용근로자 고용보험 적용 등 고용보험법 개정
2003.12.	• 고용보험과 산재보험 보험료 통합징수를 위한 관련규정 정비
2010.01.	• 4대 사회보험 징수 통합에 따라 보험료 산정기준을 임금에서 보수로 변경
2011.07.	• 자영업자 고용보험 실업급여 혜택 확대
2011.09.	• 육아기 근로시간 단축 급여제도 시행
2012.01.	• 자영업자 고용보험(실업급여) 적용
2012.07.	• 두루누리 사회보험지원제도 시행
2013.06.	• 65세 이상자 고용보험(실업급여) 적용
2014.10.	• '아빠의 달' 육아휴직 특례 제도 시행
2015.07.	• 근로자 직업능력개발 훈련 지원대상 확대
2015.12.	• 근로시간단축 지원금 신설

시기	내용
2016.05.	• '실업크레딧' 제도 도입
2017.01.	• 고용장려금 제도 개편(통합지원금 서비스 시행)
2017.08.	• 중소기업청년추가고용장려금 신설

※ 출처: 두루누리(2022).

(4) 용어의 정의(제2조)

• 피보험자: 다음에 해당하는 사람을 말한다.

1. 고용보험 및 산업재해보상보험의 보험료징수 등에 관한 법률(고용산재보험료징수법)에 따라 보험에 가입되거나 가입된 것으로 보는 근로자, 예술인 또는 노무제공자
2. 고용산재보험료징수법에 따라 고용보험에 가입하거나 가입된 것으로 보는 자영업자(자영업자인 피보험자)

• 이직(離職): 피보험자와 사업주 사이의 고용관계가 끝나게 되는 것(예술인 및 노무제공자의 경우에는 문화예술용역 관련 계약 또는 노무제공계약이 끝나는 것)을 말한다.
• 실업: 근로의 의사와 능력이 있음에도 불구하고 취업하지 못한 상태에 있는 것을 말한다.
• 실업의 인정: 직업안정기관의 장이 수급자격자가 실업한 상태에서 적극적으로 직업을 구하기 위하여 노력하고 있다고 인정하는 것을 말한다.
• 보수: 소득세법에 따른 근로소득에서 대통령령으로 정하는 금품을 뺀 금액을 말한다. 다만, 휴직이나 그 밖에 이와 비슷한 상태에 있는 기간 중에 사업주 외의 자로부터 지급받는 금품 중 고용노동부장관이 정하여 고시하는 금품은 보수로 본다.
• 일용근로자: 1개월 미만 동안 고용되는 사람을 말한다.

2) 가입대상

(1) 가입자 등

① 적용 범위(제8조)
이 법은 근로자를 사용하는 모든 사업 또는 사업장(사업)에 적용한다.

② 적용 제외 사업장(제8조)

산업별 특성 및 규모 등을 고려하여 대통령령으로 정하는 사업에 대해서는 적용하지 아니한다. 대통령령으로 정하는 사업이란 다음의 어느 하나에 해당하는 사업을 말한다(시행령 제2조).

1. 농업·임업 및 어업 중 법인이 아닌 자가 상시 4명 이하의 근로자를 사용하는 사업
2. 다음의 어느 하나에 해당하는 공사. 다만, 법 제15조제2항 각 호[1]에 해당하는 자가 시공하는 공사는 제외한다.
   가. 고용보험 및 산업재해보상보험의 보험료징수 등에 관한 법률 시행령(고용산재보험료징수법시행령)에 따른 총공사금액이 2천만 원 미만인 공사
   나. 연면적이 100제곱미터 이하인 건축물의 건축 또는 연면적이 200제곱미터 이하인 건축물의 대수선에 관한 공사
3. 가구 내 고용활동 및 달리 분류되지 아니한 자가소비 생산활동

③ 적용 제외 근로자(제10조)

• 다음의 어느 하나에 해당하는 사람에게는 이 법을 적용하지 아니한다.

1. 해당 사업에서 소정(所定)근로시간이 대통령령으로 정하는 시간 미만인 근로자
2. 국가공무원법과 지방공무원법에 따른 공무원. 다만, 대통령령으로 정하는 바에 따라 별정직공무원, 국가공무원법 및 지방공무원법에 따른 임기제공무원의 경우는 본인의 의사에 따라 고용보험(실업급여에 한정)에 가입할 수 있다.
3. 사립학교교직원 연금법의 적용을 받는 사람
4. 그 밖에 대통령령으로 정하는 사람(별정우체국법에 따른 별정우체국 직원)

• 소정근로시간이 대통령령으로 정하는 시간 미만인 사람이란 1개월간 소정근로시간이 60시간 미만인 사람(1주간의 소정근로시간이 15시간 미만인 사람을 포함)을 말한다. 다만, 3개월 이상 계속하여 근로를 제공하는 사람과 일용근로자는 제외한다(시행령 제3조).
• 65세 이후에 고용(65세 전부터 피보험 자격을 유지하던 사람이 65세 이후에 계속하여 고용된 경우는 제외)되거나 자영업을 개시한 사람에게는 실업급여(제4장) 및 육아휴직급여(제5장)를 적용하지 아니한다.

---

1) 1. 건설산업기본법 제2조제7호에 따른 건설사업자
   2. 주택법 제4조에 따른 주택건설사업자
   3. 전기공사업법 제2조제3호에 따른 공사업자
   4. 정보통신공사업법 제2조제4호에 따른 정보통신공사업자
   5. 소방시설공사업법 제2조제1항제2호에 따른 소방시설업자
   6. 문화재수리 등에 관한 법률 제14조에 따른 문화재수리업자

③ 외국인근로자에 대한 적용(제10조의2)

외국인근로자의 고용 등에 관한 법률의 적용을 받는 외국인근로자에게는 이 법을 적용한다. 다만, 실업급여(제4장) 및 육아휴직급여(제5장)는 고용노동부령으로 정하는 바에 따른 신청이 있는 경우에만 적용한다.

(2) 피보험자

① 피보험자격의 취득일(제13조)

- 근로자인 피보험자는 이 법이 적용되는 사업에 고용된 날에 피보험자격을 취득한다. 다만, 다음의 경우에는 각각 그 해당되는 날에 피보험자격을 취득한 것으로 본다.

1. 적용 제외 근로자였던 사람이 이 법의 적용을 받게 된 경우에는 그 적용을 받게 된 날
2. 고용산재보험료징수법에 따른 보험관계 성립일 전에 고용된 근로자의 경우에는 그 보험관계가 성립한 날

- 자영업자인 피보험자는 고용산재보험료징수법에 따라 보험관계가 성립한 날에 피보험자격을 취득한다.

② 피보험자격의 상실일(제14조)

- 근로자인 피보험자는 다음의 어느 하나에 해당하는 날에 각각 그 피보험자격을 상실한다.

1. 근로자인 피보험자가 적용 제외 근로자에 해당하게 된 경우에는 그 적용 제외 대상자가 된 날
2. 고용산재보험료징수법에 따라 보험관계가 소멸한 경우에는 그 보험관계가 소멸한 날
3. 근로자인 피보험자가 이직한 경우에는 이직한 날의 다음 날
4. 근로자인 피보험자가 사망한 경우에는 사망한 날의 다음 날

- 자영업자인 피보험자는 고용산재보험료징수법의 규정에 따라 보험관계가 소멸한 날에 피보험자격을 상실한다.

③ 피보험자격에 관한 신고 등(제15조)

- 사업주는 그 사업에 고용된 근로자의 피보험자격의 취득 및 상실 등에 관한 사항을 대통령령으로 정하는 바에 따라 고용노동부장관에게 신고하여야 한다.
- 고용산재보험료징수법에 따라 원수급인(元受給人)이 사업주로 된 경우에 그 사업에 종사하는 근로자 중 원수급인이 고용하는 근로자 외의 근로자에 대하여는 그 근로자를

고용하는 다음의 하수급인(下受給人)이 신고를 하여야 한다. 이 경우 원수급인은 고용노동부령으로 정하는 바에 따라 하수급인에 관한 자료를 고용노동부장관에게 제출하여야 한다.

1. 건설산업기본법에 따른 건설사업자
2. 주택법에 따른 주택건설사업자
3. 전기공사업법에 따른 공사업자
4. 정보통신공사업법에 따른 정보통신공사업자
5. 소방시설공사업법에 따른 소방시설업자
6. 문화재수리 등에 관한 법률에 따른 문화재수리업자

④ 피보험자격의 확인(제17조)

피보험자 또는 피보험자였던 사람은 언제든지 고용노동부장관에게 피보험자격의 취득 또는 상실에 관한 확인을 청구할 수 있다. 고용노동부장관은 청구에 따르거나 직권으로 피보험자격의 취득 또는 상실에 관하여 확인을 한다.

⑤ 피보험자격 이중 취득의 제한(제18조)

근로자가 보험관계가 성립되어 있는 둘 이상의 사업에 동시에 고용되어 있는 경우에는 고용노동부령으로 정하는 바에 따라 그 중 한 사업의 근로자로서의 피보험자격을 취득한다.

3) 보험급여

(1) 고용안정 · 직업능력개발 사업

① 고용안정 · 직업능력개발 사업의 실시(제19조)

고용노동부장관은 피보험자 및 피보험자였던 사람, 그 밖에 취업할 의사를 가진 사람(피보험자 등)에 대한 실업의 예방, 취업의 촉진, 고용기회의 확대, 직업능력개발 · 향상의 기회 제공 및 지원, 그 밖에 고용안정과 사업주에 대한 인력 확보를 지원하기 위하여 고용안정 · 직업능력개발 사업을 실시한다. 고용노동부장관은 고용안정 · 직업능력개발 사업을 실시할 때에는 근로자의 수, 고용안정 · 직업능력개발을 위하여 취한 조치 및 실적 등 대통령령으로 정하는 기준에 해당하는 기업(우선지원 대상기업)을 우선적으로 고려하여야 한다.

② 고용창출의 지원(제20조)

고용노동부장관은 고용환경 개선, 근무형태 변경 등으로 고용의 기회를 확대한 사업주에게 대통령령으로 정하는 바에 따라 필요한 지원을 할 수 있다.

③ 고용조정의 지원(제21조)

고용노동부장관은 경기의 변동, 산업구조의 변화 등에 따른 사업 규모의 축소, 사업의 폐업 또는 전환으로 고용조정이 불가피하게 된 사업주가 근로자에 대한 휴업, 휴직, 직업 전환에 필요한 직업능력개발 훈련, 인력의 재배치 등을 실시하거나 그 밖에 근로자의 고용 안정을 위한 조치를 하면 대통령령으로 정하는 바에 따라 그 사업주에게 필요한 지원을 할 수 있다. 이 경우 휴업이나 휴직 등 고용안정을 위한 조치로 근로자의 임금(근로기준법에 따른 임금)이 대통령령으로 정하는 수준으로 감소할 때에는 대통령령으로 정하는 바에 따라 그 근로자에게도 필요한 지원을 할 수 있다.

④ 지역 고용의 촉진(제22조)

고용노동부장관은 고용기회가 뚜렷이 부족하거나 산업구조의 변화 등으로 고용사정이 급속하게 악화되고 있는 지역으로 사업을 이전하거나 그러한 지역에서 사업을 신설 또는 증설하여 그 지역의 실업 예방과 재취업 촉진에 기여한 사업주, 그 밖에 그 지역의 고용기회 확대에 필요한 조치를 한 사업주에게 대통령령으로 정하는 바에 따라 필요한 지원을 할 수 있다.

⑤ 고령자 등 고용촉진의 지원(제23조)

고용노동부장관은 고령자 등 노동시장의 통상적인 조건에서는 취업이 특히 곤란한 사람(고령자 등)의 고용을 촉진하기 위하여 고령자 등을 새로 고용하거나 이들의 고용안정에 필요한 조치를 하는 사업주 또는 사업주가 실시하는 고용안정 조치에 해당된 근로자에게 대통령령으로 정하는 바에 따라 필요한 지원을 할 수 있다.

⑥ 건설근로자 등의 고용안정 지원(제24조)

고용노동부장관은 건설근로자 등 고용상태가 불안정한 근로자를 위하여 다음의 사업을 실시하는 사업주에게 대통령령으로 정하는 바에 따라 필요한 지원을 할 수 있다. 고용노동부장관은 사업주가 단독으로 고용안정 사업을 실시하기 어려운 경우로서 대통령령으로 정하는 경우에는 사업주 단체에 대하여도 지원을 할 수 있다.

1. 고용상태의 개선을 위한 사업
2. 계속적인 고용기회의 부여 등 고용안정을 위한 사업
3. 그 밖에 대통령령으로 정하는 고용안정 사업

⑦ 고용안정 및 취업 촉진(제25조)

고용노동부장관은 피보험자 등의 고용안정 및 취업을 촉진하기 위하여 다음의 사업을 직접 실시하거나 이를 실시하는 자에게 필요한 비용을 지원 또는 대부할 수 있다.

1. 고용관리 진단 등 고용개선 지원 사업
2. 피보험자 등의 창업을 촉진하기 위한 지원 사업
3. 그 밖에 피보험자 등의 고용안정 및 취업을 촉진하기 위한 사업으로서 대통령령으로 정하는 사업

⑧ 고용촉진 시설에 대한 지원(제26조)

고용노동부장관은 피보험자 등의 고용안정 · 고용촉진 및 사업주의 인력 확보를 지원하기 위하여 대통령령으로 정하는 바에 따라 상담 시설, 어린이집, 그 밖에 대통령령으로 정하는 고용촉진 시설을 설치 · 운영하는 자에게 필요한 지원을 할 수 있다.

⑨ 지원의 제한(제26조의2)

고용노동부장관은 지원을 할 때 사업주가 다른 법령에 따른 지원금 또는 장려금 등의 금전을 지급받은 경우 등 대통령령으로 정하는 경우에는 그 금액을 빼고 지원할 수 있다.

⑩ 사업주에 대한 직업능력개발 훈련의 지원(제27조)

고용노동부장관은 피보험자 등의 직업능력을 개발 · 향상시키기 위하여 대통령령으로 정하는 직업능력개발 훈련을 실시하는 사업주에게 대통령령으로 정하는 바에 따라 그 훈련에 필요한 비용을 지원할 수 있다. 고용노동부장관은 사업주가 다음의 어느 하나에 해당하는 사람에게 직업능력개발 훈련을 실시하는 경우에는 대통령령으로 정하는 바에 따라 우대 지원할 수 있다.

1. 기간제 및 단시간근로자 보호 등에 관한 법률의 기간제근로자
2. 근로기준법의 단시간근로자
3. 파견근로자 보호 등에 관한 법률의 파견근로자
4. 일용근로자
5. 고용상 연령차별금지 및 고령자고용촉진에 관한 법률의 고령자 또는 준고령자
6. 그 밖에 대통령령으로 정하는 사람

⑪ 피보험자 등에 대한 직업능력개발 지원(제29조)

고용노동부장관은 피보험자 등이 직업능력개발 훈련을 받거나 그 밖에 직업능력 개발 · 향상을 위하여 노력하는 경우에는 대통령령으로 정하는 바에 따라 필요한 비용을 지원할

수 있다.

⑫ 직업능력개발 훈련 시설에 대한 지원 등(제30조)

고용노동부장관은 피보험자 등의 직업능력 개발·향상을 위하여 필요하다고 인정하면 대통령령으로 정하는 바에 따라 직업능력개발 훈련 시설의 설치 및 장비 구입에 필요한 비용의 대부, 그 밖에 고용노동부장관이 정하는 직업능력개발 훈련 시설의 설치 및 장비 구입·운영에 필요한 비용을 지원할 수 있다.

⑬ 직업능력개발의 촉진(제31조)

고용노동부장관은 피보험자 등의 직업능력 개발·향상을 촉진하기 위하여 직업능력개발 사업에 대한 기술지원 및 평가 사업, 자격검정 사업 및 숙련기술장려법에 따른 숙련기술 장려 사업, 그 밖에 대통령령으로 정하는 사업을 실시하거나 이를 실시하는 자에게 그 사업의 실시에 필요한 비용을 지원할 수 있다.

⑭ 건설근로자 등의 직업능력개발 지원(제32조)

고용노동부장관은 건설근로자 등 고용상태가 불안정한 근로자를 위하여 직업능력 개발·향상을 위한 사업으로 대통령령으로 정하는 사업을 실시하는 사업주에게 그 사업의 실시에 필요한 비용을 지원할 수 있다.

⑮ 고용정보의 제공 및 고용 지원 기반의 구축 등(제33조)

고용노동부장관은 사업주 및 피보험자 등에 대한 구인·구직·훈련 등 고용정보의 제공, 직업·훈련 상담 등 직업지도, 직업소개, 고용안정·직업능력개발에 관한 기반의 구축 및 그에 필요한 전문 인력의 배치 등의 사업을 할 수 있다.

⑯ 지방자치단체 등에 대한 지원(제34조)

고용노동부장관은 지방자치단체 또는 대통령령으로 정하는 비영리법인·단체가 그 지역에서 피보험자 등의 고용안정·고용촉진 및 직업능력개발을 위한 사업을 실시하는 경우에는 대통령령으로 정하는 바에 따라 필요한 지원을 할 수 있다.

(2) 실업급여

가. 실업급여의 종류(제37조)

실업급여는 구직급여와 취업촉진 수당으로 구분한다. 취업촉진 수당의 종류는 조기(早期)

재취업 수당, 직업능력개발 수당, 광역 구직활동비, 이주비가 있다.

나. 구직급여

① 구직급여의 수급요건(제40조)

• 구직급여는 이직한 근로자인 피보험자가 다음의 요건을 모두 갖춘 경우에 지급한다.

1. 기준기간 동안의 피보험 단위기간이 합산하여 180일 이상일 것
2. 근로의 의사와 능력이 있음에도 불구하고 취업(영리를 목적으로 사업을 영위하는 경우를 포함)하지 못한 상태에 있을 것
3. 이직사유가 수급자격의 제한 사유에 해당하지 아니할 것
4. 재취업을 위한 노력을 적극적으로 할 것
5. 다음의 어느 하나에 해당할 것(최종 이직 당시 일용근로자였던 사람만 해당)
   가. 제43조에 따른 수급자격 인정신청일이 속한 달의 직전 달 초일부터 수급자격 인정신청일까지의 근로일 수의 합이 같은 기간 동안의 총 일수의 3분의 1 미만일 것
   나. 건설일용근로자(일용근로자로서 이직 당시에 통계법에 따라 통계청장이 고시하는 한국표준산업분류의 대분류상 건설업에 종사한 사람)로서 수급자격 인정신청일 이전 14일간 연속하여 근로내역이 없을 것
6. 최종 이직 당시의 기준기간 동안의 피보험 단위기간 중 다른 사업에서 수급자격의 제한 사유에 해당하는 사유로 이직한 사실이 있는 경우에는 그 피보험 단위기간 중 90일 이상을 일용근로자로 근로하였을 것(최종 이직 당시 일용근로자였던 사람만 해당)

• 기준기간은 이직일 이전 18개월로 하되, 근로자인 피보험자가 다음의 어느 하나에 해당하는 경우에는 다음의 구분에 따른 기간을 기준기간으로 한다.

1. 이직일 이전 18개월 동안에 질병·부상, 그 밖에 대통령령으로 정하는 사유로 계속하여 30일 이상 보수의 지급을 받을 수 없었던 경우: 18개월에 그 사유로 보수를 지급 받을 수 없었던 일수를 가산한 기간(3년을 초과할 때에는 3년으로 한다)
2. 다음의 요건에 모두 해당하는 경우: 이직일 이전 24개월
   가. 이직 당시 1주 소정근로시간이 15시간 미만이고, 1주 소정근로일수가 2일 이하인 근로자로 근로하였을 것
   나. 이직일 이전 24개월 동안의 피보험 단위기간 중 90일 이상을 가목의 요건에 해당하는 근로자로 근로하였을 것

② 피보험 단위기간(제41조)

근로자의 피보험 단위기간은 피보험기간 중 보수 지급의 기초가 된 날을 합하여 계산한다. 다만, 자영업자인 피보험자의 피보험 단위기간은 그 수급자격과 관련된 폐업 당시의 적용사업에의 보험가입기간 중에서 실제로 납부한 고용보험료에 해당하는 기간으로 한다.

③ 실업의 신고(제42조)

구직급여를 지급받으려는 사람은 이직 후 지체 없이 직업안정기관에 출석하여 실업을 신고하여야 한다.

④ 수급자격의 인정(제43조)

구직급여를 지급받으려는 사람은 직업안정기관의 장에게 구직급여의 수급 요건을 갖추었다는 사실(수급자격)을 인정하여 줄 것을 신청하여야 한다.

⑤ 실업의 인정(제44조)

구직급여는 수급자격자가 실업한 상태에 있는 날 중에서 직업안정기관의 장으로부터 실업의 인정을 받은 날에 대하여 지급한다. 실업의 인정을 받으려는 수급자격자는 실업의 신고를 한 날부터 계산하기 시작하여 1주부터 4주의 범위에서 직업안정기관의 장이 지정한 날(실업인정일)에 출석하여 재취업을 위한 노력을 하였음을 신고하여야 하고, 직업안정기관의 장은 직전 실업인정일의 다음 날부터 그 실업인정일까지의 각각의 날에 대하여 실업의 인정을 한다.

⑥ 급여의 기초가 되는 임금일액(제45조)

구직급여의 산정 기초가 되는 임금일액(기초일액)은 수급자격의 인정과 관련된 마지막 이직 당시 근로기준법에 따라 산정된 평균임금으로 한다. 다만, 마지막 이직일 이전 3개월 이내에 피보험자격을 취득한 사실이 2회 이상인 경우에는 마지막 이직일 이전 3개월간(일용근로자의 경우에는 마지막 이직일 이전 4개월 중 최종 1개월을 제외한 기간)에 그 근로자에게 지급된 임금 총액을 그 산정의 기준이 되는 3개월의 총 일수로 나눈 금액을 기초일액으로 한다.

⑦ 구직급여일액(제46조)

구직급여일액은 다음의 구분에 따른 금액으로 한다.

1. 구직급여를 받을 수 있는 자격을 가진 근로자에게 이직일 기준으로 산정한 기초일액에 100분의 60을 곱한 금액
2. 규정에 따라 산정된 기초일액이 그 수급자격자의 이직 전 1일 소정근로시간에 이직일 당시 적용되던 최저임금법에 따른 시간 단위에 해당하는 최저임금액을 곱한 금액(최저기초일액)보다 낮은 경우에는 그 수급자격자의 기초일액에 100분의 80을 곱한 금액(최저구직급여일액)

⑧ 실업인정대상기간 중의 취업 등의 신고(제47조)

수급자격자는 실업의 인정을 받으려 하는 기간(실업인정대상기간) 중에 고용노동부령으로 정하는 기준에 해당하는 취업을 한 경우에는 그 사실을 직업안정기관의 장에게 신고하여야 한다.

⑨ 대기기간(제49조)

실업의 신고일부터 계산하기 시작하여 7일간은 대기기간으로 보아 구직급여를 지급하지 아니한다.

⑩ 소정급여일수 및 피보험기간(제50조)

하나의 수급자격에 따라 구직급여를 지급받을 수 있는 날(소정급여일수)은 대기기간이 끝난 다음날부터 계산하기 시작하여 피보험기간과 연령에 따라 별도로 정한 일수가 되는 날까지로 한다.

⑪ 지급일 및 지급 방법(제56조)

구직급여는 실업의 인정을 받은 일수분(日數分)을 지급한다. 직업안정기관의 장은 각 수급자격자에 대한 구직급여를 지급할 날짜를 정하여 당사자에게 알려야 한다.

⑫ 지급되지 아니한 구직급여(제57조)

수급자격자가 사망한 경우 그 수급자격자에게 지급되어야 할 구직급여로서 아직 지급되지 아니한 것이 있는 경우에는 그 수급자격자의 배우자(사실상의 혼인 관계에 있는 사람을 포함)·자녀·부모·손자녀·조부모 또는 형제자매로서 수급자격자와 생계를 같이하고 있던 사람의 청구에 따라 그 미지급분을 지급한다.

⑬ 이직 사유에 따른 수급자격의 제한(제58조)

피보험자가 다음의 어느 하나에 해당한다고 직업안정기관의 장이 인정하는 경우에는 수급자격이 없는 것으로 본다.

1. 중대한 귀책사유(歸責事由)로 해고된 피보험자로서 다음의 어느 하나에 해당하는 경우
   가. 형법 또는 직무와 관련된 법률을 위반하여 금고 이상의 형을 선고받은 경우
   나. 사업에 막대한 지장을 초래하거나 재산상 손해를 끼친 경우로서 고용노동부령으로 정하는 기준에 해당하는 경우
   다. 정당한 사유 없이 근로계약 또는 취업규칙 등을 위반하여 장기간 무단 결근한 경우
2. 자기 사정으로 이직한 피보험자로서 다음의 어느 하나에 해당하는 경우

가. 전직 또는 자영업을 하기 위하여 이직한 경우
나. 중대한 귀책사유가 있는 사람이 해고되지 아니하고 사업주의 권고로 이직한 경우
다. 그 밖에 고용노동부령으로 정하는 정당한 사유에 해당하지 아니하는 사유로 이직한 경우

⑭ 훈련 거부 등에 따른 급여의 지급 제한(제60조)

수급자격자가 직업안정기관의 장이 소개하는 직업에 취직하는 것을 거부하거나 직업안정기관의 장이 지시한 직업능력개발 훈련 등을 거부하면 대통령령으로 정하는 바에 따라 구직급여의 지급을 정지한다.

⑮ 부정행위에 따른 급여의 지급 제한(제61조)

거짓이나 그 밖의 부정한 방법으로 실업급여를 받았거나 받으려 한 사람에게는 그 급여를 받은 날 또는 받으려 한 날부터의 구직급여를 지급하지 아니한다.

다. 연장급여

① 훈련연장급여(제51조)

직업안정기관의 장은 수급자격자의 연령·경력 등을 고려할 때 재취업을 위하여 직업능력개발 훈련 등이 필요하면 그 수급자격자에게 직업능력개발 훈련 등을 받도록 지시할 수 있다. 직업안정기관의 장은 직업능력개발 훈련 등을 받도록 지시한 경우에는 수급자격자가 그 직업능력개발 훈련 등을 받는 기간 중 실업의 인정을 받은 날에 대하여는 소정급여일수를 초과하여 구직급여를 연장하여 지급할 수 있다. 이 경우 연장하여 지급하는 구직급여(훈련연장급여)의 지급 기간은 대통령령으로 정하는 기간을 한도로 한다.

② 개별연장급여(제52조)

직업안정기관의 장은 취업이 특히 곤란하고 생활이 어려운 수급자격자로서 대통령령으로 정하는 사람에게는 그가 실업의 인정을 받은 날에 대하여 소정급여일수를 초과하여 구직급여를 연장하여 지급할 수 있다. 연장하여 지급하는 구직급여(개별연장급여)는 60일의 범위에서 대통령령으로 정하는 기간 동안 지급한다.

③ 특별연장급여(제53조)

고용노동부장관은 실업의 급증 등 대통령령으로 정하는 사유가 발생한 경우에는 60일의 범위에서 수급자격자가 실업의 인정을 받은 날에 대하여 소정급여일수를 초과하여 구직급여를 연장하여 지급할 수 있다.

라. 취업촉진 수당

① 조기재취업 수당(제64조, 시행령 제84~85조)

조기재취업 수당은 수급자격자(외국인근로자의 고용 등에 관한 법률에 따른 외국인 근로자는 제외)가 안정된 직업에 재취직하거나 스스로 영리를 목적으로 하는 사업을 영위하는 경우로서 대통령령으로 정하는 기준에 해당하면 지급한다.

② 직업능력개발 수당(제65조)

직업능력개발 수당은 수급자격자가 직업안정기관의 장이 지시한 직업능력개발 훈련 등을 받는 경우에 그 직업능력개발 훈련 등을 받는 기간에 대하여 지급한다. 구직급여의 지급이 정지된 기간에 대하여는 직업능력개발 수당을 지급하지 아니한다.

③ 광역 구직활동비(제66조)

광역 구직활동비는 수급자격자가 직업안정기관의 소개에 따라 광범위한 지역에 걸쳐 구직 활동을 하는 경우로서 대통령령으로 정하는 기준에 따라 직업안정기관의 장이 필요하다고 인정하면 지급할 수 있다.

④ 이주비(제67조)

이주비는 수급자격자가 취업하거나 직업안정기관의 장이 지시한 직업능력개발 훈련 등을 받기 위하여 그 주거를 이전하는 경우로서 대통령령으로 정하는 기준에 따라 직업안정기관의 장이 필요하다고 인정하면 지급할 수 있다.

마. 상병급여(제63조)

수급자격자가 실업의 신고를 한 이후에 질병·부상 또는 출산으로 취업이 불가능하여 실업의 인정을 받지 못한 날에 대하여는 그 수급자격자의 청구에 의하여 구직급여일액에 해당하는 금액(상병급여)을 구직급여를 갈음하여 지급할 수 있다. 다만, 구직급여의 지급이 정지된 기간에 대하여는 상병급여(傷病給與)를 지급하지 아니한다.

(3) 육아휴직 급여

① 육아휴직 급여(제70조, 시행령 제94조 · 제95조)

고용노동부장관은 남녀고용평등과 일·가정 양립 지원에 관한 법률에 따른 육아휴직을 30일(근로기준법에 따른 출산전후휴가기간과 중복되는 기간은 제외) 이상 부여받은 피보험자 중 육아휴직을 시작한 날 이전에 피보험 단위기간이 합산하여 180일 이상인 피보험자에게 육아휴직 급여를 지급한다.

② 육아휴직 급여의 지급 제한 등(제73조)

피보험자가 육아휴직 기간 중에 그 사업에서 이직한 경우에는 그 이직하였을 때부터 육아휴직 급여를 지급하지 아니한다. 피보험자가 육아휴직 기간 중에 취업을 한 경우에는 그 취업한 기간에 대해서는 육아휴직 급여를 지급하지 아니한다.

③ 육아기 근로시간 단축 급여(제73조의2)

고용노동부장관은 남녀고용평등과 일·가정 양립 지원에 관한 법률에 따른 육아기 근로시간 단축을 30일(근로기준법에 따른 출산전후휴가기간과 중복되는 기간은 제외) 이상 실시한 피보험자 중 육아기 근로시간 단축을 시작한 날 이전에 피보험 단위기간이 합산하여 180일 이상인 피보험자에게 육아기 근로시간 단축 급여를 지급한다.

(4) 출산전후휴가 급여

① 출산전후휴가 급여 등(제75조)

고용노동부장관은 남녀고용평등과 일·가정 양립 지원에 관한 법률에 따라 피보험자가 근로기준법에 따른 출산전후휴가 또는 유산·사산휴가를 받은 경우와 남녀고용평등과 일·가정 양립 지원에 관한 법률에 따른 배우자 출산휴가를 받은 경우로서 다음의 요건을 모두 갖춘 경우에 출산전후휴가 급여 등을 지급한다.

1. 휴가가 끝난 날 이전에 피보험 단위기간이 합산하여 180일 이상일 것
2. 휴가를 시작한 날[출산전후휴가 또는 유산·사산휴가를 받은 피보험자가 속한 사업장이 우선지원 대상기업이 아닌 경우에는 휴가 시작 후 60일(한 번에 둘 이상의 자녀를 임신한 경우에는 75일)이 지난 날로 본다] 이후 1개월부터 휴가가 끝난 날 이후 12개월 이내에 신청할 것. 다만, 그 기간에 대통령령으로 정하는 사유로 출산전후휴가 급여 등을 신청할 수 없었던 사람은 그 사유가 끝난 후 30일 이내에 신청하여야 한다.

② 지급 기간 등(제76조)

출산전후휴가 급여 등은 다음의 휴가 기간에 대하여 근로기준법의 통상임금(휴가를 시작한 날을 기준으로 산정)에 해당하는 금액을 지급한다.

> 1. 근로기준법에 따른 출산전후휴가 또는 유산·사산휴가 기간. 다만, 우선지원 대상기업이 아닌 경우에는 휴가 기간 중 60일(한 번에 둘 이상의 자녀를 임신한 경우에는 75일)을 초과한 일수(30일을 한도로 하되, 한 번에 둘 이상의 자녀를 임신한 경우에는 45일을 한도로 한다)로 한정한다.
> 2. 남녀고용평등과 일·가정 양립 지원에 관한 법률에 따른 배우자 출산휴가 기간 중 최초 5일. 다만, 피보험자가 속한 사업장이 우선지원 대상기업인 경우에 한정한다.

③ 기간제근로자 또는 파견근로자에 대한 적용(제76조의2)

고용노동부장관은 기간제 및 단시간근로자 보호 등에 관한 법률에 따른 기간제근로자 또는 파견근로자 보호 등에 관한 법률에 따른 파견근로자가 근로기준법에 따른 출산전후휴가기간 또는 유산·사산휴가기간 중 근로계약기간이 끝나는 경우 근로계약 종료일 다음 날부터 해당 출산전후휴가 또는 유산·사산휴가 종료일까지의 기간에 대한 출산전후휴가 급여 등에 상당하는 금액 전부를 기간제근로자 또는 파견근로자에게 지급한다.

(5) 자영업자인 피보험자에 대한 실업급여 적용의 특례

① 자영업자인 피보험자의 실업급여의 종류(제69조의2)

자영업자인 피보험자의 실업급여의 종류는 제37조에 따른다. 다만, 제51조부터 제55조까지의 규정에 따른 연장급여와 제64조에 따른 조기재취업 수당은 제외한다.

② 구직급여의 수급 요건(제69조의3)

구직급여는 폐업한 자영업자인 피보험자가 다음의 요건을 모두 갖춘 경우에 지급한다.

> 1. 폐업일 이전 24개월간 자영업자인 피보험자로서 갖춘 피보험 단위기간이 합산하여 1년 이상일 것
> 2. 근로의 의사와 능력이 있음에도 불구하고 취업을 하지 못한 상태에 있을 것
> 3. 폐업사유가 폐업사유에 따른 수급자격의 제한 사유에 해당하지 아니할 것
> 4. 재취업을 위한 노력을 적극적으로 할 것

③ 기초일액(제69조의4)

자영업자인 피보험자이었던 수급자격자에 대한 기초일액은 다음의 구분에 따른 기간 동안 본인이 납부한 보험료의 산정기초가 되는 고용산재보험료징수법에 따라 고시된 보수액을 전부 합산한 후에 그 기간의 총일수로 나눈 금액으로 한다.

> 1. 수급자격과 관련된 피보험기간이 3년 이상인 경우: 마지막 폐업일 이전 3년의 피보험기간
> 2. 수급자격과 관련된 피보험기간이 3년 미만인 경우: 수급자격과 관련된 그 피보험기간

④ 구직급여일액(제69조의5)

자영업자인 피보험자로서 폐업한 수급자격자에 대한 구직급여일액은 그 수급자격자의 기초일액에 100분의 60을 곱한 금액으로 한다.

⑤ 소정급여일수(제69조의6)

자영업자인 피보험자로서 폐업한 수급자격자에 대한 소정급여일수는 대기기간이 끝난 다음 날부터 계산하기 시작하여 피보험기간에 따라 고용보험법에서 정한 일수가 되는 날까지로 한다.

⑥ 폐업사유에 따른 수급자격의 제한(제69조의7)

폐업한 자영업자인 피보험자가 다음의 어느 하나에 해당한다고 직업안정기관의 장이 인정하는 경우에는 수급자격이 없는 것으로 본다.

1. 법령을 위반하여 허가 취소를 받거나 영업 정지를 받음에 따라 폐업한 경우
2. 방화(放火) 등 피보험자 본인의 중대한 귀책사유로서 고용노동부령으로 정하는 사유로 폐업한 경우
3. 매출액 등이 급격하게 감소하는 등 고용노동부령으로 정하는 사유가 아닌 경우로서 전직 또는 자영업을 다시 하기 위하여 폐업한 경우
4. 그 밖에 고용노동부령으로 정하는 정당한 사유에 해당하지 아니하는 사유로 폐업한 경우

⑦ 자영업자인 피보험자에 대한 실업급여의 지급 제한(제69조의8)

고용노동부장관은 보험료를 체납한 사람에게는 고용노동부령으로 정하는 바에 따라 이 장에 따른 실업급여를 지급하지 아니할 수 있다.

4) 보험료 및 운영

(1) 보험료(제6조)

이 법에 따른 보험사업에 드는 비용을 충당하기 위하여 징수하는 보험료와 그 밖의 징수금에 대하여는 고용산재보험료징수법으로 정하는 바에 따른다.

(2) 고용보험위원회(제7조)

이 법 및 고용산재보험료징수법(보험에 관한 사항만 해당)의 시행에 관한 주요 사항을 심의하기 위하여 고용노동부에 고용보험위원회를 두며, 위원회는 다음의 사항을 심의한다. 위

원회는 위원장 1명을 포함한 20명 이내의 위원으로 구성한다.

> 1. 보험제도 및 보험사업의 개선에 관한 사항
> 2. 고용산재보험료징수법에 따른 보험료율의 결정에 관한 사항
> 3. 보험사업의 평가에 관한 사항
> 4. 기금운용 계획의 수립 및 기금의 운용 결과에 관한 사항
> 5. 그 밖에 위원장이 보험제도 및 보험사업과 관련하여 위원회의 심의가 필요하다고 인정하는 사항

(3) 고용보험기금

① 기금의 설치 및 조성(제78조)

고용노동부장관은 보험사업에 필요한 재원에 충당하기 위하여 고용보험기금(기금)을 설치한다. 기금은 보험료와 이 법에 따른 징수금 · 적립금 · 기금운용 수익금과 그 밖의 수입으로 조성한다.

② 기금의 관리 · 운용(제79조)

기금은 고용노동부장관이 관리 · 운용하며, 기금의 관리 · 운용에 관한 세부 사항은 국가재정법의 규정에 따른다.

③ 기금의 용도(제80조)

- 고용안정 · 직업능력개발 사업에 필요한 경비
- 실업급여의 지급
- 국민연금 보험료의 지원
- 육아휴직 급여 및 출산전후휴가 급여 등의 지급
- 보험료의 반환
- 일시 차입금의 상환금과 이자
- 이 법과 고용산재보험료징수법에 따른 업무를 대행하거나 위탁받은 자에 대한 출연금
- 그 밖에 이 법의 시행을 위하여 필요한 경비로서 대통령령으로 정하는 경비와 사업의 수행에 딸린 경비

5) 권리구제 및 수급자의 권리보호

(1) 권리구제

① 심사와 재심사(제87조)

피보험자격의 취득·상실에 대한 확인, 실업급여 및 육아휴직 급여와 출산전후휴가 급여 등에 관한 처분(원처분 등)에 이의가 있는 자는 심사관에게 심사를 청구할 수 있고, 그 결정에 이의가 있는 자는 심사위원회에 재심사를 청구할 수 있다. 심사의 청구는 확인 또는 처분이 있음을 안 날부터 90일 이내에, 재심사의 청구는 심사청구에 대한 결정이 있음을 안 날부터 90일 이내에 각각 제기하여야 한다.

② 고용보험심사관(제89조)

심사를 행하게 하기 위하여 고용보험심사관(심사관)을 둔다. 심사관은 심사청구를 받으면 30일 이내에 그 심사청구에 대한 결정을 하여야 한다. 다만, 부득이한 사정으로 그 기간에 결정할 수 없을 때에는 한 차례만 10일을 넘지 아니하는 범위에서 그 기간을 연장할 수 있다.

③ 고용보험심사위원회(제99조)

재심사를 하게 하기 위하여 고용노동부에 고용보험심사위원회(심사위원회)를 둔다. 심사위원회는 근로자를 대표하는 사람 및 사용자를 대표하는 사람 각 1명 이상을 포함한 15명 이내의 위원으로 구성한다.

(2) 수급자의 권리보호

① 수급권의 보호(제38조)

실업급여를 받을 권리는 양도 또는 압류하거나 담보로 제공할 수 없다. 지정된 실업급여 수급계좌의 예금 중 대통령령으로 정하는 액수 이하의 금액에 관한 채권은 압류할 수 없다.

② 불이익 처우의 금지(제105조)

사업주는 근로자가 피보험자격의 취득 또는 상실에 관한 확인의 청구를 한 것을 이유로 그 근로자에게 해고나 그 밖의 불이익한 처우를 하여서는 아니 된다.

③ 소멸시효(제107조)

3년간 행사하지 아니하면 시효로 소멸[2]한다.

2. 산업재해보상보험법

1) 개요

산재보험이란 산업재해를 당한 근로자에게 신속한 보상을 하고, 사업주에게는 재해발생 시 보상에 따른 경제적 부담을 덜어 주기 위해 국가에서 관장하는 사회보험이다. 국가(근로복지공단)는 근로자를 사용하는 모든 사업주로부터 보험료를 징수하여 산업재해로 부상 또는 사망한 근로자와 그 가족에게 보험급여를 지급하며, 이때 지급하는 보험급여는 요양급여, 휴업급여, 상병보상연금, 장해급여, 장의비, 유족급여, 간병급여 등이다.

(1) 목적 및 의의

① 목적(제1조)

산업재해보상보험 사업을 시행하여 근로자의 업무상의 재해를 신속하고 공정하게 보상하며, 재해근로자의 재활 및 사회 복귀를 촉진하기 위하여 이에 필요한 보험시설을 설치·운영하고, 재해 예방과 그 밖에 근로자의 복지 증진을 위한 사업을 시행하여 근로자 보호에 이바지하는 것을 목적으로 한다.

② 의의

산업재해보상보험제도는 불의의 재해로 인한 사업주의 경제적 부담을 위험결합에 의해 산재보험 가입자들에게 분산시켜 부담을 경감시켜 주는 데 의의가 있으며, 보험료를 전액 사업주에게 부담하도록 한다는 측면에서 다른 사회보험과 차이가 있다. 보험사업은 고용노동부장관이 관장하고, 근로복지공단이 집행하고 있다(임정문 외, 2020: 299).

(2) 특징

- 무과실 책임주의로써 사용자의 고의나 과실의 유무를 불문하고, 업무상의 재해에 대하여 사용자에게 무과실 책임주의로 운영이 되며, 현행 산업재해보상보험제도의 사용자 재해보상책임은 생존권 보장의 이념에 근거하고 있다. 예를 들어, A 사회복지사가 직원용 출근버스를 이용하여 출근 중 교통사고가 발생하게 되면, 업무상 사고에 해당되어 산업재해에 해당되는 것이다.

---

2) 1. 지원금을 지급받거나 반환받을 권리, 2. 취업촉진 수당을 지급받거나 반환받을 권리, 3. 구직급여를 반환받을 권리, 4. 육아휴직 급여, 육아기 근로시간 단축 급여 및 출산전후휴가 급여 등을 반환받을 권리

- 타 사회보험제도와 달리 사업장 단위로만 가입이 이루어지고, 개별 근로자의 관리는 별도로 이루어지지 않는다.
- 자진 신고 및 자진 납부의 특성으로 보험관계 성립 및 제반 행정이 자진신고하고 보험료를 자진 납부해야 하는 의무가 있다.
- 보험료의 사업주 전액부담이다.
- 종합적 보상제도로써 현금급여(휴업급여, 장해급여, 유족급여, 상병보상연금 등)와 현물급여(요양급여)가 모두 제공된다.

(3) 연혁

산업재해보상제도는 대부분의 국가에서 가장 오래된 사회보장제도이며, 한국에서도 가장 먼저 발달된 제도이다. 산업재해보상제도는 업무상재해와 질병으로 인한 소득상실을 보전함과 동시에 충분한 요양과 재활서비스를 제공하여 직업복귀를 도모하기 위한 제도이다. 한국에서 산업재해보상제도는 이러한 목적을 달성하는 방향으로 발전되어 왔다. 선진국의 경우 산업재해에 대한 보상제도가 민법에 의한 보상, 근로기준법 등에 의한 사용자의 개별적 책임, 산재보험제도 도입으로 발전되어 왔는데, 한국에서도 이와 유사한 경로로 발전되어 왔다.

표 11-2 산업재해보상보험법의 연혁

시기	내용
1963.11.05. 제정	• 산업재해보상보험법 제정[3]
1964.07.01. 시행	• 산업재해보상보험법 시행(상시 근로자 500인 이상을 사용하는 광업 및 제조업 적용)
1994.12.22. 전부개정	• 노동부 산하 근로복지공사를 근로복지공단으로 개편(일선업무 위탁) • 5인 이상 사업장 적용
1999.12.31. 일부개정	• 보험급여의 최고·최저 보상한도설정(보험급여 수준의 형평성 제고) • 간병급여 신설
2010.01.27. 일부개정	• 보험료 징수업무를 국민건강보험공단 위탁
2012.12.18. 일부개정	• 유족보상연금 수급자격의 범위에서 남자배우자에 대한 연령 폐지 • 자녀 또는 손자녀 등에 대한 연령범위를 18세 미만에서 19세 미만으로 연장
2015.01.20. 일부개정	• 요양종결 후 증상으로 인해 국민건강보험법에 따라 요양을 받는 경우 건강보험에서 부담한 비용을 2년 이내에 산업재해보상보험에서 비용을 지급할 법적 근거 마련

시기	내용
	• 근로복지공단사업에 직업병 연구, 건강진단 등 예방사업 추가 • 산재보험재심사위원회 위원의 결격사유를 피성년후견인과 피한정후견인으로 변경
2019.01.15. 일부개정	• 업무상 질병의 인정 기준에 직장 내 괴롭힘, 고객의 폭언, 업무상 정신적 스트레스가 원인이 되어 발생한 질병을 추가. 폭넓은 재해를 인정할 제도적 장치 갖춤

※ 출처: 임정문 외(2021: 286). 수정.

(4) 용어의 정의(제5조)

- 업무상의 재해: 업무상의 사유에 따른 근로자의 부상·질병·장해 또는 사망을 말한다.
- 근로자·임금·평균임금·통상임금: 각각 근로기준법에 따른 근로자·임금·평균임금·통상임금을 말한다. 다만, 근로기준법에 따라 임금 또는 평균임금을 결정하기 어렵다고 인정되면 고용노동부장관이 정하여 고시하는 금액을 해당 임금 또는 평균임금으로 한다.
- 유족: 사망한 사람의 배우자(사실상 혼인 관계에 있는 사람을 포함)·자녀·부모·손자녀·조부모 또는 형제자매를 말한다.
- 치유: 부상 또는 질병이 완치되거나 치료의 효과를 더 이상 기대할 수 없고 그 증상이 고정된 상태에 이르게 된 것을 말한다.
- 장해: 부상 또는 질병이 치유되었으나 정신적 또는 육체적 훼손으로 인하여 노동능력이 상실되거나 감소된 상태를 말한다.
- 중증요양상태: 업무상의 부상 또는 질병에 따른 정신적 또는 육체적 훼손으로 노동능력이 상실되거나 감소된 상태로서 그 부상 또는 질병이 치유되지 아니한 상태를 말한다.
- 진폐(塵肺): 분진을 흡입하여 폐에 생기는 섬유증식성(纖維增殖性) 변화를 주된 증상으로 하는 질병을 말한다.
- 출퇴근: 취업과 관련하여 주거와 취업장소 사이의 이동 또는 한 취업장소에서 다른 취업장소로의 이동을 말한다.

3) 「산업재해보상보험법」(1963년)은 우리나라 사회보험 중에서 최초로 제정된 법이다. 사회보험의 제정순서는 산업재해보상보험, 의료보험, 국민연금, 고용보험, 노인장기요양보험이다.

(5) 업무상 재해

- 근로자가 업무상 사고, 업무상 질병, 출퇴근 재해의 어느 하나에 해당하는 사유로 부상·질병 또는 장해가 발생하거나 사망하면 업무상의 재해로 본다. 다만, 업무와 재해 사이에 상당인과관계(相當因果關係)가 없는 경우에는 그러하지 아니하다.
- 근로자의 고의·자해행위나 범죄행위 또는 그것이 원인이 되어 발생한 부상·질병·장해 또는 사망은 업무상의 재해로 보지 아니한다. 다만, 그 부상·질병·장해 또는 사망이 정상적인 인식능력 등이 뚜렷하게 낮아진 상태에서 한 행위로 발생한 경우로서 대통령령으로 정하는 사유가 있으면 업무상의 재해로 본다.

> 대통령령으로 정하는 사유란 다음의 어느 하나에 해당하는 경우를 말한다.
> 1. 업무상의 사유로 발생한 정신질환으로 치료를 받았거나 받고 있는 사람이 정신적 이상 상태에서 자해행위를 한 경우
> 2. 업무상의 재해로 요양 중인 사람이 그 업무상의 재해로 인한 정신적 이상 상태에서 자해행위를 한 경우
> 3. 그 밖에 업무상의 사유로 인한 정신적 이상 상태에서 자해행위를 하였다는 상당인과관계가 인정되는 경우

가. 업무상 사고(제37조, 시행령 제27조~33조)

① 근로자가 근로계약에 따른 업무나 그에 따르는 행위를 하던 중 발생한 사고

- 근로자가 다음의 어느 하나에 해당하는 행위를 하던 중에 발생한 사고는 업무상 사고로 본다.

> 1. 근로계약에 따른 업무수행 행위
> 2. 업무수행 과정에서 하는 용변 등 생리적 필요 행위
> 3. 업무를 준비하거나 마무리하는 행위, 그 밖에 업무에 따르는 필요적 부수행위
> 4. 천재지변·화재 등 사업장 내에 발생한 돌발적인 사고에 따른 긴급피난·구조행위 등 사회통념상 예견되는 행위

- 근로자가 사업주의 지시를 받아 사업장 밖에서 업무를 수행하던 중에 발생한 사고는 업무상 사고로 본다. 다만, 사업주의 구체적인 지시를 위반한 행위, 근로자의 사적(私的) 행위 또는 정상적인 출장 경로를 벗어났을 때 발생한 사고는 업무상 사고로 보지 않는다.
- 업무의 성질상 업무수행 장소가 정해져 있지 않은 근로자가 최초로 업무수행 장소에 도착하여 업무를 시작한 때부터 최후로 업무를 완수한 후 퇴근하기 전까지 업무와 관

련하여 발생한 사고는 업무상 사고로 본다.

② 사업주가 제공한 시설물 등을 이용하던 중 그 시설물 등의 결함이나 관리 소홀로 발생한 사고

- 사업주가 제공한 시설물, 장비 또는 차량 등(시설물 등)의 결함이나 사업주의 관리 소홀로 발생한 사고는 업무상 사고로 본다.
- 사업주가 제공한 시설물 등을 사업주의 구체적인 지시를 위반하여 이용한 행위로 발생한 사고와 그 시설물 등의 관리 또는 이용권이 근로자의 전속적 권한에 속하는 경우에 그 관리 또는 이용 중에 발생한 사고는 업무상 사고로 보지 않는다.

③ 사업주가 주관하거나 사업주의 지시에 따라 참여한 행사나 행사준비 중에 발생한 사고

- 운동경기 · 야유회 · 등산대회 등 각종 행사에 근로자가 참가하는 것이 사회통념상 노무관리 또는 사업운영상 필요하다고 인정되는 경우로서 다음의 어느 하나에 해당하는 경우에 근로자가 그 행사에 참가(행사 참가를 위한 준비 · 연습을 포함)하여 발생한 사고는 업무상 사고로 본다.

1. 사업주가 행사에 참가한 근로자에 대하여 행사에 참가한 시간을 근무한 시간으로 인정하는 경우
2. 사업주가 그 근로자에게 행사에 참가하도록 지시한 경우
3. 사전에 사업주의 승인을 받아 행사에 참가한 경우
4. 그 밖에 위의 규정에 준하는 경우로서 사업주가 그 근로자의 행사 참가를 통상적 · 관례적으로 인정한 경우

④ 휴게시간 중 사업주의 지배관리 하에 있다고 볼 수 있는 행위로 발생한 사고

⑤ 그 밖에 업무와 관련하여 발생한 사고

- 특수한 장소에서의 사고: 사회통념상 근로자가 사업장 내에서 할 수 있다고 인정되는 행위를 하던 중 태풍 · 홍수 · 지진 · 눈사태 등의 천재지변이나 돌발적인 사태로 발생한 사고는 근로자의 사적 행위, 업무 이탈 등 업무와 관계없는 행위를 하던 중에 사고가 발생한 것이 명백한 경우를 제외하고는 업무상 사고로 본다.
- 요양 중의 사고: 업무상 부상 또는 질병으로 요양을 하고 있는 근로자에게 요양급여와 관련하여 발생한 의료사고, 요양 중인 산재보험 의료기관(산재보험 의료기관이 아닌 의료기관에서 응급진료 등을 받는 경우에는 그 의료기관을 말한다) 내에서 업무상 부상 또는 질병의

요양과 관련하여 발생한 사고, 업무상 부상 또는 질병의 치료를 위하여 거주지 또는 근무지에서 요양 중인 산재보험 의료기관으로 통원하는 과정에서 발생한 사고가 발생하면 업무상 사고로 본다.

- 제3자의 행위에 따른 사고: 제3자의 행위로 근로자에게 사고가 발생한 경우에 그 근로자가 담당한 업무가 사회통념상 제3자의 가해행위를 유발할 수 있는 성질의 업무라고 인정되면 그 사고는 업무상 사고로 본다.

나. 업무상 질병(제37조, 시행령 제34조)

① 업무수행 과정에서 물리적 인자(因子), 화학물질, 분진, 병원체, 신체에 부담을 주는 업무 등 근로자의 건강에 장해를 일으킬 수 있는 요인을 취급하거나 그에 노출되어 발생한 질병

- 근로자가 근로기준법 시행령의 업무상 질병의 범위에 속하는 질병에 걸린 경우(임신 중인 근로자가 유산·사산 또는 조산한 경우를 포함) 다음의 요건 모두에 해당하면 업무상 질병으로 본다.

> 1. 근로자가 업무수행 과정에서 유해·위험요인을 취급하거나 유해·위험요인에 노출된 경력이 있을 것
> 2. 유해·위험요인을 취급하거나 유해·위험요인에 노출되는 업무시간, 그 업무에 종사한 기간 및 업무 환경 등에 비추어 볼 때 근로자의 질병을 유발할 수 있다고 인정될 것
> 3. 근로자가 유해·위험요인에 노출되거나 유해·위험요인을 취급한 것이 원인이 되어 그 질병이 발생하였다고 의학적으로 인정될 것

② 업무상 부상이 원인이 되어 발생한 질병

업무상 부상을 입은 근로자에게 발생한 질병이 다음의 요건 모두에 해당하면 업무상 질병으로 본다.

> 1. 업무상 부상과 질병 사이의 인과관계가 의학적으로 인정될 것
> 2. 기초질환 또는 기존 질병이 자연발생적으로 나타난 증상이 아닐 것

③ 근로기준법에 따른 직장 내 괴롭힘, 고객의 폭언 등으로 인한 업무상 정신적 스트레스가 원인이 되어 발생한 질병

④ 그 밖에 업무와 관련하여 발생한 질병

다. 출퇴근 재해(제37조, 시행령 제35조)

① 사업주가 제공한 교통수단이나 그에 준하는 교통수단을 이용하는 등 사업주의 지배관리 하에서 출퇴근하는 중 발생한 사고

• 근로자가 출퇴근하던 중에 발생한 사고가 다음의 요건에 모두 해당하면 출퇴근 재해로 본다.

> 1. 사업주가 출퇴근용으로 제공한 교통수단이나 사업주가 제공한 것으로 볼 수 있는 교통수단을 이용하던 중에 사고가 발생하였을 것
> 2. 출퇴근용으로 이용한 교통수단의 관리 또는 이용권이 근로자 측의 전속적 권한에 속하지 아니하였을 것

② 그 밖에 통상적인 경로와 방법으로 출퇴근하는 중 발생한 사고

출퇴근 경로 일탈 또는 중단이 있는 경우에는 해당 일탈 또는 중단 중의 사고 및 그 후의 이동 중의 사고에 대하여는 출퇴근 재해로 보지 아니한다. 다만, 일탈 또는 중단이 일상생활에 필요한 행위로서 대통령령으로 정하는 사유가 있는 경우에는 출퇴근 재해로 본다.

2) 수급권자와 보험가입자

(1) 적용사업

① 당연 적용 사업(제6조)

근로자를 사용하는 모든 사업 또는 사업장에 적용한다.

② 적용 제외 사업

위험률·규모 및 장소 등을 고려하여 대통령령으로 정하는 사업에 대하여는 이 법을 적용하지 아니한다.

> 대통령령으로 정하는 사업 또는 사업장(시행령 제2조)
> 1. 공무원 재해보상법 또는 군인 재해보상법에 따라 재해보상이 되는 사업. 다만, 공무원 재해보상법에 따라 순직유족급여 또는 위험직무순직유족급여에 관한 규정을 적용받는 경우는 제외한다.
> 2. 선원법, 어선원 및 어선 재해보상보험법 또는 사립학교교직원 연금법에 따라 재해보상이 되는 사업
> 3. 가구 내 고용활동
> 4. 농업, 임업(벌목업은 제외), 어업 및 수렵업 중 법인이 아닌 자의 사업으로서 상시근로자 수가 5명 미만인 사업

(2) 보험가입자

① 당연가입자(고용산재보험료징수법 제5조 제3항)

근로자를 사용하는 모든 사업 또는 사업장의 사업주는 당연히 산업재해보상보험의 보험가입자가 된다.

② 임의가입자(고용산재보험료징수법 제5조 제4항)

산업재해보상보험의 보험가입자가 되지 아니하는 '대통령으로 정하는 사업'이라도 공단의 승인을 받아 산재보험에 가입할 수 있다.

(3) 특례가입자

① 국외의 사업에 대한 특례(제121조)

국외 근무 기간에 발생한 근로자의 재해를 보상하기 위하여 우리나라가 당사국이 된 사회 보장에 관한 조약이나 협정(사회보장관련조약)으로 정하는 국가나 지역에서의 사업에 대하여는 고용노동부장관이 금융위원회와 협의하여 지정하는 자(보험회사)에게 이 법에 따른 보험사업을 자기의 계산으로 영위하게 할 수 있다.

② 해외파견자에 대한 특례(제122조)

보험료징수법에 따른 보험가입자가 대한민국 밖의 지역(고용노동부령으로 정하는 지역은 제외)에서 하는 사업에 근로시키기 위하여 파견하는 사람(해외파견자)에 대하여 공단에 보험가입 신청을 하여 승인을 받으면 해외파견자를 그 가입자의 대한민국 영역 안의 사업(2개 이상의 사업이 있는 경우에는 주된 사업)에 사용하는 근로자로 보아 이 법을 적용할 수 있다.

③ 현장실습생에 대한 특례(제123조)

이 법이 적용되는 사업에서 현장실습을 하고 있는 학생 및 직업 훈련생(현장실습생) 중 고용노동부장관이 정하는 현장실습생은 이 법을 적용할 때는 그 사업에 사용되는 근로자로 본다.

④ 학생연구자에 대한 특례(제123조의2)

연구실 안전환경 조성에 관한 법률에 따른 대학·연구기관 등은 이 법의 적용을 받는 사업으로 본다. 이 법의 적용을 받는 학생연구자에 대한 보험 관계의 성립·소멸 및 변경, 보험료의 산정·신고·납부, 보험료나 그 밖에 징수금의 징수에 필요한 사항은 보험료징수법에서 정하는 바에 따른다.

⑤ 중 · 소기업 사업주 등에 대한 특례(제124조)

대통령령으로 정하는 중 · 소기업 사업주(근로자를 사용하지 아니하는 자를 포함)는 공단의 승인을 받아 자기 또는 유족을 보험급여를 받을 수 있는 사람으로 하여 보험에 가입할 수 있다.

⑥ 특수형태근로종사자에 대한 특례(제125조)

계약의 형식과 관계없이 근로자와 유사하게 노무를 제공함에도 근로기준법 등이 적용되지 아니하여 업무상의 재해로부터 보호할 필요가 있는 사람으로서 다음의 모두에 해당하는 사람 중 대통령령으로 정하는 직종에 종사하는 사람(특수형태근로종사자)의 노무(勞務)를 제공받는 사업은 이 법의 적용을 받는 사업으로 본다.

1. 주로 하나의 사업에 그 운영에 필요한 노무를 상시적으로 제공하고 보수를 받아 생활할 것
2. 노무를 제공할 때 타인을 사용하지 아니할 것

⑦ 국민기초생활 보장법상의 수급자에 대한 특례(제126조)

근로기준법에 따른 근로자가 아닌 사람으로서 국민기초생활 보장법에 따른 자활급여 수급자 중 고용노동부장관이 정하여 고시하는 사업에 종사하는 사람은 이 법의 적용을 받는 근로자로 본다. 자활급여 수급자의 보험료 산정 및 보험급여의 기초가 되는 임금액은 자활급여 수급자가 사업에 참여하여 받는 자활급여로 한다.

(4) 보험료, 국가의 부담과 지원

① 국가의 부담 및 지원(제3조)

국가는 회계연도마다 예산의 범위에서 보험사업의 사무 집행에 드는 비용을 일반회계에서 부담하여야 한다. 국가는 회계연도마다 예산의 범위에서 보험사업에 드는 비용의 일부를 지원할 수 있다.

② 보험료(제4조)

이 법에 따른 보험사업에 드는 비용에 충당하기 위하여 징수하는 보험료나 그 밖의 징수금에 관하여는 고용보험 및 산업재해보상보험의 보험료징수 등에 관한 법률(보험료징수법)에서 정하는 바에 따른다.

3) 보험급여

(1) 보험급여의 종류와 산정기준

① 보험급여의 종류 및 지급(제36조)

보험급여의 종류는 요양급여, 휴업급여, 장해급여, 간병급여, 유족급여, 상병(傷病)보상연금, 장례비, 직업재활급여이다. 다만, 진폐에 따른 보험급여의 종류는 요양급여, 간병급여, 장례비, 직업재활급여, 진폐보상연금 및 진폐유족연금으로 하고, 건강손상자녀에 대한 보험급여의 종류는 요양급여, 장해급여, 간병급여, 장례비, 직업재활급여로 한다. 보험급여는 보험급여를 받을 수 있는 사람(수급권자)의 청구에 따라 지급한다.

② 보험급여 산정 기준(제36조)

보험급여를 산정하는 경우 해당 근로자의 평균임금을 산정하여야 할 사유가 발생한 날부터 1년이 지난 이후에는 매년 전체 근로자의 임금 평균액의 증감률에 따라 평균임금을 증감하되, 그 근로자의 연령이 60세에 도달한 이후에는 소비자물가변동률에 따라 평균임금을 증감한다. 다만, 산정한 금액을 평균임금으로 보는 진폐에 걸린 근로자에 대한 보험급여는 제외한다.

(2) 급여

가. 요양급여

① 요양급여의 지급과 범위(제40조)

요양급여는 근로자가 업무상의 사유로 부상을 당하거나 질병에 걸린 경우에 그 근로자에게 지급한다. 요양급여의 범위는 진찰 및 검사, 약제 또는 진료재료와 의지(義肢)나 그 밖의 보조기의 지급, 처치 · 수술 · 그 밖의 치료, 재활치료, 입원, 간호 및 간병, 이송, 그 밖에 고용노동부령으로 정하는 사항이다.

② 요양급여의 신청(제41조)

요양급여(진폐에 따른 요양급여는 제외)를 받으려는 사람은 소속 사업장, 재해발생 경위, 그 재해에 대한 의학적 소견, 그 밖에 고용노동부령으로 정하는 사항을 적은 서류를 첨부하여 공단에 요양급여의 신청을 하여야 한다. 이 경우 요양급여 신청의 절차와 방법은 고용노동부령으로 정한다.

③ 건강보험의 우선 적용(제42조)

요양급여의 신청을 한 사람은 공단이 이 법에 따른 요양급여에 관한 결정을 하기 전에는 국민건강보험법에 따른 요양급여 또는 의료급여법에 따른 의료급여(건강보험 요양급여 등)를 받을 수 있다. 건강보험 요양급여 등을 받은 사람이 국민건강보험법 또는 의료급여법에 따른 본인 일부 부담금을 산재보험 의료기관에 납부한 후에 이 법에 따른 요양급여 수급권자로 결정된 경우에는 그 납부한 본인 일부 부담금 중 요양급여에 해당하는 금액을 공단에 청구할 수 있다.

④ 재요양(제51조)

요양급여를 받은 사람이 치유 후 요양의 대상이 되었던 업무상의 부상 또는 질병이 재발하거나 치유 당시보다 상태가 악화되어 이를 치유하기 위한 적극적인 치료가 필요하다는 의학적 소견이 있으면 다시 요양급여(재요양)를 받을 수 있다.

나. 휴업급여

① 휴업급여(제52조)

휴업급여는 업무상 사유로 부상을 당하거나 질병에 걸린 근로자에게 요양으로 취업하지 못한 기간에 대하여 지급하되, 1일당 지급액은 평균임금의 100분의 70에 상당하는 금액으로 한다. 다만, 취업하지 못한 기간이 3일 이내이면 지급하지 아니한다.

② 부분휴업급여(제53조)

요양 또는 재요양을 받고 있는 근로자가 그 요양기간 중 일정기간 또는 단시간 취업을 하는 경우에는 그 취업한 날에 해당하는 그 근로자의 평균임금에서 그 취업한 날에 대한 임금을 뺀 금액의 100분의 80에 상당하는 금액을 지급할 수 있다. 다만, 최저임금액을 1일당 휴업급여 지급액으로 하는 경우에는 최저임금액에서 취업한 날에 대한 임금을 뺀 금액을 지급할 수 있다.

③ 저소득 근로자의 휴업급여(제54조)

휴업급여(제52조)에 따라 산정한 1일당 휴업급여 지급액이 최저 보상기준 금액의 100분의 80보다 적거나 같으면 그 근로자에 대하여는 평균임금의 100분의 90에 상당하는 금액을 1일당 휴업급여 지급액으로 한다. 다만, 그 근로자의 평균임금의 100분의 90에 상당하는 금액이 최저 보상기준 금액의 100분의 80보다 많은 경우에는 최저 보상기준 금액의 100분의 80에 상당하는 금액을 1일당 휴업급여 지급액으로 한다. 산정한 휴업급여 지급액이 최저임금액보다 적으면 그 최저임금액을 그 근로자의 1일당 휴업급여 지급액으로 한다.

④ 고령자의 휴업급여(제55조)

휴업급여를 받는 근로자가 61세가 되면 그 이후의 휴업급여는 별도로 정하는 바에 따라 산정한 금액을 지급한다.

⑤ 재요양 기간 중의 휴업급여(제56조)

재요양을 받는 사람에 대하여는 재요양 당시의 임금을 기준으로 산정한 평균임금의 100분의 70에 상당하는 금액을 1일당 휴업급여 지급액으로 한다. 이 경우 평균임금 산정사유 발생일은 대통령령으로 정한다.

다. 장해급여(제57조)

장해급여는 근로자가 업무상의 사유로 부상을 당하거나 질병에 걸려 치유된 후 신체 등에 장해가 있는 경우에 그 근로자에게 지급한다.

라. 간병급여(제61조)

간병급여는 요양급여를 받은 사람 중 치유 후 의학적으로 상시 또는 수시로 간병이 필요하여 실제로 간병을 받는 사람에게 지급한다.

마. 유족급여

① 유족급여의 종류(제62조)

유족급여는 근로자가 업무상의 사유로 사망한 경우에 유족에게 지급한다. 유족급여는 유족보상연금이나 유족보상일시금으로 하되, 유족보상일시금은 근로자가 사망할 당시 유족보상연금을 받을 수 있는 자격이 있는 사람이 없는 경우에 지급한다.

② 유족보상연금 수급자격자의 범위(제63조)

유족보상연금을 받을 수 있는 자격이 있는 사람(유족보상연금 수급자격자)은 근로자가 사망할 당시 그 근로자와 생계를 같이 하고 있던 유족(그 근로자가 사망할 당시 대한민국 국민이 아닌 사람으로서 외국에서 거주하고 있던 유족은 제외) 중 배우자와 다음의 어느 하나에 해당하는 사람으로 한다. 유족보상연금 수급자격자 중 유족보상연금을 받을 권리의 순위는 배우자 · 자녀 · 부모 · 손자녀 · 조부모 및 형제자매의 순서로 한다.

> 1. 부모 또는 조부모로서 각각 60세 이상인 사람
> 2. 자녀로서 25세 미만인 사람
> 3. 손자녀로서 19세 미만인 사람
> 4. 형제자매로서 19세 미만이거나 60세 이상인 사람
> 5. 위의 어느 하나에 해당하지 아니하는 자녀 · 부모 · 손자녀 · 조부모 또는 형제자매로서 장애인복지법에 따른 장애인 중 고용노동부령으로 정한 장애 정도에 해당하는 사람

③ 유족보상연금 수급자격자의 자격 상실과 지급 정지 등(제64조)

유족보상연금 수급자격자인 유족이 다음의 어느 하나에 해당하면 그 자격을 잃는다.

> 1. 사망한 경우
> 2. 재혼한 때(사망한 근로자의 배우자만 해당, 재혼에는 사실상 혼인 관계에 있는 경우를 포함)
> 3. 사망한 근로자와의 친족 관계가 끝난 경우
> 4. 자녀가 25세가 된 때
> 5. 손자녀 또는 형제자매가 19세가 된 때
> 6. 장애인이었던 사람으로서 그 장애 상태가 해소된 경우
> 7. 근로자가 사망할 당시 대한민국 국민이었던 유족보상연금 수급자격자가 국적을 상실하고 외국에서 거주하고 있거나 외국에서 거주하기 위하여 출국하는 경우
> 8. 대한민국 국민이 아닌 유족보상연금 수급자격자가 외국에서 거주하기 위하여 출국하는 경우

④ 수급권자인 유족의 순위(제65조)

유족 간의 수급권의 순위는 다음의 순서로 하되, 각 호의 사람 사이에서는 각각 그 적힌 순서에 따른다. 이 경우 같은 순위의 수급권자가 2명 이상이면 그 유족에게 똑같이 나누어 지급한다.

> 1. 근로자가 사망할 당시 그 근로자와 생계를 같이 하고 있던 배우자 · 자녀 · 부모 · 손자녀 및 조부모
> 2. 근로자가 사망할 당시 그 근로자와 생계를 같이 하고 있지 아니하던 배우자 · 자녀 · 부모 · 손자녀 및 조부모 또는 근로자가 사망할 당시 근로자와 생계를 같이 하고 있던 형제자매
> 3. 형제자매

바. 상병보상연금

① 상병보상연금(제66조)

요양급여를 받는 근로자가 요양을 시작한 지 2년이 지난 날 이후에 다음의 요건 모두에 해당하는 상태가 계속되면 휴업급여 대신 상병보상연금을 그 근로자에게 지급한다.

1. 그 부상이나 질병이 치유되지 아니한 상태일 것
2. 그 부상이나 질병에 따른 중증요양상태의 정도가 대통령령으로 정하는 중증요양상태등급 기준에 해당할 것
3. 요양으로 인하여 취업하지 못하였을 것

② 저소득 근로자의 상병보상연금(제67조)

상병보상연금을 산정할 때 그 근로자의 평균임금이 최저임금액에 70분의 100을 곱한 금액보다 적을 때에는 최저임금액의 70분의 100에 해당하는 금액을 그 근로자의 평균임금으로 보아 산정한다.

③ 고령자의 상병보상연금(제68조)

상병보상연금을 받는 근로자가 61세가 되면 그 이후의 상병보상연금은 별도로 규정된 1일당 상병보상연금 지급기준에 따라 산정한 금액을 지급한다.

④ 재요양 기간 중의 상병보상연금(제69조)

재요양을 시작한 지 2년이 지난 후에 부상·질병 상태가 상병요양급여의 요건 모두에 해당하는 사람에게는 휴업급여 대신 중증요양상태등급에 따라 상병보상연금을 지급한다. 이 경우 상병보상연금을 산정할 때에는 재요양 기간 중의 휴업급여 산정에 적용되는 평균임금을 적용하되, 그 평균임금이 최저임금액에 70분의 100을 곱한 금액보다 적거나 재요양 당시 평균임금 산정의 대상이 되는 임금이 없을 때에는 최저임금액의 70분의 100에 해당하는 금액을 그 근로자의 평균임금으로 보아 산정한다.

사. 장례비(제71조)

장례비는 근로자가 업무상의 사유로 사망한 경우에 지급하되, 평균임금의 120일분에 상당하는 금액을 그 장례를 지낸 유족에게 지급한다. 다만, 장례를 지낼 유족이 없거나 그 밖에 부득이한 사유로 유족이 아닌 사람이 장례를 지낸 경우에는 평균임금의 120일분에 상당하는 금액의 범위에서 실제 드는 비용을 그 장례를 지낸 사람에게 지급한다.

아. 직업재활급여(제72조)

직업재활급여의 종류는 다음과 같다.

1. 장해급여 또는 진폐보상연금을 받은 사람이나 장해급여를 받을 것이 명백한 사람으로서 대통령령으로 정하는 사람(장해급여자) 중 취업을 위하여 직업훈련이 필요한 사람(훈련대상자)에 대하여 실시하는 직업훈련에 드는 비용(제73조) 및 직업훈련수당(제74조)
2. 업무상의 재해가 발생할 당시의 사업에 복귀한 장해급여자에 대하여 사업주가 고용을 유지하거나 직장적응훈련 또는 재활운동을 실시하는 경우(직장적응훈련의 경우에는 직장 복귀 전에 실시한 경우도 포함)에 각각 지급하는 직장복귀지원금(제75조), 직장적응훈련비 및 재활운동비

자. 특별급여

① 장해특별급여(제78조)

보험가입자의 고의 또는 과실로 발생한 업무상의 재해로 근로자가 대통령령으로 정하는 장해등급 또는 진폐장해등급에 해당하는 장해를 입은 경우에 수급권자가 민법에 따른 손해배상청구를 갈음하여 장해특별급여를 청구하면 장해급여 또는 진폐보상연금 외에 대통령령으로 정하는 장해특별급여를 지급할 수 있다. 다만, 근로자와 보험가입자 사이에 장해특별급여에 관하여 합의가 이루어진 경우에 한정한다.

② 유족특별급여(제79조)

보험가입자의 고의 또는 과실로 발생한 업무상의 재해로 근로자가 사망한 경우에 수급권자가 민법에 따른 손해배상청구를 갈음하여 유족특별급여를 청구하면 유족급여 또는 진폐유족연금 외에 대통령령으로 정하는 유족특별급여를 지급할 수 있다.

(3) 다른 보상 또는 배상과의 관계(제80조)

수급권자가 이 법에 따라 보험급여를 받았거나 받을 수 있으면 보험가입자는 동일한 사유에 대하여 근로기준법에 따른 재해보상 책임이 면제된다. 수급권자가 동일한 사유에 대하여 이 법에 따른 보험급여를 받으면 보험가입자는 그 금액의 한도 안에서 민법이나 그 밖의 법령에 따른 손해배상의 책임이 면제된다. 이 경우 장해보상연금 또는 유족보상연금을 받고 있는 사람은 장해보상일시금 또는 유족보상일시금을 받은 것으로 본다.

(4) 보험급여의 지급 및 제한

① 보험급여의 지급(제82조)

보험급여는 지급 결정일부터 14일 이내에 지급하여야 한다. 공단은 수급권자의 신청이 있는 경우에는 보험급여를 수급권자 명의의 지정된 계좌(보험급여수급계좌)로 입금하여야 한다.

② 보험급여 지급의 제한(제83조)

공단은 근로자가 다음의 어느 하나에 해당되면 보험급여의 전부 또는 일부를 지급하지 아니할 수 있다.

1. 요양 중인 근로자가 정당한 사유 없이 요양에 관한 지시를 위반하여 부상·질병 또는 장해 상태를 악화시키거나 치유를 방해한 경우
2. 장해보상연금 또는 진폐보상연금 수급권자가 장해등급 또는 진폐장해등급 재판정 전에 자해(自害) 등 고의로 장해 상태를 악화시킨 경우

(5) 진폐에 따른 보험급여의 특례

① 진폐에 대한 업무상의 재해의 인정기준(제91조의2)

근로자가 진폐에 걸릴 우려가 있는 작업으로서 암석, 금속이나 유리섬유 등을 취급하는 작업 등 고용노동부령으로 정하는 분진작업에 종사하여 진폐에 걸리면 업무상 질병으로 본다.

② 진폐보상연금(제91조의3)

진폐보상연금은 업무상 질병인 진폐에 걸린 근로자(진폐근로자)에게 지급한다. 진폐보상연금은 평균임금을 기준으로 하여 진폐장해등급별 진폐장해연금과 기초연금을 합산한 금액으로 한다. 이 경우 기초연금은 최저임금액의 100분의 60에 365를 곱하여 산정한 금액으로 한다.

③ 진폐유족연금(제91조의4)

진폐유족연금은 진폐근로자가 진폐로 사망한 경우에 유족에게 지급한다. 진폐유족연금은 사망 당시 진폐근로자에게 지급하고 있거나 지급하기로 결정된 진폐보상연금과 같은 금액으로 한다. 이 경우 진폐유족연금은 유족보상연금을 초과할 수 없다.

④ 진폐에 대한 요양급여 등의 청구(제91조의5)

분진작업에 종사하고 있거나 종사하였던 근로자가 업무상 질병인 진폐로 요양급여 또는 진폐보상연금을 받으려면 고용노동부령으로 정하는 서류를 첨부하여 공단에 청구하여야 한다.

⑤ 진폐의 진단(제91조의6)

공단은 근로자가 요양급여 등을 청구하면 진폐근로자보호법에 따른 건강진단기관에진폐판정에 필요한 진단을 의뢰하여야 한다.

⑥ 진폐심사회의(제91조의7)

진단결과에 대하여 진폐병형 및 합병증 등을 심사하기 위하여 공단에 관계 전문가 등으로 구성된 진폐심사회의를 둔다.

⑦ 진폐판정 및 보험급여의 결정 등(제91조의8)

공단은 진단결과를 받으면 진폐심사회의의 심사를 거쳐 해당 근로자의 진폐병형, 합병증의 유무 및 종류, 심폐기능의 정도 등을 판정(진폐판정)하여야 한다. 이 경우 진폐판정에 필요한 기준은 대통령령으로 정한다. 진폐판정 결과에 따라 요양급여의 지급 여부, 진폐장해등급과 그에 따른 진폐보상연금의 지급 여부 등을 결정하여야 한다.

(6) 건강손상자녀에 대한 보험급여의 특례

① 건강손상자녀에 대한 업무상의 재해의 인정기준(제91조의12)

임신 중인 근로자가 업무수행 과정에서 대통령령으로 정하는 유해인자의 취급이나 노출로 인하여, 출산한 자녀에게 부상, 질병 또는 장해가 발생하거나 그 자녀가 사망한 경우 업무상의 재해로 본다. 이 경우 그 출산한 자녀(건강손상자녀)는 이 법을 적용할 때 해당 업무상 재해의 사유가 발생한 당시 임신한 근로자가 속한 사업의 근로자로 본다.

② 장해등급의 판정시기(제91조의13)

건강손상자녀에 대한 장해등급 판정은 18세 이후에 한다.

4) 기타

(1) 산업재해보상보험 및 예방심의위원회(제8조)

산업재해보상보험 및 예방에 관한 중요 사항을 심의하게 하기 위하여 고용노동부에 산업재해보상보험 및 예방심의위원회를 둔다.

다음 각 호의 사항을 심의한다(시행령 제3조)
1. 요양급여의 범위나 비용 등 요양급여의 산정 기준에 관한 사항

2. 고용보험 및 산업재해보상보험의 보험료징수 등에 관한 법률(보험료징수법)에 따른 산재보험료율의 결정에 관한 사항
3. 산업재해보상보험 및 예방기금의 운용계획 수립에 관한 사항
4. 산업안전보건법에 따른 산업안전·보건 업무와 관련되는 주요 정책 및 산업재해 예방에 관한 기본계획
5. 그 밖에 고용노동부장관이 산업재해보상보험 사업 및 산업안전·보건 업무에 관하여 심의에 부치는 사항

(2) 근로복지공단(제10조)

고용노동부장관의 위탁을 받아 근로자의 업무상의 재해를 신속하고 공정하게 보상하며, 재해근로자의 재활 및 사회 복귀를 촉진하기 위하여 이에 필요한 보험시설을 설치·운영하고, 재해 예방과 그 밖에 근로자의 복지 증진을 위한 사업을 시행하여 근로자 보호에 이바지하는 것의 목적을 달성하기 위한 사업을 효율적으로 수행하기 위하여 근로복지공단을 설립한다.

(3) 근로복지사업(제92조)

고용노동부장관은 근로자의 복지 증진을 위한 다음의 사업을 한다.

1. 업무상의 재해를 입은 근로자의 원활한 사회 복귀를 촉진하기 위한 다음의 보험시설의 설치·운영
   가. 요양이나 외과 후 처치에 관한 시설
   나. 의료재활이나 직업재활에 관한 시설
2. 장학사업 등 재해근로자와 그 유족의 복지 증진을 위한 사업
3. 그 밖에 근로자의 복지 증진을 위한 시설의 설치·운영 사업

(4) 장해급여자의 고용촉진(제94조)

고용노동부장관은 보험가입자에 대하여 장해급여 또는 진폐보상연금을 받은 사람을 그 적성에 맞는 업무에 고용하도록 권고할 수 있다.

(5) 산업재해보상보험 및 예방기금(제95조, 제96조)

고용노동부장관은 보험사업, 산업재해 예방 사업에 필요한 재원을 확보하고, 보험급여

에 충당하기 위하여 산업재해보상보험 및 예방기금을 설치한다. 기금[4]은 보험료, 기금운용 수익금, 적립금, 기금의 결산상 잉여금, 정부 또는 정부 아닌 자의 출연금 및 기부금, 차입금, 그 밖의 수입금을 재원으로 하여 조성한다. 정부는 산업재해 예방 사업을 수행하기 위하여 회계연도마다 기금지출예산 총액의 100분의 3의 범위에서 정부의 출연금으로 세출예산에 계상(計上)하여야 한다.

(6) 수급자의 권리 보호

① 심사청구(제103조)

공단의 결정[5] 등에 불복하는 자는 그 보험급여 결정 등을 한 공단의 소속 기관을 거쳐 공단에 심사청구를 제기하여야 하고, 보험급여 결정 등이 있음을 안 날부터 90일 이내에 하여야 한다. 보험급여 결정 등에 대하여는 행정심판법에 따른 행정심판을 제기할 수 없다.

② 재심사 청구(제106조)

심사 청구에 대한 결정에 불복하는 자는 산업재해보상보험재심사위원회에 재심사 청구를 할 수 있으며, 심사 청구에 대한 결정이 있음을 안 날부터 90일 이내에 제기하여야 한다. 다만, 판정위원회의 심의를 거친 보험급여에 관한 결정에 불복하는 자는 심사 청구를 하지 아니하고 재심사 청구를 할 수 있으며, 보험급여에 관한 결정이 있음을 안 날부터 90일 이내에 제기하여야 한다.

③ 불이익 처우의 금지(제111조의2)

사업주는 근로자가 보험급여를 신청한 것을 이유로 근로자를 해고하거나 그 밖에 근로자에게 불이익한 처우를 하여서는 아니 된다.

④ 시효(제112조)

3년간 행사[6]하지 아니하면 시효로 말미암아 소멸한다. 단, 보험급여를 받을 권리 중 장

---

4) 기금의 용도(제96조)는 1. 보험급여의 지급 및 반환금의 반환, 2. 차입금 및 이자의 상환, 3. 공단에의 출연, 4. 산업안전보건법에 따른 용도, 5. 재해근로자의 복지 증진, 6. 한국산업안전보건공단법에 따른 한국산업안전보건공단에 대한 출연, 7. 보험료징수법에 따른 업무를 위탁받은 자에의 출연, 8. 그 밖에 보험사업 및 기금의 관리와 운용이다.

5) 1. 보험급여에 관한 결정, 2. 진료비에 관한 결정, 3. 약제비에 관한 결정, 4. 진료계획 변경 조치 등, 5. 보험급여의 일시지급에 관한 결정, 6. 합병증 등 예방관리에 관한 조치, 7. 부당이득의 징수에 관한 결정, 8. 수급권의 대위에 관한 결정

6) 1. 보험급여를 받을 권리, 2. 산재보험 의료기관의 권리, 3. 약국의 권리, 4. 보험가입자의 권리, 5. 국민건강보험공단 등의 권리

해급여, 유족급여, 장례비, 진폐보상연금 및 진폐유족연금을 받을 권리는 5년간 행사하지 아니하면 시효의 완성으로 소멸한다.

(7) 양벌규정(제128조)

법인의 대표자나 법인 또는 개인의 대리인, 사용인, 그 밖의 종업원이 그 법인 또는 개인의 업무에 관하여 산재보험 의료기관이나 약국의 종사자로서 거짓이나 그 밖의 부정한 방법으로 진료비나 약제비를 지급받은 위반행위를 하면 그 행위자를 벌하는 외에 그 법인 또는 개인에게도 해당 조문의 벌금형을 과(科)한다.

3. 노인장기요양보험법

1) 개요

노인장기요양보험은 고령이나 노인성질병 등으로 인하여 6개월 이상 동안 혼자서 일상생활을 수행하기 어려운 노인 등에게 신체활동 또는 가사지원 등의 장기요양급여를 사회적 연대원리에 의해 제공하는 사회보험제도이다.

(1) 목적 등

① 목적(제1조)

고령이나 노인성 질병 등의 사유로 일상생활을 혼자서 수행하기 어려운 노인등에게 제공하는 신체활동 또는 가사활동 지원 등의 장기요양급여에 관한 사항을 규정하여 노후의 건강증진 및 생활안정을 도모하고 그 가족의 부담을 덜어줌으로써 국민의 삶의 질을 향상하도록 함을 목적으로 한다.

② 관장(제7조)

장기요양보험사업은 보건복지부장관이 관장하며, 장기요양보험사업의 보험자는 공단으로 한다. 장기요양보험의 가입자는 국민건강보험가입자이다.

(2) 국가 및 지방자치단체의 책무 등

① 국가 및 지방자치단체의 책무 등(제4조)

국가 및 지방자치단체는 노인이 일상생활을 혼자서 수행할 수 있는 온전한 심신상태를 유지하는데 필요한 사업(노인성질환예방사업)을 실시하여야 한다. 국가는 노인성질환예방사업을 수행하는 지방자치단체 또는 국민건강보험법에 따른 국민건강보험공단에 대하여 이에 소요되는 비용을 지원할 수 있다.

② 장기요양급여에 관한 국가정책방향(제5조)

국가는 장기요양기본계획을 수립 · 시행함에 있어서 노인뿐만 아니라 장애인 등 일상생활을 혼자서 수행하기 어려운 모든 국민이 장기요양급여, 신체활동지원서비스 등을 제공받을 수 있도록 노력하고 나아가 이들의 생활안정과 자립을 지원할 수 있는 시책을 강구하여야 한다.

③ 장기요양기본계획(제6조)

보건복지부장관은 노인 등에 대한 장기요양급여를 원활하게 제공하기 위하여 5년 단위로 장기요양기본계획[7]을 수립 · 시행하여야 한다.

④ 실태조사(제6조의2)

보건복지부장관은 장기요양사업의 실태를 파악하기 위하여 3년마다 조사[8]를 정기적으로 실시하고 그 결과를 공표하여야 한다.

(3) 용어의 정의(제2조)

- 노인 등: 65세 이상의 노인 또는 65세 미만의 자로서 치매 · 뇌혈관성질환 등 대통령령으로 정하는 노인성 질병을 가진 자를 말한다.
- 장기요양급여: 6개월 이상 동안 혼자서 일상생활을 수행하기 어렵다고 인정되는 자에게 신체활동 · 가사활동의 지원 또는 간병 등의 서비스나 이에 갈음하여 지급하는 현금

7) 1. 연도별 장기요양급여 대상인원 및 재원조달 계획, 2. 연도별 장기요양기관 및 장기요양전문인력 관리 방안, 3. 장기요양요원의 처우에 관한 사항, 4. 그 밖에 노인등의 장기요양에 관한 사항으로서 대통령령으로 정하는 사항

8) 1. 장기요양인정에 관한 사항, 2. 장기요양등급판정위원회의 판정에 따라 장기요양급여를 받을 사람(수급자)의 규모, 그 급여의 수준 및 만족도에 관한 사항, 3. 장기요양기관에 관한 사항, 4. 장기요양요원의 근로조건, 처우 및 규모에 관한 사항, 5. 그 밖에 장기요양사업에 관한 사항으로서 보건복지부령으로 정하는 사항

등을 말한다.

- 장기요양사업: 장기요양보험료, 국가 및 지방자치단체의 부담금 등을 재원으로 하여 노인 등에게 장기요양급여를 제공하는 사업을 말한다.
- 장기요양기관: 이 법에 따른 지정을 받은 기관으로서 장기요양급여를 제공하는 기관을 말한다.
- 장기요양요원: 장기요양기관에 소속되어 노인 등의 신체활동 또는 가사활동 지원 등의 업무를 수행하는 자를 말한다.

(4) 보험료의 징수 및 산정

① 장기요양보험료의 징수(제8조)

장기요양보험료는 국민건강보험법에 따른 보험료(건강보험료)와 통합하여 징수한다. 이 경우 공단은 장기요양보험료와 건강보험료를 구분하여 고지하여야 한다. 공단은 통합 징수한 장기요양보험료와 건강보험료를 각각의 독립회계로 관리하여야 한다.

② 장기요양보험료의 산정(제9조)

장기요양보험료는 국민건강보험법에 따라 산정한 보험료액에서 경감 또는 면제되는 비용을 공제한 금액에 건강보험료율 대비 장기요양보험료율의 비율을 곱하여 산정한 금액으로 한다.

③ 장애인 등에 대한 장기요양보험료의 감면(제10조)

공단은 장애인복지법에 따른 장애인 또는 이와 유사한 자로서 대통령령으로 정하는 자가 장기요양보험가입자 또는 그 피부양자인 경우 수급자로 결정되지 못한 때 대통령령으로 정하는 바에 따라 장기요양보험료의 전부 또는 일부를 감면할 수 있다.

(5) 관리운영기관

① 관리운영기관(제48조)

- 장기요양사업의 관리운영기관은 공단으로 한다.
- 공단은 다음의 업무를 관장한다. 공단은 장기요양기관을 설치할 때 노인인구 및 지역특성 등을 고려한 지역 간 불균형 해소를 고려하여야 하고, 설치 목적에 필요한 최소한의 범위에서 이를 설치·운영하여야 한다.

1. 장기요양보험가입자 및 그 피부양자와 의료급여수급권자의 자격관리
2. 장기요양보험료의 부과·징수
3. 신청인에 대한 조사
4. 등급판정위원회의 운영 및 장기요양등급 판정
5. 장기요양인정서의 작성 및 개인별장기요양이용계획서의 제공
6. 장기요양급여의 관리 및 평가
7. 수급자 및 그 가족에 대한 정보제공·안내·상담 등 장기요양급여 관련 이용지원에 관한 사항
8. 재가 및 시설 급여비용의 심사 및 지급과 특별현금급여의 지급
9. 장기요양급여 제공내용 확인
10. 장기요양사업에 관한 조사·연구 및 홍보
11. 노인성질환예방사업
12. 이 법에 따른 부당이득금의 부과·징수 등
13. 장기요양급여의 제공기준을 개발하고 장기요양급여비용의 적정성을 검토하기 위한 장기요양기관의 설치 및 운영
14. 그 밖에 장기요양사업과 관련하여 보건복지부장관이 위탁한 업무

② 등급판정위원회(제52조)

장기요양인정 및 장기요양등급 판정 등을 심의하기 위하여 공단에 장기요양등급판정위원회를 둔다. 등급판정위원회는 특별자치시·특별자치도·시·군·구 단위로 설치한다. 등급판정위원회는 위원장 1인을 포함하여 15인의 위원으로 구성한다.

③ 장기요양위원회(제45조)

다음의 사항을 심의하기 위하여 보건복지부장관 소속으로 장기요양위원회를 둔다.

1. 장기요양보험료율
2. 가족요양비, 특례요양비 및 요양병원간병비의 지급기준
3. 재가 및 시설 급여비용
4. 그 밖에 대통령령으로 정하는 주요 사항

④ 장기요양요원지원센터(제47조의2)

국가와 지방자치단체는 장기요양요원의 권리를 보호하기 위하여 장기요양요원지원센터를 설치·운영할 수 있다. 장기요양요원지원센터는 다음의 업무를 수행한다.

1. 장기요양요원의 권리 침해에 관한 상담 및 지원
2. 장기요양요원의 역량강화를 위한 교육지원
3. 장기요양요원에 대한 건강검진 등 건강관리를 위한 사업
4. 그 밖에 장기요양요원의 업무 등에 필요하여 대통령령으로 정하는 사항

2) 수급자

(1) 장기요양인정의 신청 및 조사

① 장기요양인정의 신청자격(제12조)

장기요양인정을 신청할 수 있는 자는 노인 등으로서 다음의 어느 하나에 해당하는 자격을 갖추어야 한다.

1. 장기요양보험가입자 또는 그 피부양자
2. 의료급여법에 따른 수급권자(의료급여수급권자)

② 장기요양인정의 신청(제13조)

장기요양인정을 신청하는 자(신청인)는 공단에 보건복지부령으로 정하는 바에 따라 장기요양인정신청서에 의사 또는 한의사가 발급하는 소견서(의사소견서)를 첨부하여 제출하여야 한다. 다만, 의사소견서는 공단이 등급판정위원회에 자료를 제출하기 전까지 제출할 수 있다.

③ 등급판정 등(제15조)

공단은 조사가 완료된 때 조사결과서, 신청서, 의사소견서, 그 밖에 심의에 필요한 자료를 등급판정위원회에 제출하여야 한다. 등급판정위원회는 신청인이 신청자격요건을 충족하고 6개월 이상 동안 혼자서 일상생활을 수행하기 어렵다고 인정하는 경우 심신상태 및 장기요양이 필요한 정도 등 대통령령으로 정하는 등급판정기준에 따라 수급자로 판정한다.

④ 장기요양등급판정기간(제16조)

등급판정위원회는 신청인이 신청서를 제출한 날부터 30일 이내에 장기요양등급판정을 완료하여야 한다. 다만, 신청인에 대한 정밀조사가 필요한 경우 등 기간 이내에 등급판정을 완료할 수 없는 부득이한 사유가 있는 경우 30일 이내의 범위에서 이를 연장할 수 있다.

⑤ 장기요양인정서(제17조)

공단은 등급판정위원회가 장기요양인정 및 등급판정의 심의를 완료한 경우 지체 없이 다음의 사항이 포함된 장기요양인정서를 작성하여 수급자에게 송부하여야 한다. 공단은 장기요양인정서를 송부하는 때 장기요양급여를 원활히 이용할 수 있도록 월 한도액 범위 안에서 개인별장기요양이용계획서를 작성하여 이를 함께 송부하여야 한다.

1. 장기요양등급
2. 장기요양급여의 종류 및 내용
3. 그 밖에 장기요양급여에 관한 사항으로서 보건복지부령으로 정하는 사항

(2) 장기요양인정의 유효기간, 갱신, 변경 등

① 장기요양인정의 유효기간(제19조)

등급판정에 따른 장기요양인정의 유효기간은 최소 1년 이상으로서 대통령령으로 정한다(제19조). 장기요양인정 유효기간은 2년으로 한다. 다만, 장기요양인정의 갱신 결과 직전 등급과 같은 등급으로 판정된 경우에는 그 갱신된 장기요양인정의 유효기간은 다음의 구분에 따른다(시행령 제8조).

1. 장기요양 1등급의 경우: 4년
2. 장기요양 2등급부터 4등급까지의 경우: 3년
3. 장기요양 5등급 및 인지지원등급의 경우: 2년

② 장기요양인정의 갱신(제20조)

수급자는 장기요양인정의 유효기간이 만료된 후 장기요양급여를 계속하여 받고자 하는 경우 공단에 장기요양인정의 갱신을 신청하여야 한다. 장기요양인정의 갱신 신청은 유효기간이 만료되기 전 30일까지 이를 완료하여야 한다.

③ 장기요양등급 등의 변경(제21조)

장기요양급여를 받고 있는 수급자는 장기요양등급, 장기요양급여의 종류 또는 내용을 변경하여 장기요양급여를 받고자 하는 경우 공단에 변경신청을 하여야 한다.

④ 장기요양인정 신청 등에 대한 대리(제22조)

장기요양급여를 받고자 하는 자 또는 수급자가 신체적·정신적인 사유로 이 법에 따른

장기요양인정의 신청, 장기요양인정의 갱신신청 또는 장기요양등급의 변경신청 등을 직접 수행할 수 없을 때 본인의 가족이나 친족, 그 밖의 이해관계인은 이를 대리할 수 있다.

3) 급여

(1) 장기요양급여 제공의 기본원칙(제3조)

장기요양급여는 노인 등이 자신의 의사와 능력에 따라 최대한 자립적으로 일상생활을 수행할 수 있도록 제공하여야 한다. 장기요양급여는 노인 등의 심신상태 · 생활환경과 노인 등 및 그 가족의 욕구 · 선택을 종합적으로 고려하여 필요한 범위 안에서 이를 적정하게 제공하여야 한다. 장기요양급여는 노인 등이 가족과 함께 생활하면서 가정에서 장기요양을 받는 재가급여를 우선적으로 제공하며 의료서비스와 연계하여 제공하여야 한다.

(2) 장기요양급여의 종류(제23조)

① 재가급여

- 방문요양: 장기요양요원이 수급자의 가정 등을 방문하여 신체활동 및 가사활동 등을 지원하는 장기요양급여
- 방문목욕: 장기요양요원이 목욕설비를 갖춘 장비를 이용하여 수급자의 가정 등을 방문하여 목욕을 제공하는 장기요양급여
- 방문간호: 장기요양요원인 간호사 등이 의사, 한의사 또는 치과의사의 지시서(방문간호지시서)에 따라 수급자의 가정 등을 방문하여 간호, 진료의 보조, 요양에 관한 상담 또는 구강위생 등을 제공하는 장기요양급여
- 주 · 야간보호: 수급자를 하루 중 일정한 시간 동안 장기요양기관에 보호하여 신체활동 지원 및 심신기능의 유지 · 향상을 위한 교육 · 훈련 등을 제공하는 장기요양급여
- 단기보호: 수급자를 보건복지부령으로 정하는 범위 안에서 일정 기간 동안 장기요양기관에 보호하여 신체활동 지원 및 심신기능의 유지 · 향상을 위한 교육 · 훈련 등을 제공하는 장기요양급여
- 기타 재가급여: 수급자의 일상생활 · 신체활동 지원 및 인지기능의 유지 · 향상에 필요한 용구를 제공하거나 가정을 방문하여 재활에 관한 지원 등을 제공하는 장기요양급여로서 대통령령으로 정하는 것

② 시설급여

장기요양기관에 장기간 입소한 수급자에게 신체활동 지원 및 심신기능의 유지·향상을 위한 교육·훈련 등을 제공하는 장기요양급여

③ 특별현금급여

• 가족요양비: 제24조에 따라 지급하는 가족장기요양급여

1. 도서·벽지 등 장기요양기관이 현저히 부족한 지역으로서 보건복지부장관이 정하여 고시하는 지역에 거주하는 자
2. 천재지변이나 그 밖에 이와 유사한 사유로 인하여 장기요양기관이 제공하는 장기요양급여를 이용하기가 어렵다고 보건복지부장관이 인정하는 자
3. 신체·정신 또는 성격 등 대통령령으로 정하는 사유로 인하여 가족 등으로부터 장기요양을 받아야 하는 자

• 특례요양비: 제25조에 따라 지급하는 특례장기요양급여

1. 공단은 수급자가 장기요양기관이 아닌 노인요양시설 등의 기관 또는 시설에서 재가급여 또는 시설급여에 상당한 장기요양급여를 받은 경우 대통령령으로 정하는 기준에 따라 해당 장기요양급여 비용의 일부를 해당 수급자에게 특례요양비로 지급할 수 있다(제25조).

• 요양병원간병비: 제26조에 따라 지급하는 요양병원장기요양급여

1. 공단은 수급자가 의료법에 따른 요양병원에 입원한 때 대통령령으로 정하는 기준에 따라 장기요양에 사용되는 비용의 일부를 요양병원간병비로 지급할 수 있다(제26조).

(3) 장기요양급여의 제공

① 장기요양급여의 제공(제27조)

수급자는 장기요양인정서와 개인별장기요양이용계획서가 도달한 날부터 장기요양급여를 받을 수 있다.

② 특별현금급여수급계좌(제27조의2)

공단은 특별현금급여를 받는 수급자의 신청이 있는 경우에는 특별현금급여를 수급자 명의의 지정된 계좌(특별현금급여수급계좌)로 입금하여야 한다.

③ 장기요양급여의 월 한도액(제28조)

장기요양급여는 월 한도액 범위 안에서 제공한다.

④ 급여외행위의 제공 금지(제28조의2)

수급자 또는 장기요양기관은 장기요양급여를 제공받거나 제공할 경우 수급자의 가족만을 위한 행위, 수급자 또는 그 가족의 생업을 지원하는 행위, 그 밖에 수급자의 일상생활에 지장이 없는 행위(급여외행위)를 요구하거나 제공하여서는 아니 된다.

(4) 장기요양급여의 제한(제29조)

공단은 장기요양급여를 받고 있는 자가 정당한 사유 없이 장기요양인정에 관한 사항에 따른 조사나 자료의 제출에 따른 요구에 응하지 아니하거나 답변을 거절한 경우 장기요양급여의 전부 또는 일부를 제공하지 아니하게 할 수 있다.

(5) 재기급여 및 시설급여 비용

① 재가 및 시설 급여비용의 청구 및 지급 등(제38조)

장기요양기관은 수급자에게 재가급여 또는 시설급여를 제공한 경우 공단에 장기요양급여비용을 청구하여야 한다. 공단은 장기요양기관으로부터 재가 또는 시설 급여비용의 청구를 받은 경우 이를 심사하여 그 내용을 장기요양기관에 통보하여야 하며, 장기요양에 사용된 비용 중 공단부담금(재가 및 시설 급여비용 중 본인부담금을 공제한 금액)을 해당 장기요양기관에 지급하여야 한다.

② 장기요양급여비용 등의 산정(제39조)

보건복지부장관은 매년 급여종류 및 장기요양등급 등에 따라 장기요양위원회의 심의를 거쳐 다음 연도의 재가 및 시설 급여비용과 특별현금급여의 지급금액을 정하여 고시하여야 한다.

③ 본인부담금(제40조)

장기요양급여(특별현금급여는 제외)를 받는 자는 대통령령으로 정하는 바에 따라 비용의 일부를 본인이 부담한다. 이 경우 장기요양급여를 받는 수급자의 장기요양등급, 이용하는 장기요양급여의 종류 및 수준 등에 따라 본인부담의 수준을 달리 정할 수 있다. 의료급여법에 따른 수급자는 본인부담금을 부담하지 아니한다.

④ 가족 등의 장기요양에 대한 보상(제41조)

공단은 장기요양급여를 받은 금액의 총액이 보건복지부장관이 정하여 고시하는 금액 이하에 해당하는 수급자가 가족 등으로부터 방문요양에 상당한 장기요양을 받은 경우 보건복지부령으로 정하는 바에 따라 본인부담금의 일부를 감면하거나 이에 갈음하는 조치를 할 수 있다.

4) 장기요양기관

(1) 장기요양기관의 종류 및 기준(시행령 제10조)

장기요양급여를 제공할 수 있는 장기요양기관의 종류 및 기준은 다음의 구분에 따른다.

1. 재가급여를 제공할 수 있는 장기요양기관: 노인복지법에 따른 재가노인복지시설로서 지정받은 장기요양기관
2. 시설급여를 제공할 수 있는 장기요양기관
   가. 노인복지법에 따른 노인요양시설로서 지정받은 장기요양기관
   나. 노인복지법에 따른 노인요양공동생활가정으로서 지정받은 장기요양기관

(2) 장기요양기관의 지정(제31조)

재가급여 또는 시설급여를 제공하는 장기요양기관을 운영하려는 자는 보건복지부령으로 정하는 장기요양에 필요한 시설 및 인력을 갖추어 소재지를 관할 구역으로 하는 특별자치시장·특별자치도지사·시장·군수·구청장으로부터 지정을 받아야 한다.

(3) 결격사유(제32조의2)

- 미성년자, 피성년후견인 또는 피한정후견인
- 정신건강증진 및 정신질환자 복지서비스 지원에 관한 법률의 정신질환자. 다만, 전문의가 장기요양기관 설립·운영 업무에 종사하는 것이 적합하다고 인정하는 사람은 그러하지 아니하다.
- 마약류 관리에 관한 법률의 마약류에 중독된 사람
- 파산선고를 받고 복권되지 아니한 사람
- 금고 이상의 실형을 선고받고 그 집행이 종료(집행이 종료된 것으로 보는 경우를 포함)되거나 집행이 면제된 날부터 5년이 경과되지 아니한 사람

- 금고 이상의 형의 집행유예를 선고받고 그 유예기간 중에 있는 사람
- 대표자가 위의 규정 중 어느 하나에 해당하는 법인

(4) 장기요양기관 지정의 유효기간 및 갱신

① 장기요양기관 지정의 유효기간(제32조의3)

장기요양기관 지정의 유효기간은 지정을 받은 날부터 6년으로 한다.

② 장기요양기관 지정의 갱신(제32조의4)

장기요양기관의 장은 지정의 유효기간이 끝난 후에도 계속하여 그 지정을 유지하려는 경우에는 소재지를 관할구역으로 하는 특별자치시장·특별자치도지사·시장·군수·구청장에게 지정 유효기간이 끝나기 90일 전까지 지정 갱신을 신청하여야 한다.

(5) 장기요양기관의 의무 등(제35조)

장기요양기관은 수급자로부터 장기요양급여신청을 받은 때 장기요양급여의 제공을 거부하여서는 아니 된다. 다만, 입소정원에 여유가 없는 경우 등 정당한 사유가 있는 경우는 그러하지 아니하다. 장기요양기관은 장기요양급여의 제공 기준·절차 및 방법 등에 따라 장기요양급여를 제공하여야 한다.

(6) 장기요양기관 재무·회계기준(제35조의2)

장기요양기관의 장은 보건복지부령으로 정하는 재무·회계에 관한 기준(장기요양기관 재무·회계기준)에 따라 장기요양기관을 투명하게 운영하여야 한다. 다만, 장기요양기관 중 사회복지사업법에 따라 설치한 사회복지시설은 같은 조에 따른 재무·회계에 관한 기준에 따른다.

(7) 보험 가입(제35조의5)

장기요양기관은 종사자가 장기요양급여를 제공하는 과정에서 발생할 수 있는 수급자의 상해 등 법률상 손해를 배상하는 보험(전문인 배상책임보험)에 가입할 수 있다.

(8) 장기요양기관의 폐업 등의 신고 등(제36조)

장기요양기관의 장은 폐업하거나 휴업하고자 하는 경우 폐업이나 휴업 예정일 전 30일까지 특별자치시장·특별자치도지사·시장·군수·구청장에게 신고하여야 한다. 신고를 받은 특별자치시장·특별자치도지사·시장·군수·구청장은 지체 없이 신고 명세를 공단에 통보하여야 한다.

(9) 장기요양기관 지정의 취소 등(제37조)

- 특별자치시장·특별자치도지사·시장·군수·구청장은 장기요양기관이 다음의 어느 하나에 해당하는 경우 그 지정을 취소하거나 6개월의 범위에서 업무정지를 명할 수 있다.

1. 거짓이나 그 밖의 부정한 방법으로 지정을 받은 경우(반드시 취소)
2. 급여외행위를 제공한 경우. 다만, 장기요양기관의 장이 그 위반행위를 방지하기 위하여 해당 업무에 관하여 상당한 주의와 감독을 게을리하지 아니한 경우는 제외한다.
3. 장기요양에 필요한 시설 및 인력 지정기준에 적합하지 아니한 경우
4. 장기요양기관 지정의 결격사유 중 어느 하나에 해당하게 된 경우(반드시 취소). 다만, 대표자가 결격사유에 해당하게 된 법인의 경우 3개월 이내에 그 대표자를 변경하는 때에는 그러하지 아니하다.
5. 수급자로부터 장기요양급여신청을 받은 때 장기요양급여를 거부한 경우
6. 본인부담금을 면제하거나 감경하는 행위를 한 경우
7. 수급자를 소개, 알선 또는 유인하는 행위 및 이를 조장하는 행위를 한 경우
8. 장기요양요원에게 급여외행위의 제공을 요구하는 행위나 수급자가 부담하여야 할 본인부담금 전부 또는 일부를 부담하도록 요구하는 행위를 한 경우
9. 폐업 또는 휴업 신고를 하지 아니하고 1년 이상 장기요양급여를 제공하지 아니한 경우(반드시 취소)
10. 시정명령을 이행하지 아니하거나 회계부정 행위가 있는 경우
11. 정당한 사유 없이 제54조에 따른 평가를 거부·방해 또는 기피하는 경우
12. 거짓이나 그 밖의 부정한 방법으로 재가 및 시설 급여비용을 청구한 경우
13. 장기요양급여에 관련된 자료제출 명령에 따르지 아니하거나 거짓으로 자료제출을 한 경우나 질문 또는 검사를 거부·방해 또는 기피하거나 거짓으로 답변한 경우
14. 장기요양기관의 종사자 등이 다음의 어느 하나에 해당하는 행위를 한 경우. 다만, 장기요양기관의 장이 그 행위를 방지하기 위하여 해당 업무에 관하여 상당한 주의와 감독을 게을리하지 아니한 경우는 제외한다.
    가. 수급자의 신체에 폭행을 가하거나 상해를 입히는 행위
    나. 수급자에게 성적 수치심을 주는 성폭행, 성희롱 등의 행위
    다. 자신의 보호·감독을 받는 수급자를 유기하거나 의식주를 포함한 기본적 보호 및 치료를 소

홀히 하는 방임행위
라. 수급자를 위하여 증여 또는 급여된 금품을 그 목적 외의 용도에 사용하는 행위
마. 폭언, 협박, 위협 등으로 수급자의 정신건강에 해를 끼치는 정서적 학대행위
15. 업무정지기간 중에 장기요양급여를 제공한 경우(반드시 취소)
16. 부가가치세법에 따른 사업자등록 또는 소득세법에 따른 사업자등록이나 고유번호가 말소된 경우(반드시 취소)

- 특별자치시장·특별자치도지사·시장·군수·구청장은 수급자의 권익을 보호하기 위하여 보건복지부령으로 정하는 바에 따라 다음의 조치를 하여야 한다.

1. 행정처분의 내용을 우편 또는 정보통신망 이용 등의 방법으로 수급자 또는 그 보호자에게 통보하는 조치
2. 해당 장기요양기관을 이용하는 수급자가 다른 장기요양기관을 선택하여 이용할 수 있도록 하는 조치

- 지정취소를 받은 후 3년이 지나지 아니한 자(법인인 경우 그 대표자를 포함), 업무정지명령을 받고 업무정지기간이 지나지 아니한 자(법인인 경우 그 대표자를 포함)는 장기요양기관으로 지정받을 수 없다.

5) 권리보호

(1) 심사청구(제55조)

장기요양인정·장기요양등급·장기요양급여·부당이득·장기요양급여비용 또는 장기요양보험료 등에 관한 공단의 처분에 이의가 있는 자는 공단에 심사청구를 할 수 있다. 심사청구는 그 처분이 있음을 안 날부터 90일 이내에 문서(전자정부법에 따른 전자문서를 포함)로 하여야 하며, 처분이 있은 날부터 180일을 경과하면 이를 제기하지 못한다. 다만, 정당한 사유로 그 기간에 심사청구를 할 수 없었음을 증명하면 그 기간이 지난 후에도 심사청구를 할 수 있다. 심사청구 사항을 심사하기 위하여 공단에 장기요양심사위원회(심사위원회)를 둔다.

(2) 재심사청구(제56조~56조의2)

심사청구에 대한 결정에 불복하는 사람은 그 결정통지를 받은 날부터 90일 이내에 장기요양재심사위원회에 재심사를 청구할 수 있다. 재심사위원회는 보건복지부장관 소속으로

두고, 위원장 1인을 포함한 20인 이내의 위원으로 구성한다(제56조). 재심사청구 사항에 대한 재심사위원회의 재심사를 거친 경우에는 행정심판법에 따른 행정심판을 청구할 수 없다(제56조의2).

(3) 행정소송(제57조)

공단의 처분에 이의가 있는 자와 심사청구 또는 재심사청구에 대한 결정에 불복하는 자는 행정소송법으로 정하는 바에 따라 행정소송을 제기할 수 있다.

(4) 비밀누설금지(제62조)

다음에 해당하는 자는 업무수행 중 알게 된 비밀을 누설하여서는 아니 된다.

1. 특별자치시 · 특별자치도 · 시 · 군 · 구, 공단, 등급판정위원회 및 장기요양기관에 종사하고 있거나 종사한 자
2. 가족요양비 · 특례요양비 및 요양병원간병비와 관련된 급여를 제공한 자

(5) 수급권의 보호(제66조)

장기요양급여를 받을 권리는 양도 또는 압류하거나 담보로 제공할 수 없다. 특별현금급여수급계좌의 예금에 관한 채권은 압류할 수 없다.

연습문제

01 고용보험법의 내용으로 옳은 것은? 제20회 출제

① 고용보험기금은 기획재정부장관이 관리·운용한다.
② 국가는 매년 보험사업에 드는 비용의 일부를 일반회계에서 부담하여야 한다.
③ 취업촉진 수당의 종류로는 구직급여, 직업능력개발 수당 등이 있다.
④ "실업"이란 근로의 의사와 능력이 없어 취업하지 못한 상태에 있는 것을 말한다.
⑤ "일용근로자"란 6개월 미만 동안 고용되는 사람을 말한다.

02 고용보험법의 내용으로 옳은 것은? 제19회 출제

① 구직급여를 지급받으려는 사람은 이직 후 지체 없이 직업안정기관에 출석하여 실업을 신고하여야 한다.
② 농업·임업 및 어업 중 법인이 아닌 자가 상시 4명의 근로자를 사용하는 사업에 대하여 고용보험법은 적용된다.
③ 구직급여의 수급 요건으로서 기준기간은 피보험자의 이직일 이전 36개월로 한다.
④ 실업 신고일부터 계산하기 시작하여 14일간의 대기기간 중에는 구직급여를 지급하지 않는다.
⑤ 이주비는 구직급여의 종류에 해당한다.

03 고용보험법의 내용으로 옳은 것은? 제18회 출제

① 고용노동부장관은 보험사업에 대하여 3년마다 평가를 하여야 한다.
② 국가는 매년 보험사업에 드는 비용의 20 %를 특별회계에서 부담하여야 한다.
③ 피보험자는 이 법이 적용되는 사업에 고용된 날의 다음 달부터 피보험자격을 취득한다.
④ 실업급여로서 지급된 금품에 대하여 국가는 「국세기본법」에 따른 모든 공과금을 부과하여야 한다.
⑤ 고용보험사업으로 고용안정·직업능력개발 사업, 실업급여, 육아휴직 급여 및 출산전후휴가급여 등을 실시한다.

04 **산업재해보상보험법의 내용으로 옳지 않은 것은?** 제20회 출제

① "업무상의 재해"란 업무상의 사유에 따른 근로자의 부상 · 질병 · 장해 또는 사망을 말한다.
② 보험급여에는 간병급여, 상병보상연금, 실업급여 등이 있다.
③ 근로복지공단은 법인으로 한다.
④ "출퇴근"이란 취업과 관련하여 주거와 취업장소 사이의 이동 또는 한 취업장소에서 다른 취업장소로의 이동을 말한다.
⑤ 요양급여는 근로자가 업무상의 사유로 부상을 당하거나 질병에 걸린 경우에 그 근로자에게 지급한다.

05 **산업재해보상보험법상 '업무상 사고'에 해당하지 않는 것은?**

① 근로자가 근로계약에 따른 업무나 그에 따르는 행위를 하던 중 발생한 사고
② 사업주가 제공한 시설물 등을 이용하던 중 그 시설물 등의 결함이나 관리소홀로 발생한 사고
③ 사업주가 주관하거나 사업주의 지시에 따라 참여한 행사나 행사준비 중에 발생한 사고
④ 비통상적인 경로와 방법으로 출퇴근하는 중 발생한 사고
⑤ 휴게시간 중 사업주의 지배관리하에 있다고 볼 수 있는 행위로 발생한 사고

06 **노인장기요양보험법의 내용으로 옳은 것은?** 제20회 출제

① 장기요양보험사업은 보건복지부장관이 관장한다.
② "장기요양급여"란 장기요양등급판정 결과에 따라 1개월 이상 동안 혼자서 일상생활을 수행하기 어렵다고 인정되는 자에게 신체활동 · 가사활동의 지원 또는 간병 등의 서비스를 말한다.
③ 장기요양기관은 수급자에게 재가급여 또는 시설급여를 제공한 경우 시·도지사에게 장기요양급여비용을 청구하여야 한다.
④ "노인 등"이란 60세 이상의 노인 또는 60세 미만의 자로서 치매 · 뇌혈관성질환 등 대통령령으로 정하는 노인성 질병을 가진 자를 말한다.
⑤ 재가급여에는 방문요양, 방문목욕, 특별현금급여가 있다.

07 **노인장기요양보험법상 장기요양급여 제공의 기본원칙에 해당하는 것을 모두 고른 것은?**

제18회 출제

> ㄱ. 노인 등의 심신상태나 건강 등이 악화되지 아니하도록 의료서비스와 연계하여 이를 제공하여야 한다.
> ㄴ. 노인 등이 자신의 의사와 능력에 따라 최대한 자립적으로 일상생활을 수행할 수 있도록 제공하여야 한다.
> ㄷ. 노인 등이 가족과 함께 생활하면서 가정에서 장기요양을 받는 재가급여를 우선적으로 제공하여야 한다.
> ㄹ. 노인 등의 심신상태 · 생활환경과 노인 등 및 그 가족의 욕구 · 선택을 종합적으로 고려하여 필요한 범위 안에서 이를 적정하게 제공하여야 한다.

① ㄴ, ㄹ ② ㄱ, ㄴ, ㄷ ③ ㄱ, ㄷ, ㄹ ④ ㄴ, ㄷ, ㄹ ⑤ ㄱ, ㄴ, ㄷ, ㄹ

정답 1. ② 2. ① 3. ⑤ 4. ② 5. ④ 6. ① 7. ⑤

Part 05

사회서비스법의 이해

Chapter

12

사회서비스법 1

1. 노인복지법

1) 개요

(1) 목적 및 기본이념

① 목적(제1조)

이 법은 노인의 질환을 사전예방 또는 조기발견하고 질환상태에 따른 적절한 치료·요양으로 심신의 건강을 유지하고, 노후의 생활안정을 위하여 필요한 조치를 강구함으로써 노인의 보건복지증진에 기여함을 목적으로 한다.

② 기본이념

- 노후생활보장(제2조): 노인은 후손의 양육과 국가 및 사회의 발전에 기여하여 온 자로서 존경받으며 건전하고 안정된 생활을 보장받는다.
- 가족제도의 유지·발전(제3조): 국가와 국민은 경로효친의 미풍양속에 따른 건전한 가족제도가 유지·발전되도록 노력하여야 한다.
- 보건복지증진의 책임(제4조): 국가와 지방자치단체는 노인의 보건 및 복지증진의 책임이 있으며, 이를 위한 시책을 강구하여 추진하여야 한다.
- 안전사고 예방(제4조의2): 국가와 지방자치단체는 노인의 안전을 보장하고 낙상사고 등 노인에게 치명적인 사고를 예방하기 위하여 필요한 시책을 수립·시행하여야 한다. 이 경우 안전사고 예방 시책은 재난 및 안전관리 기본법에 따른 국가안전관리기본계획, 시·도안전관리계획 및 시·군·구안전관리계획과 연계되어야 한다.

(2) 용어의 정의(제1조의2)

- 부양의무자: 배우자(사실상의 혼인관계에 있는 자를 포함)와 직계비속 및 그 배우자(사실상의 혼인관계에 있는 자를 포함)를 말한다.
- 보호자: 부양의무자 또는 업무·고용 등의 관계로 사실상 노인을 보호하는 자를 말한다.
- 치매: 치매관리법에 따른 퇴행성 뇌질환 또는 뇌혈관 질환 등으로 인하여 기억력, 언어능력, 지남력, 판단력 및 수행능력 등의 기능이 저하됨으로써 일상생활에서 지장을 초래하는 후천적인 다발성 장애를 말한다.
- 노인학대: 노인에 대하여 신체적·정신적·정서적·성적 폭력 및 경제적 착취 또는 가혹행위를 하거나 유기 또는 방임을 하는 것을 말한다.
- 노인학대관련범죄: 보호자에 의한 65세 이상 노인에 대한 노인학대로서 형법에서 다음의 어느 하나에 해당되는 죄를 말한다.

(3) 기타

① 노인실태조사(제5조)

보건복지부장관은 노인의 보건 및 복지에 관한 실태조사를 3년마다 실시하고 그 결과를 공표하여야 한다.

② 노인의 날 등(제6조)

노인에 대한 사회적 관심과 공경의식을 높이기 위하여 매년 10월 2일을 노인의 날로, 매년 10월을 경로의 달로 한다. 부모에 대한 효사상을 앙양하기 위하여 매년 5월 8일을 어버이날로 한다. 범국민적으로 노인학대에 대한 인식을 높이고 관심을 유도하기 위하여 매년 6월 15일을 노인학대예방의 날로 지정하고, 국가와 지방자치단체는 노인학대예방의 날의 취지에 맞는 행사와 홍보를 실시하도록 노력하여야 한다.

③ 노인복지상담원(제7조)

노인의 복지를 담당하게 하기 위하여 특별자치도와 시·군·구(자치구를 말한다)에 노인복지상담원을 둔다.

④ 노인전용주거시설(제8조)

국가 또는 지방자치단체는 노인의 주거에 적합한 기능 및 설비를 갖춘 주거용시설의 공급을 조장하여야 하며, 그 주거용시설의 공급자에 대하여 적절한 지원을 할 수 있다.

2) 보건·복지조치

(1) 노인사회참여 지원(제23조)

국가 또는 지방자치단체는 노인의 사회참여 확대를 위하여 노인의 지역봉사 활동기회를 넓히고 노인에게 적합한 직종의 개발과 그 보급을 위한 시책을 강구하며 근로능력 있는 노인에게 일할 기회를 우선적으로 제공하도록 노력하여야 한다. 국가 또는 지방자치단체는 노인의 지역봉사 활동 및 취업의 활성화를 기하기 위하여 노인지역봉사기관, 노인취업알선기관 등 노인복지관계기관에 대하여 필요한 지원을 할 수 있다.

(2) 노인일자리전담기관의 설치 · 운영 등(제23조의2)

노인의 능력과 적성에 맞는 일자리지원사업을 전문적 · 체계적으로 수행하기 위한 전담기관(노인일자리전담기관)은 다음의 기관으로 한다.

1. 노인인력개발기관: 노인일자리개발 · 보급사업, 조사사업, 교육 · 홍보 및 협력사업, 프로그램인증 · 평가사업 등을 지원하는 기관
2. 노인일자리지원기관: 지역사회 등에서 노인일자리의 개발 · 지원, 창업 · 육성 및 노인에 의한 재화의 생산 · 판매 등을 직접 담당하는 기관
3. 노인취업알선기관: 노인에게 취업 상담 및 정보를 제공하거나 노인일자리를 알선하는 기관

(3) 생산품 우선구매(제23조의3)

국가, 지방자치단체 및 그 밖의 공공단체는 노인일자리지원기관에서 생산한 물품의 우선구매에 필요한 조치를 마련하여야 한다.

(4) 지역봉사지도원 위촉 및 업무(제24조)

국가 또는 지방자치단체는 사회적 신망과 경험이 있는 노인으로서 지역봉사를 희망하는 경우에는 이를 지역봉사지도원[1])으로 위촉할 수 있다.

---

1) 지역봉사지도원의 업무는 1. 국가 또는 지방자치단체가 행하는 업무 중 민원인에 대한 상담 및 조언, 2. 도로의 교통정리, 주 · 정차단속의 보조, 자연보호 및 환경침해 행위단속의 보조와 청소년 선도, 3. 충

(5) 생업지원(제25조)

국가, 지방자치단체, 그 밖의 공공단체 중 대통령령으로 정하는 기관은 소관 공공시설에 식료품·사무용품·신문 등 일상생활용품의 판매를 위한 매점이나 자동판매기의 설치를 허가 또는 위탁할 때에는 65세 이상 노인의 신청이 있는 경우 이를 우선적으로 반영하여야 한다. 국가, 지방자치단체, 그 밖의 공공단체 중 대통령령으로 정하는 기관은 소관 공공시설에 청소, 주차관리, 매표 등의 사업을 위탁하는 경우에는 65세 이상 노인을 100분의 20 이상 채용한 사업체를 우선적으로 고려할 수 있다.

(6) 경로우대(제26조)

국가 또는 지방자치단체는 65세 이상의 자에 대하여 대통령령이 정하는 바에 의하여 국가 또는 지방자치단체의 수송시설 및 고궁·능원·박물관·공원 등의 공공시설을 무료로 또는 그 이용요금을 할인하여 이용하게 할 수 있다.

(7) 건강진단 등(제27조)

국가 또는 지방자치단체는 대통령령이 정하는 바에 의하여 65세 이상의 자에 대하여 건강진단과 보건교육을 실시할 수 있다. 이 경우 보건복지부령으로 정하는 바에 따라 성별 다빈도질환 등을 반영하여야 한다.

(8) 홀로 사는 노인에 대한 지원(제27조의2)

국가 또는 지방자치단체는 홀로 사는 노인에 대하여 방문요양과 돌봄 등의 서비스와 안전확인 등의 보호조치를 취하여야 한다.

(9) 독거노인종합지원센터(제27조의3)

보건복지부장관은 홀로 사는 노인에 대한 돌봄과 관련된 사업[2]을 수행하기 위하여 독거

효사상, 전통의례 등 전통문화의 전수교육, 4. 문화재의 보호 및 안내, 5. 노인에 대한 교통안전 및 교통사고예방 교육, 6. 기타 대통령령이 정하는 업무이다.

2) 독거노인종합지원센터는 1. 홀로 사는 노인에 대한 정책 연구 및 프로그램의 개발, 2. 홀로 사는 노인에 대한 현황조사 및 관리, 3. 홀로 사는 노인 돌봄사업 종사자에 대한 교육, 4. 홀로 사는 노인에 대한 돌봄사업의 홍보, 교육교재 개발 및 보급, 5. 홀로 사는 노인에 대한 돌봄사업의 수행기관 지원 및 평가, 6. 관련 기관 협력체계의 구축 및 교류, 7. 홀로 사는 노인에 대한 기부문화 조성을 위한 기부금품의 모집,

노인종합지원센터를 설치·운영할 수 있다.

(10) 노인성 질환에 대한 의료지원(제27조의4)

국가 또는 지방자치단체는 노인성 질환자의 경제적 부담능력 등을 고려하여 노인성 질환의 예방교육, 조기발견 및 치료 등에 필요한 비용의 전부 또는 일부를 지원할 수 있다.

(11) 상담·입소 등의 조치(제28조)

보건복지부장관, 특별시장·광역시장·특별자치시장·도지사·특별자치도지사(시·도지사), 시장·군수·구청장(자치구의 구청장)은 노인에 대한 복지를 도모하기 위하여 필요하다고 인정한 때에는 다음의 조치를 하여야 한다.

1. 65세 이상의 자 또는 그를 보호하고 있는 자를 관계공무원 또는 노인복지상담원으로 하여금 상담·지도하게 하는 것
2. 65세 이상의 자로서 신체적·정신적·경제적 이유 또는 환경상의 이유로 거택에서 보호받기가 곤란한 자를 노인주거복지시설 또는 재가노인복지시설에 입소시키거나 입소를 위탁하는 것
3. 65세 이상의 자로서 신체 또는 정신상의 현저한 결함으로 인하여 항상 보호를 필요로 하고 경제적 이유로 거택에서 보호받기가 곤란한 자를 노인의료복지시설에 입소시키거나 입소를 위탁하는 것

(12) 노인재활요양사업(제30조)

국가 또는 지방자치단체는 신체적·정신적으로 재활요양을 필요로 하는 노인을 위한 재활요양사업을 실시할 수 있다.

3) 노인복지시설의 종류(제31조)

복지시설	시설	내용
노인주거복지시설 (제32조)	양로시설	• 노인을 입소시켜 급식과 그 밖에 일상생활에 필요한 편의를 제공함을 목적으로 하는 시설
	노인공동생활가정	• 노인들에게 가정과 같은 주거여건과 급식, 그 밖에 일상생활에 필요한 편의를 제공함을 목적으로 하는 시설
	노인복지주택 3)	• 노인에게 주거시설을 임대하여 주거의 편의·생활지도·상담 및 안전관리 등 일상생활에 필요한 편의를 제공함을 목적으로 하는 시설

접수 및 배부, 8. 그 밖에 홀로 사는 노인의 돌봄을 위하여 보건복지부장관이 위탁하는 업무이다.

복지시설	시설	내용
노인의료 복지시설 (제34조)	노인요양시설	• 치매·중풍 등 노인성질환 등으로 심신에 상당한 장애가 발생하여 도움을 필요로 하는 노인을 입소시켜 급식·요양과 그 밖에 일상생활에 필요한 편의를 제공함을 목적으로 하는 시설
	노인요양 공동생활가정	• 치매·중풍 등 노인성질환 등으로 심신에 상당한 장애가 발생하여 도움을 필요로 하는 노인에게 가정과 같은 주거여건과 급식·요양, 그 밖에 일상생활에 필요한 편의를 제공함을 목적으로 하는 시설
노인여가 복지시설 (제36조)	노인복지관	• 노인의 교양·취미생활 및 사회참여활동 등에 대한 각종 정보와 서비스를 제공하고, 건강증진 및 질병예방과 소득보장·재가복지, 그 밖에 노인의 복지증진에 필요한 서비스를 제공함을 목적으로 하는 시설
	경로당	• 지역노인들이 자율적으로 친목도모·취미활동·공동작업장 운영 및 각종 정보교환과 기타 여가활동을 할 수 있도록 하는 장소를 제공[4]함을 목적으로 하는 시설
	노인교실	• 노인들에 대하여 사회활동 참여욕구를 충족시키기 위하여 건전한 취미생활·노인건강유지·소득보장 기타 일상생활과 관련한 학습프로그램을 제공함을 목적으로 하는 시설
재가노인 복지시설 (제38조)	방문요양 서비스	• 가정에서 일상생활을 영위하고 있는 노인(재가노인)으로서 신체적·정신적 장애로 어려움을 겪고 있는 노인에게 필요한 각종 편의를 제공하여 지역사회 안에서 건전하고 안정된 노후를 영위하도록 하는 서비스
	주·야간보호 서비스	• 부득이한 사유로 가족의 보호를 받을 수 없는 심신이 허약한 노인과 장애노인을 주간 또는 야간 동안 보호시설에 입소시켜 필요한 각종 편의를 제공하여 이들의 생활안정과 심신기능의 유지·향상을 도모하고, 그 가족의 신체적·정신적 부담을 덜어주기 위한 서비스
	단기보호 서비스	• 부득이한 사유로 가족의 보호를 받을 수 없어 일시적으로 보호가 필요한 심신이 허약한 노인과 장애노인을 보호시설에 단기간 입소시켜 보호함으로써 노인 및 노인가정의 복지증진을 도모하기 위한 서비스
	방문목욕 서비스	• 목욕장비를 갖추고 재가노인을 방문하여 목욕을 제공하는 서비스
노인보호전문기관 (제39조의5)		• 노인학대예방[5]
노인일자리지원기관 (제23조의2)		• 지역사회 등에서 노인일자리의 개발·지원, 창업 ·육성 및 노인에 의한 재화의 생산·판매 등을 직접 담당하는 기관
학대피해노인전용쉼터[6] (제39조의19)		• 학대피해노인의 일정기간 보호, 심신 치유 프로그램 제공

3) 노인복지주택에 입소할 수 있는 자는 60세 이상의 노인으로 한다. 다만, 입소자격자의 배우자, 입소자격자가 부양을 책임지고 있는 19세 미만의 자녀·손자녀의 어느 하나에 해당하는 경우에는 입소자격자와

4) 요양보호사 및 요양보호사교육기관

(1) 요양보호사의 직무 · 자격증의 교부 등(제39조의2)

노인복지시설의 설치 · 운영자는 보건복지부령으로 정하는 바에 따라 노인 등의 신체 활동 또는 가사활동 지원 등의 업무를 전문적으로 수행하는 요양보호사를 두어야 한다. 요양보호사가 되려는 사람은 요양보호사를 교육하는 기관(요양보호사교육기관)에서 교육과정을 마치고 시 · 도지사가 실시하는 요양보호사 자격시험에 합격하여야 한다.

(2) 요양보호사의 결격사유(제39조의13)

- 정신건강증진 및 정신질환자 복지서비스 지원에 관한 법률에 따른 정신질환자. 다만, 전문의가 요양보호사로서 적합하다고 인정하는 사람은 그러하지 아니하다.
- 마약 · 대마 또는 향정신성의약품 중독자
- 피성년후견인
- 금고 이상의 형을 선고받고 그 형의 집행이 종료되지 아니하였거나 그 집행을 받지 아니하기로 확정되지 아니한 사람
- 법원의 판결에 따라 자격이 정지 또는 상실된 사람
- 요양보호사의 자격이 취소된 날부터 1년이 경과되지 아니한 사람

함께 입소할 수 있다.

4) 경로당에 대한 양곡구입비 등의 보조(제37조의2): 국가 또는 지방자치단체는 경로당에 대하여 예산의 범위에서 양곡(양곡관리법에 따른 정부관리양곡을 포함)구입비의 전부 또는 일부를 보조할 수 있다. 국가 또는 지방자치단체는 예산의 범위에서 경로당의 냉난방 비용의 전부 또는 일부를 보조할 수 있다.

5) 학대받는 노인의 발견 · 보호 · 치료 등을 신속히 처리하고 노인학대를 예방하기 위하여 지역노인보호전문기관을 특별시 · 광역시 · 도 · 특별자치도에 둔다. 노인학대예방센터의 업무는 1. 노인학대 신고전화의 운영 및 사례접수, 2. 노인학대 의심사례에 대한 현장조사, 3. 피해노인 및 노인학대자에 대한 상담, 4. 피해노인에 대한 법률 지원의 요청, 5. 피해노인가족 관련자와 관련 기관에 대한 상담 6. 상담 및 서비스제공에 따른 기록과 보관, 7. 일반인을 대상으로 한 노인학대 예방교육, 8. 노인학대행위자를 대상으로 한 재발방지 교육, 9. 노인학대사례 판정을 위한 지역노인학대사례판정위원회 운영 및 자체사례회의 운영, 10. 그 밖에 노인의 보호를 위하여 보건복지부령으로 정하는 사항이다.

6) 쉼터의 업무는 1. 학대피해노인의 보호와 숙식제공 등의 쉼터생활 지원, 2. 학대피해노인의 심리적 안정을 위한 전문심리상담 등 치유프로그램 제공, 3. 노인학대행위자에 대한 고소 · 고발 등 법률적 사항의 자문을 위한 대한변호사협회, 지방변호사회 또는 법률구조법에 따른 법률구조법인 등에 대한 협조 및 지원 요청, 4. 학대피해노인에게 학대로 인한 신체적, 정신적 치료를 위한 기본적인 의료비 지원, 5. 학대 재발 방지와 원가정 회복을 위하여 노인학대행위자 등에게 전문상담서비스 제공, 6. 그 밖에 쉼터에 입소하거나 쉼터를 이용하는 학대피해노인을 위하여 보건복지부령으로 정하는 사항이다.

(3) 요양보호사교육기관의 지정 등(제39조의3)

시 · 도지사는 요양보호사의 양성을 위하여 보건복지부령으로 정하는 지정기준에 적합한 시설을 요양보호사교육기관으로 지정 · 운영하여야 한다. 요양보호사교육기관이 다음의 어느 하나에 해당하는 경우 사업의 정지를 명하거나 그 지정을 취소할 수 있으며, 지청취소를 하는 경우 청문을 실시하여야 한다.

1. 거짓이나 그 밖의 부정한 방법으로 요양보호사교육기관으로 지정을 받은 경우(반드시 취소)
2. 지정기준에 적합하지 아니하게 된 경우
3. 교육과정을 1년 이상 운영하지 아니하는 경우
4. 정당한 사유 없이 보고 또는 자료제출을 하지 아니하거나 거짓으로 한 경우 또는 조사·검사를 거부·방해하거나 기피한 경우
5. 요양보호사교육기관을 설치·운영하는 자가 교육 이수 관련 서류를 거짓으로 작성한 경우

5) 노인학대 예방 조치

(1) 금지행위(제39조의9)

누구든지 65세 이상의 사람(노인)에 대하여 다음의 어느 하나에 해당하는 행위를 하여서는 아니 된다.

1. 노인의 신체에 폭행을 가하거나 상해를 입히는 행위
2. 노인에게 성적 수치심을 주는 성폭행·성희롱 등의 행위
3. 자신의 보호·감독을 받는 노인을 유기하거나 의식주를 포함한 기본적 보호 및 치료를 소홀히 하는 방임행위
4. 노인에게 구걸을 하게 하거나 노인을 이용하여 구걸하는 행위
5. 노인을 위하여 증여 또는 급여된 금품을 그 목적 외의 용도에 사용하는 행위
6. 폭언, 협박, 위협 등으로 노인의 정신건강에 해를 끼치는 정서적 학대행위

(2) 노인학대 등의 통보(제39조의15)

사법경찰관리는 노인 사망 및 상해사건, 가정폭력 사건 등에 관한 직무를 행하는 경우 노인학대가 있었다고 의심할 만한 사유가 있는 때에는 노인보호전문기관에 그 사실을 통보하여야 한다. 노인보호전문기관은 피해노인 보호조치 등 필요한 조치를 하여야 한다.

(3) 노인학대행위자에 대한 상담 · 교육 등의 제공(제39조의16)

노인보호전문기관의 장은 노인학대행위자에 대하여 상담 · 교육 및 심리적 치료 등 필요한 지원을 제공하여야 한다. 노인학대행위자는 노인보호전문기관의 장이 상담 · 교육 및 심리적 치료 등을 제공하는 경우에는 정당한 사유가 없으면 상담 · 교육 및 심리적 치료 등을 받아야 한다.

(4) 노인학대 신고의무와 절차 등(제39조의6)

누구든지 노인학대를 알게 된 때에는 노인보호전문기관 또는 수사기관에 신고할 수 있다. 다음의 어느 하나에 해당하는 자는 그 직무상 65세 이상의 사람에 대한 노인학대를 알게 된 때에는 즉시 노인보호전문기관 또는 수사기관에 신고하여야 한다. 노인학대 신고의무자가 소속된 기관[7]의 장은 소속 노인학대 신고의무자에게 노인학대예방 및 신고의무에 관한 교육을 실시하고 그 결과를 보건복지부장관에게 제출하여야 한다.

1. 의료법의 의료기관에서 의료업을 행하는 의료인 및 의료기관의 장
2. 방문요양과 돌봄이나 안전확인 등의 서비스 종사자, 노인복지시설의 장과 그 종사자 및 노인복지 상담원
3. 장애인복지법의 규정에 의한 장애인복지시설에서 장애노인에 대한 상담 · 치료 · 훈련 또는 요양업무를 수행하는 사람
4. 가정폭력방지 및 피해자보호 등에 관한 법률에 따른 가정폭력 관련 상담소 및 가정폭력피해자 보호시설의 장과 그 종사자
5. 사회보장급여의 이용 · 제공 및 수급권자 발굴에 관한 법률에 따른 사회복지전담공무원 및 사회복지사업법에 따른 사회복지시설의 장과 그 종사자
6. 노인장기요양보험법에 따른 장기요양기관의 장과 그 종사자
7. 119구조 · 구급에 관한 법률에 따른 119구급대의 구급대원
8. 건강가정기본법에 따른 건강가정지원센터의 장과 그 종사자
9. 다문화가족지원법에 따른 다문화가족지원센터의 장과 그 종사자
10. 성폭력방지 및 피해자보호 등에 관한 법률에 따른 성폭력피해상담소 및 성폭력피해자보호시설의 장과 그 종사자
11. 응급의료에 관한 법률에 따른 응급구조사
12. 의료기사 등에 관한 법률에 따른 의료기사
13. 국민건강보험법에 따른 국민건강보험공단 소속 요양직 직원
14. 지역보건법에 따른 지역보건의료기관의 장과 종사자
15. 노인복지시설 설치 및 관리 업무 담당 공무원

---

7) 노인학대 신고의무자 교육기관은 1. 노인복지시설, 2. 의료법에 따른 요양병원 및 종합병원, 3. 노인장기요양보험법에 따른 장기요양기관이다.

16. 병역법에 따른 사회복지시설에서 복무하는 사회복무요원(노인을 직접 대면하는 업무에 복무하는 사람으로 한정)

(5) 응급조치의무 등(제39조의7)

- 노인학대신고를 접수한 노인보호전문기관의 직원이나 사법경찰관리는 지체 없이 노인학대의 현장에 출동하여야 한다. 이 경우 노인보호전문기관의 장이나 수사기관의 장은 서로 동행하여 줄 것을 요청할 수 있고, 그 요청을 받은 때에는 정당한 사유가 없으면 소속 직원이나 사법경찰관리를 현장에 동행하도록 하여야 한다.
- 출동한 노인보호전문기관의 직원이나 사법경찰관리는 피해자를 보호하기 위하여 신고된 현장에 출입하여 관계인에 대하여 조사를 하거나 질문을 할 수 있다. 이 경우 노인보호전문기관의 직원은 피해노인의 보호를 위한 범위에서만 조사 또는 질문을 할 수 있다.

(6) 비밀누설의 금지(제39조의12)

이 법에 의한 학대노인의 보호와 관련된 업무에 종사하였거나 종사하는 자는 그 직무상 알게 된 비밀을 누설하지 못한다.

6) 실종노인에 관한 신고의무와 노인관련기관의 취업제한 등

(1) 실종노인에 관한 신고의무 등(제39조의10)

- 누구든지 정당한 사유 없이 사고 등의 사유로 인하여 보호자로부터 이탈된 노인(실종노인)을 경찰관서 또는 지방자치단체의 장에게 신고하지 아니하고 보호하여서는 아니 된다.
- 노인복지시설(사회복지사업법에 따른 사회복지시설 및 사회복지시설에 준하는 시설로서 인가·신고 등을 하지 아니하고 노인을 보호하는 시설을 포함)의 장 또는 그 종사자는 그 직무를 수행하면서 실종노인임을 알게 된 때에는 지체 없이 보건복지부령으로 정하는 신상카드를 작성하여 지방자치단체의 장과 업무를 수행하는 기관의 장에게 제출하여야 한다.
- 보건복지부장관은 실종노인의 발생예방, 조속한 발견과 복귀를 위하여 다음의 업무를 수행하여야 한다. 이 경우 보건복지부장관은 노인복지 관련 법인이나 단체에 그 업무의 전부 또는 일부를 위탁할 수 있다.

1. 실종노인과 관련된 조사 및 연구
2. 실종노인의 데이터베이스 구축·운영
3. 그 밖에 실종노인의 보호 및 지원에 필요한 사항

- 경찰청장은 실종노인의 조속한 발견과 복귀를 위하여 다음의 사항을 시행하여야 한다.

1. 실종노인에 대한 신고체계의 구축 및 운영
2. 그 밖에 실종노인의 발견과 복귀를 위하여 필요한 사항

(2) 노인관련기관의 취업제한 등(제39조의17)

1. 노인복지시설
2. 노인장기요양보험법에 따른 장기요양기관
3. 가정폭력방지 및 피해자보호 등에 관한 법률의 긴급전화센터, 가정폭력 관련 상담소 및 가정폭력 피해자 보호시설
4. 건강가정기본법의 건강가정지원센터
5. 다문화가족지원법의 다문화가족지원센터
6. 성폭력방지 및 피해자보호 등에 관한 법률의 성폭력피해상담소 및 성폭력피해자보호시설 및 성폭력피해자통합지원센터
7. 의료법의 의료기관
8. 장애인복지법의 장애인복지시설
9. 정신건강증진 및 정신질환자 복지서비스 지원에 관한 법률에 따른 정신건강복지센터 및 정신건강증진시설

취업제한기간은 10년을 초과하지 못한다.

7) 이의신청 및 벌칙

(1) 이의신청 등(제50조)

노인 또는 그 부양의무자는 이 법에 따른 복지조치에 대하여 이의가 있을 때에는 해당 복지실시기관에 이의를 신청할 수 있다. 이의신청은 해당 복지조치가 있음을 안 날부터 90일 이내에 문서로 하여야 한다. 다만, 정당한 사유로 인하여 그 기간 이내에 이의신청을 할 수 없었음을 증명한 때에는 그 사유가 소멸한 날부터 60일 이내에 이의신청을 할 수 있다. 이의신청을 받은 복지실시기관은 그 신청을 받은 날부터 30일 이내에 이를 심사·결

정하여 청구인에게 통보하여야 한다. 심사·결정에 이의가 있는 자는 그 통보를 받은 날부터 90일 이내에 행정심판을 제기할 수 있다.

(2) 벌칙 등

① 7년 이하의 징역 또는 7천만원 이하의 벌금(제55조의2)

- 노인의 신체에 상해를 입히는 행위를 한 자

② 5년 이하의 징역 또는 5천만원 이하의 벌금(제55조의3)

- 피해자를 보호하기 위해 신고된 현장에 출입하여 관계인에 대하여 조사 또는 질문을 하거나, 학대받는 노인이 노인학대행위자로부터 분리 또는 치료가 필요하여 노인보호전문기관에 인도하는 업무를 수행 중인 노인보호전문기관의 직원에 대하여 폭행 또는 협박하거나 위계 또는 위력으로써 그 업무를 방해한 자
- 노인의 신체에 폭행을 가하는 행위

(3) 과태료

① 1천만원 이하의 과태료(제61조의2)

- 취업제한명령을 위반하여 노인관련기관에 취업하거나 사실상 노무를 제공하고 있는 사람이 있어서 요구한 해임요구를 정당한 사유 없이 거부하거나 1개월 이내에 이행하지 아니하는 노인관련기관의 장

② 500만원 이하의 과태료(제61조의2)

- 보고 또는 자료제출을 하지 아니하거나 거짓으로 보고하거나 거짓 자료를 제출한 자
- 노인학대 신고의무자에 해당하는 사람이 노인학대를 신고하지 아니한 사람(사회복무요원은 제외)
- 취업자 등에 대하여 노인학대관련범죄 경력을 확인하지 아니한 노인관련기관의 장

2. 아동복지법

1) 개요

(1) 목적 및 기본이념

① 목적(제1조)

이 법은 아동이 건강하게 출생하여 행복하고 안전하게 자랄 수 있도록 아동의 복지를 보장하는 것을 목적으로 한다.

② 기본이념(제2조)

- 아동은 자신 또는 부모의 성별, 연령, 종교, 사회적 신분, 재산, 장애유무, 출생지역, 인종 등에 따른 어떠한 종류의 차별도 받지 아니하고 자라나야 한다.
- 아동은 완전하고 조화로운 인격발달을 위하여 안정된 가정환경에서 행복하게 자라나야 한다.
- 아동에 관한 모든 활동에 있어서 아동의 이익이 최우선적으로 고려되어야 한다.
- 아동은 아동의 권리보장과 복지증진을 위하여 이 법에 따른 보호와 지원을 받을 권리를 가진다.

(2) 책임주체

① 국가와 지방자치단체의 책무(제4조)

국가와 지방자치단체는 아동의 안전·건강 및 복지 증진을 위하여 아동과 그 보호자 및 가정을 지원하기 위한 정책을 수립·시행하여야 한다. 국가와 지방자치단체는 보호대상아동 및 지원대상아동의 권익을 증진하기 위한 정책을 수립·시행하여야 한다. 국가와 지방자치단체는 아동이 자신 또는 부모의 성별, 연령, 종교, 사회적 신분, 재산, 장애유무, 출생지역 또는 인종 등에 따른 어떠한 종류의 차별도 받지 아니하도록 필요한 시책을 강구하여야 한다.

② 보호자 등의 책무(제5조)

아동의 보호자는 아동을 가정에서 그의 성장시기에 맞추어 건강하고 안전하게 양육하여야 한다. 아동의 보호자는 아동에게 신체적 고통이나 폭언 등의 정신적 고통을 가하여서는 아니 된다. 모든 국민은 아동의 권익과 안전을 존중하여야 하며, 아동을 건강하게 양육하여야 한다.

③ 어린이날 및 어린이주간(제6조)

어린이에 대한 사랑과 보호의 정신을 높임으로써 이들을 옳고 아름답고 슬기로우며 씩씩하게 자라나도록 하기 위하여 매년 5월 5일을 어린이날로 하며, 5월 1일부터 5월 7일까지를 어린이주간으로 한다.

(3) 용어의 정의(제3조)

- 아동: 18세 미만인 사람을 말한다.
- 아동복지: 아동이 행복한 삶을 누릴 수 있는 기본적인 여건을 조성하고 조화롭게 성장·발달할 수 있도록 하기 위한 경제적·사회적·정서적 지원을 말한다.
- 보호자: 친권자, 후견인, 아동을 보호·양육·교육하거나 그러한 의무가 있는 자 또는 업무·고용 등의 관계로 사실상 아동을 보호·감독하는 자를 말한다.
- 보호대상아동: 보호자가 없거나 보호자로부터 이탈된 아동 또는 보호자가 아동을 학대하는 경우 등 그 보호자가 아동을 양육하기에 적당하지 아니하거나 양육할 능력이 없는 경우의 아동을 말한다.
- 지원대상아동: 아동이 조화롭고 건강하게 성장하는 데에 필요한 기초적인 조건이 갖추어지지 아니하여 사회적·경제적·정서적 지원이 필요한 아동을 말한다.
- 가정위탁: 보호대상아동의 보호를 위하여 성범죄, 가정폭력, 아동학대, 정신질환 등의 전력이 없는 보건복지부령으로 정하는 기준에 적합한 가정에 보호대상아동을 일정 기간 위탁하는 것을 말한다.
- 아동학대: 보호자를 포함한 성인이 아동의 건강 또는 복지를 해치거나 정상적 발달을 저해할 수 있는 신체적·정신적·성적 폭력이나 가혹행위를 하는 것과 아동의 보호자가 아동을 유기하거나 방임하는 것을 말한다.
- 피해아동: 아동학대로 인하여 피해를 입은 아동을 말한다.
- 아동복지시설 종사자: 아동복지시설에서 아동의 상담·지도·치료·양육, 그 밖에 아동의 복지에 관한 업무를 담당하는 사람을 말한다.

(4) 아동복지정책의 수립 및 시행 등

① 아동정책기본계획의 수립(제7조)

보건복지부장관은 아동정책의 효율적인 추진을 위하여 5년마다 아동정책기본계획[8]을 수립하여야 한다. 보건복지부장관은 기본계획을 수립할 때에는 미리 관계 중앙행정기관의 장과 협의하여야 한다. 기본계획은 아동정책조정위원회의 심의를 거쳐 확정한다.

② 아동종합실태조사(제11조)

보건복지부장관은 3년마다 아동의 양육 및 생활환경, 언어 및 인지 발달, 정서적 · 신체적 건강, 아동안전, 아동학대 등 아동의 종합실태를 조사하여 그 결과를 공표하고, 이를 기본계획과 시행계획에 반영하여야 한다.

2) 아동에 대한 지원서비스 및 시설

(1) 아동 안전 및 건강지원

① 안전기준의 설정(제30조)

국가는 대통령령으로 정하는 바에 따라 아동복지시설과 아동용품에 대한 안전기준을 정하고 아동용품을 제작 · 설치 · 관리하는 자에게 이를 준수하도록 하여야 한다.

② 아동의 안전에 대한 교육(제31조)

아동복지시설의 장, 영유아보육법에 따른 어린이집의 원장, 유아교육법에 따른 유치원의 원장 및 초 · 중등교육법에 따른 학교의 장은 교육대상 아동의 연령을 고려하여 대통령령으로 정하는 바에 따라 매년 교육계획을 수립하여 교육[9]을 실시하여야 한다. 아동복지시설의 장, 영유아보육법에 따른 어린이집의 원장은 교육계획 및 교육실시 결과를 관할 시장 · 군수 · 구청장에게 매년 1회 보고하여야 한다. 유아교육법에 따른 유치원의 원장 및 초 · 중등교육법에 따른 학교의 장은 교육계획 및 교육실시 결과를 대통령령으로 정하는 바에 따라 관할 교육감에게 매년 1회 보고하여야 한다.

③ 아동보호구역에서의 영상정보처리기기 설치 등(제32조)

국가와 지방자치단체는 유괴 등 범죄의 위험으로부터 아동을 보호하기 위하여 필요하다고 인정하는 경우에는 시설[10]의 주변구역을 아동보호구역으로 지정하여 범죄의 예방을 위

---

8) 1. 이전의 기본계획에 관한 분석 · 평가, 2. 아동정책에 관한 기본방향 및 추진목표, 3. 주요 추진과제 및 추진방법, 4. 재원조달방안, 5. 그 밖에 아동정책을 시행하기 위하여 특히 필요하다고 인정되는 사항

9) 1. 성폭력 예방, 2. 아동학대 예방, 3. 실종 · 유괴의 예방과 방지, 4. 감염병 및 약물의 오남용 예방 등 보건위생관리, 5. 재난대비 안전, 6. 교통안전

10) 아동보호구역에서의 영상정보처리기기 설치지역은 1. 도시공원 및 녹지 등에 관한 법률에 따른 도시공원, 2. 영유아보육법호의 어린이집, 육아종합지원센터 및 시간제보육서비스지정기관, 3. 초 · 중등교육

한 순찰 및 아동지도 업무 등 필요한 조치를 할 수 있다.

④ 아동안전 보호인력의 배치 등(제33조)

국가와 지방자치단체는 실종 및 유괴 등 아동에 대한 범죄의 예방을 위하여 순찰활동 및 아동지도 업무 등을 수행하는 아동안전 보호인력을 배치·활용할 수 있다. 순찰활동 및 아동지도 업무 등을 수행하는 아동안전 보호인력은 그 권한을 표시하는 증표를 지니고 이를 관계인에게 내보여야 한다. 국가와 지방자치단체는 아동안전 보호인력으로 배치하고자 하는 사람에 대하여 본인의 동의를 받아 범죄경력을 확인하여야 한다.

⑤ 아동긴급보호소 지정 및 운영(제34조)

경찰청장은 유괴 등의 위험에 처한 아동을 보호하기 위하여 아동긴급보호소를 지정·운영할 수 있다. 경찰청장은 아동긴급보호소의 지정을 원하는 자에 대하여 본인의 동의를 받아 범죄경력을 확인하여야 한다.

⑥ 건강한 심신의 보존(제35조)

아동의 보호자는 아동의 건강 유지와 향상을 위하여 최선의 주의와 노력을 하여야 한다. 국가와 지방자치단체는 아동의 건강 증진과 체력 향상을 위하여 다음에 해당하는 사항을 지원[11)]하여야 한다. 국가와 지방자치단체는 매년 물가상승률 등을 반영한 급식최저단가를 결정하고 급식지원 시 이를 반영하여 지원하여야 한다.

⑦ 보건소(제36조)

보건소는 '아동의 전염병 예방조치, 아동의 건강상담, 신체검사와 보건위생에 관한 지도, 아동의 영양개선' 등의 업무를 행한다.

(2) 취약계층 아동 통합지원서비스지원 및 자립지원 등

① 취약계층 아동에 대한 통합서비스지원(제37조)

국가와 지방자치단체는 아동의 건강한 성장과 발달을 도모하기 위하여 대통령령으로 정하는 바에 따라 아동의 성장 및 복지 여건이 취약한 가정을 선정하여 그 가정의 지원대상 아동과 가족을 대상으로 보건, 복지, 보호, 교육, 치료 등을 종합적으로 지원하는 통합서비

법에 따른 초등학교 및 특수학교, 4. 유아교육법에 따른 유치원이다.

11) 아동의 체력향상을 위한 지원은 1. 신체적 건강 증진에 관한 사항, 2. 자살 및 각종 중독의 예방 등 정신적 건강 증진에 관한 사항, 3. 급식지원 등을 통한 결식예방 및 영양개선에 관한 사항, 4. 비만 방지 등 체력 및 여가 증진에 관한 사항이다.

스를 실시한다.

② **자립지원**(제38조)

국가와 지방자치단체는 보호대상아동의 위탁보호 종료 또는 아동복지시설 퇴소 이후의 자립을 지원하기 위하여 조치[12]를 시행하고, 자립지원 실태조사는 3년마다 실시한다.

③ **자산형성지원사업**(제42조)

국가와 지방자치단체는 아동이 건전한 사회인으로 성장·발전할 수 있도록 자산형성지원사업을 실시할 수 있다.

④ **다함께돌봄센터**(제44조의2)

시·도지사 및 시장·군수·구청장은 초등학교의 정규교육 이외의 시간 동안 다음의 돌봄서비스(방과 후 돌봄서비스)를 실시하기 위하여 다함께돌봄센터를 설치·운영할 수 있다.

1. 아동의 안전한 보호
2. 안전하고 균형 있는 급식 및 간식의 제공
3. 등·하교 전후, 야간 또는 긴급상황 발생 시 돌봄서비스 제공
4. 체험활동 등 교육·문화·예술·체육 프로그램의 연계·제공
5. 돌봄 상담, 관련 정보의 제공 및 서비스의 연계
6. 그 밖에 보건복지부령으로 정하는 방과 후 돌봄서비스의 제공

(3) 아동보호서비스

① **보호조치**(제15조)

시·도지사 또는 시장·군수·구청장은 그 관할 구역에서 보호대상아동을 발견하거나 보호자의 의뢰를 받은 때에는 아동의 최상의 이익을 위하여 대통령령으로 정하는 바에 따라 다음에 해당하는 보호조치를 하여야 한다.

12) 자립지원 조치는 1. 자립에 필요한 주거·생활·교육·취업 등의 지원, 2. 자립에 필요한 자립정착금 및 자립수당 지급, 3. 자립에 필요한 자산의 형성 및 관리 지원(자산형성지원), 4. 자립에 관한 실태조사 및 연구, 5. 사후관리체계 구축 및 운영, 6. 그 밖에 자립지원에 필요하다고 대통령령으로 정하는 사항이다.

1. 전담공무원, 민간전문인력 또는 아동위원에게 보호대상아동 또는 그 보호자에 대한 상담·지도를 수행하게 하는 것
2. 민법에 따른 친족에 해당하는 사람의 가정에서 보호·양육할 수 있도록 조치하는 것
3. 보호대상아동을 적합한 유형의 가정에 위탁하여 보호·양육할 수 있도록 조치하는 것
4. 보호대상아동을 그 보호조치에 적합한 아동복지시설에 입소시키는 것
5. 약물 및 알콜 중독, 정서·행동·발달 장애, 성폭력·아동학대 피해 등으로 특수한 치료나 요양 등의 보호를 필요로 하는 아동을 전문치료기관 또는 요양소에 입원 또는 입소시키는 것
6. 입양특례법에 따른 입양과 관련하여 필요한 조치를 하는 것

② 아동통합정보시스템의 구축 · 운영(제15조의2)

보건복지부장관은 아동복지 관련 자료 또는 정보의 효율적 처리 및 통합관리를 위하여 사회보장기본법에 따라 설치된 사회보장정보시스템 및 사회보장급여의 이용·제공 및 수급권자 발굴에 관한 법률에 따라 설치된 사회서비스정보시스템을 연계·활용하여 아동통합정보시스템(아동정보시스템)을 구축·운영하여야 한다.

③ 보호대상아동의 양육상황 점검(제15조의3)

시·도지사 또는 시장·군수·구청장은 보호조치 중인 보호대상아동의 양육상황을 보건복지부령으로 정하는 바에 따라 매년 점검하여야 한다.

④ 아동보호 사각지대 발굴 및 실태조사(제15조의4)

보건복지부장관은 보호가 필요한 아동을 발견하고 양육환경을 개선할 수 있도록 지원하기 위하여 사회보장기본법에 따른 사회보장정보시스템(사회보장정보시스템)을 통하여 다음의 자료 또는 정보를 처리할 수 있으며, 해당 자료를 토대로 아동보호를 위한 실태조사 대상 아동을 선정할 수 있다.

1. 국민건강보험법에 따른 요양급여 실시 기록
2. 국민건강보험법에 따른 영유아건강검진 실시 기록
3. 초·중등교육법에 따른 학교생활기록 정보
4. 사회보장급여의 이용·제공 및 수급권자 발굴에 관한 법률에 따른 정보

⑤ 보호대상아동의 퇴소조치 등(제16조)

보호조치 중인 보호대상아동의 연령이 18세에 달하였거나, 보호 목적이 달성되었다고 인정되면 해당 시·도지사, 시장·군수·구청장은 대통령령으로 정하는 절차와 방법에 따라 그 보호 중인 아동의 보호조치를 종료하거나 해당 시설에서 퇴소시켜야 한다.

⑥ 보호대상아동의 사후관리(제16조의2)

시·도지사 또는 시장·군수·구청장은 전담공무원 등 관계 공무원 및 민간전문인력으로 하여금 보호조치의 종료로 가정으로 복귀한 보호대상아동의 가정을 방문하여 해당 아동의 복지 증진을 위하여 필요한 지도·관리를 제공하게 하여야 한다.

⑦ 보호기간의 연장(제16조의3)

시·도지사 또는 시장·군수·구청장은 연령이 18세에 달한 보호대상아동이 보호조치를 연장할 의사가 있는 경우에는 그 보호기간을 해당 아동이 25세에 달할 때까지로 연장하여야 한다.

⑧ 친권상실 선고의 청구 등(제18조)

시·도지사, 시장·군수·구청장 또는 검사는 아동의 친권자가 그 친권을 남용하거나 현저한 비행이나 아동학대, 그 밖에 친권을 행사할 수 없는 중대한 사유가 있는 것을 발견한 경우 아동의 복지를 위하여 필요하다고 인정할 때에는 법원에 친권행사의 제한 또는 친권상실의 선고를 청구하여야 한다.

⑨ 아동의 후견인의 선임 청구 등(제19조)

시·도지사, 시장·군수·구청장, 아동복지시설의 장 및 학교의 장은 친권자 또는 후견인이 없는 아동을 발견한 경우 그 복지를 위하여 필요하다고 인정할 때에는 법원에 후견인의 선임을 청구하여야 한다.

⑩ 아동의 후견인 선임(제20조)

법원은 후견인의 선임청구를 받은 경우 후견인이 없는 아동에 대하여 후견인을 선임하기 전까지 시·도지사, 시장·군수·구청장, 아동보호전문기관의 장, 가정위탁지원센터의 장 및 보장원의 장으로 하여금 임시로 그 아동의 후견인 역할을 하게 할 수 있다. 이 경우 해당 아동의 의견을 존중하여야 한다.

⑪ 보조인의 선임 등(제21조)

법원의 심리과정에서 변호사, 법정대리인, 직계 친족, 형제자매, 아동학대전담공무원, 보장원 또는 아동보호전문기관의 상담원은 학대아동사건의 심리에 있어서 보조인이 될 수 있다. 다만, 변호사가 아닌 경우에는 법원의 허가를 받아야 한다.

(4) 아동복지시설

① 아동복지시설의 종류(제52조)

- 아동양육시설: 보호대상아동을 입소시켜 보호, 양육 및 취업훈련, 자립지원 서비스 등을 제공하는 것을 목적으로 하는 시설
- 아동일시보호시설: 보호대상아동을 일시보호하고 아동에 대한 향후의 양육대책수립 및 보호조치를 행하는 것을 목적으로 하는 시설
- 아동보호치료시설: 아동에게 보호 및 치료 서비스를 제공하는 다음의 시설

> 1. 불량행위를 하거나 불량행위를 할 우려가 있는 아동으로서 보호자가 없거나 친권자나 후견인이 입소를 신청한 아동 또는 가정법원, 지방법원소년부지원에서 보호위탁된 19세 미만인 사람을 입소시켜 치료와 선도를 통하여 건전한 사회인으로 육성하는 것을 목적으로 하는 시설
> 2. 정서적·행동적 장애로 인하여 어려움을 겪고 있는 아동 또는 학대로 인하여 부모로부터 일시 격리되어 치료받을 필요가 있는 아동을 보호·치료하는 시설

- 공동생활가정: 보호대상아동에게 가정과 같은 주거여건과 보호, 양육, 자립지원 서비스를 제공하는 것을 목적으로 하는 시설
- 자립지원시설: 아동복지시설에서 퇴소한 사람에게 취업준비기간 또는 취업 후 일정 기간 동안 보호함으로써 자립을 지원하는 것을 목적으로 하는 시설
- 아동상담소: 아동과 그 가족의 문제에 관한 상담, 치료, 예방 및 연구 등을 목적으로 하는 시설
- 아동전용시설: 어린이공원, 어린이놀이터, 아동회관, 체육·연극·영화·과학실험전시 시설, 아동휴게숙박시설, 야영장 등 아동에게 건전한 놀이·오락, 그 밖의 각종 편의를 제공하여 심신의 건강유지와 복지증진에 필요한 서비스를 제공하는 것을 목적으로 하는 시설
- 지역아동센터: 지역사회 아동의 보호·교육, 건전한 놀이와 오락의 제공, 보호자와 지역사회의 연계 등 아동의 건전육성을 위하여 종합적인 아동복지서비스를 제공하는 시설
- 아동보호전문기관, 가정위탁지원센터, 보장원, 자립지원전담기관

② 아동보호시설의 사업(제52조)

- 아동가정지원사업: 지역사회아동의 건전한 발달을 위하여 아동, 가정, 지역주민에게 상담, 조언 및 정보를 제공하여 주는 사업
- 아동주간보호사업: 부득이한 사유로 가정에서 낮 동안 보호를 받을 수 없는 아동을 대

상으로 개별적인 보호와 교육을 통하여 아동의 건전한 성장을 도모하는 사업
- 아동전문상담사업: 학교부적응아동 등을 대상으로 올바른 인격형성을 위한 상담, 치료 및 학교폭력예방을 실시하는 사업
- 학대아동보호사업: 학대아동의 발견, 보호, 치료 및 아동학대의 예방 등을 전문적으로 실시하는 사업
- 공동생활가정사업: 보호대상아동에게 가정과 같은 주거여건과 보호를 제공하는 것을 목적으로 하는 사업
- 방과 후 아동지도사업: 저소득층 아동을 대상으로 방과 후 개별적인 보호와 교육을 통하여 건전한 인격형성을 목적으로 하는 사업

③ 아동전용시설의 설치(제53조)

국가와 지방자치단체는 아동이 항상 이용할 수 있는 아동전용시설을 설치하도록 노력하여야 한다. 아동이 이용할 수 있는 문화·오락 시설, 교통시설, 그 밖의 서비스시설 등을 설치·운영하는 자는 대통령령으로 정하는 바에 따라 아동의 이용편의를 고려한 편익설비를 갖추고 아동에 대한 입장료와 이용료 등을 감면할 수 있다.

④ 아동복지시설의 종사자 등

- 아동복지시설의 종사자(제54조): 아동복지시설에는 필요한 전문인력을 배치하여야 한다.
- 결격사유(제54조의2)

1. 다음의 어느 하나에 해당하는 자는 아동복지시설의 장으로 채용될 수 없다.
   가. 사회복지사업법에 따른 시설의 장 결격사유(제35조 제2항)의 어느 하나에 해당하는 자
   나. 정신건강증진 및 정신질환자 복지서비스 지원에 관한 법률의 정신질환자. 다만, 정신건강의학과전문의가 아동복지시설의 장으로서 직무를 수행할 수 있다고 인정하는 사람은 그러하지 아니하다.
   다. 마약류 관리에 관한 법률의 마약류에 중독된 자
2. 다음의 어느 하나에 해당하는 자는 아동복지시설 종사자로 채용될 수 없다.
   가. 사회복지사업법에 따른 시설의 종사자 결격사유(제35조의2 제2항)의 어느 하나에 해당하는 자
   나. 정신건강증진 및 정신질환자 복지서비스 지원에 관한 법률의 정신질환자. 다만, 정신건강의학과전문의가 아동복지시설 종사자로서 직무를 수행할 수 있다고 인정하는 사람은 그러하지 아니하다.
   다. 마약류 관리에 관한 법률의 마약류에 중독된 자

3) 아동학대 예방조치

(1) 아동에 대한 금지행위(제17조)

- 아동을 매매하는 행위
- 아동에게 음란한 행위를 시키거나 이를 매개하는 행위 또는 아동에게 성적 수치심을 주는 성희롱 등의 성적 학대행위
- 아동의 신체에 손상을 주거나 신체의 건강 및 발달을 해치는 신체적 학대행위
- 아동의 정신건강 및 발달에 해를 끼치는 정서적 학대행위(가정폭력범죄의 처벌 등에 관한 특례법에 따른 가정폭력에 아동을 노출시키는 행위로 인한 경우를 포함)
- 자신의 보호·감독을 받는 아동을 유기하거나 의식주를 포함한 기본적 보호·양육·치료 및 교육을 소홀히 하는 방임행위
- 장애를 가진 아동을 공중에 관람시키는 행위
- 아동에게 구걸을 시키거나 아동을 이용하여 구걸하는 행위
- 공중의 오락 또는 흥행을 목적으로 아동의 건강 또는 안전에 유해한 곡예를 시키는 행위 또는 이를 위하여 아동을 제3자에게 인도하는 행위
- 정당한 권한을 가진 알선기관 외의 자가 아동의 양육을 알선하고 금품을 취득하거나 금품을 요구 또는 약속하는 행위
- 아동을 위하여 증여 또는 급여된 금품을 그 목적 외의 용도로 사용하는 행위

(2) 아동학대의 예방 및 방지

① 아동학대의 예방과 방지 의무(제22조)

국가와 지방자치단체는 아동학대의 예방과 방지를 위하여 다음의 조치를 취하여야 한다.

1. 아동학대의 예방과 방지를 위한 각종 정책의 수립 및 시행
2. 아동학대의 예방과 방지를 위한 연구·교육·홍보 및 아동학대 실태조사
3. 아동학대에 관한 신고체제의 구축·운영
4. 피해아동의 보호와 치료 및 피해아동의 가정에 대한 지원
5. 그 밖에 대통령령으로 정하는 아동학대의 예방과 방지를 위한 사항

② 학생 등에 대한 학대 예방 및 지원 등(제22조의2)

국가와 지방자치단체는 유아교육법에 따른 유치원의 유아 및 초·중등교육법에 따른 학

교의 학생에 대한 아동학대의 조기 발견 체계 및 아동보호전문기관 등 관련 기관과의 연계 체계를 구축하고, 학대피해 학생 등이 유치원 또는 학교에 안정적으로 적응할 수 있도록 지원하여야 한다.

③ 피해아동보호계획의 수립 등(제22조의4)

시·도지사 또는 시장·군수·구청장은 피해아동에 대한 조사를 한 후 피해아동에 대한 제15조제1항에 따른 보호조치 여부, 아동학대행위에 대한 고발 여부 등 아동학대행위에 대한 개입 방향 및 절차, 피해아동 및 그 가족에 대한 지원 여부, 그 밖에 대통령령으로 정하는 사항이 포함된 피해아동보호계획(보호계획)을 수립하고 그 계획을 아동보호전문기관의 장에게 통보하여야 한다.

④ 아동학대사례전문위원회(제22조의5)

보건복지부장관은 피해아동보호계획에 대한 자문에 응하게 하기 위하여 보건복지부에 아동학대사례전문위원회(사례전문위원회)를 둔다.

⑤ 아동학대예방의 날(제23조)

아동의 건강한 성장을 도모하고, 범국민적으로 아동학대의 예방과 방지에 관한 관심을 높이기 위하여 매년 11월 19일을 아동학대예방의 날로 지정하고, 아동학대예방의 날부터 1주일을 아동학대예방주간으로 한다.

⑥ 아동보호전문기관의 설치 등(제45조)

지방자치단체는 학대받은 아동의 치료, 아동학대의 재발 방지 등 사례관리 및 아동학대 예방을 담당하는 아동보호전문기관을 시·도 및 시·군·구에 1개소 이상 두어야 한다. 다만, 시·도지사는 관할 구역의 아동 수 및 지리적 요건을 고려하여 조례로 정하는 바에 따라 둘 이상의 시·군·구를 통합하여 하나의 아동보호전문기관을 설치·운영할 수 있다. 시·도지사 및 시장·군수·구청장은 아동학대예방사업을 목적으로 하는 비영리법인을 지정하여 아동보호전문기관[13]의 운영을 위탁할 수 있다.

⑦ 아동학대 신고의무자(아동학대범죄의 처벌 등에 관한 특례법 제10조 제2항)

- 아동복지법에 따른 아동권리보장원 및 가정위탁지원센터의 장과 그 종사자
- 아동복지시설의 장과 그 종사자(아동보호전문기관의 장과 그 종사자는 제외)

13) 아동보호전문기관의 업무는 1. 피해아동, 피해아동의 가족 및 아동학대행위자를 위한 상담·치료 및 교육, 2. 아동학대예방 교육 및 홍보, 3. 피해아동 가정의 사후관리이다.

- 아동복지법에 따른 아동복지전담공무원
- 가정폭력방지 및 피해자보호 등에 관한 법률에 따른 가정폭력 관련 상담소 및 가정폭력피해자 보호시설의 장과 그 종사자
- 건강가정기본법에 따른 건강가정지원센터의 장과 그 종사자
- 다문화가족지원법에 따른 다문화가족지원센터의 장과 그 종사자
- 사회보장급여의 이용 · 제공 및 수급권자 발굴에 관한 법률에 따른 사회복지전담공무원 및 사회복지사업법에 따른 사회복지시설의 장과 그 종사자
- 성매매방지 및 피해자보호 등에 관한 법률에 따른 지원시설 및 성매매피해상담소의 장과 그 종사자
- 성폭력방지 및 피해자보호 등에 관한 법률에 따른 성폭력피해상담소, 성폭력피해자보호시설의 장과 그 종사자 및 성폭력피해자통합지원센터의 장과 그 종사자
- 119구조 · 구급에 관한 법률에 따른 119구급대의 대원
- 응급의료에 관한 법률에 따른 응급의료기관등에 종사하는 응급구조사
- 영유아보육법에 따른 육아종합지원센터의 장과 그 종사자 및 어린이집의 원장 등 보육교직원
- 유아교육법에 따른 유치원의 장과 그 종사자
- 아동보호전문기관의 장과 그 종사자
- 의료법에 따른 의료기관의 장과 그 의료기관에 종사하는 의료인 및 의료기사
- 장애인복지법에 따른 장애인복지시설의 장과 그 종사자로서 시설에서 장애아동에 대한 상담 · 치료 · 훈련 또는 요양 업무를 수행하는 사람
- 정신건강증진 및 정신질환자 복지서비스 지원에 관한 법률에 따른 정신건강복지센터, 정신의료기관, 정신요양시설 및 정신재활시설의 장과 그 종사자
- 청소년기본법에 따른 청소년시설 및 청소년단체의 장과 그 종사자
- 청소년 보호법에 따른 청소년 보호 · 재활센터의 장과 그 종사자
- 초 · 중등교육법에 따른 학교의 장과 그 종사자
- 한부모가족지원법에 따른 한부모가족복지시설의 장과 그 종사자
- 학원의 설립 · 운영 및 과외교습에 관한 법률에 따른 학원의 운영자 · 강사 · 직원 및 교습소의 교습자 · 직원
- 아이돌봄 지원법에 따른 아이돌보미
- 아동복지법에 따른 취약계층 아동에 대한 통합서비스지원 수행인력
- 입양특례법에 따른 입양기관의 장과 그 종사자

⑧ 아동학대 신고의무자에 대한 교육(제26조)

관계 중앙행정기관의 장은 아동학대범죄의 처벌 등에 관한 특례법의 어느 하나에 해당하는 사람(아동학대 신고의무자)의 자격 취득 과정이나 보수교육 과정에 아동학대 예방 및 신고의무와 관련된 교육 내용을 포함하도록 하여야 하며, 그 결과를 보건복지부장관에게 제출하여야 한다.

⑨ 아동학대 예방교육의 실시(제26조의2)

국가기관과 지방자치단체의 장, 공공기관의 운영에 관한 법률에 따른 공공기관과 대통령령으로 정하는 공공단체의 장은 아동학대의 예방과 방지를 위하여 필요한 교육을 연 1회 이상 실시하고, 그 결과를 보건복지부장관에게 제출하여야 한다.

⑩ 아동학대 등의 통보(제27조의2)

사법경찰관리는 아동 사망 및 상해사건, 가정폭력 사건 등에 관한 직무를 행하는 경우 아동학대가 있었다고 의심할 만한 사유가 있는 때에는 시·도지사, 시장·군수·구청장 또는 보장원의 장에게 그 사실을 통보하여야 한다.

⑪ 피해아동 응급조치에 대한 거부금지(제27조의3)

아동학대범죄의 처벌 등에 관한 특례법에 따라 사법경찰관리, 아동학대전담공무원이 피해아동을 인도하는 경우에는 아동학대 관련 보호시설이나 의료기관은 정당한 사유 없이 이를 거부하여서는 아니 된다.

⑫ 사후관리 등(제28조)

보장원의 장 또는 아동보호전문기관의 장은 아동학대가 종료된 이후에도 가정방문, 전화상담 등을 통하여 아동학대의 재발 여부를 확인하여야 한다. 보장원의 장 또는 아동보호전문기관의 장은 아동학대가 종료된 이후에도 아동학대의 재발 방지 등을 위하여 필요하다고 인정하는 경우 피해아동 및 보호자를 포함한 피해아동의 가족에게 필요한 지원을 제공할 수 있다.

⑬ 아동학대정보의 관리 및 제공(제28조의2)

보건복지부장관은 아동학대 관련 정보를 공유하고 아동학대를 예방하기 위하여 피해아동, 그 가족 및 아동학대행위자에 관한 정보와 아동학대예방사업에 관한 정보를 아동정보시스템에 입력·관리하여야 한다.

⑭ 피해아동 및 그 가족 등에 대한 지원(제29조)

보장원의 장 또는 아동보호전문기관의 장은 아동의 안전 확보와 재학대 방지, 건전한 가정기능의 유지 등을 위하여 피해아동 및 보호자를 포함한 피해아동의 가족에게 상담, 교육 및 의료적·심리적 치료 등의 필요한 지원을 제공하여야 한다.

⑮ 아동학대행위자에 대한 상담·교육 등의 제공(제29조의2)

시·도지사, 시장·군수·구청장, 보장원의 장 또는 아동보호전문기관의 장은 아동학대행위자에 대하여 상담·교육 및 심리적 치료 등 필요한 지원을 제공하여야 하며, 이 경우 아동학대행위자는 상담·교육 및 심리적 치료 등에 성실히 참여하여야 한다.

⑯ 아동관련기관의 취업제한 등(제29조의3)

법원은 아동학대관련범죄로 형 또는 치료감호를 선고하는 경우에는 판결(약식명령을 포함)로 그 형 또는 치료감호의 전부 또는 일부의 집행을 종료하거나 집행이 유예·면제된 날(벌금형을 선고받은 경우에는 그 형이 확정된 날)부터 일정기간(취업제한기간) 동안 다음에 따른 시설 또는 기관(아동관련기관)을 운영하거나 아동관련기관에 취업 또는 사실상 노무를 제공할 수 없도록 하는 명령(취업제한명령)을 아동학대관련범죄 사건의 판결과 동시에 선고(약식명령의 경우에는 고지)하여야 한다. 다만, 재범의 위험성이 현저히 낮은 경우나 그 밖에 취업을 제한하여서는 아니 되는 특별한 사정이 있다고 판단하는 경우에는 그러하지 아니하다.

취업제한기간은 10년을 초과하지 못한다.

1. 보장원, 지방자치단체(전담공무원, 민간전문인력, 아동학대전담공무원으로 한정), 취약계층 아동통합서비스 수행기관, 아동보호전문기관, 다함께돌봄센터, 가정위탁지원센터 및 아동복지시설
2. 가정폭력방지 및 피해자보호 등에 관한 법률의 긴급전화센터, 가정폭력 관련 상담소 및 가정폭력피해자 보호시설
3. 건강가정기본법의 건강가정지원센터
4. 다문화가족지원법의 다문화가족지원센터
5. 성매매방지 및 피해자보호 등에 관한 법률의 성매매피해자등을 위한 지원시설 및 성매매피해상담소
6. 성폭력방지 및 피해자보호 등에 관한 법률의 성폭력피해상담소 및 성폭력피해자보호시설 및 성폭력피해자통합지원센터
7. 영유아보육법의 어린이집, 육아종합지원센터 및 시간제보육서비스지정기관
8. 유아교육법의 유치원
9. 의료법의 의료기관(의료인에 한정)
10. 장애인복지법의 장애인복지시설
11. 정신건강증진 및 정신질환자 복지서비스 지원에 관한 법률에 따른 정신건강복지센터, 정신건강증진시설, 정신요양시설 및 정신재활시설

12. 주택법의 공동주택의 관리사무소(경비업무 종사자에 한정)
13. 청소년기본법에 따른 청소년시설, 청소년단체
14. 청소년활동진흥법의 청소년활동시설
15. 청소년복지 지원법의 청소년상담복지센터, 같은 법 이주배경청소년지원센터 및 청소년쉼터, 청소년자립지원관, 청소년치료재활센터
16. 청소년 보호법의 청소년 보호·재활센터
17. 체육시설의 설치·이용에 관한 법률의 체육시설 중 아동의 이용이 제한되지 아니하는 체육시설로서 문화체육관광부장관이 지정하는 체육시설
18. 초·중등교육법의 학교 및 학습부진아 등에 대한 교육을 실시하는 기관
19. 학원의 설립·운영 및 과외교습에 관한 법률의 학원 및 교습소 중 아동의 이용이 제한되지 아니하는 학원과 교습소로서 교육부장관이 지정하는 학원·교습소
20. 한부모가족지원법의 한부모가족복지시설
21. 아동보호전문기관 또는 학대피해아동쉼터를 운영하는 법인
22. 보호소년 등의 처우에 관한 법률에 따른 소년원 및 소년분류심사원
23. 민법에 따라 보건복지부장관의 설립 허가를 받아 아동인권, 아동복지 등 아동을 위한 사업을 수행하는 비영리법인(대표자 및 아동을 직접 대면하는 업무에 종사하는 사람에 한정)
24. 아이돌봄 지원법에 따른 서비스제공기관
25. 입양특례법에 따른 입양기관
26. 모자보건법에 따른 산후조리도우미 서비스를 제공하는 사람을 모집하거나 채용하는 기관(직접 산후조리도우미 서비스를 제공하는 사람에 한정)

4) 아동 관련 행정기관 등

(1) 아동정책조정위원회(제10조)

- 아동의 권리증진과 건강한 출생 및 성장을 위하여 종합적인 아동정책을 수립하고 관계 부처의 의견을 조정하며 그 정책의 이행을 감독하고 평가하기 위하여 국무총리 소속으로 아동정책조정위원회를 둔다.
- 위원회는 다음의 사항을 심의·조정한다.

1. 기본계획의 수립에 관한 사항
2. 아동의 권익 및 복지 증진을 위한 기본방향에 관한 사항
3. 아동정책의 개선과 예산지원에 관한 사항
4. 아동 관련 국제조약의 이행 및 평가·조정에 관한 사항
5. 아동정책에 관한 관련 부처 간 협조에 관한 사항
6. 그 밖에 위원장이 부의하는 사항

- 위원회는 위원장을 포함한 25명 이내의 위원으로 구성하되, 위원장은 국무총리가 되

고 위원은 다음의 사람이 된다.

1. 기획재정부장관·교육부장관·법무부장관·행정안전부장관·문화체육관광부장관·산업통상자원부장관·보건복지부장관·고용노동부장관·여성가족부장관
2. 아동 관련 단체의 장이나 아동에 대한 학식과 경험이 풍부한 사람 중 위원장이 위촉하는 15명 이내의 위원

(2) 아동권리보장원(제10조의2)

보건복지부장관은 아동정책에 대한 종합적인 수행과 아동복지 관련 사업의 효과적인 추진을 위하여 필요한 정책의 수립을 지원하고 사업평가 등의 업무를 수행할 수 있도록 아동권리보장원(보장원)을 설립한다. 보장원은 다음의 업무를 수행하며, 법인으로 하고, 주된 사무소의 소재지에 설립등기를 함으로써 성립한다.

1. 아동정책 수립을 위한 자료 개발 및 정책 분석
2. 기본계획 수립 및 시행계획 평가 지원
3. 위원회 운영 지원
4. 아동정책영향평가 지원
5. 아동보호서비스에 대한 기술지원
6. 아동학대의 예방과 방지를 위한 업무
7. 가정위탁사업 활성화 등을 위한 업무
8. 지역 아동복지사업 및 아동복지시설의 원활한 운영을 위한 지원
9. 입양특례법에 따른 국내입양 활성화 및 입양 사후관리를 위한 다음의 업무
   가. 국내외 입양정책 및 서비스에 관한 조사·연구
   나. 입양 관련 국제협력 업무
   다. 그 밖에 입양특례법에 따라 보건복지부장관으로부터 위탁받은 업무
10. 아동 관련 조사 및 통계 구축
11. 아동 관련 교육 및 홍보
12. 아동 관련 해외정책 조사 및 사례분석
13. 그 밖에 이 법 또는 다른 법령에 따라 보건복지부장관, 국가 또는 지방자치단체로부터 위탁받은 업무

(3) 아동복지심의위원회(제12조)

시·도지사, 시장·군수·구청장(자치구의 구청장)은 다음의 사항을 심의하기 위하여 그 소속으로 아동복지심의위원회(심의위원회)를 각각 둔다. 이 경우 아래의 사항(시행계획 수립 및

시행에 관한 사항)에 관한 심의 업무를 효율적으로 수행하기 위하여 대통령령으로 정하는 바에 따라 심의위원회 소속으로 사례결정위원회를 두고, 사례결정위원회의 심의를 거친 사항은 심의위원회의 심의를 거친 사항으로 본다.

1. 시행계획 수립 및 시행에 관한 사항
2. 보호조치에 관한 사항
3. 퇴소조치에 관한 사항
4. 보호기간의 연장 및 보호조치의 종료에 관한 사항
5. 친권행사의 제한이나 친권상실 선고 청구에 관한 사항
6. 아동의 후견인의 선임이나 변경 청구에 관한 사항
7. 지원대상아동의 선정과 그 지원에 관한 사항
8. 그 밖에 아동의 보호 및 지원서비스를 위하여 시·도지사 또는 시장·군수·구청장이 필요하다고 인정하는 사항

(4) 아동복지전담공무원(제13조)

아동복지에 관한 업무를 담당하기 위하여 특별시·광역시·도·특별자치도(시·도) 및 시·군·구(자치구)에 각각 아동복지전담공무원(전담공무원)을 둘 수 있다. 전담공무원은 사회복지사업법에 따른 사회복지사의 자격을 가진 사람으로 하고 그 임용 등에 필요한 사항은 해당 시·도 및 시·군·구의 조례로 정한다. 전담공무원은 아동에 대한 상담 및 보호조치, 가정환경에 대한 조사, 아동복지시설에 대한 지도·감독, 아동범죄 예방을 위한 현장확인 및 지도·감독 등 지역 단위에서 아동의 복지증진을 위한 업무를 수행한다.

(5) 아동위원(제14조)

시·군·구에 아동위원을 둔다. 아동위원은 그 관할 구역의 아동에 대하여 항상 그 생활상태 및 가정환경을 상세히 파악하고 아동복지에 필요한 원조와 지도를 행하며 전담공무원, 민간전문인력 및 관계 행정기관과 협력하여야 한다. 아동위원은 명예직으로 하되, 아동위원에 대하여는 수당을 지급할 수 있다.

(6) 가정위탁지원센터

① 가정위탁지원센터의 설치 등(제48조)

지방자치단체는 보호대상아동에 대한 가정위탁사업을 활성화하기 위하여 시·도 및 시·군·구에 가정위탁지원센터를 둔다. 다만, 시·도지사는 조례로 정하는 바에 따라 둘 이

상의 시·군·구를 통합하여 하나의 가정위탁지원센터를 설치·운영할 수 있다.

② 가정위탁지원센터의 업무(제49조)

- 가정위탁사업의 홍보 및 가정위탁을 하고자 하는 가정의 발굴
- 가정위탁을 하고자 하는 가정에 대한 조사 및 가정위탁 대상 아동에 대한 상담
- 가정위탁을 하고자 하는 사람과 위탁가정 부모에 대한 교육
- 위탁가정의 사례관리
- 친부모 가정으로의 복귀 지원
- 가정위탁 아동의 자립계획 및 사례 관리
- 관할 구역 내 가정위탁 관련 정보 제공
- 그 밖에 대통령령으로 정하는 가정위탁과 관련된 업무

(7) 비용의 보조 및 징수

① 비용 보조(제59조)

국가 또는 지방자치단체는 대통령령으로 정하는 바에 따라 다음의 어느 하나에 해당하는 비용의 전부 또는 일부를 보조할 수 있다.

1. 아동복지시설의 설치 및 운영과 프로그램의 운용에 필요한 비용 또는 수탁보호 중인 아동의 양육 및 보호관리에 필요한 비용
2. 보호대상아동의 가정위탁 보호에 따른 비용
3. 아동복지사업의 지도, 감독, 계몽 및 홍보에 필요한 비용
4. 아동학대 신고의무 교육에 소요되는 비용
5. 전담의료기관의 조치에 소요되는 비용
6. 취약계층 아동에 대한 통합서비스지원에 필요한 비용
7. 보호대상아동의 자립지원에 필요한 비용
8. 자산형성지원사업에 필요한 비용
9. 아동복지단체의 지도·육성에 필요한 비용

② 비용 징수(제60조)

시·도지사, 시장·군수·구청장 또는 아동복지시설의 장은 보호조치에 필요한 비용의 전부 또는 일부를 대통령령으로 정하는 바에 따라 각각 그 아동의 부양의무자로부터 징수할 수 있다.

③ 보조금의 반환명령(제61조)

국가 또는 지방자치단체는 아동복지시설의 장 등 보호수탁자, 보장원의 장, 가정위탁지원센터의 장, 아동복지단체의 장이 보조금의 교부조건을 위반한 경우, 거짓이나 그 밖의 부정한 방법으로 보조금의 교부를 받은 경우, 아동복지시설의 경영에 관하여 개인의 영리를 도모하는 행위를 한 경우, 보조금의 사용잔액이 있는 경우, 이 법 또는 이 법에 따른 명령을 위반한 경우에는 이미 교부한 보조금의 전부 또는 일부의 반환을 명할 수 있다.

5) 수급자의 권리보호

(1) 압류금지 및 비밀유지의 의무

① 압류 금지(제64조)

- 이 법에 따라 지급된 금품과 이를 받을 권리는 압류하지 못한다.

② 비밀 유지 등의 의무(제65조)

- 아동복지사업을 포함하여 아동복지업무에 종사하였거나 종사하는 자는 그 직무상 알게 된 비밀을 누설하거나 직무상 목적 외의 용도로 이용하여서는 아니 된다.

(2) 벌칙 등(제71조)

① 10년 이하의 징역

- 아동을 매매하는 행위(아동·청소년의 성을 사는 행위 또는 아동·청소년이용음란물을 제작하는 행위의 대상이 될 것을 알면서 아동·청소년을 매매 또는 국외에 이송하거나 국외에 거주하는 아동·청소년을 국내에 이송하는 행위는 제외)

② 10년 이하의 징역 또는 1억원 이하의 벌금

- 아동에게 음란한 행위를 시키거나 이를 매개하는 행위 또는 아동에게 성적 수치심을 주는 성희롱 등의 성적 학대행위

③ 5년 이하의 징역 또는 5천만원 이하의 벌금

- 아동의 신체에 손상을 주거나 신체의 건강 및 발달을 해치는 신체적 학대행위
- 아동의 정신건강 및 발달에 해를 끼치는 정서적 학대행위
- 자신의 보호·감독을 받는 아동을 유기하거나 의식주를 포함한 기본적 보호·양육·치

료 및 교육을 소홀히 하는 방임 행위
- 장애를 가진 아동을 공중에 관람시키는 행위
- 아동에게 구걸을 시키거나 아동을 이용하여 구걸하는 행위

(3) 과태료(제75조)

① 1천만원 이하의 과태료
- 피해아동의 인수를 거부한 아동학대 관련 보호시설의 장
- 아동학대관련 범죄전력자 해임요구를 정당한 사유 없이 거부하거나 1개월 이내에 이행하지 아니한 아동관련기관의 장

② 500만원 이하의 과태료
- 아동관련기관의 장이 직용 채용 시 아동학대관련범죄 전력을 확인하지 아니하는 경우

③ 300만원 이하의 과태료
- 아동학대 신고의무자에 대한 교육 규정을 위반하여 신고의무 교육을 실시하지 아니한 자
- 사후관리 어부를 수행하는 경우 정당한 사유 없이 아동학대 재발 방지 등을 위한 업무수행을 거부하거나 방해한 자
- 보장원의 장 또는 아동보호전문기관의 장이 제공하는 지원에 정당한 사유 없이 참여하지 아니한 피해아동의 가족(보호자를 포함)
- 정당한 사유 없이 상담 · 교육 · 심리적 치료 등에 참여하지 아니한 아동학대행위자
- 아동에 대한 교육 규정을 위반하여 교육을 실시하지 아니한 자
- 휴업 · 폐업 등에 고나한 신고 규정을 위반하여 아동복지시설의 휴업 · 폐업 또는 운영재개 신고를 하지 아니한 자
- 유사명칭 사용금지 규정을 위반하여 아동복지시설이라는 명칭을 사용한 자

연습문제

01 노인복지법의 내용으로 옳지 않은 것은? 제20회 출제

① 노인복지주택 입소자격자는 60세 이상의 노인이다.
② 보건복지부장관은 요양보호사가 거짓으로 자격증을 취득한 경우 그 자격을 취소하여야 한다.
③ 누구든지 노인학대를 알게 된 때에는 노인보호전문기관 또는 수사기관에 신고할 수 있다.
④ 노인일자리전담기관에는 노인인력개발기관, 노인취업알선기관, 노인일자리지원기관이 있다.
⑤ 지방자치단체는 65세 이상의 자에 대하여 건강진단과 보건교육을 실시할 수 있다.

02 노인복지법상 노인복지시설의 종류에 해당하지 않는 것은? 제19회 출제

① 노인주거복지시설 ② 독거노인종합지원센터 ③ 노인보호전문기관
④ 학대피해노인 전용쉼터 ⑤ 노인일자리지원기관

03 아동복지법의 내용으로 옳은 것은? 제20회 출제

① 시장·군수·구청장은 보호조치 중인 보호대상아동의 양육상황을 3년마다 점검하여야 한다.
② 시·군·구에 두는 아동위원은 명예직으로 수당을 지급할 수 없다.
③ 보건복지부장관 소속으로 아동정책조정위원회를 둔다.
④ 아동권리보장원의 장은 아동학대가 종료된 이후에도 아동학대의 재발 여부를 확인하여야 한다.
⑤ 아동복지시설의 장은 보호하고 있는 12세 이상의 아동을 대상으로 자립지원계획을 수립하여야 한다.

04 아동복지법의 내용이다. (   )에 들어갈 내용이 순서대로 옳은 것은? 제18회 출제

> ○ 국무총리 소속으로 (   )를 둔다.
> ○ 시 · 도지사, 시장 · 군수 · 구청장 소속으로 (   )를 각각 둔다.
> ○ 보건복지부장관은 아동정책기본계획을 (   )년마다 수립하여야 한다.
> ○ 보건복지부장관은 아동종합실태를 (   )년마다 조사하여 그 결과를 공표하여야 한다.

① 아동복지심의위원회, 아동정책조정위원회, 3, 5
② 아동정책조정위원회, 아동복지심의위원회, 3, 5
③ 아동복지심의위원회, 아동정책조정위원회, 5, 3
④ 아동정책조정위원회, 아동복지심의위원회, 5, 3
⑤ 아동정책조정위원회, 아동복지심의위원회, 5, 5

정답 1. ② 2. ② 3. ④ 4. ⑤

Chapter 13

사회서비스법 2

1. 장애인복지법

1) 개요

(1) 목적 등

① 목적(제1조)

장애인의 인간다운 삶과 권리보장을 위한 국가와 지방자치단체 등의 책임을 명백히 하고, 장애발생 예방과 장애인의 의료·교육·직업재활·생활환경개선 등에 관한 사업을 정하여 장애인복지대책을 종합적으로 추진하며, 장애인의 자립생활·보호 및 수당지급 등에 관하여 필요한 사항을 정하여 장애인의 생활안정에 기여하는 등 장애인의 복지와 사회활동 참여증진을 통하여 사회통합에 이바지함을 목적으로 한다.

② 기본이념(제3조)

장애인복지의 기본이념은 장애인의 완전한 사회 참여와 평등을 통하여 사회통합을 이루는 데에 있다.

③ 장애인의 권리(제4조)

- 장애인은 인간으로서 존엄과 가치를 존중받으며, 그에 걸맞은 대우를 받는다.
- 장애인은 국가·사회의 구성원으로서 정치·경제·사회·문화, 그 밖의 모든 분야의 활동에 참여할 권리를 가진다.
- 장애인은 장애인 관련 정책결정과정에 우선적으로 참여할 권리가 있다.

(2) 국가·지방자치단체·국민의 책임 등

① 국가와 지방자치단체의 책임(제9조)

국가와 지방자치단체는 장애 발생을 예방하고, 장애의 조기 발견에 대한 국민의 관심을 높이며, 장애인의 자립을 지원하고, 보호가 필요한 장애인을 보호하여 장애인의 복지를 향상시킬 책임을 진다. 국가와 지방자치단체는 여성 장애인의 권익을 보호하기 위하여 정책을 강구하여야 한다.

② 국민의 책임(제10조)

모든 국민은 장애 발생의 예방과 장애의 조기 발견을 위하여 노력하여야 하며, 장애인의 인격을 존중하고 사회통합의 이념에 기초하여 장애인의 복지향상에 협력하여야 한다.

③ 장애인의 날(제14조)

장애인에 대한 국민의 이해를 깊게 하고 장애인의 재활의욕을 높이기 위하여 매년 4월 20일을 장애인의 날로 하며, 장애인의 날부터 1주간을 장애인 주간으로 한다.

(3) 장애인정책종합계획

① 장애인정책종합계획(제10조의2)

보건복지부장관은 장애인의 권익과 복지증진을 위하여 관계 중앙행정기관의 장과 협의하여 5년마다 장애인정책종합계획을 수립·시행하여야 한다. 종합계획에는 다음의 사항이 포함되어야 한다.

1. 장애인의 복지에 관한 사항
2. 장애인의 교육문화에 관한 사항
3. 장애인의 경제활동에 관한 사항
4. 장애인의 사회참여에 관한 사항
5. 장애인의 안전관리에 관한 사항
6. 그 밖에 장애인의 권익과 복지증진을 위하여 필요한 사항

② 국회에 대한 보고(제10조의3)

보건복지부장관은 종합계획을 수립하거나 해당 연도의 사업계획, 전년도 사업계획의 추진실적, 추진성과의 평가를 확정한 때에는 이를 지체 없이 국회 소관 상임위원회에 보고하여야 한다.

(4) 장애인정책 조정위원회와 장애인정책책임관 및 지방장애인복지위원회

① 장애인정책조정위원회(제11조)

장애인 종합정책을 수립하고 관계 부처 간의 의견을 조정하며 그 정책의 이행을 감독·평가하기 위하여 국무총리 소속하에 장애인정책조정위원회를 둔다. 위원회는 다음의 사항을 심의·조정한다.

1. 장애인복지정책의 기본방향에 관한 사항
2. 장애인복지 향상을 위한 제도개선과 예산지원에 관한 사항
3. 중요한 특수교육정책의 조정에 관한 사항
4. 장애인 고용촉진정책의 중요한 조정에 관한 사항
5. 장애인 이동보장 정책조정에 관한 사항
6. 장애인정책 추진과 관련한 재원조달에 관한 사항
7. 장애인복지에 관한 관련 부처의 협조에 관한 사항
8. 그 밖에 장애인복지와 관련하여 대통령령으로 정하는 사항

② 장애인정책책임관의 지정 등(제12조)

중앙행정기관의 장은 해당 기관의 장애인정책을 효율적으로 수립·시행하기 위하여 소속공무원 중에서 장애인정책책임관을 지정할 수 있다.

③ 지방장애인복지위원회(제13조)

장애인복지 관련 사업의 기획·조사·실시 등을 하는 데에 필요한 사항을 심의하기 위하여 지방자치단체에 지방장애인복지위원회를 둔다.

2) 장애인의 종류·등록 등

(1) 장애인의 정의 및 종류

① 장애인의 정의 등(제2조)

장애인이란 신체적·정신적 장애로 오랫동안 일상생활이나 사회생활에서 상당한 제약을 받는 자를 말한다.

② 장애인의 종류

• 지체장애인(肢體障碍人)

-한 팔, 한 다리 또는 몸통의 기능에 영속적인 장애가 있는 사람

-한 손의 엄지손가락을 지골(指骨 : 손가락 뼈) 관절 이상의 부위에서 잃은 사람 또는 한 손의 둘째 손가락을 포함한 두 개 이상의 손가락을 모두 제1지골 관절 이상의 부위에서 잃은 사람

-한 다리를 가로발목뼈관절(lisfranc joint) 이상의 부위에서 잃은 사람

-두 발의 발가락을 모두 잃은 사람

-한 손의 엄지손가락 기능을 잃은 사람 또는 한 손의 둘째 손가락을 포함한 손가락 두 개 이상의 기능을 잃은 사람

-왜소증으로 키가 심하게 작거나 척추에 현저한 변형 또는 기형이 있는 사람

-지체(肢體)에 위 각 목의 어느 하나에 해당하는 장애정도 이상의 장애가 있다고 인정되는 사람

• 뇌병변장애인(腦病變障碍人)

-뇌성마비, 외상성 뇌손상, 뇌졸중(腦卒中) 등 뇌의 기질적 병변으로 인하여 발생한 신체적 장애로 보행이나 일상생활의 동작 등에 상당한 제약을 받는 사람

• 시각장애인(視覺障碍人)

-나쁜 눈의 시력(공인된 시력표에 따라 측정된 교정시력을 말한다)이 0.02 이하인 사람

-좋은 눈의 시력이 0.2 이하인 사람

-두 눈의 시야가 각각 주시점에서 10도 이하로 남은 사람

-두 눈의 시야 2분의 1 이상을 잃은 사람

-두 눈의 중심 시야에서 20도 이내에 겹보임[복시(複視)]이 있는 사람

• 청각장애인(聽覺障碍人)

-두 귀의 청력 손실이 각각 60데시벨(dB) 이상인 사람

-한 귀의 청력 손실이 80데시벨 이상, 다른 귀의 청력 손실이 40데시벨 이상인 사람

-두 귀에 들리는 보통 말소리의 명료도가 50퍼센트 이하인 사람

-평형 기능에 상당한 장애가 있는 사람

• 언어장애인(言語障碍人)

-음성 기능이나 언어 기능에 영속적으로 상당한 장애가 있는 사람

• 지적장애인(知的障碍人)

-정신 발육이 항구적으로 지체되어 지적 능력의 발달이 불충분하거나 불완전하고 자신의 일을 처리하는 것과 사회생활에 적응하는 것이 상당히 곤란한 사람

• 자폐성장애인(自閉性障碍人)

-소아기 자폐증, 비전형적 자폐증에 따른 언어·신체표현·자기조절·사회적응 기능

및 능력의 장애로 인하여 일상생활이나 사회생활에 상당한 제약을 받아 다른 사람의 도움이 필요한 사람

- 정신장애인(精神障碍人)
  -다음의 장애·질환에 따른 감정조절·행동·사고 기능 및 능력의 장애로 일상생활이나 사회생활에 상당한 제약을 받아 다른 사람의 도움이 필요한 사람

1. 지속적인 양극성 정동장애(情動障碍, 여러 현실 상황에서 부적절한 정서 반응을 보이는 장애), 조현병, 조현정동장애(調絃情動障碍) 및 재발성 우울장애
2. 지속적인 치료에도 호전되지 않는 강박장애, 뇌의 신경학적 손상으로 인한 기질성 정신장애, 투렛장애(Tourette's disorder) 및 기면증

- 신장장애인(腎臟障碍人)
  -신장의 기능장애로 인하여 혈액투석이나 복막투석을 지속적으로 받아야 하거나 신장기능의 영속적인 장애로 인하여 일상생활에 상당한 제약을 받는 사람
- 심장장애인(心臟障碍人)
  -심장의 기능부전으로 인한 호흡곤란 등의 장애로 일상생활에 상당한 제약을 받는 사람
- 호흡기장애인(呼吸器障碍人)
  -폐나 기관지 등 호흡기관의 만성적 기능부전으로 인한 호흡기능의 장애로 일상생활에 상당한 제약을 받는 사람
- 간장애인(肝障碍人)
  -간의 만성적 기능부전과 그에 따른 합병증 등으로 인한 간기능의 장애로 일상생활에 상당한 제약을 받는 사람
- 안면장애인(顔面障碍人)
  -안면 부위의 변형이나 기형으로 사회생활에 상당한 제약을 받는 사람
- 장루·요루장애인(腸瘻·尿瘻障碍人)
  -배변기능이나 배뇨기능의 장애로 인하여 장루(腸瘻) 또는 요루(尿瘻)를 시술하여 일상생활에 상당한 제약을 받는 사람
- 뇌전증장애인(腦電症障碍人)
  -뇌전증에 의한 뇌신경세포의 장애로 인하여 일상생활이나 사회생활에 상당한 제약을 받아 다른 사람의 도움이 필요한 사람

(2) 장애인 등록 및 취소

① 실태조사(제31조)

보건복지부장관은 장애인 복지정책의 수립에 필요한 기초 자료로 활용하기 위하여 3년마다 장애실태조사를 실시하여야 한다.

② 장애인 등록(제32조)

장애인, 그 법정대리인 또는 대통령령으로 정하는 보호자(법정대리인 등)는 장애 상태와 그 밖에 보건복지부령이 정하는 사항을 특별자치시장 · 특별자치도지사 · 시장 · 군수 또는 구청장(자치구의 구청장)에게 등록하여야 하며, 특별자치시장 · 특별자치도지사 · 시장 · 군수 · 구청장은 등록을 신청한 장애인이 기준에 맞으면 장애인등록증을 내주어야 한다. 특별자치시장 · 특별자치도지사 · 시장 · 군수 · 구청장은 등록증을 받은 장애인의 장애 상태의 변화에 따른 장애 정도 조정을 위하여 장애 진단을 받게 하는 등 장애인이나 법정대리인 등에게 필요한 조치를 할 수 있다.

③ 재외동포 및 외국인의 장애인 등록(제32조의2)

재외동포 및 외국인 중 다음의 어느 하나에 해당하는 사람은 장애인 등록을 할 수 있다.

1. 재외동포의 출입국과 법적 지위에 관한 법률에 따라 국내거소신고를 한 사람
2. 주민등록법에 따라 재외국민으로 주민등록을 한 사람
3. 출입국관리법에 따라 외국인등록을 한 사람으로서 대한민국에 영주할 수 있는 체류자격을 가진 사람
4. 재한외국인 처우 기본법에 따른 결혼이민자
5. 난민법에 따른 난민인정자

④ 장애인 등록 취소 등(제32조의3)

특별자치시장 · 특별자치도지사 · 시장 · 군수 · 구청장은 등록증을 받은 사람(정당한 사유 없이 보건복지부령으로 정하는 기간 동안 장애 진단 명령 등 필요한 조치를 따르지 아니한 경우에는 법정대리인 등을 포함)이 다음의 어느 하나에 해당하는 경우에는 장애인 등록을 취소하여야 한다.

1. 사망한 경우
2. 장애인의 정의(제2조)에 따른 기준에 맞지 아니하게 된 경우
3. 정당한 사유 없이 보건복지부령으로 정하는 기간 동안 장애 진단 명령 등 필요한 조치를 따르지 아니한 경우
4. 장애인 등록 취소를 신청하는 경우

⑤ 서비스 지원 종합조사(제32조의4)

보건복지부장관 또는 특별자치시장 · 특별자치도지사 · 시장 · 군수 · 구청장은 다음의 서비스 신청에 대하여 서비스의 수급자격, 양 및 내용 등의 결정에 필요한 서비스 지원 종합조사를 실시할 수 있다.

1. 장애인활동 지원에 관한 법률에 따른 활동지원급여 신청
2. 장애인·노인 등을 위한 보조기기 지원 및 활용촉진에 관한 법률에 따른 장애인 보조기기 교부 신청
3. 장애인 거주시설 이용 신청
4. 그 밖에 대통령령으로 정하는 서비스의 신청

⑥ 복지서비스에 관한 장애인 지원 사업(제32조의6)

국가와 지방자치단체는 등록한 장애인에게 필요한 복지서비스가 적시에 제공될 수 있도록 다음의 장애인 지원 사업을 실시한다.

1. 복지서비스에 관한 상담 및 정보 제공
2. 장애인학대 등 안전문제 또는 생계곤란 등 위기상황에 놓여 있을 가능성이 높은 장애인에 대한 방문 상담
3. 복지서비스 신청의 대행
4. 장애인 개인별로 필요한 욕구의 조사 및 복지서비스 제공 계획의 수립 지원
5. 장애인과 복지서비스 제공 기관·법인·단체·시설과의 연계
6. 복지서비스 등 복지자원의 발굴 및 데이터베이스 구축
7. 그 밖에 복지서비스의 제공에 필요한 사업

⑦ 민관협력을 통한 사례관리(제32조의7)

특별자치시장 · 특별자치도지사 · 시장 · 군수 · 구청장은 복지서비스가 필요한 장애인을 발굴하고 공공 및 민간의 복지서비스를 연계 · 제공하기 위하여 민관협력을 통한 사례관리를 실시할 수 있다.

3) 기본정책의 강구 및 시설 등

(1) 기본정책의 강구

① 장애발생 예방(제17조)

국가와 지방자치단체는 장애의 발생 원인과 예방에 관한 조사 연구를 촉진하여야 하며,

모자보건사업의 강화, 장애의 원인이 되는 질병의 조기 발견과 조기 치료, 그 밖에 필요한 정책을 강구하여야 한다. 국가와 지방자치단체는 교통사고 · 산업재해 · 약물중독 및 환경오염 등에 의한 장애발생을 예방하기 위하여 필요한 조치를 강구하여야 한다.

② **의료와 재활치료**(제18조)

국가와 지방자치단체는 장애인이 생활기능을 익히거나 되찾을 수 있도록 필요한 기능치료와 심리치료 등 재활의료를 제공하고 장애인의 장애를 보완할 수 있는 장애인보조기구를 제공하는 등 필요한 정책을 강구하여야 한다.

③ **사회적응 훈련**(제19조)

국가와 지방자치단체는 장애인이 재활치료를 마치고 일상생활이나 사회생활을 원활히 할 수 있도록 사회적응 훈련을 실시하여야 한다.

④ **교육**(제20조)

국가와 지방자치단체는 사회통합의 이념에 따라 장애인이 연령 · 능력 · 장애의 종류 및 정도에 따라 충분히 교육받을 수 있도록 교육 내용과 방법을 개선하는 등 필요한 정책을 강구하여야 한다. 국가와 지방자치단체는 장애인의 교육에 관한 조사 · 연구를 촉진하고, 장애인에게 전문 진로교육을 실시하는 제도를 강구하여야 한다.

⑤ **직업**(제21조)

국가와 지방자치단체는 장애인이 적성과 능력에 맞는 직업에 종사할 수 있도록 직업 지도, 직업능력 평가, 직업 적응훈련, 직업훈련, 취업 알선, 고용 및 취업 후 지도 등 필요한 정책을 강구하여야 한다.

⑥ **정보에의 접근**(제22조)

국가와 지방자치단체는 장애인이 정보에 원활하게 접근하고 자신의 의사를 표시할 수 있도록 전기통신 · 방송시설 등을 개선하기 위하여 노력하여야 한다.

⑦ **편의시설**(제23조)

국가와 지방자치단체는 장애인이 공공시설과 교통수단 등을 안전하고 편리하게 이용할 수 있도록 편의시설의 설치와 운영에 필요한 정책을 강구하여야 한다.

⑧ **안전대책 강구**(제24조)

국가와 지방자치단체는 추락사고 등 장애로 인하여 일어날 수 있는 안전사고와 비상재해 등에 대비하여 시각·청각 장애인과 이동이 불편한 장애인을 위하여 피난용 통로를 확보하고, 점자·음성·문자 안내판을 설치하며, 긴급 통보체계를 마련하는 등 장애인의 특성을 배려한 안전대책 등 필요한 조치를 강구하여야 한다.

⑨ 사회적 인식개선 등(제25조)

국가와 지방자치단체는 학생, 공무원, 근로자, 그 밖의 일반국민 등을 대상으로 장애인에 대한 인식개선을 위한 교육 및 공익광고 등 홍보사업을 실시하여야 한다. 국가기관 및 지방자치단체의 장, 영유아보육법에 따른 어린이집, 유아교육법·초·중등교육법·고등교육법에 따른 각급 학교의 장, 그 밖에 대통령령으로 정하는 교육기관 및 공공단체(국가기관 등)의 장은 매년 소속 직원·학생을 대상으로 장애인에 대한 인식개선을 위한 교육(인식개선교육)을 실시하고, 그 결과를 보건복지부장관에게 제출하여야 한다.

⑩ 선거권 행사를 위한 편의 제공(제26조)

국가와 지방자치단체는 장애인이 선거권을 행사하는 데에 불편함이 없도록 편의시설·설비를 설치하고, 선거권 행사에 관하여 홍보하며, 선거용 보조기구를 개발·보급하는 등 필요한 조치를 강구하여야 한다.

⑪ 주택 보급(제27조)

국가와 지방자치단체는 공공주택 등 주택을 건설할 경우에는 장애인에게 장애 정도를 고려하여 우선 분양 또는 임대할 수 있도록 노력하여야 한다. 국가와 지방자치단체는 주택의 구입자금·임차자금 또는 개·보수비용의 지원 등 장애인의 일상생활에 적합한 주택의 보급·개선에 필요한 시책을 강구하여야 한다.

⑫ 문화환경 정비 등(제28조)

국가와 지방자치단체는 장애인의 문화생활, 체육활동 및 관광활동에 대한 장애인의 접근을 보장하기 위하여 관련 시설 및 설비, 그 밖의 환경을 정비하고 문화생활, 체육활동 및 관광활동 등을 지원하도록 노력하여야 한다.

⑬ 한국장애인개발원의 설립 등(제29조의2)

장애인 관련 조사·연구 및 정책개발·복지진흥 등을 위하여 한국장애인개발원을 설립한다. 개발원은 법인으로 하고. 다음의 사업을 수행한다.

> 1. 장애인복지에 관한 정보의 수집·분석·관리, 조사·연구·정책개발 및 국제개발 등의 국제협력 사업
> 2. 장애인에 대한 사회적 인식개선 등 장애인복지 관련 교육, 홍보, 컨설팅
> 3. 중증장애인 직업재활지원 및 재정지원 장애인일자리 개발·지원
> 4. 중증장애인생산품에 대한 공공기관의 우선구매 촉진 지원
> 5. 편의시설 설치 기술지원, 장애물 없는 생활환경 조성 등 장애인 편의증진 사업 지원
> 6. 장애인 재난안전 대응 지침 개발·보급 등 장애인 안전대책 강화를 위한 사업
> 7. 그 밖에 장애인복지와 관련하여 국가 또는 지방자치단체로부터 위탁받은 사업
> 8. 국가와 지방자치단체는 개발원의 운영 및 사업에 필요한 비용을 보조할 수 있다.

⑭ 경제적 부담의 경감(제30조)

국가와 지방자치단체, 공공기관의 운영에 관한 법률에 따른 공공기관, 지방공기업법에 따른 지방공사 또는 지방공단은 장애인과 장애인을 부양하는 자의 경제적 부담을 줄이고 장애인의 자립을 촉진하기 위하여 세제상의 조치, 공공시설 이용료 감면, 그 밖에 필요한 정책을 강구하여야 한다.

⑮ 장애인 가족 지원(제30조의2)

국가와 지방자치단체는 장애인 가족의 삶의 질 향상 및 안정적인 가정생활 영위를 위하여 다음의 필요한 시책을 수립·시행하여야 한다.

> 1. 장애인 가족에 대한 인식개선 사업
> 2. 장애인 가족 돌봄 지원
> 3. 장애인 가족 휴식 지원
> 4. 장애인 가족 사례관리 지원
> 5. 장애인 가족 역량강화 지원
> 6. 장애인 가족 상담 지원
> 7. 그 밖에 보건복지부장관이 장애인 가족을 위하여 필요하다고 인정하는 지원

(2) 상담서비스

① 장애인복지상담원(제33조)

장애인 복지 향상을 위한 상담 및 지원 업무를 맡기기 위하여 시·군·구(자치구)에 장애인복지상담원을 둔다. 장애인복지상담원은 그 업무를 할 때 개인의 인격을 존중하여야 하고, 장애인복지상담원의 임용(시행령 제21조)은 다음과 같다.

> 1. 사회복지사업법에 따른 사회복지사 자격증의 소지자
> 2. 초·중등교육법에 따른 특수학교의 교사자격증 소지자
> 3. 장애인복지 관련 직무 분야에서 근무한 경력이 3년 이상인 사람으로서 해당 지방자치단체의 규칙으로 정하는 임용예정 계급에 상당하는 경력기준에 상응하는 사람
> 4. 임용예정 직급과 같은 직급에서 공무원으로 2년 이상 근무한 사람

② 재활상담 등의 조치(제34조)

보건복지부장관, 특별시장·광역시장·특별자치시장·도지사·특별자치도지사 또는 시장·군수·구청장(장애인복지실시기관)은 장애인에 대한 검진 및 재활상담을 하고, 필요하다고 인정되면 다음의 조치를 하여야 한다.

> 1. 국·공립병원, 보건소, 보건지소, 그 밖의 의료기관에 의뢰하여 의료와 보건지도를 받게 하는 것
> 2. 국가 또는 지방자치단체가 설치한 장애인복지시설에서 주거편의·상담·치료·훈련 등의 필요한 서비스를 받도록 하는 것
> 3. 장애인복지시설에 위탁하여 그 시설에서 주거편의·상담·치료·훈련 등의 필요한 서비스를 받도록 하는 것
> 4. 공공직업능력개발훈련시설이나 사업장 내 직업훈련시설에서 하는 직업훈련 또는 취업알선을 필요로 하는 자를 관련 시설이나 직업안정업무기관에 소개하는 것

(3) 사회경제적 재활

① 산후조리도우미 지원 등(제37조)

국가 및 지방자치단체는 임산부인 여성장애인과 신생아의 건강관리를 위하여 경제적 부담능력 등을 고려하여 여성장애인의 가정을 방문하여 산전·산후 조리를 돕는 도우미(산후조리도우미)를 지원할 수 있다.

② 자녀교육비 지급(제38조)

장애인복지실시기관은 경제적 부담능력 등을 고려하여 장애인이 부양하는 자녀 또는 장애인인 자녀의 교육비를 지급할 수 있다.

③ 자금 대여 등(제41조)

국가와 지방자치단체는 장애인이 사업을 시작하거나 필요한 지식과 기능을 익히는 것 등을 지원하기 위하여 대통령령으로 정하는 바에 따라 자금을 대여할 수 있다.

④ 생업 지원(제42조)

국가와 지방자치단체, 그 밖의 공공단체는 소관 공공시설 안에 식료품 · 사무용품 · 신문 등 일상생활용품을 판매하는 매점이나 자동판매기의 설치를 허가하거나 위탁할 때에는 장애인이 신청하면 우선적으로 반영하도록 노력하여야 한다.

⑤ 자립훈련비 지급(제43조)

장애인복지실시기관은 장애인복지시설에서 주거편의 · 상담 · 치료 · 훈련 등을 받도록 하거나 위탁한 장애인에 대하여 그 시설에서 훈련을 효과적으로 받는 데 필요하다고 인정되면 자립훈련비를 지급할 수 있으며, 특별한 사정이 있으면 훈련비 지급을 대신하여 물건을 지급할 수 있다.

⑥ 생산품 구매(제44조)

국가, 지방자치단체 및 그 밖의 공공단체는 장애인복지시설과 장애인복지단체에서 생산한 물품의 우선 구매에 필요한 조치를 마련하여야 한다.

⑦ 고용 촉진(제46조)과 장애인 응시자에 대한 편의제공(제46조의2)

국가와 지방자치단체는 직접 경영하는 사업에 능력과 적성이 맞는 장애인을 고용하도록 노력하여야 하며, 장애인에게 적합한 사업을 경영하는 자에게 장애인의 능력과 적성에 따라 장애인을 고용하도록 권유할 수 있다.

⑧ 공공시설의 우선 이용(제47조)

국가와 지방자치단체, 그 밖의 공공단체는 장애인의 자립을 지원하는 데에 필요하다고 인정되면 그 공공시설의 일부를 장애인이 우선 이용하게 할 수 있다.

⑨ 국유 · 공유 재산의 우선매각이나 유상 · 무상 대여(제48조)

국가와 지방자치단체는 이 법에 따른 장애인복지시설을 설치하거나 장애인복지단체가 장애인복지사업과 관련한 시설을 설치하는 데에 필요할 경우 국유재산법 또는 공유재산 및 물품 관리법에도 불구하고 국유재산 또는 공유재산을 우선 매각할 수 있고 유상 또는 무상으로 대부하거나 사용 · 수익하게 할 수 있다.

⑩ 장애수당(제49조)

국가와 지방자치단체는 장애인의 장애 정도와 경제적 수준을 고려하여 장애로 인한 추가적 비용을 보전(補塡)하게 하기 위하여 장애수당을 지급할 수 있다. 다만, 국민기초생활보장법에 따른 생계급여 또는 의료급여를 받는 장애인에게는 장애수당을 반드시 지급하여야 한다. 장애인연금법에 따른 중증장애인에게는 장애수당을 지급하지 아니한다(중증장애인은 장애인연금법에 따라 장애인연금 수급권자가 된다).

⑪ 장애아동수당과 보호수당(제50조)

국가와 지방자치단체는 장애아동에게 보호자의 경제적 생활수준 및 장애아동의 장애 정도를 고려하여 장애로 인한 추가적 비용을 보전(補塡)하게 하기 위하여 장애아동수당을 지급할 수 있다.

⑫ 자녀교육비 및 장애수당 등의 지급 신청(제50조의2)

자녀교육비 및 장애수당, 장애아동수당 및 보호수당(장애수당 등)을 지급받으려는 사람은 보건복지부령으로 정하는 바에 따라 특별자치시장 · 특별자치도지사 · 시장 · 군수 · 구청장에게 자녀교육비 및 장애수당 등의 지급을 신청할 수 있다.

(4) 자립생활지원

① 자립생활지원(제53조)

국가와 지방자치단체는 장애인의 자기결정에 의한 자립생활을 위하여 활동지원사의 파견 등 활동보조서비스 또는 장애인보조기구의 제공, 그 밖의 각종 편의 및 정보제공 등 필요한 시책을 강구하여야 한다.

② 장애인자립생활지원센터(제54조)

국가와 지방자치단체는 장애인의 자립생활을 실현하기 위하여 장애인자립생활지원센터를 통하여 필요한 각종 지원서비스를 제공한다.

③ 활동지원급여의 지원(제55조)

국가와 지방자치단체는 장애인이 일상생활 또는 사회생활을 원활히 할 수 있도록 활동지원급여를 지원할 수 있다. 국가 및 지방자치단체는 임신 등으로 인하여 이동이 불편한 여성장애인에게 임신 및 출산과 관련한 진료 등을 위하여 경제적 부담능력 등을 고려하여 활동지원사의 파견 등 활동보조서비스를 지원할 수 있다.

④ 장애동료 간 상담(제56조)

국가와 지방자치단체는 장애인이 장애를 극복하는 데 도움이 되도록 장애동료 간 상호대화나 상담의 기회를 제공하도록 노력하여야 한다.

(5) 장애인복지시설과 단체

① 장애인복지시설의 이용 등(제57조)

국가와 지방자치단체는 장애인이 장애인복지시설의 이용을 통하여 기능회복과 사회적 향상을 도모할 수 있도록 필요한 정책을 강구하여야 한다.

② 장애인복지시설(제58조)

- 장애인 거주시설: 거주공간을 활용하여 일반가정에서 생활하기 어려운 장애인에게 일정 기간 동안 거주·요양·지원 등의 서비스를 제공하는 동시에 지역사회생활을 지원하는 시설
- 장애인 지역사회재활시설: 장애인을 전문적으로 상담·치료·훈련하거나 장애인의 일상생활, 여가활동 및 사회참여활동 등을 지원하는 시설
- 장애인 직업재활시설: 일반 작업환경에서는 일하기 어려운 장애인이 특별히 준비된 작업환경에서 직업훈련을 받거나 직업 생활을 할 수 있도록 하는 시설(직업훈련 및 직업 생활을 위하여 필요한 제조·가공 시설, 공장 및 영업장 등 부속용도의 시설로서 보건복지부령으로 정하는 시설을 포함)
- 장애인 의료재활시설: 장애인을 입원 또는 통원하게 하여 상담, 진단·판정, 치료 등 의료재활서비스를 제공하는 시설
- 그 밖에 대통령령으로 정하는 시설(시행령 제36조): 장애인 생산품판매시설, 장애인 쉼터

③ 장애인복지시설 설치(제59조)

- 국가와 지방자치단체는 장애인복지시설을 설치할 수 있다.
- 규정된 자 외의 자가 장애인복지시설을 설치·운영하려면 해당 시설 소재지 관할 시장·군수·구청장에게 신고하여야 하며, 신고한 사항 중 보건복지부령으로 정하는 중요한 사항을 변경할 때에도 신고하여야 한다. 다만, 폐쇄 명령을 받고 1년이 지나지 아니한 자는 시설의 설치·운영 신고를 할 수 없다.
- 시장·군수·구청장은 신고 또는 변경신고를 받은 경우 그 내용을 검토하여 이 법에 적합하면 신고 또는 변경신고를 수리하여야 한다.
- 장애인 거주시설의 정원은 30명을 초과할 수 없다. 다만, 특수한 서비스를 위하여 일정 규모 이상이 필요한 시설 등 대통령령으로 정하는 경우에는 그러하지 아니하다.

• 의료재활시설의 설치는 의료법에 따른다.

(6) 비용의 부담(제79조)

자녀교육비의 지급, 자립훈련비의 지급, 장애수당, 장애아동수당 및 보호수당 및 활동지원급여에 따른 조치와 장애인복지시설의 설치·운영에 드는 비용은 예산의 범위 안에서 대통령령으로 정하는 바에 따라 장애인복지실시기관이 부담하게 할 수 있다.

(7) 장애인관련기관에의 취업제한(제59조의3)

법원은 장애인학대관련범죄나 성범죄(성폭력범죄의 처벌 등에 관한 특례법에 따른 성폭력범죄 또는 아동·청소년의 성보호에 관한 법률에 따른 아동·청소년대상 성범죄)로 형 또는 치료감호를 선고하는 경우에는 판결(약식명령을 포함)로 그 형 또는 치료감호의 전부 또는 일부의 집행을 종료하거나 집행이 유예·면제된 날(벌금형을 선고받은 경우에는 그 형이 확정된 날)부터 일정기간(취업제한기간) 동안 다음에 따른 시설 또는 기관(장애인관련기관)을 운영하거나 장애인관련기관에 취업 또는 사실상 노무를 제공할 수 없도록 하는 명령(취업제한명령)을 장애인학대관련범죄나 성범죄(장애인학대관련범죄 등) 사건의 판결과 동시에 선고(약식명령의 경우에는 고지)하여야 한다. 다만, 재범의 위험성이 현저히 낮은 경우, 그 밖에 취업을 제한하여서는 아니 되는 특별한 사정이 있다고 판단하는 경우에는 그러하지 아니한다.

취업제한기간은 10년을 초과하지 못한다.

1. 장애인자립생활지원센터, 장애인복지시설 및 장애인권익옹호기관
2. 노인복지법의 노인복지시설
3. 노인장기요양보험법에 따른 장기요양기관
4. 발달장애인 권리보장 및 지원에 관한 법률의 발달장애인지원센터
5. 아동복지법에 따른 취약계층 아동 통합서비스 수행기관 및 아동복지시설
6. 의료법의 의료기관(의료인, 간호조무사 및 의료기사 등에 관한 법률의 의료기사로 한정)
7. 장애아동 복지지원법의 발달재활서비스 제공기관 및 장애영유아를 위한 어린이집
8. 장애인활동 지원에 관한 법률의 활동지원기관
9. 정신건강증진 및 정신질환자 복지서비스 지원에 관한 법률의 정신건강복지센터 및 정신건강증진시설
10. 장애인 등에 대한 특수교육법의 특수교육기관 및 특수교육지원센터

(8) 장애인 학대

① 학대의 정의(제2조)

장애인학대란 장애인에 대하여 신체적 · 정신적 · 정서적 · 언어적 · 성적 폭력이나 가혹행위, 경제적 착취, 유기 또는 방임을 하는 것을 말한다.

② 장애인학대 및 장애인 대상 성범죄 신고의무와 절차(제59조의4)

누구든지 장애인학대 및 장애인 대상 성범죄를 알게 된 때에는 중앙장애인권익옹호기관 또는 지역장애인권익옹호기관(장애인권익옹호기관)이나 수사기관에 신고할 수 있다. 다음의 어느 하나에 해당하는 사람은 그 직무상 장애인학대 및 장애인 대상 성범죄를 알게 된 경우에는 지체 없이 장애인권익옹호기관 또는 수사기관에 신고하여야 한다.

1. 사회보장급여의 이용 · 제공 및 수급권자 발굴에 관한 법률에 따른 사회복지전담공무원 및 사회복지사업법에 따른 사회복지시설의 장과 그 종사자(사회복지시설에서 복무하는 병역법에 따른 사회복무요원을 포함)
2. 서비스 지원 종합조사를 하는 자와 장애인활동 지원에 관한 법률에 따른 활동지원인력 및 활동지원기관의 장과 그 종사자
3. 의료법의 의료인 및 의료기관의 장
4. 의료기사 등에 관한 법률의 의료기사
5. 응급의료에 관한 법률의 응급구조사
6. 119구조 · 구급에 관한 법률에 따른 119구급대의 대원
7. 정신건강증진 및 정신질환자 복지서비스 지원에 관한 법률에 따른 정신건강복지센터, 정신의료기관, 정신요양시설 및 정신재활시설의 장과 그 종사자
8. 영유아보육법에 따른 어린이집의 원장 등 보육교직원
9. 유아교육법에 따른 교직원 및 강사 등
10. 초 · 중등교육법에 따른 학교의 장과 그 종사자
11. 학원의 설립 · 운영 및 과외교습에 관한 법률에 따른 학원의 운영자 · 강사 · 직원 및 교습소의 교습자 · 직원
12. 성폭력방지 및 피해자보호 등에 관한 법률에 따른 성폭력피해상담소, 성폭력피해자보호시설 및 성폭력피해자통합지원센터의 장과 그 종사자
13. 성매매방지 및 피해자보호 등에 관한 법률에 따른 지원시설의 장과 그 종사자 및 성매매피해상담소의 장과 그 종사자
14. 가정폭력방지 및 피해자보호 등에 관한 법률에 따른 가정폭력 관련 상담소의 장과 그 종사자 및 가정폭력피해자 보호시설의 장과 그 종사자
15. 건강가정기본법에 따른 건강가정지원센터의 장과 그 종사자
16. 다문화가족지원법에 따른 다문화가족지원센터의 장과 그 종사자
17. 아동복지법에 따른 아동권리보장원 및 아동복지법에 따른 가정위탁지원센터의 장과 그 종사자
18. 한부모가족지원법조의 한부모가족복지시설의 장과 그 종사자

19. 청소년 기본법의 청소년시설의 장과 그 종사자 및 청소년단체의 장과 그 종사자
20. 청소년 보호법에 따른 청소년 보호·재활센터의 장과 그 종사자
21. 노인장기요양보험법의 장기요양요원 및 장기요양인정 신청의 조사를 하는 자
22. 평생교육법에 따른 장애인평생교육시설의 장과 그 종사자

③ 불이익조치의 금지(제59조의5)

누구든지 장애인학대 및 장애인 대상 성범죄 신고인에게 장애인학대범죄 신고 등을 이유로 다음의 불이익조치를 하여서는 아니 된다.

1. 파면, 해임, 해고, 그 밖에 이에 준하는 신분상실의 조치
2. 징계, 정직, 감봉, 강등, 승진 제한, 그 밖에 이에 준하는 부당한 인사조치
3. 전보, 전근, 직무 미부여, 직무 재배치, 그 밖에 이에 준하는 인사조치
4. 성과평가 또는 동료평가 등을 통한 임금, 상여금 등의 차별적 지급
5. 교육·훈련 등 자기계발 기회의 박탈 및 예산·인력 등에 대한 업무상 제한, 그 밖에 이에 준하는 근무 조건의 차별적 조치
6. 요주의 대상자 명단의 작성·공개, 집단 따돌림 및 폭행·폭언, 그 밖에 이에 준하는 정신적·신체적 위해 행위
7. 직무에 대한 부당한 감사, 조사 및 그 결과의 공표

④ 응급조치의무 등(제59조의7)

장애인학대 신고를 접수한 장애인권익옹호기관의 직원이나 사법경찰관리는 지체 없이 장애인학대현장에 출동하여야 한다. 이 경우 장애인권익옹호기관의 장이나 수사기관의 장은 서로 동행하여 줄 것을 요청할 수 있으며, 그 요청을 받은 장애인권익옹호기관의 장이나 수사기관의 장은 정당한 사유가 없으면 소속 직원이나 사법경찰관리가 현장에 동행하도록 하여야 한다.

⑤ 보조인의 선임 등(제59조의8)

학대받은 장애인의 법정대리인, 직계친족, 형제자매, 장애인권익옹호기관의 상담원 또는 변호사는 장애인학대사건의 심리에 있어서 보조인이 될 수 있다. 다만, 변호사가 아닌 경우에는 법원의 허가를 받아야 한다.

⑥ 금지행위(제59조의9)

- 장애인에게 성적 수치심을 주는 성희롱·성폭력 등의 행위
- 장애인의 신체에 폭행을 가하거나 상해를 입히는 행위

- 장애인을 폭행, 협박, 감금, 그 밖에 정신상 또는 신체상의 자유를 부당하게 구속하는 수단으로써 장애인의 자유의사에 어긋나는 노동을 강요하는 행위
- 자신의 보호·감독을 받는 장애인을 유기하거나 의식주를 포함한 기본적 보호 및 치료를 소홀히 하는 방임행위
- 장애인에게 구걸을 하게 하거나 장애인을 이용하여 구걸하는 행위
- 장애인을 체포 또는 감금하는 행위
- 장애인의 정신건강 및 발달에 해를 끼치는 정서적 학대행위
- 장애인을 위하여 증여 또는 급여된 금품을 그 목적 외의 용도에 사용하는 행위
- 공중의 오락 또는 흥행을 목적으로 장애인의 건강 또는 안전에 유해한 곡예를 시키는 행위

⑦ 장애인학대의 예방과 방지 의무(제59조의10)

- 장애인학대의 예방과 방지를 위한 각종 정책의 수립 및 시행
- 장애인학대의 예방과 방지를 위한 연구·교육·홍보와 장애인학대 현황 조사
- 장애인학대에 관한 신고체계의 구축·운영
- 장애인학대로 인하여 피해를 입은 장애인(피해장애인)의 보호 및 치료와 피해장애인의 가정에 대한 지원
- 장애인학대 예방 관계 기관·법인·단체·시설 등에 대한 지원
- 그 밖에 대통령령으로 정하는 장애인학대의 예방과 방지를 위한 사항

⑧ 장애인권익옹호기관의 설치 등(제59조의11)

국가는 지역 간의 연계체계를 구축하고 장애인학대를 예방하기 위하여 다음의 업무를 담당하는 중앙장애인권익옹호기관을 설치·운영하여야 한다.

1. 지역장애인권익옹호기관에 대한 지원
2. 장애인학대 예방 관련 연구 및 실태조사
3. 장애인학대 예방 관련 프로그램의 개발·보급
4. 장애인학대 예방 관련 교육 및 홍보
5. 장애인학대 예방 관련 전문인력의 양성 및 능력개발
6. 관계 기관·법인·단체·시설 간 협력체계의 구축 및 교류
7. 장애인학대 신고접수와 그 밖에 보건복지부령으로 정하는 장애인학대 예방과 관련된 업무

⑨ 사후관리 등(제59조의12)

장애인권익옹호기관의 장은 장애인학대가 종료된 후에도 가정방문, 시설방문, 전화상담

등을 통하여 장애인학대의 재발 여부를 확인하여야 한다.

⑩ 피해장애인 쉼터 등(제59조의13)

특별시장·광역시장·특별자치시장·도지사·특별자치도지사는 피해장애인의 임시 보호 및 사회복귀 지원을 위하여 장애인 쉼터를 설치·운영할 수 있다.

(9) 시설의 개선, 사업의 정지, 폐쇄 등(제62조)

장애인복지실시기관은 장애인복지시설이 다음의 어느 하나에 해당하는 때에는 그 시설의 개선, 사업의 정지, 시설의 장의 교체를 명하거나 해당 시설의 폐쇄를 명할 수 있다.

1. 시설기준에 미치지 못한 때
2. 정당한 사유 없이 제61조에 따른 보고를 하지 아니하거나 거짓으로 보고한 때 또는 조사·검사 및 질문을 거부·방해하거나 기피한 때
3. 사회복지법인이나 비영리법인이 설치·운영하는 시설인 경우 그 사회복지법인이나 비영리법인의 설립 허가가 취소된 때
4. 시설의 회계 부정이나 시설이용자에 대한 인권침해 등 불법행위, 그 밖의 부당행위 등이 발견된 때
5. 설치 목적을 이루었거나 그 밖의 사유로 계속하여 운영할 필요가 없다고 인정되는 때
6. 이 법 또는 이 법에 따른 명령이나 처분을 위반한 경우

(10) 단체의 보호·육성

① 단체의 보호·육성(제63조)

국가와 지방자치단체는 장애인의 복지를 향상하고 자립을 돕기 위하여 장애인복지단체를 보호·육성하도록 노력하여야 한다. 국가와 지방자치단체는 예산의 범위 안에서 따른 단체의 사업·활동 또는 운영이나 그 시설에 필요한 경비의 전부 또는 일부를 보조할 수 있다.

② 장애인복지단체협의회(제64조)

장애인복지단체의 활동을 지원하고 장애인의 복지를 향상하기 위하여 장애인복지단체협의회를 설립할 수 있다. 협의회는 사회복지사업법에 따른 사회복지법인으로 하며 협의회의 조직과 운영 등에 관하여 필요한 사항은 정관으로 정한다.

(11) 장애인보조기구 및 장애인복지 전문인력

① 장애인보조기구(제65조)

장애인보조기구란 장애인이 장애의 예방·보완과 기능 향상을 위하여 사용하는 의지(義肢)·보조기 및 그 밖에 보건복지부장관이 정하는 보장구와 일상생활의 편의 증진을 위하여 사용하는 생활용품을 말한다.

② 장애인복지 전문인력 양성 등(제71조)

국가와 지방자치단체 그 밖의 공공단체는 의지·보조기 기사, 언어재활사, 장애인재활상담사, 한국수어 통역사, 점역(點譯)·교정사 등 장애인복지 전문인력, 그 밖에 장애인복지에 관한 업무에 종사하는 자를 양성·훈련하는 데에 노력해야 한다.

4) 수급자의 권리보호

(1) 권리보호

① 압류 금지(제82조)

- 장애인에게 지급되는 금품은 압류하지 못한다.
- 장애인복지급여수급계좌의 예금에 관한 채권은 압류할 수 없다.

② 이의신청(제84조)

장애인이나 법정대리인 등은 이 법에 따른 복지조치에 이의가 있으면 해당 장애인복지실시기관에 이의신청을 할 수 있다. 이의신청은 복지조치가 있음을 안 날부터 90일 이내에 문서로 하여야 한다. 다만, 정당한 사유로 인하여 그 기간 이내에 이의신청을 할 수 없었음을 증명한 때에는 그 사유가 소멸한 날부터 60일 이내에 이의신청을 할 수 있다. 장애인복지실시기관은 이의신청을 받은 때에는 30일 이내에 심사·결정하여 신청인에게 통보하여야 한다. 심사·결정에 이의가 있는 자는 행정심판법에 따라 행정심판을 제기할 수 있다.

③ 비밀 누설 등의 금지(제85조의2)

보건복지부 및 특별자치시·특별자치도·시·군·구 소속 공무원과 소속 공무원이었던 사람, 정밀심사 의뢰기관의 종사자와 종사자였던 사람, 수탁기관의 종사자와 종사자였던 사람은 업무 수행 중 알게 된 정보 또는 비밀 등을 이 법에서 정한 목적 외에 다른 용도로 사용하거나 다른 사람 또는 기관에 제공·누설하여서는 아니 된다.

(2) 벌칙 등(제86조)

① 10년 이하의 징역 또는 1억원 이하의 벌금

- 장애인에게 성적 수치심을 주는 성희롱·성폭력 등의 행위를 한 사람

② 7년 이하의 징역 또는 7천만원 이하의 벌금

- 장애인의 신체에 상해를 입히는 행위를 한 사람
- 장애인을 폭행, 협박, 감금, 그 밖에 정신상 또는 신체상의 자유를 부당하게 구속하는 수단으로써 장애인의 자유의사에 어긋나는 노동을 강요하는 행위를 한 사람

③ 5년 이하의 징역 또는 5천만원 이하의 벌금

- 금융정보 등을 이 법에서 정한 목적 외의 용도로 사용하거나 다른 사람 또는 기관에 제공 또는 누설한 사람
- 업무를 수행 중인 장애인권익옹호기관의 직원에 대하여 폭행 또는 협박하거나 위계 또는 위력으로써 그 업무를 방해한 사람
- 장애인의 신체에 폭행을 가하거나 상해를 입히는 행위를 한 사람
- 자신의 보호·감독을 받는 장애인을 유기하거나 의식주를 포함한 기본적 보호 및 치료를 소홀히 하는 방임행위를 한 사람
- 장애인에게 구걸을 하게 하거나 장애인을 이용하여 구걸하는 행위를 한 사람
- 장애인을 체포 또는 감금하는 행위를 한 사람
- 장애인의 정신건강 및 발달에 해를 끼치는 정서적 학대행위를 한 사람

(3) 과태료(제90조)

① 1천만원 이하의 과태료

- 취업제한 명령을 위반하여 취업하거나 사실상 노무를 제공하는 사람이 있으면 해당 장애인관련기관 운영자에게 해임을 요구해야 하는데, 이에 따른 해임요구를 정당한 사유 없이 거부하거나 1개월 이내에 이행하지 아니한 자
- 장애인학대현장에 출동한 자는 학대받는 장애인을 학대행위자로부터 분리하거나 치료가 필요하다고 인정할 때에는 즉시 피해장애인을 기관 또는 시설에 인도해야 하는데, 이를 위반하여 정당한 사유 없이 학대받은 장애인의 인수를 거부한 자

② 500만원 이하의 과태료

- 장애인관련기관의 운영자가 취업자 등에 대하여 장애인학대관련죄 등 경력을 확인하지 아니한 경우

2. 한부모가족지원법

1) 개요

(1) 목적 및 국가 등의 책임

① 목적(제1조)

한부모가족이 안정적인 가족 기능을 유지하고 자립할 수 있도록 지원함으로써 한부모가족의 생활 안정과 복지 증진에 이바지함을 목적으로 한다.

② 국가 등의 책임(제2조)

- 국가와 지방자치단체는 한부모가족의 복지를 증진할 책임을 진다.
- 국가와 지방자치단체는 한부모가족의 권익과 자립을 지원하기 위한 여건을 조성하고 이를 위한 시책을 수립 · 시행하여야 한다.
- 국가와 지방자치단체는 한부모가족에 대한 사회적 편견과 차별을 예방하고, 사회구성원이 한부모가족을 이해하고 존중할 수 있도록 교육 및 홍보 등 필요한 조치를 하여야 한다.
- 교육부장관과 특별시 · 광역시 · 특별자치시 · 도 · 특별자치도의 교육감은 유아교육법의 유치원, 초 · 중등교육법 및 고등교육법의 학교에서 한부모가족에 대한 이해를 돕는 교육을 실시하기 위한 시책을 수립 · 시행하여야 한다.
- 국가와 지방자치단체는 청소년 한부모가족의 자립을 위하여 노력하여야 한다.
- 모든 국민은 한부모가족의 복지 증진에 협력하여야 한다.

③ 한부모가족의 권리와 책임(제3조)

- 한부모가족의 모(母) 또는 부(父)는 임신과 출산 및 양육을 사유로 합리적인 이유 없이 교육 · 고용 등에서 차별을 받지 아니한다.
- 한부모가족의 모 또는 부와 아동은 한부모가족 관련 정책결정과정에 참여할 권리가 있다.

• 한부모가족의 모 또는 부와 아동은 그가 가지고 있는 자산과 노동능력 등을 최대한으로 활용하여 자립과 생활 향상을 위하여 노력하여야 한다.

(2) 용어의 정의(제4조)

• 모 또는 부: 다음의 어느 하나에 해당하는 자로서 아동인 자녀를 양육하는 자를 말한다.

1. 배우자와 사별 또는 이혼하거나 배우자로부터 유기(遺棄)된 자
2. 정신이나 신체의 장애로 장기간 노동능력을 상실한 배우자를 가진 자
3. 교정시설·치료감호시설에 입소한 배우자 또는 병역복무 중인 배우자를 가진 사람
4. 미혼자(사실혼 관계에 있는 자는 제외)
5. 위에 규정된 자에 준하는 자로서 여성가족부령으로 정하는 자

• 청소년 한부모: 24세 이하의 모 또는 부를 말한다.
• 한부모가족: 모자가족 또는 부자가족을 말한다.
• 모자가족: 모가 세대주(세대주가 아니더라도 세대원을 사실상 부양하는 자를 포함)인 가족을 말한다.
• 부자가족: 부가 세대주(세대주가 아니더라도 세대원을 사실상 부양하는 자를 포함)인 가족을 말한다.
• 아동: 18세 미만(취학 중인 경우에는 22세 미만을 말하되, 병역법에 따른 병역의무를 이행하고 취학 중인 경우에는 병역의무를 이행한 기간을 가산한 연령 미만)의 자를 말한다.
• 지원기관: 이 법에 따른 지원을 행하는 국가나 지방자치단체를 말한다.
• 한부모가족복지단체: 한부모가족의 복지 증진을 목적으로 설립된 기관이나 단체를 말한다.

(3) 수급권자

① 지원대상자의 범위(제5조)

• 이 법에 따른 지원대상자는 모 또는 부, 한부모가족, 모자가족, 부자가족, 아동 등의 규정에 해당하는 자로서 여성가족부령으로 정하는 자로 한다.
• 위의 지원대상자 중 아동의 연령을 초과하는 자녀가 있는 한부모가족의 경우 그 자녀를 제외한 나머지 가족구성원을 지원대상자로 한다.

② 지원대상자의 범위에 대한 특례(제5조의2)

• 혼인 관계에 있지 아니한 자로서 출산 전 임신부와 출산 후 해당 아동을 양육하지 아니하는 모는 출산지원시설을 이용할 때에는 이 법에 따른 지원대상자가 된다.
• 다음의 어느 하나에 해당하는 아동과 그 아동을 양육하는 조부 또는 조모로서 여성가족부령으로 정하는 자는 이 법에 따른 지원대상자가 된다.

1. 부모가 사망하거나 생사가 분명하지 아니한 아동
2. 부모가 정신 또는 신체의 장애·질병으로 장기간 노동능력을 상실한 아동
3. 부모의 장기복역 등으로 부양을 받을 수 없는 아동
4. 부모가 이혼하거나 유기하여 부양을 받을 수 없는 아동
5. 위의 규정된 자에 준하는 자로서 여성가족부령으로 정하는 아동

• 국내에 체류하고 있는 외국인 중 대한민국 국적의 아동을 양육하고 있는 모 또는 부로서 대통령령으로 정하는 사람이 지원대상자의 범위(제5조)에 해당하면 이 법에 따른 지원대상자가 된다.

(4) 기타

① 한부모가족의 날(제5조의4)

한부모가족에 대한 국민의 이해와 관심을 제고하기 위하여 매년 5월 10일을 한부모가족의 날로 한다.

② 한부모가족 정책에 관한 기본계획의 수립(제5조의5)

여성가족부장관은 한부모가족 지원을 위하여 한부모가족 정책에 관한 기본계획을 5년마다 수립하여야 한다. 기본계획에는 다음의 사항이 포함되어야 한다.

1. 한부모가족 지원 정책의 기본방향
2. 한부모가족 지원을 위한 분야별 발전시책과 평가에 관한 사항
3. 한부모가족 지원을 위한 제도 개선에 관한 사항
4. 한부모가족 구성원의 경제·사회·문화 등 각 분야에서의 활동 증진에 관한 사항
5. 한부모가족 지원을 위한 재원 확보 및 배분에 관한 사항
6. 그 밖에 한부모가족 지원을 위하여 필요한 사항

③ 연도별 시행계획의 수립 · 시행 등(제5조의6)

여성가족부장관, 관계 중앙행정기관의 장과 시 · 도지사는 매년 기본계획에 따라 한부모

가족정책에 관한 시행계획을 수립 · 시행하여야 한다.

④ 실태조사 등(제6조)

여성가족부장관은 한부모가족 지원을 위한 정책수립에 활용하기 위하여 3년마다 한부모가족에 대한 실태조사를 실시하고 그 결과를 공표하여야 한다. 또한, 여성가족부장관은 필요한 경우 여성가족부령으로 정하는 바에 따라 청소년 한부모 등에 대한 실태를 조사 · 연구할 수 있다.

2) 한부모가족복지서비스 및 시설

(1) 한부모가족복지시설

① 한부모가족복지시설의 종류(제19조)

- 출산지원시설: 다음의 어느 하나에 해당하는 자의 임신 · 출산 및 그 출산 아동(3세 미만에 한정)의 양육을 위하여 주거 등을 지원하는 시설

> 1. 제4조제1호의 모
> 2. 혼인 관계에 있지 아니한 자로서 출산 전 임신부
> 3. 혼인 관계에 있지 아니한 자로서 출산 후 해당 아동을 양육하지 아니하는 모

- 양육지원시설: 6세 미만 자녀를 동반한 한부모가족에게 자녀를 양육할 수 있도록 주거 등을 지원하는 시설
- 생활지원시설: 18세 미만(취학 중인 경우에는 22세 미만을 말하되, 「병역법」에 따른 병역의무를 이행하고 취학 중인 경우에는 병역의무를 이행한 기간을 가산한 연령 미만을 말한다) 자녀를 동반한 한부모가족에게 자립을 준비할 수 있도록 주거 등을 지원하는 시설
- 일시지원시설: 배우자(사실혼 관계에 있는 사람을 포함)가 있으나 배우자의 물리적 · 정신적 학대로 아동의 건전한 양육이나 모 또는 부의 건강에 지장을 초래할 우려가 있을 경우 일시적 또는 일정 기간 동안 모와 아동, 부와 아동, 모 또는 부에게 주거 등을 지원하는 시설
- 한부모가족복지상담소: 한부모가족에 대한 위기 · 자립 상담 또는 문제해결 지원 등을 목적으로 하는 시설

② 한부모가족복지시설의 설치(제20조)

국가나 지방자치단체는 한부모가족복지시설을 설치할 수 있다. 한부모가족복지시설의

장은 청소년 한부모가 입소를 요청하는 경우에는 우선 입소를 위한 조치를 취하여야 한다.

(2) 복지서비스의 내용과 실시

① 지원대상자의 조사 등(제10조)

특별자치시장 · 특별자치도지사 · 시장 · 군수 · 구청장(자치구의 구청장)은 매년 1회 이상 관할구역 지원대상자의 가족상황, 생활실태 등을 조사하여야 한다.

② 복지 급여의 신청(제11조)

지원대상자 또는 그 친족이나 그 밖의 이해관계인은 복지 급여를 관할 특별자치시장 · 특별자치도지사 · 시장 · 군수 · 구청장에게 신청할 수 있다.

③ 복지 급여의 내용(제12조)

국가나 지방자치단체는 복지 급여의 신청이 있으면 다음의 복지 급여를 실시하여야 한다. 이 법에 따른 지원대상자가 국민기초생활 보장법 등 다른 법령에 따라 지원을 받고 있는 경우에는 그 범위에서 이 법에 따른 급여를 하지 아니한다. 다만, 아동양육비는 지급할 수 있다.

1. 생계비	2. 아동교육지원비
3. 아동양육비	4. 그 밖에 대통령령으로 정하는 비용

④ 복지 급여 사유의 확인 등(제12조의2)

여성가족부장관 또는 특별자치시장 · 특별자치도지사 · 시장 · 군수 · 구청장은 복지 급여를 신청한 지원대상자 또는 복지 급여를 받고 있는 지원대상자에 대하여 급여 사유의 발생 · 변경 또는 상실을 확인하기 위하여 필요한 소득 · 재산 등에 관한 자료의 제출을 요구할 수 있으며, 소속 공무원으로 하여금 지원대상자의 주거 등에 출입하여 생활환경 및 소득자료 등을 조사하게 하거나 지원대상자의 고용주 등 관계인에게 필요한 질문을 하게 할 수 있다.

⑤ 복지 급여의 거절 · 변경 등(제12조의4)

여성가족부장관 또는 특별자치시장 · 특별자치도지사 · 시장 · 군수 · 구청장은 복지 급여를 신청한 지원대상자가 자료의 제출을 거부하거나 조사 · 질문을 거부 · 방해 또는 기피하는 경우에는 복지 급여의 지급을 거절할 수 있다.

⑥ 복지 자금의 대여(제13조)

국가나 지방자치단체는 한부모가족의 생활안정과 자립을 촉진하기 위하여 사업에 필요한 자금, 아동교육비, 의료비, 주택자금, 그 밖에 대통령령으로 정하는 한부모가족의 복지를 위하여 필요한 자금 중 어느 하나의 자금을 대여할 수 있다.

⑦ 고용의 촉진(제14조)

국가 또는 지방자치단체는 한부모가족의 모 또는 부와 아동의 직업능력을 개발하기 위하여 능력 및 적성 등을 고려한 직업능력개발훈련을 실시하여야 한다. 국가 또는 지방자치단체는 한부모가족의 모 또는 부와 아동의 고용을 촉진하기 위하여 적합한 직업을 알선하고 각종 사업장에 모 또는 부와 아동이 우선 고용되도록 노력하여야 한다.

⑧ 공공시설에 매점 및 시설 설치(제15조)

국가나 지방자치단체가 운영하는 공공시설의 장은 그 공공시설에 각종 매점 및 시설의 설치를 허가하는 경우 이를 한부모가족 또는 한부모가족복지단체에 우선적으로 허가할 수 있다.

⑨ 시설 우선이용(제16조)

국가나 지방자치단체는 한부모가족의 아동이 공공의 아동 편의시설과 그 밖의 공공시설을 우선적으로 이용할 수 있도록 노력하여야 한다.

⑩ 가족지원서비스(제17조)

국가나 지방자치단체는 한부모가족에게 다음의 가족지원서비스를 제공하도록 노력하여야 한다.

1. 아동의 양육 및 교육 서비스
2. 장애인, 노인, 만성질환자 등의 부양 서비스
3. 취사, 청소, 세탁 등 가사 서비스
4. 교육·상담 등 가족 관계 증진 서비스
5. 인지청구 및 자녀양육비 청구 등을 위한 법률상담, 소송대리 등 법률구조서비스
6. 그 밖에 대통령령으로 정하는 한부모가족에 대한 가족지원서비스

⑪ 국민주택의 분양 및 임대(제18조)

국가나 지방자치단체는 주택법에서 정하는 바에 따라 국민주택을 분양하거나 임대할 때에는 한부모가족에게 일정 비율이 우선 분양될 수 있도록 노력하여야 한다.

⑫ 한부모가족 상담전화의 설치(제18조의2)

여성가족부장관은 한부모가족 지원에 관한 종합정보의 제공과 지원기관 및 시설의 연계 등에 관한 전문적이고 체계적인 상담서비스를 제공하기 위하여 한부모가족 상담전화를 설치·운영할 수 있다.

3) 수급자의 권리 보호

(1) 양도·담보 및 압류 금지(제27조)

- 이 법에 따라 지급된 복지급여와 이를 받을 권리는 다른 사람에게 양도하거나 담보로 제공할 수 없으며, 다른 사람은 이를 압류할 수 없다.
- 지정된 복지급여수급계좌의 예금에 관한 채권은 압류할 수 없다.

(2) 심사 청구(제28조)

지원대상자 또는 그 친족이나 그 밖의 이해관계인은 이 법에 따른 복지 급여 등에 대하여 이의가 있으면 그 결정을 통지받은 날부터 90일 이내에 서면으로 해당 복지실시기관에 심사를 청구할 수 있다. 복지실시기관은 심사 청구를 받으면 30일 이내에 이를 심사·결정하여 청구인에게 통보하여야 한다.

3. 영유아보육법

1) 개요

(1) 목적 및 보육 이념

① 목적(제1조)

영유아의 심신을 보호하고 건전하게 교육하여 건강한 사회 구성원으로 육성함과 아울러 보호자의 경제적·사회적 활동이 원활하게 이루어지도록 함으로써 영유아 및 가정의 복지 증진에 이바지함을 목적으로 한다.

② 보육 이념(제3조)

- 보육은 영유아의 이익을 최우선적으로 고려하여 제공되어야 한다.
- 보육은 영유아가 안전하고 쾌적한 환경에서 건강하게 성장할 수 있도록 하여야 한다.
- 영유아는 자신이나 보호자의 성, 연령, 종교, 사회적 신분, 재산, 장애, 인종 및 출생지역 등에 따른 어떠한 종류의 차별도 받지 아니하고 보육되어야 한다.

(2) 책임(제4조)

- 모든 국민은 영유아를 건전하게 보육할 책임을 진다.
- 국가와 지방자치단체는 보호자와 더불어 영유아를 건전하게 보육할 책임을 지며, 이에 필요한 재원을 안정적으로 확보하도록 노력하여야 한다.
- 특별자치시장 · 특별자치도지사 · 시장 · 군수 · 구청장(자치구의 구청장)은 영유아의 보육을 위한 적절한 어린이집을 확보하여야 한다.
- 국가와 지방자치단체는 보육교직원의 양성, 근로여건 개선 및 권익 보호를 위하여 노력하여야 한다.

(3) 용어의 정의(제2조)

- 영유아: 6세 미만의 취학 전 아동을 말한다.
- 보육: 영유아를 건강하고 안전하게 보호 · 양육하고 영유아의 발달 특성에 맞는 교육을 제공하는 어린이집 및 가정양육 지원에 관한 사회복지서비스를 말한다.
- 어린이집: 보호자의 위탁을 받아 영유아를 보육하는 기관을 말한다.
- 보호자: 친권자 · 후견인, 그 밖의 자로서 영유아를 사실상 보호하고 있는 자를 말한다.
- 보육교직원: 어린이집 영유아의 보육, 건강관리 및 보호자와의 상담, 그 밖에 어린이집의 관리 · 운영 등의 업무를 담당하는 자로서 어린이집의 원장 및 보육교사와 그 밖의 직원을 말한다.

(4) 보육실태 조사(제9조)

보건복지부장관은 이 법의 적절한 시행을 위하여 보육 실태 조사를 3년마다 실시하고 그 결과를 공표하여야 한다.

2) 보육 관련 행정 기관 등

(1) 보육정책위원회(제6조)

보육에 관한 각종 정책·사업·보육지도 및 어린이집 평가에 관한 사항 등을 심의하기 위하여 보건복지부에 중앙보육정책위원회를, 특별시·광역시·특별자치시·도·특별자치도(시·도) 및 시·군·구(자치구)에 지방보육정책위원회를 둔다. 다만, 지방보육정책위원회는 그 기능을 담당하기에 적합한 다른 위원회가 있고 그 위원회의 위원이 자격을 갖춘 경우에는 시·도 또는 시·군·구의 조례로 정하는 바에 따라 그 위원회가 지방보육정책위원회의 기능을 대신할 수 있다.

(2) 육아종합지원센터(제7조)

영유아에게 시간제보육 서비스를 제공하거나 보육에 관한 정보의 수집·제공 및 상담을 위하여 보건복지부장관은 중앙육아종합지원센터를, 특별시장·광역시장·특별자치시장·도지사·특별자치도지사(시·도지사) 및 시장·군수·구청장은 지방육아종합지원센터를 설치·운영하여야 한다. 이 경우 필요하다고 인정하는 경우에는 영아·장애아 보육 등에 관한 육아종합지원센터를 별도로 설치·운영할 수 있다.

(3) 한국보육진흥원의 설립 및 운영(제8조)

보육서비스의 질 향상을 도모하고 보육정책을 체계적으로 지원하기 위하여 한국보육진흥원을 설립한다. 진흥원은 다음의 업무를 수행한다.

1. 어린이집 평가척도 개발
2. 보육사업에 관한 교육·훈련 및 홍보
3. 영유아 보육프로그램 및 교재·교구 개발
4. 보육교직원 연수프로그램 개발 및 교재 개발
5. 이 법에 따라 보건복지부장관으로부터 위탁받은 업무
6. 그 밖에 보육정책과 관련하여 보건복지부장관이 필요하다고 인정하는 업무
7. 진흥원은 법인으로 하고, 주된 사무소의 소재지에 설립등기를 함으로써 성립한다.
8. 진흥원은 보조금, 기부금, 그 밖의 수입금으로 운영한다.
9. 보건복지부장관은 진흥원의 운영에 필요한 경비를 예산의 범위에서 지원할 수 있다.
10. 진흥원은 업무 관련 전문기관 등에 위탁할 수 있다.
11. 진흥원에 관하여 이 법과 공공기관의 운영에 관한 법률에서 정한 사항 외에는 민법 중 재단법인에 관한 규정을 준용한다.

3) 어린이집의 설치 및 보육교직원

(1) 어린이집의 설치

① 어린이집의 종류(제11조)

- 국공립어린이집: 국가나 지방자치단체가 설치 · 운영하는 어린이집
- 사회복지법인어린이집: 사회복지사업법에 따른 사회복지법인이 설치 · 운영하는 어린이집
- 법인 · 단체 등 어린이집: 각종 법인(사회복지법인을 제외한 비영리법인)이나 단체 등이 설치 · 운영하는 어린이집으로서 대통령령으로 정하는 어린이집
- 직장어린이집: 사업주가 사업장의 근로자를 위하여 설치 · 운영하는 어린이집(국가나 지방자치단체의 장이 소속 공무원 및 국가나 지방자치단체의 장과 근로계약을 체결한 자로서 공무원이 아닌 자를 위하여 설치 · 운영하는 어린이집을 포함)
- 가정어린이집: 개인이 가정이나 그에 준하는 곳에 설치 · 운영하는 어린이집
- 협동어린이집: 보호자 또는 보호자와 보육교직원이 조합(영리를 목적으로 하지 아니하는 조합에 한정)을 결성하여 설치 · 운영하는 어린이집
- 민간어린이집: 위의 규정에 해당하지 아니하는 어린이집

② 국공립어린이집의 설치 등(제12조)

- 국가나 지방자치단체는 국공립어린이집을 설치 · 운영하여야 한다. 이 경우 국공립어린이집은 보육계획에 따라 도시 저소득주민 밀집 주거지역 및 농어촌지역 등 취약지역, 산업입지 및 개발에 관한 법률에 따른 산업단지 지역에 우선적으로 설치하여야 한다.
- 국가나 지방자치단체가 국공립어린이집을 설치할 경우 지방보육정책위원회의 심의를 거쳐야 한다.
- 국가나 지방자치단체는 주택법에 따른 공동주택에 설치되어야 하는 어린이집을 국공립어린이집으로 운영하여야 한다. 다만, 공동주택관리법에 따른 입주자 등의 과반수가 국공립어린이집으로의 운영에 찬성하지 아니하는 경우 등 대통령령으로 정하는 경우에는 그러하지 아니하다.

③ 국공립어린이집 외의 어린이집의 설치(제13조)

국공립어린이집 외의 어린이집을 설치 · 운영하려는 자는 특별자치시장 · 특별자치도지사 · 시장 · 군수 · 구청장의 인가를 받아야 한다. 인가받은 사항 중 중요 사항을 변경하려는 경우에도 또한 같다.

④ 직장어린이집의 설치 등(제14조)

대통령령으로 정하는 일정 규모 이상의 사업장의 사업주는 직장어린이집을 설치하여야 한다. 다만, 사업장의 사업주가 직장어린이집을 단독으로 설치할 수 없을 때에는 사업주 공동으로 직장어린이집을 설치·운영하거나, 지역의 어린이집과 위탁계약을 맺어 근로자 자녀의 보육을 지원(위탁보육)하여야 한다.

⑤ 결격사유(제16조)

- 미성년자·피성년후견인 또는 피한정후견인
- 정신건강증진 및 정신질환자 복지서비스 지원에 관한 법률의 정신질환자
- 마약류 관리에 관한 법률의 마약류에 중독된 자
- 파산선고를 받고 복권되지 아니한 자
- 금고 이상의 실형을 선고받고 그 집행이 종료(집행이 종료된 것으로 보는 경우를 포함)되거나 집행이 면제된 날부터 5년(아동복지법에 따른 아동학대관련범죄를 저지른 경우에는 20년)이 경과되지 아니한 자
- 금고 이상의 형의 집행유예를 선고받고 그 유예기간 중에 있는 사람. 다만, 아동복지법에 따른 아동학대관련범죄로 금고 이상의 형의 집행유예를 선고받은 경우에는 그 집행유예가 확정된 날부터 20년이 지나지 아니한 사람
- 어린이집의 폐쇄명령을 받고 5년이 경과되지 아니한 자 또는 유아교육법에 따라 폐쇄명령을 받고 5년이 경과되지 아니한 자
- 300만원 이상의 벌금형이 확정된 날부터 2년이 지나지 아니한 사람 또는 아동복지법에 따른 아동학대관련범죄로 벌금형이 확정된 날부터 10년이 지나지 아니한 사람
- 교육명령을 이행하지 아니한 자

(2) 보육교직원

① 보육교직원의 배치(제17조)

어린이집에는 보육교직원을 두어야 한다. 보육시간을 구분하여 운영하는 어린이집은 보육시간별로 보육교사를 배치할 수 있다.

② 보육교직원의 직무(제18조)

어린이집의 원장은 어린이집을 총괄하고 보육교사와 그 밖의 직원을 지도·감독하며 영유아를 보육한다. 보육교사는 영유아를 보육하고 어린이집의 원장이 불가피한 사유로 직무를 수행할 수 없을 때에는 그 직무를 대행한다.

③ 보수교육

- 어린이집원장의 보수교육(제23조): 보건복지부장관은 어린이집 원장의 자질 향상을 위한 보수교육을 실시하여야 한다. 이 경우 보수교육은 집합교육을 원칙으로 한다. 보수교육은 사전직무교육과 직무교육으로 구분한다.
- 보육교사의 보수교육(제23조의2): 보건복지부장관은 보육교사의 자질 향상을 위한 보수교육을 실시하여야 한다. 이 경우 보수교육은 집합교육을 원칙으로 한다. 보수교육은 직무교육과 승급교육으로 구분한다.

4) 어린이집 운영

(1) 주체, 시간기준

① 어린이집의 운영기준 등(제24조)

- 어린이집을 설치·운영하는 자는 보건복지부령으로 정하는 운영기준에 따라 어린이집을 운영하여야 한다.
- 국가나 지방자치단체는 국공립어린이집을 법인·단체 또는 개인에게 위탁하여 운영할 수 있다. 이 경우 보건복지부령으로 정하는 국공립어린이집 위탁체 선정관리 기준에 따라 심의하며, 최초 위탁은 다음의 어느 하나에 해당하는 자에게 위탁하는 경우를 제외하고는 공개경쟁의 방법에 따른다.

1. 민간어린이집을 국가 또는 지방자치단체에 기부채납하여 국공립어린이집으로 전환하는 경우 기부채납 전에 그 어린이집을 설치·운영한 자
2. 국공립어린이집 설치 시 해당 부지 또는 건물을 국가 또는 지방자치단체에 기부채납하거나 무상으로 사용하게 한 자
3. 주택법에 따라 설치된 민간어린이집을 국공립어린이집으로 전환하는 경우 전환하기 전에 그 어린이집을 설치·운영한 자

- 직장어린이집을 설치한 사업주는 이를 법인·단체 또는 개인에게 위탁하여 운영할 수 있다.

② 보육시간의 구분(제24조의2)

- 기본보육: 어린이집을 이용하는 모든 영유아에게 필수적으로 제공되는 과정으로, 보건복지부령으로 정하는 시간 이하의 보육
- 연장보육: 기본보육을 초과하여 보호자의 욕구 등에 따라 제공되는 보육

(2) 취약보육의 우선 실시 등(제26조)

국가나 지방자치단체, 사회복지법인, 그 밖의 비영리법인이 설치한 어린이집과 대통령령으로 정하는 어린이집의 원장은 영아·장애아·다문화가족지원법에 따른 다문화가족의 아동 등에 대한 보육(취약보육)을 우선적으로 실시하여야 한다.

(3) 시간제보육 서비스(제26조의2)

국가 또는 지방자치단체는 무상보육 및 유아교육법에 따른 무상교육 지원을 받지 아니하는 영유아에 대하여 필요한 경우 시간제보육 서비스를 지원할 수 있다. 이 경우 시간제보육 서비스의 종류, 지원대상, 지원방법, 그 밖에 시간제보육 서비스의 제공에 필요한 사항은 보건복지부령으로 정한다.

(4) 어린이집 이용대상(제27조)

어린이집의 이용대상은 보육이 필요한 영유아를 원칙으로 한다. 다만, 필요한 경우 어린이집의 원장은 만 12세까지 연장하여 보육할 수 있다.

(5) 보육의 우선 제공(제28조)

국가나 지방자치단체, 사회복지법인, 그 밖의 비영리법인이 설치한 어린이집과 대통령령으로 정하는 어린이집의 원장은 다음의 어느 하나에 해당하는 자가 우선적으로 어린이집을 이용할 수 있도록 하여야 한다. 다만, 고용정책 기본법에 따라 고용촉진시설의 설치·운영을 위탁받은 공공단체 또는 비영리법인이 설치·운영하는 어린이집의 원장은 근로자의 자녀가 우선적으로 어린이집을 이용하게 할 수 있다.

1. 국민기초생활 보장법에 따른 수급자
2. 한부모가족지원법에 따른 보호대상자의 자녀
3. 국민기초생활 보장법에 따른 차상위계층의 자녀
4. 장애인복지법에 따른 장애인 중 보건복지부령으로 정하는 장애 정도에 해당하는 자의 자녀
5. 장애인복지법에 따른 장애인 중 보건복지부령으로 정하는 장애 정도에 해당하는 자가 형제자매인 영유아
6. 다문화가족지원법에 따른 다문화가족의 자녀
7. 국가유공자 등 예우 및 지원에 관한 법률에 따른 국가유공자 중 전몰군경, 상이자로서 보건복지부령으로 정하는 자, 순직자의 자녀

8. 제1형 당뇨를 가진 경우로서 의학적 조치가 용이하고 일상생활이 가능하여 보육에 지장이 없는 영유아
9. 그 밖에 소득수준 및 보육수요 등을 고려하여 보건복지부령으로 정하는 자의 자녀

5) 비용

(1) 무상보육(제34조)

국가와 지방자치단체는 영유아에 대한 보육을 무상으로 하되, 그 내용 및 범위는 대통령령으로 정한다. 무상보육 실시에 드는 비용은 대통령령으로 정하는 바에 따라 국가나 지방자치단체가 부담하거나 보조하여야 한다.

(2) 양육수당(제34조의2)

국가와 지방자치단체는 어린이집이나 유아교육법에 따른 유치원을 이용하지 아니하는 영유아에 대하여 영유아의 연령을 고려하여 양육에 필요한 비용을 지원할 수 있다.

(3) 보육서비스 이용권(제34조의3)

국가와 지방자치단체는 무상보육 및 양육수당에 따른 비용 지원을 위하여 보육서비스 이용권을 영유아의 보호자에게 지급할 수 있다.

연습문제

01 장애인복지법의 내용으로 옳은 것은? 제20회 출제

① 「난민법」 제2조 제2호에 따른 난민인정자는 장애인등록을 할 수 있다.
② 보건복지부장관은 3년마다 장애인정책종합계획을 수립·시행하여야 한다.
③ 보건복지부장관은 5년마다 장애실태조사를 실시하여야 한다.
④ 보건복지부장관은 피해장애인의 임시 보호 및 사회복귀 지원을 위하여 장애인 쉼터를 설치·운영할 수 있다.
⑤ 장애인복지시설의 장은 장애인 거주시설에서 제공하여야 하는 서비스의 최저기준을 마련하여야 한다.

02 장애인복지법에 근거하여 설치 또는 설립하는 것이 아닌 것은?

① 장애인 거주시설 ② 한국장애인개발원 ③ 장애인권익옹호기관
④ 발달장애인지원센터 ⑤ 장애인자립생활지원센터

03 한부모가족지원법의 내용으로 옳지 않은 것은? 제20회 출제

① "청소년 한부모"란 24세 이하의 모 또는 부를 말한다.
② 한부모가족의 모 또는 부와 아동은 한부모가족 관련 정책결정과정에 참여할 권리가 있다.
③ 여성가족부장관은 자녀양육비 산정을 위한 자녀양육비 가이드라인을 마련하여 법원이 이혼 판결 시 적극 활용할 수 있도록 노력하여야 한다.
④ 국가와 지방자치단체는 청소년 한부모의 건강증진을 위하여 건강진단을 실시할 수 있다.
⑤ 국가나 지방자치단체는 아동양육비를 대여할 수 있다.

04 실태조사의 주체와 조사주기를 올바르게 짝지은 것은? 제17회 출제

① 장애인복지법상 장애실태조사: 보건복지부장관, 5년
② 아동복지법상 아동종합실태조사: 보건복지부장관, 3년
③ 한부모가족지원법상 한부모가족 실태조사: 여성가족부장관, 3년
④ 노인복지법상 노인실태조사: 여성가족부장관, 3년
⑤ 다문화가족지원법상 다문화가족 실태조사: 보건복지부장관, 5년

05 영유아보육법의 내용이다. ( )에 들어갈 말은?

국공립어린이집 외의 어린이집을 설치 · 운영하려는 자는 특별자치도지사 · 시장 · 군수 · 구청장의 ( )를(을) 받아야 한다.

① 인가 ② 보증 ③ 인증 ④ 허가 ⑤ 특허

정답 1. ① 2. ④ 3. ⑤ 4. ③ 5. ①

Chapter

14

사회서비스법 3

1. 정신건강증진 및 정신질환자 복지서비스 지원에 관한 법률

1) 개요

(1) 목적 및 기본이념

① 목적(제1조)

정신질환의 예방·치료, 정신질환자의 재활·복지·권리보장과 정신건강 친화적인 환경 조성에 필요한 사항을 규정함으로써 국민의 정신건강증진 및 정신질환자의 인간다운 삶을 영위하는 데 이바지함을 목적으로 한다.

② 기본이념(제2조)

- 모든 국민은 정신질환으로부터 보호받을 권리를 가진다.
- 모든 정신질환자는 인간으로서의 존엄과 가치를 보장받고, 최적의 치료를 받을 권리를 가진다.
- 모든 정신질환자는 정신질환이 있다는 이유로 부당한 차별대우를 받지 아니한다.
- 미성년자인 정신질환자는 특별히 치료, 보호 및 교육을 받을 권리를 가진다.
- 정신질환자에 대해서는 입원 또는 입소(입원 등)가 최소화되도록 지역 사회 중심의 치료가 우선적으로 고려되어야 하며, 정신건강증진시설에 자신의 의지에 따른 입원 또는 입소(자의입원 등)가 권장되어야 한다.
- 정신건강증진시설에 입원 등을 하고 있는 모든 사람은 가능한 한 자유로운 환경을 누릴 권리와 다른 사람들과 자유로이 의견교환을 할 수 있는 권리를 가진다.

- 정신질환자는 원칙적으로 자신의 신체와 재산에 관한 사항에 대하여 스스로 판단하고 결정할 권리를 가진다. 특히 주거지, 의료행위에 대한 동의나 거부, 타인과의 교류, 복지서비스의 이용 여부와 복지서비스 종류의 선택 등을 스스로 결정할 수 있도록 자기결정권을 존중받는다.
- 정신질환자는 자신에게 법률적·사실적 영향을 미치는 사안에 대하여 스스로 이해하여 자신의 자유로운 의사를 표현할 수 있도록 필요한 도움을 받을 권리를 가진다.
- 정신질환자는 자신과 관련된 정책의 결정과정에 참여할 권리를 가진다.

(2) 용어의 정의(제3조)

- 정신질환: 망상, 환각, 사고(思考)나 기분의 장애 등으로 인하여 독립적으로 일상생활을 영위하는 데 중대한 제약이 있는 사람을 말한다.
- 정신건강증진사업: 정신건강 관련 교육·상담, 정신질환의 예방·치료, 정신질환자의 재활, 정신건강에 영향을 미치는 사회복지·교육·주거·근로 환경의 개선 등을 통하여 국민의 정신건강을 증진시키는 사업을 말한다.
- 정신건강복지센터: 정신건강증진시설, 사회복지사업법에 따른 사회복지시설, 학교 및 사업장과 연계체계를 구축하여 지역사회에서의 정신건강증진사업 및 정신질환자 복지서비스 지원사업(정신건강증진사업 등)을 하는 다음의 기관 또는 단체를 말한다.

1. 국가 또는 지방자치단체가 설치·운영하는 기관
2. 국가 또는 지방자치단체로부터 위탁받아 정신건강증진사업 등을 수행하는 기관 또는 단체

- 정신건강증진시설: 정신의료기관, 정신요양시설 및 정신재활시설을 말한다.
- 정신의료기관: 다음의 어느 하나에 해당하는 기관을 말한다.

1. 의료법에 따른 정신병원
2. 의료법에 따른 의료기관 중 기준에 적합하게 설치된 의원
3. 의료법에 따른 병원급 의료기관에 설치된 정신건강의학과로서 기준에 적합한 기관

- 정신요양시설: 정신질환자를 입소시켜 요양 서비스를 제공하는 시설을 말한다.
- 정신재활시설: 정신질환자 또는 정신건강상 문제가 있는 사람 중 대통령령으로 정하는 사람(정신질환자 등)의 사회적응을 위한 각종 훈련과 생활지도를 하는 시설을 말한다.

(3) 책임주체

① 국가와 지방자치단체의 책무(제4조)

국가와 지방자치단체는 국민의 정신건강을 증진시키고, 정신질환을 예방·치료하며, 정신질환자의 재활 및 장애극복과 사회적응 촉진을 위한 연구·조사와 지도·상담 등 필요한 조치를 하여야 한다. 국가와 지방자치단체는 정신질환의 예방·치료와 정신질환자의 재활을 위하여 정신건강복지센터와 정신건강증진시설, 사회복지시설, 학교 및 사업장 등을 연계하는 정신건강서비스 전달체계를 확립하여야 한다.

② 국민의 의무(제5조)

모든 국민은 정신건강증진을 위하여 국가와 지방자치단체가 실시하는 조사 및 정신건강증진사업 등에 협력하여야 한다.

③ 정신건강증진시설의 장의 의무(제6조)

정신건강증진시설의 장은 정신질환자 등이 입원 등을 하거나 사회적응을 위한 훈련을 받으려고 하는 때에는 지체 없이 정신질환자 등과 그 보호의무자에게 이 법 및 다른 법률에 따른 권리 및 권리행사 방법을 알리고, 그 권리행사에 필요한 각종 서류를 정신건강증진시설에 갖추어 두어야 한다.

2) 정신건강증진 정책의 추진 등

(1) 국가계획의 수립 등(제7조)

보건복지부장관은 관계 행정기관의 장과 협의하여 5년마다 정신건강증진 및 정신질환자 복지서비스 지원에 관한 국가의 기본계획(국가계획)을 수립하여야 한다. 국가계획 또는 지역계획에는 다음의 사항이 포함되어야 한다.

1. 정신질환의 예방, 상담, 조기발견, 치료 및 재활을 위한 활동과 각 활동 상호 간 연계
2. 영·유아, 아동, 청소년, 중·장년, 노인 등 생애주기 및 성별에 따른 정신건강증진사업
3. 정신질환자의 조기퇴원 및 사회적응
4. 적정한 정신건강증진시설의 확보 및 운영
5. 정신질환에 대한 인식개선을 위한 교육·홍보, 정신질환자의 법적 권리보장 및 인권보호 방안
6. 전문인력의 양성 및 관리
7. 정신건강증진을 위한 교육, 주거, 근로환경 등의 개선 및 이와 관련된 부처 또는 기관과의 협력 방안
8. 정신건강 관련 정보체계 구축 및 활용

9. 정신질환자와 그 가족의 지원
10. 정신질환자의 건강, 취업, 교육 및 주거 등 지역사회 재활과 사회참여
11. 정신질환자에 대한 복지서비스의 연구·개발 및 평가에 관한 사항
12. 정신질환자에 대한 복지서비스 제공에 필요한 재원의 조달 및 운용에 관한 사항
13. 그 밖에 보건복지부장관 또는 시·도지사가 정신건강증진을 위하여 필요하다고 인정하는 사항

(2) 시행계획의 수립 · 시행 등(제8조)

보건복지부장관과 시 · 도지사는 각각 국가계획과 지역계획에 따라 매년 시행계획을 수립 · 시행하여야 하고, 시장 · 군수 · 구청장(자치구의 구청장)은 매년 관할 시 · 도의 지역계획에 따라 시행계획을 수립 · 시행하여야 한다. 다만, 시 · 도지사나 시장 · 군수 · 구청장이 지역계획의 시행계획 내용을 포함하여 지역보건법에 따라 연차별 시행계획을 수립 · 시행하는 경우에는 본문에 따른 시행계획을 별도로 수립 · 시행하지 아니할 수 있다.

(3) 정신건강증진 관련 주요정책의 심의(제9조)

보건복지부장관은 국가계획의 수립, 정신건강증진 및 정신질환자 복지서비스 지원 체계와 제도의 발전 사항에 관하여 국민건강증진법에 따른 국민건강증진정책심의위원회의 심의를 받아야 한다.

(4) 실태조사(제10조)

보건복지부장관은 5년마다 다음의 사항에 관한 실태조사를 하여야 한다. 다만, 정신건강증진 정책을 수립하는 데 필요한 경우 수시로 실태조사를 할 수 있다.

1. 정신질환의 인구학적 분포, 유병률 및 유병요인
2. 성별, 연령 등 인구학적 특성에 따른 정신질환의 치료 이력, 정신건강증진시설 이용 현황
3. 정신질환으로 인한 사회적·경제적 손실
4. 정신질환자의 취업·직업훈련·소득·주거·경제상태 및 정신질환자에 대한 복지서비스
5. 정신질환자 가족의 사회·경제적 상황
6. 그 밖에 정신건강증진에 필요한 사항으로서 보건복지부령으로 정하는 사항

(5) 정신건강의 날(제14조)

정신건강의 중요성을 환기하고 정신질환에 대한 편견을 해소하기 위하여 매년 10월

10일을 정신건강의 날로 하고, 정신건강의 날이 포함된 주(週)를 정신건강주간으로 한다.

(6) 정신건강복지센터의 설치 및 운영(제15조)

보건복지부장관은 필요한 지역에서의 정신건강증진사업 등의 제공 및 연계 사업을 전문적으로 수행하게 하기 위하여 정신건강복지센터를 설치 · 운영할 수 있다. 시 · 도지사는 관할 구역에서의정신건강증진사업 등의 제공 및 연계 사업을 전문적으로 수행하게 하기 위하여 광역정신건강복지센터를 설치 · 운영할 수 있다. 시장 · 군수 · 구청장은 관할 구역에서의 정신건강증진사업 등의 제공 및 연계 사업을 전문적으로 수행하게 하기 위하여 지역보건법에 따른 보건소에 기초정신건강복지센터를 설치 · 운영할 수 있다.

(7) 국가트라우마센터의 설치 · 운영(제15조의2)

- 보건복지부장관은 다음의 어느 하나에 해당하는 사람의 심리적 안정과 사회 적응을 지원(심리지원)하기 위하여 국가트라우마센터를 설치 · 운영할 수 있다.

1. 재난이나 그 밖의 사고로 정신적 피해를 입은 사람과 그 가족
2. 재난이나 사고 상황에서 구조, 복구, 치료 등 현장대응업무에 참여한 사람으로서 정신적 피해를 입은 사람

- 국가트라우마센터는 다음의 업무를 수행한다.

1. 심리지원을 위한 지침의 개발 · 보급
2. 심리평가, 심리상담, 심리치료
3. 트라우마에 관한 조사 · 연구
4. 심리지원 관련 기관 간 협력체계의 구축
5. 그 밖에 심리지원을 위하여 보건복지부장관이 정하는 업무

(8) 중독관리통합지원센터의 설치 및 운영(제15조의3)

보건복지부장관 또는 지방자치단체의 장은 알코올, 마약, 도박, 인터넷 등의 중독 문제와 관련한 종합적인 지원사업을 수행하기 위하여 중독관리통합지원센터를 설치 · 운영할 수 있으며 중독관리통합지원센터는 다음의 사업을 수행한다.

1. 지역사회 내 중독자의 조기발견 체계 구축
2. 중독자 대상 상담, 치료, 재활 및 사회복귀 지원사업
3. 중독폐해 예방 및 교육사업
4. 중독자 가족에 대한 지원사업
5. 그 밖에 중독 문제의 해소를 위하여 필요한 사업

(9) 정신건강연구기관 설치 · 운영(제16조)

- 뇌(腦)신경 과학에 관한 연구
- 정신질환 치료 및 재활을 위한 중개(仲介) · 임상 연구
- 정신건강증진 서비스 전달체계 개선에 관한 연구
- 정신질환과 관련된 정보 · 통계의 수집 · 분석 및 제공
- 정신건강증진 전문가 양성 및 정신건강증진시설 종사자 훈련
- 국가계획의 수립 및 실태조사의 지원
- 국가정신건강정책의 수행을 위한 국립정신병원의 지원
- 그 밖에 대통령령으로 정하는 업무

(10) 정신건강전문요원의 자격 등(제17조)

- 보건복지부장관은 정신건강 분야에 관한 전문지식과 기술을 갖추고 보건복지부령으로 정하는 수련기관에서 수련을 받은 사람에게 정신건강전문요원의 자격을 줄 수 있다.
- 정신건강전문요원은 그 전문분야에 따라 정신건강임상심리사, 정신건강간호사, 정신건강사회복지사 및 정신건강작업치료사로 구분한다.
- 보건복지부장관은 정신건강전문요원의 자질을 향상시키기 위하여 보수교육을 실시할 수 있다.
- 보건복지부장관은 보수교육을 국립정신병원, 고등교육법에 따른 학교 또는 대통령령으로 정하는 전문기관에 위탁할 수 있다.

3) 정신건강증진시설의 개설 · 설치 및 운영 등

(1) 정신의료기관의 개설 · 운영 등(제19조)

정신의료기관의 개설은 의료법에 따른다.

(2) 국립 · 공립 정신병원

① 국립 · 공립 정신병원의 설치 등(제21조)

국가와 지방자치단체는 국립 또는 공립의 정신의료기관으로서 정신병원을 설치 · 운영하여야 한다. 국가와 지방자치단체가 정신병원을 설치하는 경우 그 병원이 지역적으로 균형있게 분포되도록 하여야 하며, 정신질환자가 지역사회 중심으로 관리되도록 하여야 한다.

② 공립 정신병원의 운영 등(제21조의2)

보건복지부장관은 보건복지부령으로 정하는 바에 따라 공립 정신병원에 대한 운영평가를 실시하여야 한다. 다만, 보건복지부장관이 필요하다고 인정하는 경우에는 지방자치단체의 장으로 하여금 운영평가를 하게 할 수 있다.

(3) 정신요양시설

① 정신요양시설의 설치 · 운영(제22조)

국가와 지방자치단체는 정신요양시설을 설치 · 운영할 수 있다. 사회복지사업법에 따른 사회복지법인과 그 밖의 비영리법인이 정신요양시설을 설치 · 운영하려는 경우에는 해당 정신요양시설 소재지 관할 특별자치시장 · 특별자치도지사 · 시장 · 군수 · 구청장의 허가를 받아야 한다.

② 정신요양시설의 폐지 · 휴지 · 재개 신고(제24조)

정신요양시설을 설치 · 운영하는 자가 그 시설을 폐지 · 휴지(休止)하거나 재개(再開)하려는 경우에는 보건복지부령으로 정하는 바에 따라 미리 특별자치시장 · 특별자치도지사 · 시장 · 군수 · 구청장에게 신고하여야 한다. 이 경우 특별자치시장 · 특별자치도지사 · 시장 · 군수 · 구청장은 그 내용을 검토하여 이 법에 적합하면 신고를 수리하여야 한다.

(4) 정신재활시설

① 정신재활시설의 설치 · 운영(제26조)

국가 또는 지방자치단체는 정신재활시설을 설치 · 운영할 수 있다. 국가나 지방자치단체 외의 자가 정신재활시설을 설치 · 운영하려면 해당 정신재활시설 소재지 관할 특별자치시장 · 특별자치도지사 · 시장 · 군수 · 구청장에게 신고하여야 한다. 신고한 사항 중 보건복지부령으로 정하는 중요한 사항을 변경할 때에도 신고하여야 한다.

② 정신재활시설의 종류(제27조)

- 생활시설: 정신질환자 등이 생활할 수 있도록 주로 의식주 서비스를 제공하는 시설
- 재활훈련시설: 정신질환자 등이 지역사회에서 직업활동과 사회생활을 할 수 있도록 주로 상담 · 교육 · 취업 · 여가 · 문화 · 사회참여 등 각종 재활활동을 지원하는 시설
- 그 밖에 대통령령으로 정하는 시설(시행령 제16조)
  - -생산품판매시설: 정신질환자 또는 장애를 가진 사람이 생산한 생산품의 판매 · 유통 등을 지원하는 시설
  - -중독자재활시설: 알코올 중독, 약물 중독 또는 게임 중독 등으로 인한 정신질환자 등을 치유하거나 재활을 돕는 시설
  - -종합시설: 2개 이상의 정신재활시설의 기능을 복합적 · 종합적으로 제공하는 시설

4) 복지서비스의 제공 및 보호 등

(1) 복지서비스

① 고용 및 직업재활 지원(제34조)

국가와 지방자치단체는 정신질환자가 자신의 능력을 최대한 활용하여 직업생활을 영위할 수 있도록 일자리 창출, 창업지원 등 고용촉진에 필요한 조치를 강구하여야 한다. 보건복지부장관은 정신질환자의 능력과 특성에 적합한 직업훈련, 직업지도 등을 지원하기 위하여 필요한 조치를 강구하여야 한다.

② 평생교육 지원(제35조)

국가와 지방자치단체는 정신질환자에게 교육기본법 및 평생교육의 기회가 충분히 부여될 수 있도록 특별자치시장 · 특별자치도지사 · 시장 · 군수 · 구청장별로 평생교육법의 평생교육기관을 지정하여 정신질환자를 위한 교육과정을 적절하게 운영하도록 조치하여야 한다.

③ 문화 · 예술 · 여가 · 체육활동 등 지원(제36조)

국가와 지방자치단체는 이 법에서 정한 지원 외에 문화 · 예술 · 여가 · 체육활동 등의 영역에서 정신질환자에게 필요한 서비스가 지원되도록 최대한 노력하여야 한다.

④ 지역사회 거주 · 치료 · 재활 등 통합 지원(제37조)

국가와 지방자치단체는 정신질환자의 지역사회 거주 및 치료를 위하여 필요한 시책을 강구하여야 하고, 정신건강증진시설에서의 퇴원 등이 필요한 정신질환자에 대한 지역사회

재활 지원 등 지역사회 통합 지원을 위하여 노력하여야 한다.

⑤ 가족에 대한 정보제공과 교육(제38조)

국가와 지방자치단체는 정신질환자의 가족이 정신질환자의 적절한 회복과 자립을 지원하는 데 필요한 정보를 제공하거나 관련 교육을 실시할 수 있다.

(2) 보호 및 치료

① 자의입원 등(제41조)

- 정신질환자나 그 밖에 정신건강상 문제가 있는 사람은 보건복지부령으로 정하는 입원 등 신청서를 정신의료기관 등의 장에게 제출함으로써 그 정신의료기관등에 자의입원 등을 할 수 있다.
- 정신의료기관 등의 장은 자의입원 등을 한 사람에 대하여 입원 등을 한 날부터 2개월마다 퇴원 등을 할 의사가 있는지를 확인하여야 한다.

② 동의입원 등(제42조)

- 정신질환자는 보호의무자의 동의를 받아 보건복지부령으로 정하는 입원 등 신청서를 정신의료기관 등의 장에게 제출함으로써 그 정신의료기관등에 입원 등을 할 수 있다.
- 정신의료기관 등의 장은 입원 등을 한 정신질환자에 대하여 입원 등을 한 날부터 2개월마다 퇴원 등을 할 의사가 있는지를 확인하여야 한다.

③ 보호의무자에 의한 입원 등(제43조)

정신의료기관 등의 장은 정신질환자의 보호의무자 2명 이상(보호의무자 간 입원 등에 관하여 다툼이 있는 경우에는 선순위자 2명 이상을 말하며, 보호의무자가 1명만 있는 경우에는 1명으로 한다)이 신청한 경우로서 정신건강의학과전문의가 입원 등이 필요하다고 진단한 경우에만 해당 정신질환자를 입원 등을 시킬 수 있다. 이 경우 정신의료기관 등의 장은 입원 등을 할 때 보호의무자로부터 보건복지부령으로 정하는 바에 따라 입원 등 신청서와 보호의무자임을 확인할 수 있는 서류를 받아야 한다.

④ 특별자치시장 · 특별자치도지사 · 시장 · 군수 · 구청장에 의한 입원(제44조)

정신건강의학과전문의 또는 정신건강전문요원은 정신질환으로 자신의 건강 또는 안전이나 다른 사람에게 해를 끼칠 위험이 있다고 의심되는 사람을 발견하였을 때에는 특별자치시장 · 특별자치도지사 · 시장 · 군수 · 구청장에게 대통령령으로 정하는 바에 따라 그 사람에 대한 진단과 보호를 신청할 수 있다.

⑤ 응급입원(제50조)

정신질환자로 추정되는 사람으로서 자신의 건강 또는 안전이나 다른 사람에게 해를 끼칠 위험이 큰 사람을 발견한 사람은 그 상황이 매우 급박하여 위의 규정에 따른 입원 등을 시킬 시간적 여유가 없을 때에는 의사와 경찰관의 동의를 받아 정신의료기관에 그 사람에 대한 응급입원을 의뢰할 수 있다.

5) 수급권의 보호 등

① 정신건강심의위원회의 설치 · 운영(제53조)

시 · 도지사와 시장 · 군수 · 구청장은 정신건강에 관한 중요한 사항을 심의 또는 심사하기 위하여 시 · 도지사 소속으로 광역정신건강심의위원회를 두고, 시장 · 군수 · 구청장 소속으로 기초정신건강심의위원회를 둔다. 다만, 정신의료기관등이 없는 시 · 군 · 구에는 기초정신건강심의위원회를 두지 아니할 수 있다.

② 정신건강심사위원회의 설치 · 운영(제54조)

정신건강심의위원회의 업무 중 심사와 관련된 업무를 전문적으로 수행하기 위하여 광역정신건강심의위원회 안에 광역정신건강심사위원회를 두고, 기초정신건강심의위원회 안에 기초정신건강심사위원회를 둔다.

③ 입원 등의 금지 등(제68조)

누구든지 응급입원의 경우를 제외하고는 정신건강의학과전문의의 대면 진단에 의하지 아니하고 정신질환자를 정신의료기관등에 입원 등을 시키거나 입원 등의 기간을 연장할 수 없다. 진단의 유효기간은 진단서 발급일부터 30일까지로 한다.

④ 권익보호(제69조)

누구든지 정신질환자이거나 정신질환자였다는 이유로 그 사람에 대하여 교육, 고용, 시설이용의 기회를 제한 또는 박탈하거나 그 밖의 불공평한 대우를 하여서는 아니 된다. 누구든지 정신질환자, 그 보호의무자 또는 보호를 하고 있는 사람의 동의를 받지 아니하고 정신질환자에 대하여 녹음 · 녹화 또는 촬영하여서는 아니 된다. 정신건강증진시설의 장은 입원 등을 하거나 정신건강증진시설을 이용하는 정신질환자에게 정신건강의학과전문의의 지시에 따른 치료 또는 재활의 목적이 아닌 노동을 강요하여서는 아니 된다.

⑤ 비밀누설의 금지(제71조)

정신질환자 또는 정신건강증진시설과 관련된 직무를 수행하고 있거나 수행하였던 사람은 그 직무의 수행과 관련하여 알게 된 다른 사람의 비밀을 누설하거나 공표하여서는 아니 된다.

2. 다문화가족지원법

1) 개요

(1) 목적 및 용어의 정의

① 목적(제1조)

다문화가족 구성원이 안정적인 가족생활을 영위하고 사회구성원으로서의 역할과 책임을 다할 수 있도록 함으로써 이들의 삶의 질 향상과 사회통합에 이바지함을 목적으로 한다.

② 용어의 정의(제2조)

- 다문화가족: 다음의 어느 하나에 해당하는 가족을 말한다.

1. 재한외국인 처우 기본법의 결혼이민자와 국적법의 규정에 따라 대한민국 국적을 취득한 자로 이루어진 가족
2. 국적법에 따라 대한민국 국적을 취득한 자와 대한민국 국적을 취득한 자로 이루어진 가족

- 결혼이민자 등: 다문화가족의 구성원으로서 재한외국인 처우 기본법의 결혼이민자, 국적법에 따라 귀화허가를 받은 자를 말한다.
- 아동·청소년: 24세 이하인 사람을 말한다.

(2) 국가와 지방자치단체의 책무(제3조)

- 국가와 지방자치단체는 다문화가족 구성원이 안정적인 가족생활을 영위하고 경제·사회·문화 등 각 분야에서 사회구성원으로서의 역할과 책임을 다할 수 있도록 필요한 제도와 여건을 조성하고 이를 위한 시책을 수립·시행하여야 한다.
- 특별시·광역시·특별자치시·도·특별자치도 및 시·군·구(자치구)에는 다문화가족 지원을 담당할 기구와 공무원을 두어야 한다.

• 국가와 지방자치단체는 이 법에 따른 시책 중 외국인정책 관련 사항에 대하여는 재한외국인 처우 기본법의 규정에 따른다.

2) 다문화가족 지원을 위한 기본계획 및 시행계획

(1) 다문화가족 지원을 위한 기본계획의 수립(제3조의2)

여성가족부장관은 다문화가족 지원을 위하여 5년마다 다문화가족정책에 관한 기본계획을 수립하여야 하고, 기본계획에는 다음의 사항을 포함하여야 한다. 기본계획은 다문화가족정책위원회의 심의를 거쳐 확정한다.

1. 다문화가족 지원 정책의 기본 방향
2. 다문화가족 지원을 위한 분야별 발전시책과 평가에 관한 사항
3. 다문화가족 지원을 위한 제도 개선에 관한 사항
4. 다문화가족 구성원의 경제·사회·문화 등 각 분야에서 활동 증진에 관한 사항
5. 다문화가족 지원을 위한 재원 확보 및 배분에 관한 사항
6. 그 밖에 다문화가족 지원을 위하여 필요한 사항

(2) 연도별 시행계획의 수립 · 시행(제3조의3)

여성가족부장관, 관계 중앙행정기관의 장과 시 · 도지사는 매년 기본계획에 따라 다문화가족정책에 관한 시행계획을 수립 · 시행하여야 한다.

(3) 다문화가족정책위원회의 설치(제3조의4)

다문화가족의 삶의 질 향상과 사회통합에 관한 중요 사항을 심의 · 조정하기 위하여 국무총리 소속으로 다문화가족정책위원회(정책위원회)를 둔다. 정책위원회는 다음의 사항을 심의 · 조정한다.

1. 다문화가족정책에 관한 기본계획의 수립 및 추진에 관한 사항
2. 다문화가족정책의 시행계획의 수립, 추진실적 점검 및 평가에 관한 사항
3. 다문화가족과 관련된 각종 조사, 연구 및 정책의 분석·평가에 관한 사항
4. 각종 다문화가족 지원 관련 사업의 조정 및 협력에 관한 사항
5. 다문화가족정책과 관련된 국가 간 협력에 관한 사항
6. 그 밖에 다문화가족의 사회통합에 관한 중요 사항으로 위원장이 필요하다고 인정하는 사항

(4) 실태조사 등(제4조)

여성가족부장관은 다문화가족의 현황 및 실태를 파악하고 다문화가족 지원을 위한 정책 수립에 활용하기 위하여 3년마다 다문화가족에 대한 실태조사를 실시하고 그 결과를 공표하여야 한다.

3) 다문화가족에 대한 보호 및 다문화가족지원센터

(1) 다문화가족에 대한 보호

① 다문화가족에 대한 이해증진(제5조)

국가와 지방자치단체는 다문화가족에 대한 사회적 차별 및 편견을 예방하고 사회구성원이 문화적 다양성을 인정하고 존중할 수 있도록 다문화 이해교육을 실시하고 홍보 등 필요한 조치를 하여야 한다.

② 생활정보 제공 및 교육 지원(제6조)

국가와 지방자치단체는 결혼이민자 등이 대한민국에서 생활하는데 필요한 기본적 정보(아동·청소년에 대한 학습 및 생활지도 관련 정보를 포함)를 제공하고, 사회적응교육과 직업교육·훈련 및 언어소통 능력 향상을 위한 한국어교육 등을 받을 수 있도록 필요한 지원을 할 수 있다.

③ 평등한 가족관계의 유지를 위한 조치(제7조)

국가와 지방자치단체는 다문화가족이 민주적이고 양성평등한 가족관계를 누릴 수 있도록 가족상담, 부부교육, 부모교육, 가족생활교육 등을 추진하여야 한다. 이 경우 문화의 차이 등을 고려한 전문적인 서비스가 제공될 수 있도록 노력하여야 한다.

④ 가정폭력 피해자에 대한 보호·지원(제8조)

국가와 지방자치단체는 가정폭력방지 및 피해자보호 등에 관한 법률에 따라 다문화가족 내 가정폭력을 예방하기 위하여 노력하여야 한다.

⑤ 의료 및 건강관리를 위한 지원(제9조)

국가와 지방자치단체는 결혼이민자 등이 건강하게 생활할 수 있도록 영양·건강에 대한 교육, 산전·산후 도우미 파견, 건강검진 등의 의료서비스를 지원할 수 있다.

⑥ 아동 · 청소년 보육 · 교육(제10조)

국가와 지방자치단체는 아동·청소년 보육·교육을 실시함에 있어서 다문화가족 구성원인 아동·청소년을 차별하여서는 아니 된다.

⑦ 다국어에 의한 서비스 제공(제11조)

국가와 지방자치단체는 제5조부터 제10조까지의 규정에 따른 지원정책을 추진함에 있어서 결혼이민자 등의 의사소통의 어려움을 해소하고 서비스 접근성을 제고하기 위하여 다국어에 의한 서비스 제공이 이루어지도록 노력하여야 한다.

⑧ 다문화가족 종합정보 전화센터의 설치 · 운영 등(제11조의2)

여성가족부장관은 다국어에 의한 상담·통역 서비스 등을 결혼이민자 등에게 제공하기 위하여 다문화가족 종합정보 전화센터를 설치·운영할 수 있다. 이 경우 가정폭력방지 및 피해자보호 등에 관한 법률에 따른 외국어 서비스를 제공하는 긴급전화센터와 통합하여 운영할 수 있다.

(2) 다문화가족지원센터

① 다문화가족지원센터의 설치 · 운영 등(제12조)

국가와 지방자치단체는 다문화가족지원센터(지원센터)를 설치·운영할 수 있다. 국가 또는 지방자치단체 아닌 자가 지원센터를 설치·운영하고자 할 때에는 미리 시·도지사 또는 시장·군수·구청장의 지정을 받아야 하고, 지원센터는 다음의 업무를 수행한다.

1. 다문화가족을 위한 교육·상담 등 지원사업의 실시
2. 결혼이민자 등에 대한 한국어교육
3. 다문화가족 지원서비스 정보제공 및 홍보
4. 다문화가족 지원 관련 기관·단체와의 서비스 연계
5. 일자리에 관한 정보제공 및 일자리의 알선
6. 다문화가족을 위한 통역·번역 지원사업
7. 다문화가족 내 가정폭력 방지 및 피해자 연계 지원
8. 그 밖에 다문화가족 지원을 위하여 필요한 사업

② 보수교육의 실시(제12조의2)

여성가족부장관 또는 시·도지사는 지원센터에 두는 전문인력의 자질과 능력을 향상시키기 위하여 보수교육을 실시하여야 한다.

3. 자원봉사활동기본법

1) 개요

(1) 목적 및 기본방향

① 목적(제1조)

자원봉사활동에 관한 기본적인 사항을 규정함으로써 자원봉사활동을 진흥하고 행복한 공동체 건설에 이바지함을 목적으로 한다.

② 기본 방향(제2조)

- 자원봉사활동은 국민의 협동적인 참여 능력을 높일 수 있는 방향으로 추진하여야 한다.
- 자원봉사활동은 무보수성, 자발성, 공익성, 비영리성, 비정파성(非政派性), 비종파성(非宗派性)의 원칙 아래 수행될 수 있도록 하여야 한다.
- 모든 국민은 나이, 성별, 장애, 지역, 학력 등 사회적 배경에 관계없이 누구든지 자원봉사활동에 참여할 수 있도록 하여야 한다.
- 자원봉사활동의 진흥을 위한 정책은 민·관 협력의 기본 정신을 바탕으로 하여 추진하여야 한다.

(2) 용어의 정의(제3조)

- 자원봉사활동: 개인 또는 단체가 지역사회·국가 및 인류사회를 위하여 대가 없이 자발적으로 시간과 노력을 제공하는 행위를 말한다.
- 자원봉사자: 자원봉사활동을 하는 사람을 말한다.
- 자원봉사단체: 자원봉사활동을 주된 사업으로 하거나 이를 지원하기 위하여 설립된 비영리 법인 또는 단체를 말한다.
- 자원봉사센터: 자원봉사활동의 개발·장려·연계·협력 등의 사업을 수행하기 위하여 법령과 조례 등에 따라 설치된 기관·법인·단체 등을 말한다.

(3) 국가와 지방자치단체의 책무(제4조)

국가와 지방자치단체는 자원봉사활동의 진흥에 관한 시책을 마련하여 국민의 자원봉사활동을 권장하고 지원하여야 한다.

2) 자원봉사활동

(1) 자원봉사활동의 범위 및 자원봉사의 날

① 자원봉사활동의 범위(제7조)

- 사회복지 및 보건 증진에 관한 활동
- 지역사회 개발·발전에 관한 활동
- 환경보전 및 자연보호에 관한 활동
- 사회적 취약계층의 권익 증진 및 청소년의 육성·보호에 관한 활동
- 교육 및 상담에 관한 활동
- 인권 옹호 및 평화 구현에 관한 활동
- 범죄 예방 및 선도에 관한 활동
- 교통질서 및 기초질서 계도에 관한 활동
- 재난 관리 및 재해 구호에 관한 활동
- 문화·관광·예술 및 체육 진흥에 관한 활동
- 부패 방지 및 소비자 보호에 관한 활동
- 공명선거에 관한 활동
- 국제협력 및 국외봉사활동
- 공공행정 분야의 사무 지원에 관한 활동
- 그 밖에 공익사업의 수행 또는 주민복리의 증진에 필요한 활동

② 자원봉사자의 날 및 자원봉사주간(제13조)

국가는 국민의 자원봉사활동에 대한 참여를 촉진하고 자원봉사자의 사기를 높이기 위하여 매년 12월 5일을 자원봉사자의 날로 하고 자원봉사자의 날부터 1주일간을 자원봉사주간으로 설정한다.

(2) 자원봉사활동의 진흥

① 자원봉사진흥위원회(제8조)

자원봉사활동에 관한 주요 정책을 심의하기 위하여 국무총리 소속으로 관계 중앙행정기관 및 민간 전문가로 구성된 자원봉사진흥위원회를 두고, 자원봉사진흥위원회는 다음의 사항을 심의한다.

1. 자원봉사활동의 진흥을 위한 정책 방향의 설정 및 협력·조정
2. 자원봉사활동의 진흥을 위한 국가기본계획과 연도별 시행계획에 관한 사항
3. 자원봉사활동의 진흥을 위한 제도 개선에 관한 사항
4. 그 밖에 자원봉사활동의 진흥에 필요한 사항

② 자원봉사활동의 진흥에 관한 국가기본계획의 수립(제9조)

행정안전부장관은 관계 중앙행정기관의 장과 협의하여 자원봉사활동의 진흥을 위한 국가기본계획을 5년마다 수립하여야 하고, 기본계획에는 다음의 사항이 포함되어야 한다.

1. 자원봉사활동의 진흥에 관한 기본 방향
2. 자원봉사활동의 진흥에 관한 추진 일정
3. 관계 중앙행정기관의 자원봉사활동에 관한 추진 시책
4. 자원봉사활동의 진흥을 위하여 필요한 재원(財源)의 조달방법
5. 그 밖에 자원봉사활동의 진흥을 위하여 특히 필요하다고 인정되는 사항

③ 연도별 시행계획의 수립(제10조)

관계 중앙행정기관의 장과 지방자치단체의 장은 기본계획에 따라 연도별 시행계획을 수립·시행하여야 한다.

④ 자원봉사자 등(제11조~16조)

- 학교·직장 등의 자원봉사활동 장려(제11조): 학교는 학생의 자원봉사활동을 권장하고 지도·관리하기 위하여 노력한다. 직장은 직장인의 자원봉사활동을 촉진하기 위하여 노력한다. 학교·직장 등의 장은 학생 및 직장인 등의 자원봉사활동에 대하여 그 공헌을 인정하여 줄 수 있다.
- 포상(제12조): 국가와 지방자치단체는 국가와 사회에 현저한 공로가 있는 자원봉사활동을 한 자원봉사자, 자원봉사단체, 자원봉사센터 등에 대하여 대통령령으로 정하는 바에 따라 포상할 수 있다.
- 자원봉사자의 보호(제14조): 국가와 지방자치단체는 자원봉사활동이 안전한 환경에서 이루어질 수 있도록 노력하여야 한다.
- 자원봉사활동의 관리(제15조): 자원봉사단체 및 자원봉사센터는 자원봉사자에 대한 교육훈련 및 안전대책 등이 체계적으로 관리될 수 있도록 노력하여야 한다.
- 국유·공유 재산의 사용(제16조): 국가와 지방자치단체는 국유재산법 또는 공유재산 및 물품 관리법에도 불구하고 자원봉사활동의 진흥을 위하여 자원봉사단체 및 자원봉사

센터가 대통령령으로 정하는 특정한 사업을 수행하기 위하여 국유·공유 재산이 필요하다고 인정하면 이를 무상으로 대여하거나 사용하게 할 수 있다.

3) 자원봉사활동 단체 및 기관

① 한국자원봉사협의회(제17조)

자원봉사단체는 전국 단위의 자원봉사활동을 진흥·촉진하기 위한 다음의 활동을 하기 위하여 한국자원봉사협의회를 설립할 수 있다. 한국자원봉사협의회는 법인으로 하고, 정관을 작성하여 행정안전부장관의 인가를 받아 등기함으로써 설립된다.

1. 회원단체 간의 협력 및 사업 지원
2. 자원봉사활동의 진흥을 위한 대국민 홍보 및 국제교류
3. 자원봉사활동과 관련된 정책의 개발 및 조사·연구
4. 자원봉사활동과 관련된 정책의 건의
5. 자원봉사활동과 관련된 정보의 연계 및 지원
6. 그 밖에 자원봉사활동의 진흥과 관련하여 국가 및 지방자치단체로부터 위탁받은 사업

② 자원봉사단체에 대한 지원(제18조)

국가 및 지방자치단체는 자원봉사단체의 활동에 필요한 행정적 지원을 할 수 있으며 비영리민간단체지원법에 따라 사업비를 지원할 수 있다.

③ 자원봉사센터의 설치 및 운영(제19조)

국가기관 및 지방자치단체는 자원봉사센터를 설치할 수 있다. 이 경우 자원봉사센터를 법인으로 하여 운영하거나 비영리 법인에 위탁하여 운영하여야 한다.

4. 가정폭력방지 및 피해자보호 등에 관한 법률

1) 개요

(1) 목적 및 기본이념

① 목적(제1조)

가정폭력을 예방하고 가정폭력의 피해자를 보호·지원함을 목적으로 한다.

② 기본이념(제1조의2)

가정폭력 피해자는 피해 상황에서 신속하게 벗어나 인간으로서의 존엄성과 안전을 보장받을 권리가 있다.

(2) 용어의 정의(제2조)

- 가정폭력: 가정폭력범죄의 처벌 등에 관한 특례법에 가정구성원 사이의 신체적, 정신적 또는 재산상 피해를 수반하는 행위를 말한다.
- 가정폭력행위자: 가정폭력범죄의 처벌 등에 관한 특례법에 가정폭력범죄를 범한 사람 및 가족구성원인 공범을 말한다.
- 피해자: 가정폭력으로 인하여 직접적으로 피해를 입은 자를 말한다.
- 아동: 18세 미만인 자를 말한다.

2) 국가의 책무 및 가정폭력방지 및 피해자 보호지원

(1) 국가 등의 책무(제14조)

국가와 지방자치단체는 가정폭력의 예방·방지와 피해자의 보호·지원을 위하여 다음의 조치를 취하여야 한다.

1. 가정폭력 신고체계의 구축 및 운영
2. 가정폭력의 예방과 방지를 위한 조사·연구·교육 및 홍보
3. 피해자를 보호·지원하기 위한 시설의 설치·운영
4. 임대주택의 우선 입주권 부여, 직업훈련 등 자립·자활을 위한 지원서비스 제공
5. 법률구조 및 그 밖에 피해자에 대한 지원서비스 제공
6. 피해자의 보호와 지원을 원활히 하기 위한 관련 기관 간의 협력 체계 구축 및 운영
7. 가정폭력의 예방·방지와 피해자의 보호·지원을 위한 관계 법령의 정비와 각종 정책의 수립·시행 및 평가
8. 피해자와 긴급전화센터, 가정폭력 관련 상담소, 가정폭력피해자 보호시설의 상담원 등 종사자의 신변보호를 위한 안전대책 마련
9. 가정폭력 피해의 특성을 고려한 피해자 신변노출 방지 및 보호·지원체계 구축
10. 가정폭력을 목격하거나 피해를 당한 아동의 신체적·정신적 회복을 위하여 필요한 상담·치료프로그램 제공

(2) 가정폭력방지 및 피해자 보호지원 등

① 가정폭력 실태조사(제4조의2)

여성가족부장관은 3년마다 가정폭력에 대한 실태조사를 실시하여 그 결과를 발표하고, 이를 가정폭력을 예방하기 위한 정책수립의 기초자료로 활용하여야 한다.

② 가정폭력 예방교육의 실시(제4조의3)

국가기관, 지방자치단체 및 초·중등교육법에 따른 각급 학교의 장, 그 밖에 대통령령으로 정하는 공공단체의 장은 가정폭력의 예방과 방지를 위하여 필요한 교육을 실시하고, 그 결과를 여성가족부장관에게 제출하여야 한다. 예방교육을 실시하는 경우 성폭력방지 및 피해자보호 등에 관한 법률에 따른 성교육 및 성폭력 예방교육, 양성평등기본법에 따른 성희롱 예방교육 및 성매매방지 및 피해자보호 등에 관한 법률에 따른 성매매 예방교육 등을 성평등 관점에서 통합하여 실시할 수 있다.

③ 아동의 취학 지원(제4조의4)

국가나 지방자치단체는 피해자나 피해자가 동반한 가정구성원(가정폭력범죄의 처벌 등에 관한 특례법의 자 중 피해자의 보호나 양육을 받고 있는 자)이 아동인 경우 주소지 외의 지역에서 취학(입학·재입학·전학 및 편입학을 포함)할 필요가 있을 때에는 그 취학이 원활히 이루어지도록 지원하여야 한다.

④ 피해자에 대한 불이익처분의 금지(제4조의5)

피해자를 고용하고 있는 자는 누구든지 가정폭력범죄의 처벌 등에 관한 특례법에 따른 가정폭력범죄와 관련하여 피해자를 해고(解雇)하거나 그 밖의 불이익을 주어서는 아니 된다.

3) 가정폭력방지 및 피해자보호 관련 기관 및 시설

(1) 긴급전화센터

① 긴급전화센터의 설치·운영 등(제4조의6)

여성가족부장관 또는 시·도지사는 피해자의 신고접수 및 상담, 관련 기관·시설과의 연계, 피해자에 대한 긴급한 구조의 지원, 경찰관서 등으로부터 인도받은 피해자 및 피해자가 동반한 가정구성원(피해자 등)의 임시 보호 업무 등을 수행하기 위하여 긴급전화센터를 설치·운영하여야 한다. 이 경우 외국어 서비스를 제공하는 긴급전화센터를 따로 설치·운영할 수 있다.

② 긴급전화센터 등의 평가(제13조의2)

여성가족부장관은 3년마다 긴급전화센터, 상담소 및 보호시설의 운영실적을 평가하고, 그 결과를 각 시설의 감독, 지원 등에 반영할 수 있다.

(2) 가정폭력상담소

① 상담소의 설치 · 운영(제5조)

- 국가나 지방자치단체는 가정폭력 관련 상담소를 설치 · 운영할 수 있다.
- 국가나 지방자치단체 외의 자가 상담소를 설치 · 운영하려면 특별자치시장 · 특별자치도지사 · 시장 · 군수 · 구청장(구청장은 자치구의 구청장)에게 신고하여야 한다. 신고한 사항 중 여성가족부령으로 정하는 중요 사항을 변경하려는 경우에도 또한 같다.
- 시장 · 군수 · 구청장은 제2항에 따른 신고를 받은 날부터 10일 이내(변경신고의 경우 5일 이내)에 신고수리 여부 또는 민원 처리 관련 법령에 따른 처리기간의 연장을 신고인에게 통지하여야 한다.
- 상담소는 외국인, 장애인 등 대상별로 특화하여 운영할 수 있다.

② 상담소의 업무(제6조)

- 가정폭력을 신고받거나 이에 관한 상담에 응하는 일
- 가정폭력을 신고하거나 이에 관한 상담을 요청한 사람과 그 가족에 대한 상담
- 가정폭력으로 정상적인 가정생활과 사회생활이 어렵거나 그 밖에 긴급히 보호를 필요로 하는 피해자등을 임시로 보호하거나 의료기관 또는 가정폭력피해자 보호시설로 인도(引渡)하는 일
- 행위자에 대한 고발 등 법률적 사항에 관하여 자문하기 위한 대한변호사협회 또는 지방변호사회 및 법률구조법에 따른 법률 구조법인 등에 대한 필요한 협조와 지원의 요청
- 경찰관서 등으로부터 인도받은 피해자 등의 임시 보호
- 가정폭력의 예방과 방지에 관한 교육 및 홍보
- 그 밖에 가정폭력과 그 피해에 관한 조사 · 연구

(3) 가정폭력피해자 보호시설

① 보호시설의 설치(제7조)

국가나 지방자치단체는 가정폭력피해자 보호시설을 설치·운영할 수 있다. 사회복지사업법에 따른 사회복지법인과 그 밖의 비영리법인은 시장·군수·구청장의 인가(認可)를 받아 보호시설을 설치·운영할 수 있다.

② 보호시설의 종류(제7조의2)

- 단기보호시설: 피해자 등을 6개월의 범위에서 보호하는 시설
- 장기보호시설: 피해자 등에 대하여 2년의 범위에서 자립을 위한 주거편의(住居便宜) 등을 제공하는 시설
- 외국인보호시설: 외국인 피해자 등을 2년의 범위에서 보호하는 시설
- 장애인보호시설: 장애인복지법의 적용을 받는 장애인인 피해자 등을 2년의 범위에서 보호하는 시설
- 단기보호시설의 장은 그 단기보호시설에 입소한 피해자 등에 대한 보호기간을 여성가족부령으로 정하는 바에 따라 각 3개월의 범위에서 두 차례 연장할 수 있다.

③ 보호시설의 입소대상 등(제7조의3)

보호시설의 입소대상은 피해자 등으로서 다음의 어느 하나에 해당하는 경우로 한다.

1. 본인이 입소를 희망하거나 입소에 동의하는 경우
2. 장애인복지법에 따른 지적장애인이나 정신장애인, 그 밖에 의사능력이 불완전한 자로서 가정폭력행위자가 아닌 보호자가 입소에 동의하는 경우
3. 장애인복지법에 따른 지적장애인이나 정신장애인, 그 밖에 의사능력이 불완전한 자로서 상담원의 상담 결과 입소가 필요하나 보호자의 입소 동의를 받는 것이 적절하지 못하다고 인정되는 경우

④ 보호시설의 퇴소(제7조의4)

보호시설에 입소한 자는 본인의 의사 또는 입소 동의를 한 보호자의 요청에 따라 보호시설을 퇴소할 수 있으며, 보호시설의 장은 입소한 자가 보호의 목적이 달성된 경우, 보호기간이 끝난 경우, 입소자가 거짓이나 그 밖의 부정한 방법으로 입소한 경우, 보호시설 안에서 현저한 질서문란 행위를 한 경우에는 퇴소를 명할 수 있다.

⑤ 보호시설에 대한 보호비용 지원(제7조의5)

국가나 지방자치단체는 보호시설에 입소한 피해자나 피해자가 동반한 가정 구성원의 보

호를 위하여 필요한 경우 다음의 보호비용을 보호시설의 장 또는 피해자에게 지원할 수 있다. 다만, 보호시설에 입소한 피해자나 피해자가 동반한 가정 구성원이 국민기초생활 보장법 등 다른 법령에 따라 보호를 받고 있는 경우에는 그 범위에서 이 법에 따른 지원을 하지 아니한다.

1. 생계비
2. 아동교육지원비
3. 아동양육비
4. 직업훈련비
5. 퇴소 시 자립지원금
6. 그 밖에 대통령령으로 정하는 비용

5. 성폭력방지 및 피해자보호 등에 관한 법률

1) 개요

(1) 목적 및 국가 등의 책무

① 목적(제1조)

성폭력을 예방하고 성폭력피해자를 보호·지원함으로써 인권증진에 이바지함을 목적으로 한다.

② 국가 등의 책무(제3조)

국가와 지방자치단체는 성폭력을 방지하고 성폭력피해자를 보호·지원하기 위하여 다음의 조치를 하여야 한다.

1. 성폭력 신고체계의 구축·운영
2. 성폭력 예방을 위한 조사·연구, 교육 및 홍보
3. 피해자를 보호·지원하기 위한 시설의 설치·운영
4. 피해자에 대한 주거지원, 직업훈련 및 법률구조 등 사회복귀 지원
5. 피해자에 대한 보호·지원을 원활히 하기 위한 관련 기관 간 협력체계의 구축·운영
6. 성폭력 예방을 위한 유해환경 개선
7. 피해자 보호·지원을 위한 관계 법령의 정비와 각종 정책의 수립·시행 및 평가

(2) 용어의 정의(제2조)

- 성폭력: 성폭력범죄의 처벌 등에 관한 특례법에 규정된 죄에 해당하는 행위를 말한다.
- 성폭력행위자: 성폭력범죄의 처벌 등에 관한 특례법에 해당하는 죄를 범한 사람을 말한다.
- 성폭력피해자: 성폭력으로 인하여 직접적으로 피해를 입은 사람을 말한다.

2) 성폭력 방지 및 피해자보호 지원 등

(1) 성폭력 실태조사(제4조)

여성가족부장관은 성폭력의 실태를 파악하고 성폭력 방지에 관한 정책을 수립하기 위하여 3년마다 성폭력 실태조사를 하고 그 결과를 발표하여야 한다.

(2) 성폭력 예방교육 등(제5조)

국가기관 및 지방자치단체의 장, 유아교육법에 따른 유치원의 장, 영유아보육법에 따른 어린이집의 원장, 초·중등교육법에 따른 각급 학교의 장, 고등교육법에 따른 학교의 장, 그 밖에 대통령령으로 정하는 공공단체의 장(국가기관 등의 장)은 대통령령으로 정하는 바에 따라 성교육 및 성폭력 예방교육 실시, 기관 내 피해자 보호와 피해 예방을 위한 자체 예방지침 마련, 사건발생 시 재발방지대책 수립·시행 등 필요한 조치를 하고, 그 결과를 여성가족부장관에게 제출하여야 한다. 교육을 실시하는 경우 성매매방지 및 피해자보호 등에 관한 법률에 따른 성매매 예방교육, 양성평등기본법에 따른 성희롱 예방교육 및 가정폭력방지 및 피해자보호 등에 관한 법률에 따른 가정폭력 예방교육 등을 성평등 관점에서 통합하여 실시할 수 있다.

(3) 성폭력 예방교육 지원기관의 설치·운영 등(제5조의2)

여성가족부장관 또는 시·도지사는 성교육 및 성폭력 예방교육의 실시, 생애주기별 교육프로그램 개발·보급, 장애인 등 대상별 특성을 고려한 교육프로그램 개발·보급, 전문강사 양성 등의 업무를 수행하고 지원하기 위한 기관(지원기관)을 설치·운영할 수 있다.

(4) 피해자에 대한 법률상담 등(제7조의2)

국가는 피해자에 대하여 법률상담과 소송대리(訴訟代理) 등의 지원(법률상담 등)을 할 수 있다.

(5) 피해자 등에 대한 불이익조치의 금지(제8조)

누구든지 피해자 또는 성폭력 발생 사실을 신고한 자를 고용하고 있는 자는 성폭력과 관련하여 피해자 또는 성폭력 발생 사실을 신고한 자에게 다음의 어느 하나에 해당하는 불이익조치를 하여서는 아니 된다.

1. 파면, 해임, 해고, 그 밖에 신분상실에 해당하는 불이익조치
2. 징계, 정직, 감봉, 강등, 승진 제한, 그 밖의 부당한 인사조치
3. 전보, 전근, 직무 미부여, 직무 재배치, 그 밖에 본인의 의사에 반하는 인사조치
4. 성과평가 또는 동료평가 등에서의 차별이나 그에 따른 임금 또는 상여금 등의 차별 지급
5. 직업능력 개발 및 향상을 위한 교육훈련 기회의 제한, 예산 또는 인력 등 가용자원의 제한 또는 제거, 보안정보 또는 비밀정보 사용의 정지 또는 취급자격의 취소, 그 밖에 근무조건 등에 부정적 영향을 미치는 차별 또는 조치
6. 주의 대상자 명단 작성 또는 그 명단의 공개, 집단 따돌림, 폭행 또는 폭언 등 정신적·신체적 손상을 가져오는 행위 또는 그 행위의 발생을 방치하는 행위
7. 직무에 대한 부당한 감사 또는 조사나 그 결과의 공개
8. 그 밖에 본인의 의사에 반하는 불이익조치

(6) 신고의무(제9조)

19세 미만의 미성년자(19세에 도달하는 해의 1월 1일을 맞이한 미성년자는 제외)를 보호하거나 교육 또는 치료하는 시설의 장 및 관련 종사자는 자기의 보호·지원을 받는 자가 성폭력범죄의 처벌 등에 관한 특례법, 형법의 피해자인 사실을 알게 된 때에는 즉시 수사기관에 신고하여야 한다.

3) 피해자 보호관련 기관 및 시설

(1) 성폭력피해상담소

① 상담소의 설치 · 운영(제10조)

국가 또는 지방자치단체는 성폭력피해상담소를 설치 · 운영할 수 있다. 국가 또는 지방자치단체 외의 자가 상담소를 설치 · 운영하려면 특별자치시장 · 특별자치도지사 또는 시장 · 군수 · 구청장(자치구의 구청장)에게 신고하여야 한다.

② 상담소의 업무(제11조)

- 성폭력피해의 신고접수와 이에 관한 상담
- 성폭력피해로 인하여 정상적인 가정생활 또는 사회생활이 곤란하거나 그 밖의 사정으로 긴급히 보호할 필요가 있는 사람과 성폭력피해자보호시설 등의 연계
- 피해자 등의 질병치료와 건강관리를 위하여 의료기관에 인도하는 등 의료 지원
- 피해자에 대한 수사기관의 조사와 법원의 증인신문(證人訊問) 등에의 동행
- 성폭력행위자에 대한 고소와 피해배상청구 등 사법처리 절차에 관하여 법률구조법에 따른 대한법률구조공단 등 관계 기관에 필요한 협조 및 지원 요청
- 성폭력 예방을 위한 홍보 및 교육
- 그 밖에 성폭력 및 성폭력피해에 관한 조사 · 연구

(2) 성폭력피해자보호시설

① 보호시설의 설치 · 운영 및 종류(제12조)

국가 또는 지방자치단체는 성폭력피해자보호시설을 설치 · 운영할 수 있다. 사회복지사업법에 따른 사회복지법인이나 그 밖의 비영리법인은 특별자치시장 · 특별자치도지사 또는 시장 · 군수 · 구청장의 인가를 받아 보호시설을 설치 · 운영할 수 있다. 보호시설의 종류는 다음과 같다.

1. 일반보호시설: 피해자에게 보호시설의 업무(제13조)의 사항을 제공하는 시설
2. 장애인보호시설: 장애인차별금지 및 권리구제 등에 관한 법률에 따른 장애인인 피해자에게 보호시설의 업무의 사항을 제공하는 시설
3. 특별지원 보호시설: 성폭력범죄의 처벌 등에 관한 특례법에 따른 피해자로서 19세 미만의 피해자에게 보호시설의 업무의 사항을 제공하는 시설
4. 외국인보호시설: 외국인 피해자에게 보호시설의 업무의 사항을 제공하는 시설. 다만, 가정폭력방

지 및 피해자보호 등에 관한 법률에 따른 외국인보호시설과 통합하여 운영할 수 있다.
5. 자립지원 공동생활시설: 위의 보호시설을 퇴소한 사람에게 자립·자활교육의 실시와 취업정보의 제공 및 그 밖에 필요한 사항을 제공하는 시설
6. 장애인 자립지원 공동생활시설: 장애인보호시설을 퇴소한 사람에게 자립·자활교육의 실시와 취업정보의 제공 및 그 밖에 필요한 사항을 제공하는 시설

② 보호시설의 업무 등(제13조)

- 피해자 등의 보호 및 숙식 제공
- 피해자 등의 심리적 안정과 사회 적응을 위한 상담 및 치료
- 자립·자활 교육의 실시와 취업정보의 제공
- 피해자 등의 질병치료와 건강관리를 위하여 의료기관에 인도하는 등 의료지원
- 피해자에 대한 수사기관의 조사와 법원의 증인신문 등에의 동행
- 성폭력행위자에 대한 고소와 피해배상청구 등 사법처리 절차에 관하여 대한법률구조공단 등 관계 기관에 필요한 협조 및 지원 요청
- 다른 법률에 따라 보호시설에 위탁된 업무
- 그 밖에 피해자 등을 보호하기 위하여 필요한 업무

③ 보호시설에 대한 보호비용 지원(제14조)

국가 또는 지방자치단체는 보호시설에 입소한 피해자 등의 보호를 위하여 필요한 경우 생계비, 아동교육지원비, 아동양육비, 그 밖에 대통령령으로 정하는 보호비용을 보호시설의 장 또는 피해자에게 지원할 수 있다. 다만, 보호시설에 입소한 피해자 등이 국민기초생활 보장법 등 다른 법령에 따라 보호를 받고 있는 경우에는 그 범위에서 이 법에 따른 지원을 하지 아니한다.

④ 보호시설의 입소(제15조)

피해자 등이 본인이 입소를 희망하거나 입소에 동의하는 경우, 미성년자 또는 지적장애인 등 의사능력이 불완전한 사람으로서 성폭력행위자가 아닌 보호자가 입소에 동의하는 경우에는 보호시설에 입소할 수 있다.

⑤ 보호시설의 입소기간(제16조)

보호시설의 종류별 입소기간은 다음과 같다.

1. 일반보호시설: 1년 이내. 다만, 여성가족부령으로 정하는 바에 따라 1년 6개월의 범위에서 한 차례 연장할 수 있다.
2. 장애인보호시설: 2년 이내. 다만, 여성가족부령으로 정하는 바에 따라 피해회복에 소요되는 기간까지 연장할 수 있다.
3. 특별지원 보호시설: 19세가 될 때까지. 다만, 여성가족부령으로 정하는 바에 따라 2년의 범위에서 한 차례 연장할 수 있다.
4. 외국인보호시설: 1년 이내. 다만, 여성가족부령으로 정하는 바에 따라 피해회복에 소요되는 기간까지 연장할 수 있다.
5. 자립지원 공동생활시설: 2년 이내. 다만, 여성가족부령으로 정하는 바에 따라 2년의 범위에서 한 차례 연장할 수 있다.
6. 장애인 자립지원 공동생활시설: 2년 이내. 다만, 여성가족부령으로 정하는 바에 따라 2년의 범위에서 한 차례 연장할 수 있다.

⑥ 보호시설의 퇴소(제17조)

보호시설에 입소한 사람은 본인의 의사 또는 입소 동의를 한 보호자의 요청에 따라 보호시설에서 퇴소할 수 있다. 보호시설의 장은 입소한 사람이 보호 목적이 달성된 경우, 보호기간이 끝난 경우, 입소자가 거짓이나 그 밖의 부정한 방법으로 입소한 경우, 그 밖에 보호시설 안에서 현저한 질서문란 행위를 한 경우에 해당하면 퇴소를 명할 수 있다.

(3) 피해자를 위한 통합지원센터의 설치 · 운영(제18조)

국가와 지방자치단체는 성폭력 피해상담, 치료기관에 법률상담 등 연계, 수사지원, 그 밖에 피해구제를 위한 지원업무를 종합적으로 수행하기 위하여 성폭력피해자통합지원센터를 설치 · 운영할 수 있다.

(4) 성폭력 전담의료기관의 지정 등(제27조)

여성가족부장관, 특별자치시장 · 특별자치도지사 또는 시장 · 군수 · 구청장은 국립 · 공립병원, 보건소 또는 민간의료시설을 피해자 등의 치료를 위한 전담의료기관으로 지정할 수 있다.

6. 사회복지공동모금회법

1) 개요

(1) 목적 및 기본원칙

① 목적(제1조)

사회복지공동모금회의 공동모금을 통하여 국민이 사회복지를 이해하고 참여하도록 함과 아울러 국민의 자발적인 성금으로 조성된 재원(財源)을 효율적이고 공정하게 관리·운용함으로써 사회복지증진에 이바지함을 목적으로 한다.

② 기본 원칙(제3조)

- 기부하는 자의 의사에 반하여 기부금품을 모집하여서는 아니 된다.
- 조성된 재원(공동모금재원)은 지역·단체·대상자 및 사업별로 복지수요가 공정하게 충족되도록 배분하여야 하고, 목적 및 용도에 맞도록 공정하게 관리·운용하여야 한다.
- 공동모금재원의 배분은 객관적인 기준에 따라 효율적으로 이루어지도록 하고, 그 결과를 공개하여야 한다.

(2) 용어의 정의 및 회계연도

① 용어의 정의(제2조)

- 사회복지사업: 사회복지사업법에서 규정하고 있는 보호·선도(善導) 또는 복지에 관한 사업과 사회복지상담, 직업지원, 무료 숙박, 지역사회복지, 의료복지, 재가복지(在家福祉), 사회복지관 운영, 정신질환자 및 한센병력자의 사회복귀에 관한 사업 등 각종 복지사업과 이와 관련된 자원봉사활동 및 복지시설의 운영 또는 지원을 목적으로 하는 사업을 말한다.
- 사회복지공동모금: 사회복지사업이나 그 밖의 사회복지활동 지원에 필요한 재원을 조성하기 위하여 이 법에 따라 기부금품을 모집하는 것을 말한다.

② 회계연도(제28조)

모금회의 회계연도는 1월 1일부터 12월 31일까지로 한다.

2) 사회복지공동모금회의 구성 등

(1) 사회복지공동모금회의 설립 · 사업 등

① 사회복지공동모금회의 설립(제4조)

- 사회복지공동모금사업을 관장하도록 하기 위하여 사회복지공동모금회를 둔다.
- 모금회는 사회복지사업법의 사회복지법인으로 한다.
- 모금회는 정관을 작성하여 보건복지부장관의 인가를 받아 등기함으로써 설립된다.

② 사업(제5조)

- 사회복지공동모금사업
- 공동모금재원의 배분
- 공동모금재원의 운용 및 관리
- 사회복지공동모금에 관한 조사 · 연구 · 홍보 및 교육 · 훈련
- 사회복지공동모금지회의 운영
- 사회복지공동모금과 관련된 국제교류 및 협력증진사업
- 다른 기부금품 모집자와의 협력사업
- 그 밖에 모금회의 목적 달성에 필요한 사업

(2) 정관 및 임원 등

① 정관(제6조)

모금회의 정관에는 목적, 명칭, 주된 사무소의 소재지, 사업에 관한 사항, 임원 및 직원에 관한 사항, 이사회에 관한 사항, 지회의 구성 및 운영 등에 관한 사항, 재산 및 회계에 관한 사항, 공고에 관한 사항, 정관의 변경에 관한 사항이 포함되어야 한다.

② 임원(제7조)

모금회에는 회장 1명, 부회장 3명, 이사(회장 · 부회장 및 사무총장을 포함) 15명 이상 20명 이하, 감사 2명의 임원을 둔다. 임원의 임기는 3년으로 하며, 한 차례만 연임할 수 있다. 부득이한 사유로 후임임원이 선임(選任)되지 못하여 모금회의 업무수행에 지장이 있는 경우에는 후임임원이 선임될 때까지 임기가 만료된 임원이 그 업무를 수행한다.

③ 분과실행위원회(제13조)

모금회의 기획 · 홍보 · 모금 · 배분 업무에 관한 사항을 심의하기 위하여 해당 분야의 전문가와 시민대표 등으로 구성되는 기획분과실행위원회, 홍보분과실행위원회, 모금분과실행위원회 및 배분분과실행위원회 등 분과실행위원회를 둔다.

④ 지회(제14조)

모금회에 지역단위의 사회복지공동모금사업을 관장하기 위하여 특별시 · 광역시 · 특별자치시 · 도 · 특별자치도(시 · 도) 단위 사회복지공동모금지회(지회)를 둔다.

3) 사회복지공동모금회의 임원 및 이사회

(1) 임원 등

① 임원(제7조)

모금회에는 회장 1명, 부회장 3명, 이사(회장 · 부회장 및 사무총장을 포함) 15명 이상 20명 이하, 감사 2명의 임원을 둔다. 임원의 임기는 3년으로 하며, 한 차례만 연임할 수 있다. 부득이한 사유로 후임임원이 선임(選任)되지 못하여 모금회의 업무수행에 지장이 있는 경우에는 후임임원이 선임될 때까지 임기가 만료된 임원이 그 업무를 수행한다.

② 임원의 직무(제10조)

회장은 모금회를 대표하고, 소관 업무를 총괄하며, 소속 직원을 지휘 · 감독한다. 감사는 모금회의 업무집행상황, 재산상황, 회계 등 업무전반을 감사한다. 실시하는 감사의 종류 · 방법 · 시기 등에 필요한 사항은 정관으로 정한다.

③ 사무조직(제12조)

모금회의 업무를 처리하기 위하여 사무총장 1명과 필요한 직원 및 기구를 둔다.

(2) 이사회

① 이사회(제8조)

모금회에는 정관으로 정하는 중요사항을 의결하기 위하여 이사로 구성된 이사회를 둔다.

② 임원의 선임(제9조)

이사회는 다음의 어느 하나에 해당하는 사람 중에서 이사를 선임하여야 한다. 이 경우

1부터 3까지의 규정에 해당하는 사람이 각각 4명 이상 포함되어야 한다.

1. 경제계 · 언론계 · 법조계 · 의료계에 종사하는 사람
2. 노동계 · 종교계 · 시민단체에 종사하는 사람
3. 사회복지 관련 학계에 종사하는 사람 등 사회복지전문가
4. 그 밖에 학식과 덕망이 있는 사람

4) 재원과 배분

(1) 재원

① 재원(제17조)

- 사회복지공동모금에 의한 기부금품
- 법인이나 단체가 출연하는 현금 · 물품 또는 그 밖의 재산
- 복권 및 복권기금법에 따라 배분받은 복권수익금
- 그 밖의 수입금

② 기부금품의 모집(제18조)

- 모금회는 사회복지사업이나 그 밖의 사회복지활동을 지원하기 위하여 연중 기부금품을 모집 · 접수할 수 있다.
- 모금회는 기부금품을 모집 · 접수한 경우 기부금품 접수 사실을 장부에 기록하고, 그 기부자에게 영수증을 내주어야 한다. 다만, 기부자가 성명을 밝히지 아니한 경우 등 기부자를 알 수 없는 경우에는 모금회에 영수증을 보관하여야 한다.
- 모금회는 영수증에 기부금품의 금액과 그 금액에 대하여 세금혜택이 있다는 문구를 적고 일련번호를 표시하여야 한다.
- 모금회는 효율적인 모금을 위하여 기간을 정하여 집중모금을 할 수 있다.
- 모금회는 집중모금을 하려면 그 모집일부터 15일 전에 그 내용을 보건복지부장관에게 보고하여야 하며, 그 모집을 종료하였을 때에는 모집종료일부터 1개월 이내에 그 결과를 보건복지부장관에게 보고하여야 한다.

③ 복권의 발행(제18조의2)

- 모금회는 사회복지사업이나 그 밖의 사회복지활동 등을 지원하기 위한 재원을 조성하기 위하여 복권을 발행할 수 있다.

- 복권을 발행하려면 그 종류 · 조건 · 금액 및 방법 등에 관하여 미리 보건복지부장관의 승인을 받아야 한다.
- 복권의 당첨금을 받을 권리는 그 지급일부터 3개월간 행사하지 아니하면 소멸시효가 완성되며, 소멸시효가 완성된 당첨금은 공동모금재원에 귀속된다.
- 복권의 발행에 관하여는 사행행위 등 규제 및 처벌 특례법을 적용하지 아니한다.

④ 모금창구의 지정(제19조)

모금회는 기부금품의 접수를 효율적이고 공정하게 하기 위하여 언론기관을 모금창구로 지정하고, 지정된 언론기관의 명의로 모금계좌를 개설할 수 있다.

(2) 배분

① 배분기준(제20조)

모금회는 매년 8월 31일까지 다음의 사항이 포함된 다음 회계연도의 공동모금재원 배분기준을 정하여 공고하여야 한다. 단, 모금회는 재난구호 및 긴급구호 등 긴급히 지원하여야 할 필요가 있는 경우에는 별도의 배분기준에 따라 지원할 수 있다.

1. 공동모금재원의 배분대상
2. 배분한도액
3. 배분신청기간 및 배분신청서 제출 장소
4. 배분심사기준
5. 배분재원의 과부족(過不足) 시 조정방법
6. 배분신청 시 제출할 서류
7. 그 밖에 공동모금재원의 배분에 필요한 사항

② 국제보건의료지원사업에 대한 배분(제20조의2)

모금회는 지정되지 아니한 기부금품의 100분의 10의 범위에서 이사회 의결로 정하는 비율에 따라 다음의 사업에 배분할 수 있다.

1. 한국국제보건의료재단법에 따라 시행하는 개발도상국가를 비롯한 외국 및 군사분계선 이북지역의 보건의료수준의 향상을 위한 사업
2. 주요 감염병 퇴치 등에 대한 사업

③ 재원의 사용 등(제25조)

공동모금재원은 사회복지사업이나 그 밖의 사회복지활동에 사용한다. 매 회계연도에 조성된 공동모금재원은 해당 회계연도에 지출하는 것을 원칙으로 한다. 다만, 재난구호 및 긴급구호 등 긴급히 지원할 필요가 있을 때를 대비하여 매 회계연도의 공동모금재원 일부를 적립하는 경우에는 그러하지 아니하다.

④ 기부금품의 지정 사용(제27조)

기부금품의 기부자는 배분지역, 배분대상자 또는 사용 용도를 지정할 수 있다. 모금회는 지정 취지가 이 법의 목적 · 취지나 공직선거법을 위반하는 경우 그 사실을 기부자에게 설명하고 이 법의 목적 · 취지와 공직선거법을 위반하지 아니하도록 지정할 것을 요구하거나 그 지정을 철회할 것을 요구하여야 한다. 기부자가 이에 따르지 아니하는 경우에는 기부금품을 접수하지 아니하여야 한다.

연습문제

01 다문화가족지원법의 내용으로 옳지 않은 것은?

① 다문화가족은 대한민국 국적을 취득한 자로 이루어진 가족이어야 한다.
② 다문화가족이 이혼 등의 사유로 해체된 경우에도 그 구성원이었던 자녀에 대하여 이 법을 적용한다.
③ 다문화가족지원센터는 결혼이민자등에 대한 한국어 교육 업무를 수행한다.
④ 국가와 지방자치단체는 다문화가족에 대해 가족생활교육 등을 추진하는 경우, 문화의 차이를 고려한 전문적인 서비스가 제공될 수 있도록 노력하여야 한다.
⑤ 여성가족부장관은 5년마다 다문화가족정책에 관한 기본계획을 수립하여야 한다.

02 자원봉사활동의 기본방향에 관한 자원봉사활동 기본법 제2조제2호 규정이다. ( )에 들어갈 내용이 아닌 하나는? 제19회 출제

자원봉사활동은 무보수성, 자발성, ( ), ( ), ( ), ( )의 원칙 아래 수행될 수 있도록 하여야 한다.

① 공익성 ② 비영리성 ③ 비정파성(非政派性)
④ 비종파성(非宗派性) ⑤ 무차별성

03 가정폭력방지 및 피해자보호 등에 관한 법률의 내용으로 옳지 않은 것은?

① 이 법에서의 "아동"이란 18세 미만인 자를 말한다.
② 국가인권위원회 위원장은 3년마다 가정폭력에 대한 실태조사를 실시하여야 한다.
③ 시·도지사는 외국어 서비스를 제공하는 긴급전화센터를 따로 설치·운영할 수 있다.
④ 지방자치단체는 가정폭력 관련 상담소를 외국인, 장애인 등 대상별로 특화하여 운영할 수 있다.
⑤ 지방자치단체는 가정폭력 관련 상담원 교육훈련시설을 설치·운영할 수 있다.

04 **성폭력방지 및 피해자보호 등에 관한 법률의 내용으로 옳지 않은 것은?** 제19회 출제

① 피해자의 의사에 반하여 피해자 상담을 할 수 있다.
② 보호시설의 장이나 종사자는 업무상 알게 된 비밀을 누설해서는 아니 된다.
③ 보호시설에 대한 보호비용의 지원 방법 및 절차 등에 필요한 사항은 여성가족부령으로 정한다.
④ 시장·군수·구청장은 민간의료시설을 피해자 등의 치료를 위한 전담의료기관으로 지정할 수 있다.
⑤ 국가 또는 지방자치단체는 이 법 제27조제2항에 따른 치료 등 의료 지원에 필요한 경비의 전부 또는 일부를 지원할 수 있다.

05 **성폭력방지 및 피해자보호 등에 관한 법률상 성폭력피해자보호시설의 종류가 아닌 것은?**

① 일반보호시설 ② 상담지원시설 ③ 외국인보호시설
④ 특별지원 보호시설 ⑤ 자립지원 공동생활시설

06 **사회복지공동모금회법의 내용으로 옳은 것은?** 제20회 출제

① 배분분과실행위원회는 위원장 1명을 포함하여 20명 이내의 위원으로 구성한다.
② 국가나 지방자치단체는 모금회의 관리·운영에 필요한 비용을 보조할 수 있다.
③ 기부금품의 기부자는 배분지역, 배분대상자 또는 사용 용도를 지정할 수 없다.
④ 사회복지공동모금회는 언론기관을 모금창구로 지정할 수 있으나 지정된 언론기관의 명의로 모금계좌를 개설할 수 없다.
⑤ 모금회의 정관으로 규정하지 아니한 사항은 「민법」 중 사단법인에 관한 규정을 준용한다.

07 **사회복지공동모금회법의 내용으로 옳지 않은 것은?** 제19회 출제

① 기부하는 자의 의사에 반하여 기부금품을 모집하여서는 아니 된다.
② 공동모금재원은 지역·단체·대상자 및 사업별로 복지수요가 공정하게 충족되도록 배분하여야 한다.
③ 공동모금재원의 배분은 객관적인 기준에 따라 효율적으로 이루어지도록 하고, 그 결과를 공개하여야 한다.
④ 이 법 또는 모금회의 정관으로 규정하지 아니한 사항은 「민법」 중 사단법인에 관한 규정을 준용한다.
⑤ 국가나 지방자치단체는 모금회에 기부금품 모집에 필요한 비용과 모금회의 관리·운영에 필요한 비용을 보조할 수 있다.

08 **사회복지공동모금회법상 공동모금재원 배분기준에 포함되어야 하는 사항으로 명시되지 않은 것은?** 제18회 출제

① 배분한도액
② 배분심사기준
③ 배분신청자의 재산
④ 공동모금재원의 배분대상
⑤ 배분신청기간 및 배분신청서 제출 장소

1. ① 2. ⑤ 3. ② 4. ① 5. ② 6. ② 7. ④ 8. ③

Chapter 15

판례법

1. 판례의 의미

판례법(case law, judge-made law)이란 제정법이나 다른 형태의 법원들과 구별하여 법원으로서 기능하는 판례들을 의미한다. 이러한 판례들은 법원의 판사들에 의해 형성·변화되기 때문에 법관법 또는 사법법이라고도 불린다.

1) 사전적 의미

판례의 사전적 의미는 첫째, 법원이 이 특정 소송사건에 대하여서 법을 해석·적용하여 내린 판단·판결례(判決例)와 둘째, 법원에서 동일하거나 비슷한 소송 사건에 대하여 행한 재판의 선례(先例)로써 단례·재판례·판결례를 의미한다.

2) 실질적 의미

판례법은 법원이 내리는 판결을 법으로 인정하는 불문의 형식(불문법)을 말한다. 즉, 유사한 사건에 대하여 최상급법원이 동일한 취지의 판결을 반복하여 행함으로써 판례의 방향이 확정되어, 동종의 다른 사건이 발생할 경우 같은 판결이 나오게 되는 사실상의 구속력을 미치게 된다. 이와 같이 재판의 선례, 즉 선판례가 그 후의 재판을 구속할 때 판례는 법원이 되며, 이를 판례법이라고 한다. 이는 법적분쟁과 관련하여 내용상 위헌심판, 헌법소원, 권한쟁의 심판의 결과로 형성된다. 주로 대법원 판례에 의해 형성·존재하는 불문법이다. 판례를 통해서 또는 주로 판사들에 의해서 발전되어온 영미법계에서는 판례법이 제1차적인 법원으로 인정되고 있으며 제정법과 동등한 지위를 차지하고 있다. 어떠한 법률문제에 부딪혔을 때 그 해결점을 과거의 사법경험, 즉 선례에서 구하며 바로 적용되는 판례가 없는 경우에 유사한 사건에 관한 판례로부터 유추하여 해결한다. 이러한 법적 사유과정은 영미법체계가 오랫동안 형성해온 코먼 로(common law)의 전통[1])에서 유래한다.

우리나라의 경우 성문법주의 국가로서 판례의 법원성을 부정하고 있다. 이의 근거가 되는 법원조직법(상급심 재판의 기속력)에 따르면 '상급법원 재판에서의 판단은 해당 사건에 관하여 하급심(下級審)을 기속(羈束)한다(제8조)'고 규정함으로써 상급법원의 판단은 오직 당해 사건에 한정될 뿐이므로 일반적으로 하급심을 구속하는 효력이 없다는 것을 인정한다(천정웅 외, 2015: 65).

그러나 특정사건에 있어서 상급법원의 판결이 법적으로는 당해 사건에서만 구속력을 가진다고 하더라도 하급법원이 나중에 같은 성질의 다른 사건에 있어서 상급법원(특히 대법원)의 판례와 배치되는 판결을 할 경우에는 심급제도에 의하여 결국 상급법원에서 하급심법원의 판결이 파기될 가능성이 크므로 하급법원은 상급법원, 특히 대법원의 판결에서 제시되는 법리는 사실상 장차의 분쟁에 있어 법관은 물론 모든 사람들에게 있어서 판단의 기준이 된다는 점에서 법원으로서의 기능을 한다고 보아야 할 것이다, 헌법재판소의 위헌결정도 위헌결정된 당해 법률이나 법률조항의 효력을 일반적으로 상실케 하고, 모든 국가기관과 지방자치단체를 기속하는 효력을 가지므로 역시 법원으로서의 성격을 가진다(이중엽, 2017: 43).

2. 판례의 기본원칙

판례가 법원으로서 기능하려면 법적 구속력을 지녀야 하는데, 이를 뒷받침하는 기본적인 원리들이 선례구속의 원리와 기판력의 원리(doctrine of res judicata)이다.

1) 선례구속의 원리(doctrine of stare decisis)

선례구속의 원리는 '과거 법원의 판단(precedents)은 비슷한 상황에 구속되어 적용된다.'

---

1) 코먼 로(common law)는 중세 이래 영국의 코먼 로 법원이 운용해 온 판례에서 구체화된 관습법 체계를 지칭한다. 오늘날 미국과 대부분의 영국 연방 국가들의 법체계는 코먼 로에서 발전해 왔다. 코먼 로는 별개의 에퀴티(equity : 형평법) 법원에서 발전시킨 법원칙, 제정법(입법기관에서 제정한 법률), 오늘날 서유럽과 기타 지역에 널리 보급되어 있는 대륙법에서 유래하는 법체계와는 대립되는 태도를 취하고 있다. 코먼 로는 노르만 정복 이후 영국에서 발전한 법으로서, 법령 또는 법규의 적용을 최소화하고 선결례(先決例) 또는 관습에 비추어 개개의 사건들을 판결한 법관들에 의해 형성되었다.

는 법원칙이다. 즉, 하급심이 상급심의 판결에 구속되는 원칙인데, 이것은 단지 당해사건에 대한 구속을 의미할 뿐만 아니라 이후에 발생한 유사한 사건에서도 구속력을 가짐을 의미한다.

2) 기판력(doctrine of res judicata)의 원리

기판력의 원리는 제기된 소송이 당사자 간에 항소 없이 관할법정에서 최종적으로 결정된 후에는 동일 법정이나 다른 법정에서 새로운 절차에 의해 다시 다툴 수 없다는 원칙이다. 즉, 확정판결을 받은 사항에 대해서는 후에 다른 법원에 다시 제소되더라도 이전 재판과 모순되는 판단을 할 수 없도록 구속하는 효력을 말한다.

3. 사회복지판례

사회복지법과 관련된 판례는 공공의 이익을 위해 제기되는 공익소송적(public interest litigation) 의미를 갖는다. 사회복지법 관련 소송들의 결과는 판례로 남겨지면서 소송당사자의 이익뿐만 아니라 이후 다수 국민의 이익에 직접 영향을 주는 판례가 된다. 현재 우리나라의 사회복지에 관한 주요 판례로는 국민기초생활보장법, 국민연금법, 산업재해보상보험법, 사회복지사업법, 노인복지법 등이 있다.

연습문제

01 **장애인고용부담금 부과처분과 관련한 헌법재판소 결정(2001헌바96)의 내용으로 옳지 않은 것은?** 제19회 출제

① 기업의 경제상 자유는 공공복리를 위해 법률로 제한할 수 있다.
② 국가는 경제주체 간의 조화를 통한 경제민주화를 위해 규제와 조정을 할 수 있다.
③ 고용부담금제도는 장애인고용의무제의 실효성을 확보하는 수단이므로 입법목적의 정당성이 인정된다.
④ 고용부담금제도는 그 자체가 고용의무를 성실히 이행하는 사업주와 그렇지 않는 사업주간의 경제적 부담의 불균형을 조정하는 기능을 하기 때문에 고용부담금제도 자체의 차별성은 문제가 되지 않는다.
⑤ 대통령령이 정하는 일정수 이상의 근로자를 고용하는 사업주는 기준고용률 이상에 해당하는 장애인을 고용해야 한다고 규정한 구 장애인고용촉진 등에 관한 법률 제35조 제1항 본문은 헌법에 불합치한다.

02 **사회보장과 관련한 헌법재판소 결정의 내용으로 옳은 것은?** 제17회 출제

① 국민연금법상 연금보험료의 강제징수는 헌법상 재산권보장에 위배된다.
② 국민건강보험료 체납으로 인하여 보험급여가 제한되는 기간 중에 발생한 보험료에 대한 강제징수는 건강보험가입자의 재산권을 침해한다.
③ 국민기초생활 보장법령상 수급자 등의 금융자산을 확인할 수 있는 자료의 제출요구는 급여신청자의 평등권을 침해한다.
④ 60세 이상의 국민에 대한 국민연금제도 가입을 제한하는 것은 헌법상의 인간다운 생활을 할 권리를 침해하는 것이라고 볼 수 없다.
⑤ 사회복지사업법의 규정 내용 중 사회복지법인의 재산을 기본재산과 보통재산으로 구분하도록 한 것은 명확성의 원칙에 위반된다.

03 사회복지에 관한 헌법재판소나 대법원의 결정 또는 판결 내용인 것은?

① 국민연금가입 연령을 18세 이상 60세 미만으로 제한한 것은 헌법상의 행복추구권, 평등권, 인간다운 생활을 할 권리를 박탈한 것이다.
② 사회복지법인의 대표자가 이사회의 의결 없이 법인의 재산을 처분한 경우에 그 처분행위는 이사회의 의결 여부를 알지 못한 선의의 제3자에게는 효력이 있다.
③ 국민건강보험법에서 보험료 체납의 경우에 보험료를 완납할 때까지 보험급여를 실시하지 아니할 수 있도록 한 것은 헌법상 행복추구권 등 기본권의 직접적 침해이다.
④ 헌법 제34조 제5항의 신체장애자 등에 대한 국가의 보호 의무에서 장애인을 위한 저상버스를 도입하여야 한다는 구체적인 내용의 의무가 발생하는 것은 아니다.
⑤ 국민연금 보험료의 강제징수는 헌법상 재산권의 침해이다.

정답 1. ⑤ 2. ④ 3. ④

참고문헌

강희갑(2006). 사회복지법제론. 양서원.
곽윤직(2002). 민법총칙. 박영사.
곽효문(2001). 사회복지법제론. 제일법규.
구병삭(1985). 헌법학원론. 박영사.
구자헌(1984). 헌법사회복지사. 홍익제.
국가법령정보센터(2022). www.law.go.kr
국민건강보험관리공단(2014). 2014년 사업장 업무편람.
국민연금관리공단(2014). 2014년 알기 쉬운 국민연금 사업장 실무안내.
권영성(1994). 헌법학원론. 법문사.
권형준 외(2005). 생활법률(제4전정판). 법원사.
김경동(1983). 현대사회학의 쟁점, 법문사.
김경우 외(2014). 사회복지정책론. 동문사.
김기원(2009). 사회복지법론(제4판). 나눔의집.
김남진(1994). 행정법 I. 법문사.
김만두(1993). 사회복지법제론. 대학출판사.
김상규 외(1982). 사회복지론. 형설출판사.
김수정(2017). 사회복지법제론. 학지사.
김유성(1999). 한국사회보장법론. 법문사.
김윤재(2005). 최신사회문제론. 유풍출판사.
______(2008). EBS 사회복지법제론. 와이드프로.
김철수(1994). 헌법학개론. 나남출판사.
김철용(1978). 행정법의 불문법원. 월간고시(4).
김치영 · 정현태(2008). 사회복지법제론. 파워북.
김태현(1994). 노년학. 교문사.
김훈(2012). 사회복지법제론. 학지사.
남기민 · 홍성로(2014). 사회복지법제론. 공동체.
남세진 외(1996). 한국사회복지론. 나남출판사.
노기남 외(2022). 사회복지법제와 실천(개정2판). 동문사.
노기남(2016). 사회복지법제론. 동문사.
문홍주(1975). 한국헌법. 해암사.
박상필(1993). 한국노동법. 대왕사.
박석돈(1997). 사회복지서비스법, 삼영사.
박송규(1998). 사회복지법론. 한국법제연구원.

박승두(1996). 사회보장법. 중앙경제사.
박종국(1997). 행정법이론. 진명문화사.
박차상 외(2015). 한국 사회복지법 강의(5판). 학지사.
보건복지부 기초생활보장과(2022). 2022년 긴급복지지원사업안내. 보건복지부.
보건복지부 기초연금과(2022). 2002년 기초연금사업안내. 보건복지부.
보건복지부 기초의료보장과(2021). 2021년 의료급여사업안내. 보건복지부.
사회복지교육연구센터 편저(2022). 사회복지사 1급 대비 이론서(사회복지법제론). 나눔의집.
손준규(1983). 사회보장. 사회개발. 집문당.
신섭중 외(1993). 한국사회복지법제개설. 대학출판사.
________(1996). 한국사회복지법제개설. 홍익제.
신수식(1981). 사회보장론. 박영사.
양건(1986). 법사회학. 민음사.
여유진 외(2018). 긴급지원제도 평가 및 제도개선 방안 연구. 보건복지부, 한국사회연구소 연구보고서.
윤찬영(2001). 사회복지법제론. 나남출판사.
_____(2017). 사회복지법제론. 나남출판사.
이두복 외(1991). 빈곤론. 나남출판사.
________(1992). 국민의료보장론. 나남출판사.
이상광(1988). 사회법. 박영사.
이영준(1989). 민법총칙. 박영사.
이재환(1988). 사회복지행정론. 홍익제.
이중엽(2016). 사회복지법제론. 양서원.
이항녕 외(1978). 법률학 대사전. 문성각
인경석(1999). 한국복지국가의 이상과 현실. 나남출판사.
임정문 외(2020). 사회복지정책론. 동문사.
________(2021). 사회복지학개론. 동문사.
장동일(1997). 사회복지법의 이해. 학문사.
장인협 외(1987). 노인복지학. 서울대학교출판부.
전광석(1997). 한국사회보장법론. 법문사.
_____(2003). 한국사회보장법론. 법문사.
주정일 외(1997). 아동복지학. 교문사.
천정웅 외(2015). 사회복지법제론. 양서원.
최종고(1991). 법학통론. 박영사.
허영(2001). 헌법이론과 헌법. 박영사.
허영민(1994). 법학개론. 박영사.
현외성(2001). 한국사회복지법제론. 양서원.

_____(2009). 사회복지법제론. 공동체.

Alber, M. & Asquith, S. (1981). Discretion and Welfare. H. E. B.

Alock, P. & Harris, P. (1982). Welfare Law and Order. Macmillan.

Bean, P. et al. (1985). In Defence of Welfare. Tavistock Publications.

Calvert, H. (1978). Social Security Law. 2nd ed. Sweet & Maxwell.

Carrier, J. & Kendall, I. (1992). "Law, and the Social Division of Welfare." International Journal of the Sociology of Law, Vol. 20.

Dean, Hartley(1996). Welfare, Law and Citizenship. Prentice Hall/Harvester Wheatsheaf.

Dickson, Donals. (Jul 1976). Law in Social Work: Impact of Due Process. Social Work 21.

Frazer, D. (1984). The Evolution of the Welfare State. 2nd ed. Macmillan.

Friedlander, W. A. & Apte, R. Z. (1980). Introduction to Social Welfare. 5th ed. Prentice-Hall.

George, V. & Wilding, P. (1985). Ideology and Social Welfare. 2nd ed. R. K. P.

Gilbert, N. et al. (1993). Dimensions of Social welfare Policy. 3rd ed. Prentice-Hall.

Gough, I. (1979). The Political Economy of the Welfare State. Macmillan.

Harris, D. (1987). Justifying State Welfare. Basil Blackwell.

Hindess, B. (1987). Freedom, Equality, and the Markert. Tavistock Publications.

Johnson, H. W., ed. (1990). The Social Services: An Introduction. 3rd ed. F. E. Peacock Publishers.

Katkin, D. (1974). Law and Social Work: A Proposal for Interdisciplinary Education.

Kidder, R. (1983). Connecting Law and Society. Philadelphia, PA: Tample University Press.

Lukton, R. C. (1978). Social Policies, Social Services, and the Law. Social Casework.

Marmor, T. R. & Mashaw, J. L., eds. (1988). Social Security: Beyond the Rhetoric of Crisis. Princeton University Press.

Marshall, T. H. (1950). Citizenship and Social Class and Other Essays. Cambridge University Press.

Mommsen, W. J. (1981). The Emergence of the Welfare State in Britain and Germany. Croom Helm.

Mullun, E. (1978). The Construction of Personal Models for Effective Practice: A Method for Utilizing Research Findings to Guide Social Intervention.

Plant, R. et al. (1980). Political Philosophy and Social Welfare. R. K. P.

Robson, P., ed. (1992). Welfare Law. New York University Press.

Stone, D. A. (1988). Policy Paradox and Political Reason. Scott, Foresman and Co.

찾아보기

본문색인

기타색인

저자소개

임정문

성결대학교 사회복지학 박사
EBS교육방송 강사
포천다문화가정지원센터 부소장
경민대학교 교수

<저서>

사회복지개론, 사회복지정책론, 노인복지론, 사회복지조사론 외 다수

이지복

한국외국어대학교 대학원 행정학과 행정학 박사
알권리연구소 이사
서울시 영등포구 정보공개심의회 위원
현) 서정대학교 글로벌융합복지과 교수

<저서>

정신건강론, 청소년활동론

조순래

경남대학교 사회복지학과 석사
대구가톨릭대학교 사회복지학과 박사
현) 21세기산업연구소 연구원
　 경남사회조사연구원
　 경남조사분석연구원
전) 성운대학교 미래휴먼사회복지학부 청소년복지과, 노인재활복지과 학과장
　 경상남도 행정심판위원
　 경상남도 양성평등위원
　 경상남도 사회복지위원

박지유

경성대학교 사회복지학 석사
경성대학교 사회복지학 박사수료
현) 성운대학교 사회복지계열 전임교수

<저서>

사회복지실천기술론, 사회복지행정론, 복지국가론 외

배명수

영남대학교 보건학 박사
대구한의대학교 보건학 석사
수원대학교 사회복지학 석사
현) 성운대학교 미래휴먼사회복지학부 교수
　 성운대학교 인권센터장
　 대한보건협회 대경지회 부회장
전) 경상북도 사회복지위원회 위원

이한철

위덕대학교 대학원 박사과정 중
현) 21세기산업연구소 연구원
  성운대학교 미래휴먼사회복지학부 겸임교수
  남포항요양보호사교육원 대표
  다원방문간호센터 자문위원

노미향

대구가톨릭대학교 사회복지대학원 석사 및 박사
나눔 사회복지상담교육연구소 소장
현) 성운대학교 미래휴먼사회복지학부 외래교수
  부산장신대학교 기독교사회복지상담학과 외래교수
  계명문화대학교 사회복지상담학과 외래교수
  대구가톨릭대학교 사회복지대학원 외래교수

신미애

대진대학교 행정학 박사
현) 대진대학교 미래평생교육융합대학 휴먼케어평생교육학과 교수
일반직공무원 심사위원
포천시 주요업무 평가위원
미래융합통섭학회 대외협력이사
보훈학회 대외홍보이사
대진대학교 탄소중립지원센터 연구위원 및 정책자문위원

<저서>

한국의 사회문제, 지역사회복지론, 가족복지론 외 다수

이경수

교육학 박사
사회복지 전공
평생교육 전공
현) 대한신학대학원대학교 사회복지학과 학과장
전) 서경대학교 외 다수 외래강사

사회복지법제와 실천

초판 1쇄 발행 / 2023년 8월 30일
초판 2쇄 발행 / 2025년 3월 5일

●

공저자 / 임정문 · 이지복 · 조순래
박지유 · 배명수 · 이한철
노미향 · 신미애 · 이경수
발행인 / 이 중 수
발행처 / **동 문 사**

●

서울특별시 서대문구 홍제원 1길 12
(홍제동 137-8)
Tel: 02)736-3718(대), 736-3710, 3720
Fax: 02)736-3719

등록번호: 1974.04.27. 제9-17호
가격: 27,000원

●

ISBN: 979-11-6328-478-9(93330)

E-mail: dong736@naver.com
www.dongmunsa.com